中国居民家庭经济金融行为研究

杨碧云 易行健 等 著

科学出版社

北京

内 容 简 介

本书立足于中国居民消费不足问题,从数字金融、普惠金融、互联网使用、养老问题、人口政策和城镇化进程等现实视角出发,构建了三个核心篇章:家庭消费决策篇研究了家庭收入风险、收入不平等和机会不平等以及创业行为对消费的影响;家庭保险资产配置篇讨论了保险资产配置与家庭风险承担之间的关系和互联网使用对家庭保险资产配置的影响;家庭风险金融资产配置篇重点讨论了家庭人口结构与家庭人口迁移经历对家庭风险金融资产配置的影响。从整体上构建了一个研究中国居民家庭经济金融行为的分析框架和叙事逻辑。

本书适合于经济金融领域尤其是消费经济与家庭金融研究领域内的科研工作者、高校教师、研究生和本科生以及对家庭经济金融问题感兴趣的读者等进行阅读和参考。

图书在版编目(CIP)数据

中国居民家庭经济金融行为研究 / 杨碧云等著. -- 北京:科学出版社,2025.6. -- ISBN 978-7-03-082506-3

Ⅰ. F832.4

中国国家版本馆CIP数据核字第2025HQ9881号

责任编辑:陈会迎 / 责任校对:姜丽策
责任印制:张 伟 / 封面设计:有道文化

科学出版社 出版
北京东黄城根北街16号
邮政编码:100717
http://www.sciencep.com

北京中科印刷有限公司印刷
科学出版社发行 各地新华书店经销
*
2025年6月第 一 版 开本:720×1000 B5
2025年6月第一次印刷 印张:19
字数:383 000
定价:228.00元
(如有印装质量问题,我社负责调换)

作者简介

杨碧云，女，1977年出生于湖南省华容县，经济学博士，广东外语外贸大学金融学院教授，博士生导师，广东省普通高校人文社科重点研究基地金融开放与资产管理研究中心研究员，广州市人文社科重点研究基地华南财富管理中心研究基地研究员，英国伦敦西敏斯特大学访问学者。早期研究集中于公共经济学和国际经济学领域，近十年的研究方向更多关注中国居民消费储蓄、家庭金融和数字经济等领域。主持国家社会科学基金一般项目1项，国家社科基金重大项目子课题1项，教育部课题1项，省社会科学课题2项，省自然科学课题2项，校级课题3项，参与国家及省部级课题多项；出版学术专著1部，作为主编出版教学辅导书籍1部，作为副主编参编教材1部，作为主要撰写成员合著学术专著2部和参编研究报告1部，在《管理世界》、《世界经济》、《财贸经济》、《经济学动态》、《保险研究》、《世界经济研究》、《经济学动态》和 *Finance Research Letters* 等学术期刊发表学术论文70余篇。曾获得广东省金融学会科研成果（著作类）一等奖和第五届"刘诗白经济学奖"。

易行健，男，1974年出生于湖南省湘乡市，复旦大学经济学博士，中国社会科学院数量经济与技术经济研究所博士后，金融学教授（二级），现任广东金融学院副校长，广东外语外贸大学博士生导师，广东高等学校人文社科重点研究基地广东金融学院数字经济和金融强国建设研究院院长和广州市人文社科重点研究基地数字金融与高质量发展研究基地主任。曾任广东外语外贸大学金融学院首任院长、校党委委员、金融开放与资产管理研究中心（省级基地）和华南财富管理中心研究基地（市级基地）首任主任，广东外语外贸大学"云山杰出学者"等。先后于2005~2006学年度和2013~2014学年度在芬兰赫尔辛基大学、美国密歇根大学从事访问研究。入选2021年全国文化名家暨"四个一批"人才工程和第六批国家"万人计划"哲学社会科学领军人才、国家"百千万人才工程"并被授予"有突出贡献的中青年专家"、教育部"新世纪优秀人才"、享受国务院政府特殊津贴专家、国家社会科学基金重大项目"新常态下建立多点支撑的消费增长格局研究"首席专家。曾经兼任中国数量经济学会副会长、中国消费经济学会副理事长、广东金融顾问、广东经济学会副会长、广州市政府决策咨询专家、广东金融学会专家委员会副主任与学术委员会委员等，是中国金融科技教育与研究50人论坛成员。多年以来一直从事货币金融、居民消费储蓄行为、家庭金融与财富管理、数字经济与数字金融、宏观经济学与应用计量经济学等领域的教学与研究工作，出版学术著作、译著与教材多部，在《经济研究》、《管理科学学报》、《经济学季刊》、《管理世界》、《世界经济》、《金融研究》、《数量经济技术经济研究》、《财贸经济》、《国际金融研究》、China & World Economy、Financial Research Letters、International Review of Economics & Finance 等权威或核心学术刊物发表论文 120 余篇，曾经主持国家社会科学基金重大项目 1 项、国家社会科学基金哲学社会科学领军人才项目 1 项、国家自然科学基金面上项目 3 项和其他省部级项目 10 余项，曾获第九届高等学校科学研究优秀成果奖（人文社会科学）二等奖、第五届"刘诗白经济学奖"、广东省哲学社会科学优秀成果奖一等奖、中国数量经济学会优秀论文一等奖、中华人民共和国商务部商务发展研究成果奖、2022 年数字经济学术年会专项最佳论文奖、广东省教育教学成果奖等科研与教学奖励 30 余项。

序

　　家庭部门既是产品市场的消费者（需求方）和劳动力要素市场的生产者（供给方），也是金融市场上的储蓄者与投资者（资金供给方）和负债方（资金需求方）。家庭经济金融行为包括人力资本投资、劳动供给、消费、储蓄、负债、保险和投资等系列行为。人力资本投资、劳动供给和消费属于家庭经济行为范畴，家庭储蓄、负债、保险和投资等属于家庭金融行为范畴。该书所研究的家庭经济行为以家庭消费行为为核心，拓展了家庭在劳动力市场供给中产生的收入、收入风险和收入不平等问题的研究。

　　消费作为最终需求，既是宏观层面经济增长的驱动力和最终目标，也是微观层面人们对美好生活需要的直接体现。促进消费增长既能推动经济社会发展，也能满足人们日益增长的对美好生活的向往，是关乎国计民生和社会福祉的必要举措。根据"十四五"规划，我国深入实施以国内大循环为主扩大内需战略，需要加快培育完整内需体系，增强消费对经济发展的基础性作用。自2014年以来，我国最终消费支出已取代投资导致的资本形成，成为拉动GDP增长的最大需求项，最终消费包含居民消费和政府消费两个部分，我国政府消费占比相对比较稳定，但是"居民消费不足"一直未得到根本性改善，"低消费、高储蓄"现象已成为制约我国经济高质量发展的关键因素。根据世界银行公开数据，我国居民消费率长期处于世界较低水平，2022年我国居民消费率仅为38.48%，远低于同期世界平均居民消费率的55.3%，也低于中等偏上收入国家的45.9%。因此，打通制约居民消费增长的堵点、进一步释放居民家庭的消费潜力对促进经济增长、增进民生福祉具有重要的现实意义。

　　消费支出是居民效用函数的核心决定变量，居民家庭通过生命周期消费储蓄决策实现效用最大化。家庭消费决策与家庭金融决策之间存在紧密的联系，家庭金融决策涉及家庭储蓄、负债、保险和投资等多个方面。所有家庭金融决策的最终目的都是实现居民家庭生命周期内以及扩展到代际生命周期的效用最大化，借助各类金融工具对家庭资产进行跨期配置。因此，研究居民家庭消费，必须要结合居民家庭收入及其收入风险、社会保障、保险资产配置和投资资产配置等角度展开。

　　该书立足于居民消费不足的现实背景构建了研究背景篇，通过家庭消费决策篇、家庭保险资产配置篇和家庭风险金融资产配置篇三个篇章的内容探讨研究了居民家庭消费、保险和投资等经济金融决策的影响因素，为居民家庭经济金融行为的研究提出了一个较为完整的理论框架和经验分析证据。

该书是由广东外语外贸大学金融学院杨碧云教授、广东金融学院易行健教授（广东外语外贸大学金融学院首任院长）和广东外语外贸大学金融学院家庭金融研究团队的其他成员共同完成的。易行健教授通过系列课题攻关，建成了一支在居民消费和家庭金融研究领域有较大学术潜力的优秀团队。该书就是该团队的重要研究成果之一。

该书整体上具有以下特点。

（一）研究目标明确，研究意义重大

该书的研究目的在于立足于中国居民消费不足问题，构建一个研究中国居民家庭经济金融行为相对完整的分析框架和叙事逻辑，该书把重点放在研究居民消费决策问题，并以此为基础，深入研究影响家庭消费的收入因素、家庭保险参与和家庭风险金融市场参与三个方面，拓展家庭收入风险与收入不平等问题的研究、家庭风险承担的家庭保险决策研究和家庭风险金融资产投资决策的研究，希望能为此后的相关研究提供更多有益的参考。消费是居民家庭效用函数的核心决定变量，研究微观家庭的消费行为和决策的影响因素有着重要的意义。

（二）分析框架具有良好的完整性，叙事逻辑严密，具有较强的系统性

家庭储蓄、负债、保险和投资等家庭金融决策的最终目的都是实现居民或家庭生命周期内的平滑消费。家庭储蓄是用当前的收入满足未来的消费；家庭负债则主要是用未来的收入满足当前的消费；家庭参与保险是为了应对未来收入和支出的不确定性而为未来消费提供的安全保障；而家庭投资则是为了将家庭积累的储蓄进行资产配置以使其保值和增值，扩大储蓄积累的规模，以更好地满足未来消费支出的资金需求。基于家庭金融决策与消费决策之间关系的基本逻辑，该书构建了一个较为完善的居民家庭经济金融决策研究的系统性分析框架，重点构建了家庭消费决策篇、家庭保险资产配置篇和家庭风险金融资产配置篇的内容架构。

（三）研究视角比较独特，研究具有突出的中国特色和时代特征

中国经济发展已经进入数字经济时代。该书从数字普惠金融视角研究了家庭消费决策问题；从数字经济对社会网络影响的视角研究了创业对消费的影响；从互联网使用视角研究了居民家庭的保险决策问题。数字经济和数字金融视角的分析凸显了当前中国的经济发展特色。人口老龄化是当前中国经济社会面临的重大问题，中国的城镇化进程也已经发展到新的阶段，该书从家庭内部的人口结构和家庭人口迁移视角研究了家庭风险金融资产配置决策问题，也契合了中国居民家庭和中国社会发展转型的时代特征。

（四）具有较强的创新性与政策意义

该书建立了一个比较完整的居民家庭消费决策研究框架，从影响消费的收入因素出发，探讨收入与收入风险、收入不平等和其他因素对居民消费的影响，同时基于家庭金融决策与消费之间的内在逻辑，进一步探讨了家庭保险决策与家庭风险资产配置决策的具体影响因素，得出了系列重要结论，代表性结论有：①收入是消费的决定因素，收入风险与收入不平等皆会降低居民家庭消费，但大力发展普惠金融可降低收入风险与收入不平等对居民家庭消费的抑制作用；②互联网的使用有利于增加居民家庭的商业保险参与，商业保险的参与能够增强居民家庭的风险承担能力，进而保障居民家庭的消费，数字经济的发展也会进一步加强商业保险参与对居民家庭消费的保障作用；③家庭人口结构的改变和人口迁移会影响到居民家庭的风险资产配置，从而通过影响居民家庭的财产性收入影响居民家庭消费。根据上述结论，该书从促进普惠金融发展、增加民生性财政支出、城乡一体化、完善保险市场发展和风险金融市场的发展、增加居民家庭多元化收入渠道等方面提出了系列异质性政策建议。

该书仍有需要进一步研究的主题，如考虑收入风险、社会保障和多重储蓄动机，同时将消费、保险和风险金融资产配置作为家庭决策变量，为中国居民最优的消费与金融决策建立一个一般化的基准理论模型，并使用微观家庭数据进行实证检验。欣闻杨碧云教授和易行健教授接下来准备结合数字经济发展背景研究公共服务数字化对居民消费和家庭金融决策与行为的影响，预祝二人带领自己的研究团队在学术道路上取得更大的进步。

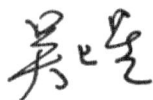

（吴卫星，首都经济贸易大学教授、党委副书记、校长，入选教育部重大人才工程）

目 录

第一篇 研究背景篇

第一章 绪论 ··· 3
  第一节 中国居民家庭经济金融行为研究的选题意义与问题的提出········ 3
  第二节 中国居民家庭经济金融行为研究的基本逻辑和研究框架·········· 5
  第三节 主要概念界定与数据来源说明······································ 7

第二章 家庭经济金融行为的研究现状与理论基础······················ 11
  第一节 家庭金融研究的兴起与发展·· 11
  第二节 居民家庭消费储蓄决定理论·· 12
  第三节 居民家庭资产配置的四个谜题······································ 15
  第四节 家庭经济金融行为的其他影响因素·································· 19
  第五节 文献述评与小结·· 23

第三章 中国家庭经济金融行为的典型事实······························ 25
  第一节 中国家庭"低消费、高储蓄"的典型事实························ 25
  第二节 中国家庭负债的现状与典型事实···································· 30
  第三节 中国家庭的风险管理和保险参与现状与典型事实·············· 36
  第四节 中国家庭资产配置状况与典型事实································ 40

第二篇 家庭消费决策篇

第四章 收入风险对居民消费的影响——基于普惠金融视角·········· 49
  第一节 问题的提出与研究假设·· 49
  第二节 收入风险影响居民消费的实证设计································ 56
  第三节 收入风险影响居民消费的实证分析································ 61

第五章 收入不平等对居民消费的影响——基于普惠金融视角······ 83
  第一节 问题的提出与研究假设·· 83
  第二节 收入不平等影响居民消费的实证设计···························· 86
  第三节 收入不平等影响居民消费的实证分析···························· 90

第六章 机会不平等影响居民消费的机制与效应························ 104
  第一节 问题的提出与研究假设··· 104
  第二节 机会不平等影响居民消费的实证设计···························· 108

第三节 机会不平等影响居民消费的实证分析…………………………… 114

第七章 创业行为影响居民消费的机制与效应 …………………………… 129
第一节 问题的提出与研究假设 …………………………………………… 129
第二节 创业行为影响居民消费的实证设计 ……………………………… 133
第三节 创业行为影响居民消费的实证分析 ……………………………… 137

第三篇 家庭保险资产配置篇

第八章 商业保险购买与家庭金融风险承担 …………………………… 153
第一节 问题的提出与研究假设 …………………………………………… 153
第二节 商业保险购买影响家庭金融风险承担的实证设计 ……………… 158
第三节 商业保险购买影响家庭金融风险承担的实证分析 ……………… 162

第九章 互联网使用与家庭商业保险购买 ……………………………… 178
第一节 问题的提出与研究假设 …………………………………………… 178
第二节 互联网使用影响家庭商业保险购买的实证设计 ………………… 181
第三节 互联网使用影响家庭商业保险购买的实证分析 ………………… 185

第四篇 家庭风险金融资产配置篇

第十章 家庭人口结构与家庭风险金融市场参与 ……………………… 201
第一节 问题的提出与研究假设 …………………………………………… 201
第二节 家庭人口结构影响家庭风险金融市场参与的实证设计 ………… 206
第三节 家庭人口结构影响家庭风险金融市场参与的实证分析 ………… 211

第十一章 户主外地生活经历与家庭风险金融资产投资 ……………… 231
第一节 问题的提出与研究假设 …………………………………………… 231
第二节 户主外地生活经历影响家庭风险金融资产投资的实证设计 …… 236
第三节 户主外地生活经历影响家庭风险金融资产投资的实证分析 …… 240

第十二章 研究结论总结与政策建议 …………………………………… 253
第一节 本书的主要研究结论总结 ………………………………………… 253
第二节 本书的主要政策建议 ……………………………………………… 256

参考文献 …………………………………………………………………… 261
后记 ………………………………………………………………………… 289

第一篇 研究背景篇

第一章 绪 论

第一节 中国居民家庭经济金融行为研究的选题意义与问题的提出

2020年中共中央首次提出构建以国内大循环为主体、国内国际双循环相互促进的新发展格局。根据"十四五"规划,我国深入实施以国内大循环为主扩大内需战略,需要"加快培育完整内需体系……增强消费对经济发展的基础性作用"。我国经济正由高速增长阶段转向高质量发展阶段,2023年7月国务院办公厅转发国家发展改革委关于恢复和扩大消费措施的通知,要"加快构建新发展格局,着力推动高质量发展,把恢复和扩大消费摆在优先位置"。然而,我国居民消费低迷现象一直未得到根本性改善,"低消费、高储蓄"现象成为制约我国经济高质量发展的关键因素。

自2014年以来,我国最终消费支出已取代投资导致的资本形成,成为拉动GDP增长的最大需求项。2000年,我国最终消费率(最终消费/GDP)达到峰值63.9%,随后该占比持续下降,在2010年达到阶段性低点49.3%,之后开始回升,到2022年最终消费率为53.2%。自2000年到2022年,最终消费率下降超过了10个百分点。最终消费包括居民消费和政府消费两个部分,2010年之后最终消费占比的提高,实际上部分源于政府消费占比的提高,从而掩盖了我国居民消费不足的现实。根据世界银行公开数据,我国居民消费率长期处于世界较低水平,2022年我国居民消费率仅为38.48%,远低于同期世界平均居民消费率的55.3%,也低于中等偏上收入国家的45.9%。因此,打通制约消费增长的堵点、进一步释放居民家庭的消费潜力对促进经济增长、增进民生福祉具有重要的现实意义。

目前已有的关于居民消费储蓄决策影响因素的理论与实证研究都已非常丰富。理论研究方面,从最早的1936年凯恩斯提出的"绝对收入假说"和1949年杜森贝里与莫迪利亚尼提出的"相对收入假说",到1957年弗里德曼提出的"持久收入假说",再到1954年莫迪利亚尼和布伦伯格提出的"生命周期假说",最终形成了以收入为核心的生命周期消费决定的分析框架,奠定了消费决定理论研究的基础。此后的研究将生命周期中的不确定性引入分析框架,重点考查家庭消费的反面——家庭储蓄的决定,先后拓展形成了"预防性储蓄理论"(Yaari,1965;Leland,1968)、"流动性约束理论"(Zeldes,1989a;Deaton,1991)和"缓冲存货理论"（Carroll et al.，1992）。另外，Barro和Becker（1989）开创性地将代表性家庭的个人效用最大化假设拓展到异质性家庭的家庭效用最大化假设，引入家庭内部的生育、人力资本投资和遗产馈赠等行为后，讨论异质性家庭的消费决策问题。

关于居民消费影响因素的实证研究中，国内外已有研究总体来讲可以分为以下几个类别：一是基于消费决定理论中的各类收入假说，从宏观的收入分配角度出发，指出收入不平等严重制约居民的消费增长（甘犁等，2018；Chu and Wen，2017；Dynan et al.，2004；陈斌开，2012；杨汝岱和朱诗娥，2007）；二是基于预防性储蓄理论、流动性约束理论和资产配置理论，从未来收支不确定的角度探讨家庭风险承担与居民消费之间关系，认为社会保障、商业保险、社会网络、金融市场等都是影响家庭风险承担进而影响家庭消费的重要因素（Brunetti et al.，2016；徐舒和路晓蒙，2019；易行健等，2019）；三是基于家庭的风险偏好，从微观家庭的内部特征出发，讨论户主的年龄、性别、职业、经历、受教育程度和金融素养等个人特征，家庭收入、资产、负债等家庭财务特征，以及家庭人口结构等对居民消费的影响。

国内外已有研究对消费问题做了大量的研究，国外的家庭金融理论和实证研究都取得了显著的发展，家庭决策目标主体从个人的效用拓展到家庭的效用甚至跨代际的效用；家庭最优规划中的决策目标变量也从单一消费的决定，逐步拓展到消费、风险资产配置以及保险配置的共同决定。但迄今为止，已有对中国问题的研究中尚未形成完整的分析框架和逻辑体系，且对已有的中国居民家庭经济金融行为的研究相对分散，缺乏以中国现实为基础的整体分析框架。

要促进居民消费增长，必须从四个方面入手。首先，需要增加居民家庭收入，提高消费能力，让居民家庭"能消费"；其次，要通过完善社会保障制度和商业保险体系，让家庭部门能够从容应对风险，使其"敢消费"；再次，要转变消费理念，让居民家庭增强其消费意愿，使其"愿消费"；最后，需要从消费供给侧出发创新消费模式和构建多元化消费场景，使其个性化的消费意愿转换为现实的消费需求，让居民家庭"乐消费"。目前，随着我国网络信息技术和数字经济的蓬勃发展，从消费供给侧出发的线上线下消费模式创新不断涌现，个性化、多元化的消费场景也是层出不穷；同时随着社会保障体系和金融体系的不断完善，加上数字普惠金融的不断发展，人们原有的传统消费观念也正在发生显著变化。因此，当前真正妨碍提振消费的原因主要集中在前面两个因素，尤其在当前宏观经济增长进入下行通道、国民经济增速放缓的大背景下，居民家庭面临的收入风险加大和未来收支的不确定性增加会进一步影响我国居民消费的增加。如何增加居民家庭收入和提高居民家庭应对风险的能力是促进居民消费的四大抓手中的重中之重。因此本书的研究目的在于立足于中国消费不足问题的研究，构建一个研究中国居民家庭经济金融行为相对完整的分析框架和叙事逻辑,我们把重点放在研究居民消费决策问题,并以此为基础,深入研究影响家庭消费的家庭保险参与和家庭风险金融市场参与两个方面,拓展家庭风险承担的家庭保险决策和家庭风险金融资产投资决策的研究,希望能为此后的相关研究提供更多有益的参考。

第二节 中国居民家庭经济金融行为研究的基本逻辑和研究框架

一、中国居民家庭经济金融行为研究的基本逻辑

消费是最终需求,既是生产的最终目标和动力,也是人们对美好生活需要的直接体现。促进消费既能推动经济社会发展,也能满足人们日益增长的对美好生活的向往,是关乎国计民生和社会福祉的必要举措。个人或家庭的目标是通过生命周期内的消费平滑实现个人或家庭的效用最大化,消费是效用函数的核心决定变量,消费决策属于居民家庭的核心经济决策,研究微观家庭的消费行为和决策的影响因素有着重要的意义。

家庭的金融决策涉及家庭储蓄、负债、保险和投资等,家庭金融决策与其消费决策之间存在紧密的联系。所有家庭金融决策的最终目的都是满足个人或家庭生命周期内的消费平滑,家庭储蓄是用当前的收入满足未来的消费;家庭负债则是用未来的收入满足当前的消费;家庭参与保险是为了应对未来收入和支出的不确定性而为未来消费提供的安全保障;而家庭投资则是将家庭积累的储蓄进行资产配置以使其保值和增值,扩大储蓄积累的规模,以更好地满足未来消费的资金需求。

收入是决定居民消费的核心变量。居民家庭收入可分为劳动性收入、财产性收入、经营性收入和转移性收入。劳动性收入的提高依赖于增加就业和就业人口工资收入的提高;财产性收入的提高依赖于资产市场和金融市场的进一步完善;经营性收入的增加依赖于创新创业和市场环境的改善;转移性收入主要依赖于政府层面所提供的社会保障,即民生性财政支出的增加,商业保险也能为个人在生命周期内实现自身收入转移提供支撑。总的来说,居民家庭收入的增加依赖于国民经济的增长与国民收入的分配,也受到居民家庭自身的经济金融行为决策的影响。因此本书首先从家庭消费决策中的收入影响因素出发进行研究,进一步拓展到应对不确定冲击的家庭风险管理的保险资产配置和风险金融资产配置的相关家庭金融行为决策。

二、中国居民家庭经济金融行为研究的框架结构与主要内容

本书共分为四个篇章,第一篇为研究背景篇,第二篇为家庭消费决策,第三篇为家庭保险资产配置篇,第四篇为家庭风险金融资产配置篇。

第一篇研究背景篇中包含三章,第一章为绪论,首先对本书研究的选题背景进行简要阐述,其次概括了本书研究的基本思路和研究框架,最后对本书相关核心概念进行界定;第二章对家庭经济金融行为决策的研究现状进行分析、梳理和总结评价,并对相关理论基础进行介绍,为后续实证研究的展开厘清研究思路;第三章对中国家庭经济金融行为的现实背景和典型事实进行描述与特征分析,为后续实证研究的具体方向和结论解释提供事实依据。

第二篇家庭消费决策篇中包括了第四章到第七章,总共四章,主要探讨了居民家庭消费的影响因素,从收入风险、收入不平等、机会不平等和创业等方面层层深入,研究其对居民消费的影响效应和机制。第四章从普惠金融视角探讨了收入风险对居民消费的影响;第五章同样从普惠金融视角研究了收入不平等对居民消费的影响;第六章进一步将收入不平等的影响做深层次的研究,讨论机会不平等对居民消费的影响;第七章从创业的角度,研究创业通过增加居民收入和扩大家庭社会网络两个渠道对居民消费产生的影响。

第三篇家庭保险资产配置篇中包括第八章和第九章,共两章内容。保险是家庭对抗风险的融资型风险管理手段,家庭保险的参与情况会影响到家庭的抗风险能力,从而影响家庭的消费。家庭对商业保险的参与到底受哪些因素的影响,值得进一步研究。本篇主要从家庭风险管理中的商业保险视角,第八章先行研究商业保险参与和家庭金融风险承担之间的关系;而后第九章进一步深入研究居民家庭参与商业保险的影响因素,并着重关注了在数字经济时代互联网使用对居民家庭商业保险参与的影响。

第四篇家庭风险金融资产配置篇包括第十章到第十一章,共两章内容。家庭储蓄的积累一方面是为了满足未来大额资金需求,另一方面是为了应对未来不确定性而进行的预防性储蓄,家庭储蓄积累若能通过有效的资产配置使其保值增值,对于家庭而言也是提高家庭收入的一大来源。家庭财产性收入的取得和提高依赖于以投资收益为目的的家庭风险资产的配置。第十章基于我国人口老龄化的现实背景,研究了家庭人口结构变化对家庭风险金融市场参与的影响;第十一章则基于我国城镇化的现实背景,从家庭人口迁移视角研究了户主外地生活经历与家庭风险金融资产投资之间的关系。

第十二章为全书研究总结,对所有实证研究章节中所得出的研究结论和政策建议进行总结。

第三节　主要概念界定与数据来源说明

一、主要概念界定

（一）居民消费

根据国家统计局公布的《居民消费支出分类（2013）》，居民家庭消费包括食品烟酒，衣着，居住，生活用品及服务，医疗保健，交通和通信，教育、文化和娱乐，其他用品和服务等八大类消费分项，这八类消费额的加总即"家庭消费总额"。由于教育支出和医疗保健支出具有人力资本投资属性，本书部分章节也将家庭消费总额中减去教育支出和医疗保健支出后作为居民家庭消费的替代指标。为研究居民消费结构，本书进一步将食品、衣着、居住、其他用品和服务支出归为生存型消费，生活用品及服务、医疗保健、交通和通信支出归为发展型消费，娱乐、旅游以及奢侈品等支出归为享受型消费。

（二）收入风险

收入风险是指个人或家庭收入在未来的不确定性。个人收入受诸多因素的影响，如年龄、受教育程度、工作单位类型、职业性质、所在行业以及所在城市等。Carroll 和 Samwick（1997）指出根据户主的文化程度、职业类型和从事行业等指标把家庭进行分组，计算分组对数化收入的方差，它是衡量收入风险的一个很好的代理变量。Carroll 和 Samwick（1998）通过实证结果对比发现，基于理论构建的收入风险代理指标——等价预防性溢价（equivalent precautionary premium）与对数化收入方差衡量的收入风险所得到的结果一样好。本书关于收入风险的测度，选取了户主年龄、受教育程度、工作单位类型、职业性质、所在行业、所在城市进行分组，分别计算家庭收入对数值的组内方差，连乘得到"家庭收入风险指标"。

（三）收入不平等

本书中关于收入不平等程度的衡量使用了基尼系数、泰尔指数（Theil index）和 MLD 指数（mean log deviation index，平均对数偏差）三种。

基尼系数是国际通用的用以衡量一个国家或地区居民收入差距的常用指标。基尼系数表示在全部居民收入中，用于进行不平均分配的那部分收入占总收入的百分比。如果每个人的收入都相同，收入分配绝对均等时基尼系数为 0；若全社会的收入都集中于一个人，收入分配绝对不均等时基尼系数为 1。现实社会中，两种情况都不可能发生,基尼系数的实际数值只能介于 0~1。基尼系数的测度是根据洛伦兹曲线(收入分布曲线)计算的。在以横轴是累计人口百分比、纵轴是累计收入百分比的坐标图中,对角线上的斜线是绝对均等收入分配线,垂直线是绝对不均等的收入分配线,实际收入分布曲线——洛伦兹曲线位于对角斜线和垂直纵线之间。斜线和曲线之间的面积在斜线与垂直纵线之间的面积中的占比,即基尼系数,经济学含义是用于不均等分配的那部分收入占全部收入的比例。

由于基尼系数对富人观测值的敏感性,当富人收入数据误差过大时,基尼系数会存在较大的偏误(万广华,2009),因此本书也使用泰尔指数来测度收入不平等程度。泰尔指数由荷兰经济学家 Theil 于 1967 年基于信息理论熵概念提出,最早用于测度收入差距,后被广泛运用于区域收入差异研究。具体计算公式如下:

$$T = \sum_{i=1}^{n} \frac{L_i}{L} \log \frac{L_i/L}{P_i/P} \tag{1.1}$$

其中,T 表示泰尔指数;i 表示地区;L_i/L 表示 i 地区收入占所有区域总收入的比重;P_i/P 表示 i 地区人口占所有区域总人口的比重。泰尔指数数值为 0 表示地区之间完全没有差异,达到完全均衡状态,现实的泰尔指数一般都大于 0,其数值越大说明地区差异越大。

(四)机会不平等

收入不平等中包括了由劳动付出与努力程度不同所导致的合理收入差距,也包括由外部环境差异导致的不合理收入差距,我们通常把由外部环境差异导致的不合理收入差距称为机会不平等。本书参考 Song 和 Zhou(2019)的做法,用剔除了努力因素的反事实收入不平等指数除以事实的收入不平等指数,构建区域的机会不平等指标。首先,将性别、户籍、父亲受教育程度和母亲受教育程度等不由个体选择但对个体收入有显著影响的系列变量设置为环境变量[①]。其次,将个体收入取对数后对明瑟收入方程(Mincer income equation)进行回归:

$$\ln(\text{income}_i) = c + C_i A + \mu_i \tag{1.2}$$

其中,C_i 表示由个体 i 的多个环境变量构成的向量;A 表示以向量形式表示的环境变量的待估系数向量;c 表示截距项;μ_i 表示扰动项。为从个人收入中剔除努力因素的影响,根据回归结果获得个人收入的拟合值,再对收入方程两端取指数得到

[①] 考虑到内生性问题,本章根据"个人当前户口"和"是不是农转非"两个变量生成个人最早的户籍。

$$\widehat{\text{income}_i} = \exp(\hat{c}_i) \times \exp(\hat{A}C_i) \tag{1.3}$$

其中，$\hat{c}_i$ 表示截距项拟合值；$\hat{A}$ 表示估计出的系数向量。

最后，根据得到的收入拟合值 $\widehat{\text{income}_i}$ 的分布求得不平等指数（记为 $\widehat{\text{IO}}$），除以根据真实收入分布求得的不平等指数（记为 IO）得到机会不平等指数，即

$$\text{inequal} = \frac{\widehat{\text{IO}}}{\text{IO}}[1]。$$

在机会不平等指数的构建中，使用的收入不平等指数测度方式同样可以分为基尼系数、泰尔指数和 MLD 指数三种。

（五）家庭金融风险承担

家庭金融资产包括银行存款（活期和定期）、股票、债券、基金、金融衍生品、理财产品、非人民币资产、黄金、现金和借出款。本书相应篇章中参照尹志超等（2014）的衡量口径，将股票、公司（企业）债券、金融债券、基金、金融衍生品、金融理财产品、黄金、非人民币资产划分为风险金融资产。参考 Malmendier 和 Nagel（2011）[2]以及 Hong 等（2020）[3]，分别选取家庭风险金融资产总额占家庭总金融资产的比重和家庭是否持有风险金融资产作为家庭金融风险承担水平的代理变量。同时，也在相关稳健性检验中以家庭拥有股票总额占总金融资产比重和是否持有股票作为家庭金融风险承担水平的替代变量。

（六）家庭风险金融市场参与

家庭风险金融市场参与涉及四个代理变量：风险金融市场参与概率、股票市场参与概率、风险金融市场参与深度和股票市场参与深度。参照中国家庭金融调查（China Household Finance Survey，CHFS）数据的调查问卷内容，风险金融市场参与概率和股票市场参与概率是用家庭当年是否参加风险金融市场和股票市场表示，当家庭当年参加风险金融市场和股票市场时取值为 1，否则取值为 0；本章的风险金融市场参与深度和股票市场参与深度分别用样本家庭持有的风险金融资产总价值占家庭金融资产总价值的比重和样本家庭持有的股票资产总价值占家庭

---

[1] 本章采用的是相对的机会不平等指数，已有文献将绝对的机会不平等指数定义为 $\widehat{\text{IO}}$。

[2] Malmendier 和 Nagel（2011）以是否参与股票市场和债券市场与股票投资金额占流动资产总额的比重作为金融风险意愿的代理变量。

[3] Hong 等（2020）分别采用三种方法衡量个人金融风险承担水平，具体如下：投资者是否参与共同基金投资，是则取值为 1，否则取值为 0；对于投资超过 100 元的投资者，设定非货币市场基金投资占全部共同基金投资比重为个人金融风险承担第二个代理变量；以共同基金投资组合月收益波动性作为个人金融风险承担的第三个代理变量。

金融资产总价值的比重表示,数学表达式分别为家庭风险金融市场参与深度=家庭风险金融资产总价值/家庭金融资产总价值,家庭股票市场参与深度=家庭股票金融资产总价值/家庭金融资产总价值。

二、数据来源与说明

本书所使用的核心数据主要来自由西南财经大学中国家庭金融调查与研究中心在全国范围内开展的 CHFS 2015 年、2017 年、2019 年和 2021 年四轮调查数据[①]和北京大学中国社会科学调查中心开展的中国家庭追踪调查(China Family Panel Studies,CFPS)2010 年、2012 年、2014 年、2016 年和 2018 年五轮调查数据。

CHFS 是西南财经大学中国家庭金融调查与研究中心在全国范围内开展的抽样调查项目,旨在收集有关家庭金融微观层次的相关信息,主要内容包括:住房资产与金融财富、负债与信贷约束、收入与消费、社会保障与保险、代际转移支付、投资观念、家庭人口构成、人口特征(包括未成年子女数量)与就业以及支付习惯等相关信息。CHFS 数据质量高,拒访率较低,在全国、省级和副省级城市都具有代表性(甘犁等,2012),样本分布于 29 个省(自治区、直辖市)、367 个县(区、县级市)、1481 个社区。

CFPS 是北京大学中国社会科学调查中心在全国范围内开展的一项综合性的社会追踪调查项目,旨在通过追踪收集个体、家庭、社区三个层次的数据,反映中国社会、经济、人口、教育和健康的变迁,为学术和政策研究提供数据基础。CFPS 样本是采用内隐分层(implicit stratification)方法抽取的多阶段等概率样本(multi-stage probability sample),每个子样本框的样本都通过三个阶段抽取得到,前两个阶段的抽样使用官方的行政区划资料,第三阶段则使用地图地址法构建末端抽样框,并采用随机起点的循环等距抽样方式抽取样本家户,具有广泛代表性。CFPS 自 2010 年正式开展访问后,每两年进行一次跟踪调查,覆盖 25 个省(自治区、直辖市)的 162 个县(区、县级市),目标样本规模为 16 000 户,调查的对象包含了样本家庭中的全部成员。

本书所用城市层面宏观数据均来自相应年份《中国保险统计年鉴》、《中国统计年鉴》和《中国城市统计年鉴》。

---

① CHFS 2013 以及 CHFS 2017 数据在构建家庭层面的普惠金融指数时,由于存在部分变量数据缺失而无法满足实证需求,如家庭数字金融服务的使用情况。

第二章 家庭经济金融行为的研究现状与理论基础

第一节 家庭金融研究的兴起与发展

在微观经济学中，同质的理性个人和家庭在产品市场上扮演商品需求者或消费者的角色，从消费商品中获得效用；在要素市场上充当要素供给者的角色，通过提供生产要素取得要素收入；继而用其在要素市场上取得的收入在产品市场上购买所需求的商品进行消费，在收入的预算约束下追求个人效用最大化。在宏观经济学中，所有个人和家庭被看作一个整体，将消费后的剩余收入进行储蓄，为企业部门提供生产资金，但关于储蓄如何转化为投资，具体涉及能否转化、转化多少和转化效率如何等问题，这些都是金融学的研究范畴。在金融学的研究发展过程中，公司金融、资产定价、金融市场与金融机构的相关研究得到更多的关注，长期以来，家庭金融行为的决定因素及其影响等相关研究未能得到重点关注。但家庭的经济金融行为选择对微观家庭的效用最大化、宏观经济中储蓄向投资的转化、收入与财富不平等以及金融市场的有效性等皆具有极为重大的意义。

家庭金融独立成为一个学科分支起源于2006年1月时任美国金融学会主席的Campbell教授在美国金融学会做了题为"家庭金融"的主题演讲，在演讲中首次提出并对"家庭金融"这一学科分支进行了定义，该文认为"家庭金融是研究家庭如何利用金融工具达到家庭目标的学科领域"，并且认为家庭金融将成为与资产定价和公司金融并列的研究领域。大约同时期，美国国家经济研究局（National Bureau of Economic Research, NBER）成立了家庭金融研究组，家庭金融研究组主要将家庭金融的研究界定为"研究与家庭储蓄、家庭投资组合行为、借贷决策和投资选择相关的主题，并且主要关注解释家庭金融决策的理论模型与经验研究，同时也研究各类政策对家庭金融决策的影响"。

家庭金融研究领域之所以在最近几十年来得到蓬勃发展，家庭经济金融行为的重要性受到越来越多的关注，一是因为在经济金融现实发展中，家庭资产规模和家庭负债规模日益增长，已逼近甚至超过企业资产规模和负债规模，家庭的经济金融行为和决策对整个经济发展的重要性快速上升，同时，更多新的现实经济问题的出现导致了对家庭经济金融行为研究的需要，如人口老龄化导致的为退休而储蓄问题，家庭杠杆上升引发的美国次贷危机，家庭投资对房产定价和金融资产定价乃至对宏观经济的影响等。二是因为在理论与实证研究发展的现实阶段，出现了关于研究数据、研究技术和研究理论的更多支持,如网络信息与数据处理技术的迅速发展为家庭行为的经验研究数据的可得性提供了技术可行性;破除理性经济人假设、有效市场假设和引入家庭内部利他行为选择的行为经济学、行为金融学和家庭经济学的发展为家庭行为的异质性分析提供了有力的理论指导;另外,在金融实践中,数字革命的发生也使家庭利用先进的数字技术来优化自身的经济金融行为与决策成为可能。

个人效用最大化是通过用一生的收入去平滑一生的消费来实现,倘若将分析上升到家庭层面,家庭内部人口结构、风险偏好、利他程度和家庭背景风险等异质性的存在导致家庭效用最大化比个人效用最大化的实现要复杂得多。要实现家庭效用最大化目标,家庭的经济金融行为与决策通常需要回答以下三个基本问题:一是家庭收入中需要消费多少,储蓄多少?如果家庭遭遇流动性短缺,应该如何负债?二是家庭应该如何进行保险资产的配置,以应对家庭成员和家庭财产面临的风险?三是家庭应该如何进行风险资产的配置,以实现资产的保值增值?本章将从家庭消费储蓄决策、家庭资产配置决策和家庭经济金融行为的其他影响因素等几个方面对已有理论及相关研究进行梳理。

第二节 居民家庭消费储蓄决定理论

一、生命周期消费储蓄理论的先驱阶段

该阶段的理论不考虑未来收入与跨期替代,只考虑当前收入和过去收入对消费的影响,代表性理论为1936年凯恩斯提出的"绝对收入假说"和1949年杜森贝里与莫迪利亚尼提出的"相对收入假说"。

1936年凯恩斯在其《就业、利息和货币通论》中提出的"绝对收入假说"认为,当期消费(C_t)随当期收入(Y_t)的变化而变化,随着收入的增加,消费也随之增加($C_t = \alpha + \beta_t Y_t$,其中$\alpha$为自主消费,$\beta_t$为当期的边际消费倾向),但消费的增加幅度小于收入的增加幅度,即边际消费倾向($\beta_t = \partial C_t / \partial Y_t$)大于0且小于1,是个相对稳定的常数,同时由于边际消费倾向小于1,增加的收入只有部分用来增加消费,所以随着个人可支配收入的增加,其平均消费倾向($C_t / Y_t = \alpha / Y_t + \beta_t$)将会下降。

在凯恩斯提出"绝对收入假说"之后,1942年美国统计学家西蒙·库兹涅茨对美国1869~1938年的国民收入与个人消费资料进行了整理和分析。他发现,短期内平均消费倾向的确随收入的增加而下降,但在长达70年的样本期内,美国的国民收入从93亿元上升到720亿元,国民收入大约增加了7倍,而人们的消费却始终与收入维持在一个相对固定的比例:平均消费倾向一直稳定在0.84与0.89之

间。该分析发现了短期消费函数与长期消费函数存在不一致的情况,也否定了凯恩斯在"绝对收入假说"中提出的平均消费倾向随收入的增加而下降的结论,因此被称为"消费函数之谜"或"库兹涅茨悖论"。

为解释"消费函数之谜"或"库兹涅茨悖论",1949 年杜森贝里和莫迪利亚尼几乎同一时期分别提出了"相对收入假说"(又被称为"杜森贝里-莫迪利亚尼假说"),认为个人消费不但取决于个人当前的收入,还取决于个人以前的最高收入,且同时受到周围其他人消费的影响。个人历史最高收入对当前消费的影响被称为"棘轮效应",即消费会随着收入的增加而增加,但收入下降时,消费的下降幅度要小于收入下降的幅度;同期内周围其他人的收入对个人消费的影响被称为"示范效应"。这说明个体的平均消费倾向一方面与自身收入(包括当前收入和历史收入)有关,另一方面还与所处群体的收入分布有关。

二、生命周期消费储蓄理论的形成阶段

该阶段的代表性理论为 1957 年弗里德曼提出的"持久收入假说"与 1954 年莫迪利亚尼和布伦伯格提出的"生命周期假说"。

这一阶段的理论进一步考虑预期收入与跨期替代,对"消费函数之谜"或"库兹涅茨悖论"进行解释。1957 年弗里德曼提出的"持久收入假说"开创性地将收入分为持久性收入与暂时性收入,同时将消费支出分为持久性消费与暂时性消费。该假说认为消费者的持久性消费与持久性收入之间呈现比较稳定的关系,同时人们会依据其暂时性收入冲击与预期的持久性收入进行当期的消费支出决策,因此得出凯恩斯提出的"消费倾向递减规律"不一定存在的结论。

1954 年莫迪利亚尼和布伦伯格提出的"生命周期假说"的核心思想就是人们为了退休而储蓄,即个人将利用其一生的可获得资源(收入与财富)在整个生命周期内进行最优配置,以平滑其一生的消费,实现其整个生命周期内的效用最大化。将预期的未来收入和跨期替代问题引入消费决定理论的分析后,"持久收入假说"更关注消费与收入之间关系的动态变化,"生命周期假说"则主要关注消费储蓄和年龄与财富积累之间的关系(Deaton,2003)。"生命周期-持久收入假说"为此后关于个人与家庭的消费储蓄行为和最优资产配置等问题的分析提供了一个基准的生命周期分析框架。

三、生命周期消费储蓄理论引入不确定条件后的拓展

该阶段的代表性理论有"随机游走假说"、"预防性储蓄理论"、"流动性约束理论"和"缓冲存货理论"。

Hall(1978)利用"理性预期理论"对"生命周期-持久收入假说"进行重构,放开了"生命周期-持久收入假说"中对未来预期的确定性假设,得出跨期效用最

大的均衡条件为 $E(C_{t+1}) = C_t$，即著名的"随机游走假说"（$C_{t+1} = C_t + \varepsilon$），该假说排除了对收入的任何考虑，认为消费的变化不可预期，但只要人们的预期是理性预期，则最优路径下的本期消费是由上一期的消费和一个随机扰动项决定的。"随机游走假说"非常抽象，为了使该理论假说趋于现实，后续研究者在此基础上展开了大量的经验分析，此后的"预防性储蓄理论"、"流动性约束理论"与"缓冲存货理论"等均属于在这一研究阶段引入不确定条件后的家庭消费储蓄理论。

Yaari（1965）放松了"生命周期-持久收入假说"基准模型中的寿命确定与完全信息假定，认为消费者为了应对预期寿命与未来收支的不确定需要进行预防性储蓄，拉开了预防性储蓄理论发展的序幕。Leland（1968）进一步对预防性储蓄的形成条件予以说明，认为预防性储蓄的发生需要两个条件：一是进行消费决策的个人厌恶消费的波动，在其效用函数中表现为效用对消费的二阶导小于 0；二是个人为应对消费波动的风险需要进行储蓄，在其效用函数中表现为效用对消费的三阶导大于 0，即谨慎性系数大于 0。Kimball（1990）进一步将谨慎性系数划分为绝对谨慎性系数和相对谨慎性系数，并指出谨慎性系数越大代表在相同消费支出不确定性情况下的预防性储蓄动机越强。因此，消费支出的不确定性大小与谨慎性动机的强弱共同决定了预防性储蓄的规模（Caballero，1990）。预防性储蓄是风险规避且谨慎的消费者为了预防未来收支的不确定性对消费的冲击而进行的额外储蓄，未来收入与支出的不确定将减少当期消费从而增加储蓄（Dynan，1993）。另外，预期寿命的不确定性影响未来收支的不确定性，同样地，预期寿命不确定性越大，人们的预防性储蓄动机也越强（Hubbard and Judd，1987）。要降低人们的预防性储蓄，就需要通过完善社会保障和商业保险体系来降低个人未来收支的不确定性，同时降低人们的谨慎性程度。

人们在流动性约束的情况下，谨慎性动机会进一步加强。流动性约束包括当前的流动性约束和预期的未来流动性约束，二者都会减少个人和家庭的当前消费（Zeldes，1989a；Deaton，1991）。Hayashi（1985）发现大约 20% 的美国家庭面临着流动性约束；甘犁等（2018）认为中国有信贷需求的家庭中 30.2% 的家庭受到正规信贷约束，19.5% 的家庭受到非正规信贷约束。收入与支出不确定性叠加流动性约束，是居民家庭增加预防性储蓄和积累资产的一个重要原因（Chamon and Prasad，2010；易行健和周利，2018）。因此，健康稳妥推进消费信贷和数字普惠金融的发展可以通过缓解流动性约束，促进中国居民消费增长。

根据"预防性储蓄理论"和"流动性约束理论"，当人们同时面临收支不确定与流动性约束时，消费者便具有了积累财富以备不时之需的动机，换言之，财富积累过程中形成的资产将扮演缓冲存货的角色以帮助消费者抵御不利的收支冲击。Carroll 等（1992）因此而提出了储蓄的"缓冲存货理论"，该理论认为消费者可能同时存在两种动机：一是因缺乏耐心而存在减少财富存量用于消费的动机，也称"不耐动机";二是因谨慎而存在减少消费增加储蓄的动机,也称"谨慎动机"。消费者在这两种动机的相互作用下,将会形成一个相对稳定的财富和持久收入之比的积累目标,如果消费者的财富积累量高于该目标值,消费者的不耐动机便会高于谨慎动机,此时消费者会选择增加消费减少储蓄;如果当前财富积累量低于目标值,消费者的谨慎动机将大于不耐动机,此时消费者将尽力增加储蓄减少消费。缓冲存货理论阐述了财富水平与消费不确定性之间的关系。

四、生命周期消费储蓄理论在家庭层面的扩展

在生命周期消费储蓄理论拓展到家庭层面之前,所有理论都是基于自利的理性个人的前提,讨论其在生命周期内的消费储蓄决策。拓展到家庭层面的分析之后,根据家庭经济学鼻祖贝克尔提出的家庭经济学理论,基本假设发生了以下几个变化:一是分析对象由个人变为了家庭,家庭内部同时存在利他和自利两种关系;二是家庭不仅是商品和服务的消费者,也是"生产者",家庭生产那些无法通过市场购买获得的孩子、健康和情感等"消费品";三是家庭的消费会受到其生产成本的影响,如生育、人力资本投资和遗赠等行为导致的生产成本皆会对家庭消费储蓄产生影响。

贝克尔最早采用的是单一决策模型,假定家庭成员偏好具有一致性,都是追求家庭整体效用最大化,且家庭成员之间同时具有利他性。Barro 和 Becker(1989)开创性地构建了考虑家庭内部利他主义的跨代动态效用函数,假定只考虑和自己最相邻的下一代,父母对每个儿女的利他程度以及儿女之间的效用函数都相同,则父母的效用不仅取决于其自身的消费,还取决于其孩子的数量和孩子的效用。Browning 等(2014)基于联合决策模型进行研究,认为家庭成员有单独的效用函数,因此家庭成员偏好的差异性导致家庭决策需要考虑成员之间的互动和博弈,最后联合决策追求家庭个体效用加总的最大化。

拓展到家庭层面后基准分析框架只考虑两代人的动态效用最大化问题,更多的扩展还可以涉及多个代际关系,或者放松更多假设条件,如对不同代的利他动机存在衰减,不同子女的效用函数存在差异,对不同子女的利他动机与遗产馈赠存在差异,或者引入可变时间偏好率与可变利率等。

第三节 居民家庭资产配置的四个谜题

一、保险参与不足之谜

家庭内部的风险主要包括家庭成员的人身风险、家庭财产的毁损风险和家庭关系变化导致的财产无法保全的风险等,各类风险一旦暴露,皆会影响家庭的消费储蓄决策和财富积累行为。保险是家庭在面对无法控制和减少的风险时所进行的融资型风险管理手段，人们可以通过参加社会保险或购买商业保险来转移风险事件发生导致的财务损失，如通过购买年金保险对冲长寿风险、购买健康保险对冲疾病风险、购买人寿保险对冲死亡风险、购买意外保险对冲意外风险等。保险是家庭财富管理的"压舱石"，从理论上讲，由于社会保险只保障基本生活，任何个人和家庭都有必要为了对冲风险而主动购买商业保险。但实际情况是，在发达国家和发展中国家都普遍存在各类保险参与不足的现象，从而形成"保险参与不足悖论"。世界性的人口老龄化形势日益严峻，研究者尤其关注对冲长寿风险的商业年金市场参与不足导致的"年金之谜"[1]的问题。

对"年金之谜"的研究大致可分为两类（Davidoff et al.，2005；秦云和郑伟，2017）：第一类是基于新古典经济学框架的"理性人"假设，此类研究认为遗产馈赠动机的存在、"流动性约束"与"给付约束"等市场不完全因素的存在[2]、年金市场的逆向选择效应、年金的非精算公平定价的存在、家庭储蓄和社会保障以及家庭成员内部长寿风险分担等年金的替代性因素的挤出效应等可以部分解释"年金之谜"；第二类是基于行为经济学框架探讨"有限理性"对年金配置的影响，此类研究认为个人金融素养、对寿命预期的主观概率、心理账户的制约、信息感知偏差、害怕谈论死亡和担心产生被控制感等心理因素可以部分解释"年金之谜"。

Zietz（2003）认为人身保险需求和人力财富的期望值与不确定性、人寿保险合约的风险-回报特征、遗产馈赠动机、预期寿命、居民的收入财富与家庭的人口统计学特征等因素存在显著的相关关系。霍兰（2015）在考虑最优年金保险和最优消费与风险资产配置的决策模型中，假设了追求效用最大化的理性投资者将退休资产在无风险金融资产、风险金融资产、固定收益年金和可变收益年金四类资产之间进行组合配置以实现其效用最大化。霍兰等（2017）利用美国的股票市场和国债的收益与风险特征、个人存活概率数据，采用常相对风险规避系数模型进行动态多阶段模拟得出：投资者的遗产馈赠动机越大，投资者在以国债为代表的无风险金融资产与以股票为代表的风险金融资产上的配置就越多，而在终身年金上的配置就越少，且投资者风险规避系数越高，其在终身年金上的配置量越低。这是因为，风险规避程度越高的人，越担心若购买纯粹终身年金后不久死亡，则

---

[1] 1985年诺贝尔经济学奖获得者莫迪利亚尼在发表获奖演讲时指出，"相对于其他商业保险产品来说，商业养老年金极其稀少，这让人非常费解"，自此，学术界对"年金之谜"给予了广泛关注。

[2] 年金"流动性约束"产生的原因在于年金是一种契约产品，购买者如果想将其变现须支付较高的违约金，这意味着年金的流动性较低。年金"给付约束"的产生是因为年金产品通常采取固定给付模式，但是个体在退休后的最优消费路径不太可能是固定给付模式。

其从购买年金中的获益为零甚至为负。

二、股票市场有限参与之谜

根据经典金融学中的投资者均值-方差效用函数（Markowitz，1952）可知，风险金融资产市场上存在一个最优的风险金融资产投资组合，所有投资者可以持有这一相同的最优风险金融资产组合。根据 Tobin（1958）的"两基金分离定理"，风险偏好不同的投资者仅须改变无风险金融资产与风险金融资产的比例来匹配自身的风险偏好，无须改变最优风险金融资产组合的内部比例。也就是说，人们为了追求投资收益最大化，任何投资者都应该持有一定比例的风险金融资产组合。

但事实上，大多数的个人和家庭都没有持有一定比例的风险金融资产组合，甚至没有参与到风险金融市场中。在以股票市场为代表的风险金融市场中，大部分居民都没有持有任何形式的股票资产，即使把养老金账户中的投资计算在内也是如此。Mankiw 和 Zeldes（1991）、Haliassos 和 Bertaut（1995）使用美国的数据，Guiso 等（2002）使用英国、德国、意大利和荷兰的数据进行分析后，都得出了这一结论。Badarinza 等（2016）运用美国、加拿大、澳大利亚和欧盟各国 2010 年前后的数据进行分析后发现所有国家的权益市场参与率都低于 50%，其中美国的参与率最高为 36.8%，剔除固定缴费（defined contribution，DC）养老金计划中的投资后参与率为 20%，与固定缴费养老金计划实施开始的 30 多年前没有明显差异。现实中的股票市场低参与率与经典金融学中的理论结论不一致，研究者将其称之为"股票市场有限参与之谜"。

Haliassos 和 Bertaut（1995）对"股票市场有限参与之谜"的解释是因为存在固定成本和对期望效用的偏离。后续的相关研究依据这一结论展开，大概可以划分为四种类型的解释。

（1）市场摩擦。参与股票市场会产生一系列参与成本（Vissing-Jørgensen，2002；Haliassos and Michaelides，2003；Gomes and Michaelides，2005），包括直接的交易成本（如开设交易账户的成本、印花税和所得税等）和直接信息成本（如咨询与学习的费用）以及间接信息成本（如信息搜集和分析的时间成本）等。参与成本越高，则股票市场参与的可能性越小。参与成本形成的市场摩擦能解释穷人为什么不参与股票市场，但无法解释富人为什么也不参与股票市场（Andersen and Nielsen，2011；Briggs et al.，2021），富人不参与股票市场可能是因为非标准化偏好、背景风险、信任和同伴效应（peer effect）等。

（2）非标准化偏好。在经典金融学中皆以标准化的不变线性投资者偏好为假设前提，但事实上，投资者的偏好可能存在非线性、动态可变的特征，如可能存在失望规避（Ang et al.，2005）、损失规避（Gomes，2005）、狭窄框架（Barberis et al.，2006）、模糊规避（Cao et al.，2005；Campanale，2011；Peijnenburg，2018）

或者新闻效用（Pagel，2018）等。

（3）背景风险。背景风险是指难以避免、不可交易且难以投保的风险，主要是指用来解释风险态度异质性的系列环境因素（Guiso and Sodini，2013）。居民家庭的背景风险通常包括三大类：一是劳动收入风险与信贷约束（Guiso et al.，1996；Calvet and Sodini，2014）；二是房产价值波动的风险（Cocco et al.，2005；Yao and Zhang，2005）；三是与居民个人和家庭存在连带债务责任的经营性资产（企业资产）风险。个人与家庭的背景风险越大，则参与股票市场的可能性越小。

（4）其他影响因素。影响个人和家庭参与股票市场的其他因素包括个人和家庭成员的人口统计学特征、生物学特征和社会学特征（Guiso and Sodini，2013）、金融素养（van Rooij et al.，2011）、过往经历、对股票市场回报率的信念（Malmendier and Nagel，2011）、承诺性支出（Chetty and Szeidl，2007）、对机构及其产品与从业者的信任（Guiso et al.，2008）等能够影响投资者风险偏好的所有因素，个人和家庭所处环境中的同伴效应也会影响其股票市场参与。身边有人参与股票市场并且获得这一信息的个人更有可能参与到股票市场中，同伴效应是社会效用（social utility）的体现，这一结论得到了诸多文献的支持。例如，关注同伴效应的社会互动机制的文献认为，社会互动程度高的社区具有更高的股票市场参与率（Hong et al.，2004；Brown et al.，2008），这是因为社会互动的增加使信息传播和模仿的可能性加大（Banerjee et al.，2013）。

三、投资分散不足之谜

根据投资组合的基准理论模型，人们对风险金融资产的投资应该采用足够分散的投资组合来充分地分散投资的非系统性风险。但Blume和Friend（1975）运用美国的所得税数据进行分析发现，大部分投资者都持有相对集中的投资组合。这一理论与现实不符的情况被称为投资"分散不足之谜"（under-diversification puzzle）或"集中投资悖论"。

有小部分的研究从模糊规避、等级依赖偏好等投资者非标准化偏好的角度进行解释，但此类研究的解释力较弱，更多的研究把投资组合中分散性不足归因于"熟悉偏误"（familiarity bias），即投资者倾向于购买他们熟悉的股票，因为这能够为其带来"信息便利"（information advantage）。例如，投资者大概率购买本国公司的股票（French and Poterba，1991；Grinblatt and Keloharju，2001），甚至对本地公司股票进行过度投资（Huberman，2001；Feng and Seasholes，2004），或者更愿意投资自己所消费商品和服务的公司的股票（Keloharju et al.，2012），甚至将权益投资的绝大部分集中于自己工作的公司的股票（Benartzi，2001）。另外，同伴效应也会对集中投资产生影响，如投资者倾向于投资其父母持有的公司股票，这一影响在与父母交流更多的情况下会更大（Knüpfer et al.，2017b）。

四、共持之谜与债务之谜

"共持之谜"(co-holding puzzle)是指居民家庭在拥有信用卡负债的同时,也拥有足够甚至超出其进行交易性支付和偿还贷款需求的流动性资产。Gross 和 Souleles(2002)使用美国的信用卡数据发现有 30%的持卡家庭存在这一现象,该现象普遍存在于中产家庭,且这些家庭都不存在财务危机。家庭共持的成本颇高,信用卡利率中位数约为 15%,但仍有三分之二的持卡者选择不全额还款(Bertaut and Haliassos,2006)。诸多研究认为大部分的共持现象具有合理性,且在可控范围,但有小部分的共持可导致家庭遭遇财务困境甚至破产。引起共持现象的原因是多方面的,其合理与否可能需要关注各类原因的相对重要性。已有研究对共持现象的解释如下。①策略性债务违约的选择。家庭破产前有维持部分豁免资产的权利,所以不将流动性账户中的现金用来偿还贷款对可能申请破产的家庭是有利的(Lehnert and Maki,2002)。②未来信用额度波动的风险。个人信用的取得和额度上限都存在不确定性,还款后可能无法获得新的等量信用额度,因此人们会在保有未偿债务的利息成本与确保未来获得等量信用的收益之间进行权衡,若成本小于收益,则会选择保有未偿债务(Fulford,2015)。③交易中存在不可替代的现金支付需求(Telyukova and Wright,2008),因此需要保有一定的现金,而不用其偿还负债。

"债务之谜"(debt puzzle)是指居民家庭在拥有信用卡负债的同时,还积累了大量的非流动性资产为退休做准备。Laibson 等(1998,2003)认为这是人们的时间偏好在短期和长期内不一致的结果。居民家庭对未来的近期目标缺乏耐心,但对长期目标更具耐心,因此在短期内倾向于使用负债来满足消费,但却愿意为了长期目标积累资产,从而导致"债务之谜"的现实结果。

第四节 家庭经济金融行为的其他影响因素

一、认知能力对家庭经济金融行为的影响

认知能力(cognitive ability)主要涉及语言能力、数学知识和计算能力、记忆能力和 IQ 水平等相关指标。有大量的证据表明,个人的认知能力会显著影响储蓄、负债和资产决策等金融行为的结果,由于个人的认知能力在生命周期中会发生变化,因此这些影响也随之变化,且认知能力与非认知能力和经验知识之间的关系同样也会影响人们的金融行为结果。Christelis 等(2010)认为认知能力会影响人们的信息处理能力,从而影响其共同基金和退休账户的参与。Agarwal 和 Mazumder(2013)使用美国入伍标准测试的相关数据进行分析发现,有过入伍经

历的人在使用信用卡和抵押贷款中所犯的错误与其在入伍测试中的数学得分存在负向关系，但与语言能力得分无关。Gerardi 等（2013）也得出人们的债务违约概率与其数学计算能力负相关。Grinblatt 等（2011）使用芬兰的入伍测试数据研究发现 IQ 水平会对人们的股票市场参与和投资绩效等产生影响。

成年人的认知能力会随着年龄的增长而下降，但同时经验知识等非认知能力会上升，认知能力和非认知能力的相互作用也会影响人们的金融行为及其结果（Agarwal et al.，2009）。例如，年老的投资者倾向于在投资中更多使用基于非认知能力的经验法则，这种情况在受教育程度低、低收入和少数族裔群体中更突出（Korniotis and Kumar，2011）。在一项瑞典的养老金账户投资的数据调查中，非认知能力强的投资者只获得较低收益，这是因为他们大多倾向于放弃养老金账户投资的默认项，而选择次优的投资组合；但认知能力强的投资者可以获得高收益，即使是放弃养老金账户投资的默认项也同样如此（Lindqvist et al.，2018），说明相比非认知能力，认知能力对投资结果会产生更大的正向影响。

二、金融素养对家庭经济金融行为的影响

金融素养（financial literacy）是与认知能力相区别的两个概念，金融素养的差异也会显著影响金融行为结果。金融素养的相关研究数据多数采用问卷调查的方式获得，在问卷调查的提问中，涉及家庭资产部分的提问通常有三个：一是是否理解复利的含义？二是是否能区分名义利率和实际利率，或者是否理解通货膨胀？三是是否知晓分散化投资的好处？而在涉及家庭负债的研究中，更多关注家庭对消费贷款和抵押贷款的了解程度，也称债务素养（debt literacy）（Disney and Gathergood，2013；Gathergood and Weber，2017）。

提升金融素养需要高昂的成本，将该成本引入风险资产配置模型中后，发现金融素养与财富之间存在内生的同步变化关系（Delavande et al.，2008），且社会保障越充分的国家，越不鼓励财富积累，从而也阻碍了金融素养的积累（Jappelli and Padula，2013）。虽然金融素养随着时间的推移会贬值，但人们可以通过寻求高成本的金融教育来增进自身金融素养，获得新的金融知识后人们对既定风险的投资组合会产生更高的收益预期。

有大量的实证研究表明，金融素养与诸多良好的金融行为结果呈正相关，如金融素养高的人群具有更高的退休储蓄倾向和更高的财富积累（Behrman et al.，2012；van Rooij et al.，2012；Jappelli and Padula，2013）、更高的股票市场参与倾向（van Rooij et al.，2011），更多构造分散的投资组合（von Gaudecker，2015），更少使用高成本的借贷（Disney and Gathergood，2013），年轻时更少使用抵押贷款（Gathergood and Weber，2017），在经济危机发生时更少出现支付困难和财务困境（Klapper et al.，2013）等。根据 Jappelli 和 Padula（2013）的研究，人们在

退休时的财富积累差异有 30%~40% 可以由金融素养的差异来解释,同时对于缺乏金融知识的人群来说,他们可能因此而遭受相当大的福利损失。近年来有研究还关注富人投资能力的解释,这些研究认为富人具有持续获得高收益的能力有两个方面的原因:一是他们更愿意也更能有效地承担风险(Bach et al.,2020;Campbell et al.,2019);二是他们会对金融教育进行大量的投资,以获得更高的金融素养(Lusardi et al.,2017)。

三、家庭内部结构视角的金融决策研究

已有文献绝大多数都将家庭作为一个整体来研究外部环境因素对其金融行为与决策的影响。最近十多年以来,开始有研究者转换研究视角,从家庭内部结构的差异来分析其对家庭金融决策的影响。这类研究大概分为两方面的内容:一是在基准的消费、资产配置和保险配置的生命周期模型中,考查结婚、生育、离婚、退休、丧偶等外生的家庭结构变化对家庭金融决策的影响;二是考查家庭内生的谈判能力(以相对收入作为代理变量)对家庭金融决策的影响。

已有研究结论认为家庭内部的年轻人主要靠相对安全的人力资本(劳动收入)应对消费所需,因此他们在投资组合的选择上愿意承担更大风险;外生的离婚冲击对男女双方股票持有产生相反的影响,离婚后的男性会增加其风险投资,而离婚后的女性会减少其风险投资(Love,2010),Addoum 等(2017)在引入了夫妻在婚内的谈判能力之后,也得出了同样的结论。另外,孩子的出生会降低已婚且有工作男性的风险资产持有;从单身到结婚的状态改变会产生与离婚相反的结果,而退休对婚内男女的风险金融资产的持有影响与进入结婚状态下相同,即结婚后和退休后女性会增加持有风险资产,而男性会减少持有风险资产(Addoum,2017),并且这一作用对低财富水平的个体和家庭的影响更大。也有研究对家庭内部谈判能力进行了进一步界定,认为真正决定家庭决策能力的相对收入水平,不是指当前的实际相对收入,而是未来的潜在相对收入(Pollak,2005)。

四、社会环境因素对家庭经济金融行为的影响

对异质性金融行为的研究一开始就关注了两个方面,一是先天的基因因素(nature factor),二是后天的环境因素(nurture factor)。关于基因对金融行为的影响研究采用方差分解方法得出了系列结论,认为基因通过影响个人的时间偏好和自我控制进而影响个人储蓄(Cronqvist and Siegel,2015),通过影响风险偏好和参与成本影响股票市场参与及资产配置(Barnea et al.,2010),还会对投资偏误(如低分散投资、过度交易和处置效应等)(Cronqvist and Siegel,2014)、投资组合的风险(Cesarini et al.,2010)等产生影响。但以上这些研究同时也指出,基因的影响只能解释小部分的金融行为差异,大部分的金融行为异质性是社会环境

因素和与环境的互动程度的差异引起的。

社会环境因素相关的研究主要涉及短期社会互动产生的同伴效应和长期形成的文化影响（culture influence）两方面对家庭经济金融行为的影响。

Manski（1993）认为短期社会互动产生的同伴效应对家庭资产和负债决策的影响有三种类型：一是对同伴经济金融行为进行观察后产生的内生影响（endogenous effect）；二是研究同伴特征（如受教育程度、金融素养等）产生的外生影响（exogenous effect）；三是与同伴共同特征、行为或环境的相关影响（correlated effect）。家庭金融的研究主要是在控制了第三种影响的条件下关注前两种影响。Duflo 和 Saez（2002，2003）研究了同一大学内不同图书馆的图书管理员的行为后发现，个人对养老金的基金配置与其同部门同事参与该产品配置的占比呈正相关；Hong 等（2004）着重关注了社会互动造成的影响，认为邻居间的互动和参与教会活动能增加家庭的股票市场参与。上述研究都证明了内生同伴效应的存在，且同伴效应只在同伴具有正向投资经验时才会产生（Kaustia and Knüpfer，2012）。为了识别外生同伴效应的影响，系列文献对难民安置或移民数据进行了分析，考查新住民的金融决策如何受当地原住居民金融素养和受教育程度的影响。Haliassos 等（2019）使用瑞典的"难民安置计划"数据研究发现，安置地原住邻居接受过经济学和商科教育以及其大学入学的比例对难民的中长期股票市场参与和私人退休基金的参与行为有显著影响，反映了外生同伴效应的存在，且该效应的大小与邻居的金融知识掌握程度、居民之间的互动程度（信息传递）、信息感知（Arrondel et al.，2022）和信息处理能力（Shiller，1990）等显著相关。

文化是一系列的信仰、感知、观念和集体经验等的集合（Fernández and Fogli，2006）。Guiso 等（2006）提出了一个文化影响经济的基准模型，他们将短期内快速的文化影响（如流行文化）归类于社会互动，而长期且缓慢的文化影响才是该模型关注的重点，关于信仰、风险偏好和勤奋等特征在不同文化背景下皆有不同，并因此对人们的经济金融行为产生影响。大量的实证研究认为来自不同文化背景的移民在东道国面对同样的制度环境时，其经济金融行为存在异质性，个人决策面临非正规的文化约束的同时，还受到正规的制度约束（North，1991），因此各个研究都以某一确定的东道国的样本进行分析以控制制度环境的影响。Carroll 等（1994）得出加拿大新移民的储蓄率要低于同一区域内的原住居民；Guiso 等（2006）发现一个国家的储蓄率与国内认同勤奋的重要性的人口占比显著相关；Guin（2017）对瑞士的数据进行分析发现，在同一居住区域，讲德语群体的储蓄率要高于讲法语群体的储蓄率。Osili 和 Paulson（2008）的研究则发现，移民的持股行为与其母国对产权进行保护的程度显著正相关。文化环境影响家庭金融决策的中介机制主要有社会网络、公共参与和社会信任等。社会网络能增加人们对正规信贷和基础金融工具的使用（Guiso et al.，2004），但人们对家族或家庭的依赖会阻碍其公共参与和社会信任，从而降低人们对正规金融体系的参与（Alesina and Giuliano，2011），换句话说，就是一国社会内部家庭联系越松散，人们对社会信任度越高，则正规金融参与将越多，反之则反。

五、金融咨询对家庭经济金融行为的影响

当个人金融素养存在不足时，可以通过向家庭外部的专业机构和专业人士寻求金融咨询来获得更合适的金融解决方案。在金融创新不断涌现、金融工具日益复杂的市场背景下，寻求专业金融咨询的客户需求也不断增加，促进了金融咨询和投资顾问等行业的快速发展，也为财富管理机构的业务模式从以产品为中心向以客户为中心进行转型提供了助力。

关于金融咨询的理论研究大多集中在不同利益主体之间的利益冲突和金融咨询本身的有效性两个方面。在金融咨询中存在两个层面的利益冲突（Inderst and Ottaviani，2009）：一是寻求咨询服务的客户方与提供咨询服务的金融顾问方两者之间的利益冲突，金融顾问既要考虑客户的需求为其提供所需要的服务，也会从产品销售的角度多推销佣金较高的产品，后者可能损害客户的利益；二是金融顾问与所属机构之间的利益冲突，金融顾问为获取高额佣金向客户销售了不适合客户的金融产品，引发的客户投诉会增加金融机构的成本。两个层面的利益冲突相互作用所导致的影响会最终影响金融咨询效果。Inderst 和 Ottaviani（2012）构建了一个包含客户、金融顾问和金融产品供给机构的理论模型，讨论佣金上限设定和强制信息披露的福利影响。Guiso 等（2022）构建了一个关于银行在设定利率下的抵押贷款销售和向客户提供咨询服务的模型，发现有经验的或金融素养高的客户会知道哪些抵押贷款方案是适合他们的，而经验不足或金融素养低的客户则会直接听从银行的建议，由于利益冲突的存在，客户可能会因扭曲的咨询方案而支付更高的成本。但该研究也强调，不寻求咨询的机会成本也很高，因为即使是糟糕的建议也包含一些信息，因此正确的做法可能是要向不止一家机构去寻求咨询服务，而后货比三家做出决策。该研究说明金融素养越高的客户寻求咨询服务的效果越好，反之则反，这一结论也得到了其他文献的佐证（Hackethal et al.，2012），这说明金融咨询与金融素养不是替代关系，而是补充关系。

第五节 文献述评与小结

家庭的经济金融行为主要涉及三个方面：首先是家庭的消费、储蓄与负债决策，其重点是家庭的流动性管理和目标储蓄管理；其次是家庭为应对各类风险所进行的保障和保险决策；最后是家庭为获取投资收益对储蓄积累进行投资或风险资产配置的决策。家庭效用的大小由生命周期内的消费决定，因此消费的决定是家庭经济行为的核心，其他如储蓄、负债、保险和投资等都是服务于家庭消费决策、为满足生命周期内的消费平滑所做的家庭金融安排。储蓄和投资本质上是用当前的收入和积累来满足未来消费，负债是使用未来收入满足当前消费，保险是为了应对未来各类不确定对未来消费的影响所采取的家庭风险管理措施。

已有的相关研究中，决策目标主体从个人的效用拓展到家庭的效用甚至跨代际的效用；决策目标变量从单一消费的决定，逐步拓展到消费、风险资产配置以及保险配置的共同决定；研究假设从确定性假设、标准化偏好和无利他假设的基准模型逐步拓展到不确定性假设、非标准化偏好和利己与利他共存假设；最优决策的影响因素更是不断丰富，如影响消费的收入因素从绝对收入到相对收入再到持久性收入最终发展到生命周期收入；影响储蓄的因素相关研究经历了从早期的关注跨期替代动机和为退休而进行的生命周期储蓄动机，到后来关注未来不确定性和信贷约束影响的预防性储蓄动机，再进而关注住房首付动机、遗赠动机等拓展到各类目标储蓄动机；影响资产配置的因素从关注市场摩擦所引起的各类参与成本，到关注家庭收入与资产面临的各类因健康、企业经营和房产持有所产生的背景风险，再到行为金融分析中所关注的参考决策点、损失规避、处置效应和框架效应等系列非标准化偏好，以及金融素养与认知能力、过往经历、承诺性支出、信任与信念、外部的社会互动和文化环境及家庭内部结构等，都进行了拓展研究。

国外的家庭金融理论研究取得了显著发展，实证研究也取得了丰富的研究成果，此中诸多理论与应用研究虽然在国内得到了越来越多学者的关注，并且该领域相关应用研究也已经在国内快速地展开，但迄今为止，已有对中国问题的研究中尚未形成完整的分析框架和逻辑体系，且对已有的中国居民家庭经济金融行为的研究相对分散，缺乏以中国现实为基础的整体分析框架。本书的研究目的在于构建一个研究中国居民家庭经济金融行为相对完整的分析框架和叙事逻辑，希望能为此后的相关研究提供有益的参考。

第三章 中国家庭经济金融行为的典型事实

第一节 中国家庭"低消费、高储蓄"的典型事实

居民消费率是指居民消费与 GDP 之比,居民消费率可以分解为两个因子的乘积,一是居民可支配收入与 GDP 之比;二是居民消费与居民可支配收入之比。前者反映了收入法核算中的 GDP 中居民家庭部门收入的占比,后者反映了居民家庭的平均消费倾向。因此从国民收入核算角度分析居民消费不足就必须从这两个方面进行讨论。

一、中国居民消费率低

在国民收入恒等式中,一国国民收入共有四个组成部分,分别是私人部门消费、私人部门投资、政府部门支出和净出口。私人部门消费是指居民家庭部门的消费;而企业部门的消费计入企业成本,属于企业投资的范畴,被包含在私人部门投资中;政府部门支出中既包含了政府的消费支出(其中一部分为政府部门自身行政所需的购买支出与人员工资,另一部分是政府进行收入再分配的非投资类支出),也包含了政府的投资支出;净出口即外国市场对中国商品和服务的净需求。我们在讨论一国国内消费对经济增长的贡献时,大多从总消费的概念出发,讨论最终消费在国民收入中的占比,这里的最终消费既包含了居民部门的消费,也包含了政府部门的消费。如果不考虑私人部门与政府部门的差异,国民收入恒等式可以改写为三个部分的加总——最终消费、资本形成(私人投资加政府投资)和净出口。

图 3.1 是 1952~2021 年中国最终消费、资本形成总额和净出口占支出法 GDP 的比重,为进一步了解最终消费内部构成的变化,我们将居民消费和政府消费占 GDP 的比重的变化趋势也加入了图 3.1 中。可以看出 1952~2021 年,政府消费率的波动始终很小,除了 1955~1959 年出现明显下滑之外,此后一直呈现稳中有升的态势。但是居民消费率除了在 1959~1962 年有短暂攀升,占 GDP 比重达到峰值 70.98%,60 多年以来总体而言呈现持续下降的趋势,从 1952 年的 65.64%下降到 2021 年的 38.48%,共下降了 27.16 个百分点。

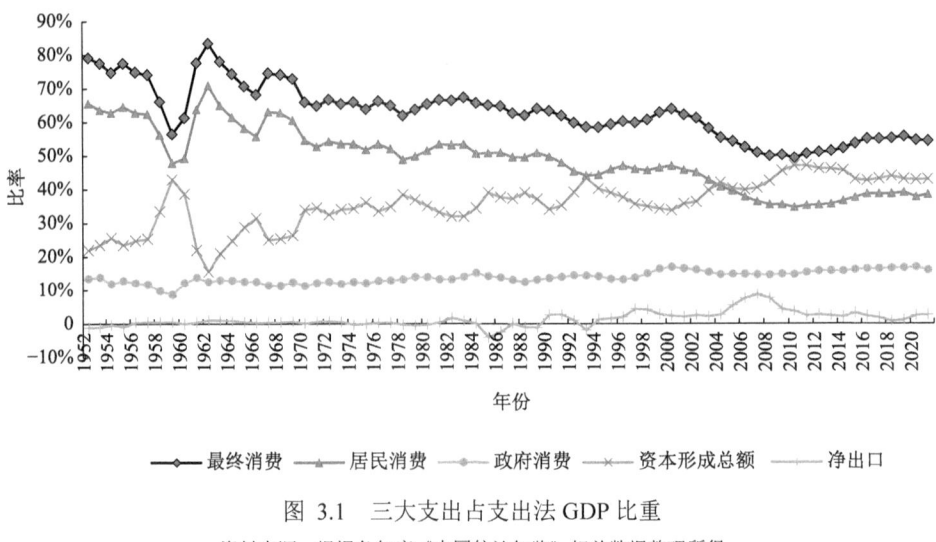

图 3.1　三大支出占支出法 GDP 比重

资料来源：根据各年度《中国统计年鉴》相关数据整理所得

国际比较方面，以 2021 年数据为例，美国和英国的居民消费率分别为 68.21% 和 61.47%，是居民消费率最高的两个国家；意大利（57.78%）、加拿大（54.50%）、日本（53.92%）和法国（52.67%）的居民消费率都处于 50%~60%；在发达国家中，德国的居民消费率最低也有 49.05%；金砖国家中，2021 年印度的居民消费率为 60.77%，巴西为 60.97%，俄罗斯为 50.07%，都远高于中国居民消费率 38.48% 的水平。中国居民消费呈现出显著不足的特征。

二、中国居民消费倾向偏低

居民消费倾向是指居民消费与居民可支配收入之比。图 3.2 展示了我国 1980~2021 年全国居民平均消费倾向、城镇居民平均消费倾向和农村居民平均消费倾向的演变趋势，从图 3.2 可知，城镇居民的平均消费倾向除 20 世纪 80 年代上半段保持比较平稳以外，自 1988 年开始整体呈现显著下降趋势，从 1988 年的 93.54% 下降到 2021 年的 63.92%。农村居民的平均消费倾向则从 20 世纪 80 年代上半段开始下降然后逐步回升，从 1989 年的 89.01% 下降到 1999 年的 71.98%，之后触底上升，逐步提高到 2004 年 76.87%，之后持续提升，自 2005 年开始，农村居民平均消费倾向始终稳定在 80% 以上，并大幅超过了城镇居民平均消费倾向。因此，提高我国居民消费率重点是要提高我国城镇居民的消费倾向。

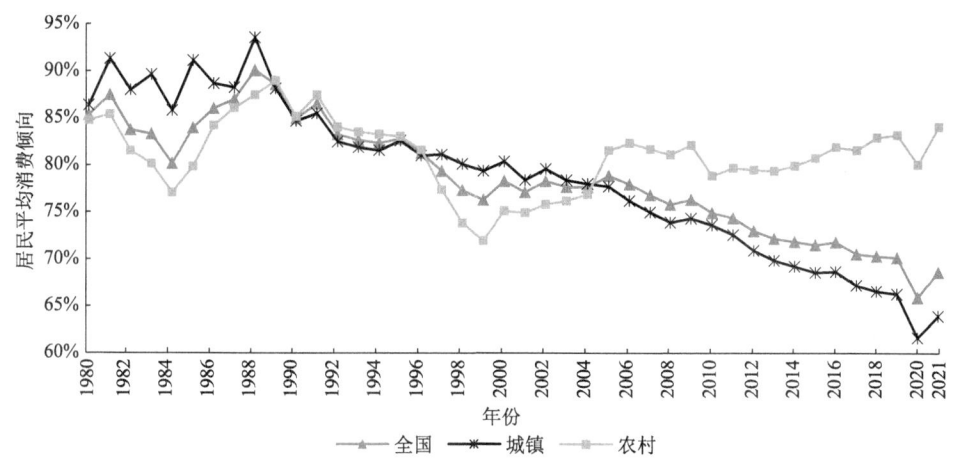

图 3.2 居民平均消费倾向演变趋势

资料来源：根据各年度《中国统计年鉴》相关数据整理所得

三、中国居民储蓄率高

居民储蓄率是居民储蓄额与其可支配收入的比值，主要反映了家庭部门的储蓄状况。居民储蓄率与居民消费倾向是一个问题的两个面。中国长期以来的"高储蓄"现象也一直是国内外学者关注的焦点。

纵观全球主要经济体的发展历程，中国居民储蓄率显著高于其他处于相似发展阶段的国家。以人均收入为标准，2019年，中国的人均GDP超过了1万美元，而居民储蓄率高达29.85%。与此相比，同等收入水平的发达国家，如美国在1978年的居民储蓄率为10.96%，法国在1979年为13.07%，而日本、英国和德国的储蓄率大致在10%左右[1]。从分收入等级国家居民储蓄率演变趋势（图3.3）对比来看，纵观1982～2022年各国储蓄率的走势，中国居民储蓄率在2022年为46.05%，无论是与高收入经济体相比，还是与低收入经济体相比，中国的居民储蓄率都明显更高。

中国居民的高储蓄率意味着消费潜力未能得到充分释放。当前，中国经济正处于高质量发展阶段，在外部需求疲软和国际环境不确定的情况下，"十四五"规划提出，要加快构建以国内大循环为主体、国内国际双循环相互促进的新发展格局。要实现国内大循环的畅通，就需要扩大国内市场，激发内需，促进居民消费。

---

[1] 数据来自OECD（Organization for Economic Cooperation and Development，经济合作与发展组织）数据库。

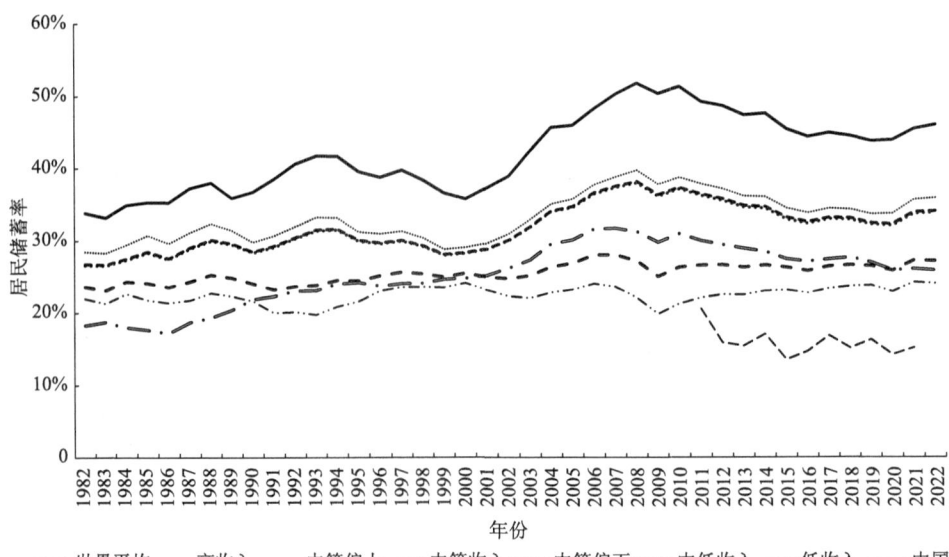

图 3.3　中国及分收入等级国家居民储蓄率演变趋势

资料来源：根据中国经济信息中心（China Economic Information Center，CEIC）数据整理所得

四、中国居民储蓄率高和消费不足的原因

已有研究对中国"低消费、高储蓄"问题进行了大量的原因探究，基本可以归类为收入分配和收入差距（Dynan et al.，2004；陈斌开，2012；甘犁等，2018）、家庭人口结构（Deaton and Paxson，2000；徐升艳等，2013）、不确定性与社会保障和商业保险体系的发展、信贷约束、土地财政与房价、勤俭节约和家庭代际转移的文化习俗（田丰等，2012；Guiso et al.，2006；孙涛和黄少安，2010）等。

（一）收入水平低，消费能力不足

收入是消费的基础，个人和家庭的收入有限限制了居民的消费能力。早期的许多研究从功能性收入分配和收入再分配等环节讨论居民家庭收入占比对消费的影响。这些研究认为，在初次的功能性收入分配或者要素收入分配阶段，企业部门的利润收入和政府部门的税收收入占比过高，挤占了居民家庭部门的收入，不利于居民家庭消费的增加。改革开放后，我国资本供给不足，劳动力相对充足，招商引资的各项政策也使我国企业部门长期维持较低的劳动力价格，抑制了居民家庭收入的增长，进而限制了消费能力的提高。

(二) 储蓄动机强，消费意愿不足

家庭支出中的住房、教育、医疗和养老占比大，且相应的社会保障不够，导致居民家庭不敢消费。高房价和高教育成本导致家庭的购房与教育支出占居民家庭支出的比重过高，居民家庭的目标储蓄动机增强；随着预期寿命的提高，我国人口进入深度老龄化阶段，家庭养老负担加重，未来医疗支出的不确定性增加；同时我国社会保障水平相对较低，商业保险参与程度低于世界平均水平，居民家庭缺乏风险防范能力，预防性储蓄动机强；随着宏观经济进入下行通道，收入风险加大，更增加了居民家庭的谨慎性动机，这些都导致居民家庭不敢消费，因此增加储蓄，限制了居民家庭消费。另外，即使短期内储蓄不足的家庭想要消费，也会受到不同程度的信贷约束，信用体系不够完善也成为消费的一大阻力。从长期来看，不同年龄的消费人群即使无消费能力障碍，其消费意愿也受传统节俭文化的影响而不同。

(三) 消费场景的多元化程度低，消费渠道不通畅，居民消费需求未能得到有效释放

从需求方来看，居民家庭的消费理念仍较为传统，消费渠道也不够丰富；从供给方来看，消费场景的个性化特征不够显著。但随着数字经济的发展，各类网络消费平台横空出世，有关商品和服务的消费信息越来越充分，线上线下消费模式也得到了不断的丰富，个性化的小众消费场景不断涌现，让有足够的消费能力且消费意愿强烈的居民家庭能够找到适合自身的消费渠道和消费场景，可以为消费的增长提供强有力的支持。

对于不同收入和财富水平的群体而言，在上述原因的重要性上有所不同。在我国不同收入群体中，存在低收入群体"无钱可花"，是因消费能力不足；中低收入群体"钱少不敢花"，是因社会保障不足；中高收入群体"有钱不愿花"，是因传统消费理念的约束；高收入群体"钱多没处花"，是因消费场景不足。但整体而言，以收入和财富水平为代表的消费能力是推动消费的基础，因此提高整个经济社会的活力，增加就业、鼓励创业和投资，提高居民家庭的劳动收入、经营性收入和财产性收入是促进消费的重中之重。消费意愿的提高依赖于我国社会保障体系和金融体系的进一步完善，进一步转变消费理念、创新消费模式、不断丰富消费场景也将促进居民家庭消费。

第二节 中国家庭负债的现状与典型事实

一、总负债规模迅速扩大

根据国家金融与发展实验室（National Institution for Finance & Development，NIFD）的数据统计，中国居民部门杠杆率（居民部门负债与GDP之比）从1992年底的7.5%上升至2008年底的17.9%，之后为了对冲2008年美国金融危机对中国经济的冲击，国家出台了大规模的经济刺激政策，居民部门杠杆率从2008年底的17.9%急速上升至2023年底的63.5%。中国迅速上升的家庭负债以及居民部门杠杆率引起了境内外宏观经济管理部门和国际金融机构与学术界的密切关注。

根据2011~2021年6期CHFS数据中的农业负债、工商业负债、住房负债、商铺负债、车辆负债、耐用品和奢侈品负债、金融资产投资负债、教育负债、信用卡负债、医疗负债、其他负债等11类负债分项计算得到的家庭总负债①及杠杆率变化情况如图3.4所示。样本家庭的总负债余额均值在2011~2021年整体呈扩大趋势。

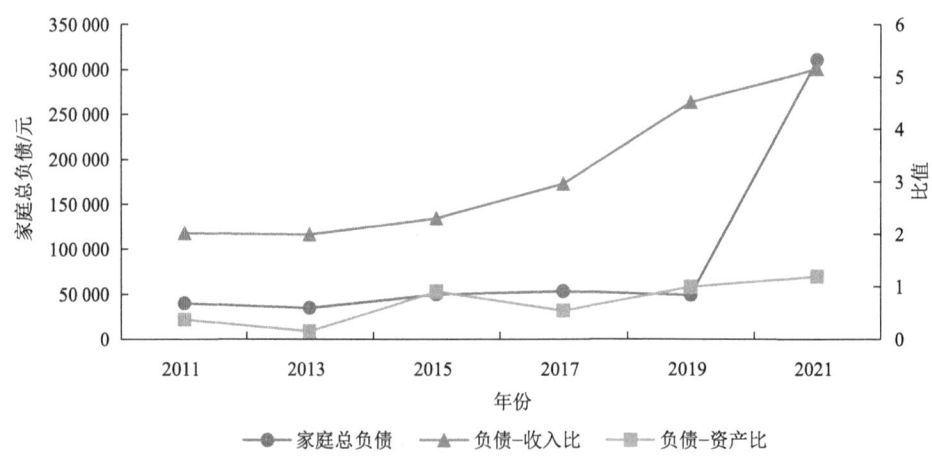

图3.4　2011~2021年全样本家庭总负债及杠杆率变化情况

资料来源：根据CHFS数据整理所得

---

① 其中，2011年的CHFS数据库中缺少农业负债、商铺负债、医疗负债等数据信息，2013年的CHFS数据库中缺少商铺负债数据信息。

家庭负债-资产比均值在 2011~2021 年呈波动上升趋势,这主要是家庭的负债规模与总资产的相对变化而导致的。值得注意的是,样本家庭的负债-收入比均值在 2011~2021 年大幅度上升,其均值水平从 2011 年的 2.017 上升至 2021 年的 5.156,并在 2017~2019 年增速达到了 52.5%。家庭负债-收入比的快速上涨在很大程度上是因为自 2016 年起中国人民银行决定下调贷款基准利率,引导货币信贷平稳适度增长。宽松的货币政策降低了居民家庭负债融资的成本,刺激了信贷市场和房地产市场的繁荣发展。

二、家庭负债结构不合理

进一步用全样本的各负债分项总金额除以总负债金额得到各负债分项的占比情况,如表 3.1 所示。在 2011~2019 年我国居民家庭分项负债中,住房负债占样本家庭总负债的比重一直最高,均达到了 55% 以上,说明在我国居民家庭持有的负债组合中,住房负债始终是占比最大、最重要的一项负债。其次是工商业负债,在 2011~2019 年一直占样本家庭总负债的 10% 以上,之后由于新冠疫情对工商业的冲击,2021 年样本家庭的工商业负债占比显著升高,甚至超过了住房负债的占比,达到了 84.47%。此外,我国居民家庭的金融资产投资负债占比相对较低,这可能是因为家庭从事金融资产投资活动具有一定风险,而偿债负担增加会显著提高家庭陷入财务脆弱性的概率,加剧家庭面临的不确定性风险(李波和朱太辉,2020),因此大多数家庭为了增强抵御风险的能力,可能不会利用负债融资进行金融资产投资。

表 3.1 2011~2021 年家庭各负债分项占比的统计结果

负债分项占比	2011 年	2013 年	2015 年	2017 年	2019 年	2021 年
农业负债占比	—	5.45%	5.18%	4.52%	7.70%	1.07%
工商业负债占比	27.58%	26.14%	21.00%	12.93%	11.82%	84.47%
住房负债占比	60.40%	55.42%	58.12%	63.87%	61.90%	11.52%
商铺负债占比	—	—	0.60%	1.89%	0.90%	0.13%
车辆负债占比	3.33%	3.32%	4.91%	3.34%	2.70%	0.60%
耐用品和奢侈品负债占比	0.03%	1.30%	0.21%	0.31%	0.27%	0.08%
金融资产投资负债占比	0.11%	1.01%	0.57%	0.39%	0.09%	0.24%
教育负债占比	2.36%	1.95%	1.00%	1.94%	1.52%	0.32%
信用卡负债占比	0.42%	0.88%	1.32%	2.09%	1.55%	0.21%
医疗负债占比	—	1.44%	2.41%	3.31%	3.82%	0.54%
其他负债占比	5.77%	3.09%	4.68%	5.41%	7.73%	0.82%
样本量	8 085	27 189	35 898	39 077	33 545	21 992

值得注意的是，在样本家庭持有的负债组合中，教育负债的占比很低，这说明我国居民家庭利用负债进行人力资本投资相对较少，但是从长远来看，人力资本投资和积累是提高居民家庭收入、改善收入代际流动性以及降低收入不平等的一个重要渠道，对于低收入家庭而言，难以负担的高昂教育成本是子代无法接受良好教育的一个原因（张彤进和万广华，2019），教育负债有利于降低家庭面临的流动性约束，促进家庭的人力资本积累，提高人力资本投资回报率（Yang and Qiu，2016；李力行和周广肃，2015），进而有效缓解我国居民家庭面临的收入不平等程度，因此需要得到更多重视。

三、居民家庭负债的国际比较

20世纪80年代以来，全球居民部门债务余额以及居民部门债务余额与GDP之比均大幅攀升，以美国为例，2009年居民部门债务余额与GDP之比和1945年相比上涨了5倍（Zinman，2015）。Eggertsson和Krugman（2012）及Mian等（2017）的研究表明家庭债务周期在一定程度上预测了2007年至2012年全球经济衰退的严重程度，快速攀升的居民部门杠杆率导致了2008年美国金融危机，并随后演变为全球性的金融危机，各国失业率急剧攀升，大量企业破产倒闭，世界各国的实体经济都遭受了巨大冲击。

在2008年金融危机以后，发达国家居民部门杠杆率在小幅度下降后又都有小幅度上升，但发展中国家居民部门杠杆率却始终表现为快速上升。根据国际清算银行（Bank for International Settlements）公布的数据，在报告的43个经济体[①]中，家庭信贷总额与GDP之比由2017年的54.7%上升至2021年的59.1%。其中，发达经济体[②]的家庭信贷总额与GDP之比由2017年的73.1%缓慢上升至2021年的74.8%，而新兴市场经济体则由2017年的38.3%上升至2021年的46.2%。由此可见，在2017~2021年世界主要经济体的家庭负债显著增加，杠杆水平快速攀升，并且新兴市场经济体在2017~2021年经历了比发达经济体更为迅速的家庭信贷扩张。根据世界银行公布的2021年世界各国GDP的排名情况，我们将世界前十大经济体2017~2021年的家庭信贷总额与GDP之比的数据汇总（表3.2）。从整体来看，2017~2021年世界GDP前十大经济体中大部分的家庭信贷总额与GDP之比呈现出上升的趋势，其中英国、美国、日本、法国、中国五个经济体的家庭信

---

① 主要包括美国、中国、日本、德国、英国、印度、法国、意大利、加拿大、韩国、俄罗斯、巴西、新加坡、澳大利亚、丹麦、芬兰、挪威、波兰、荷兰、葡萄牙、西班牙、墨西哥、阿根廷、印度尼西亚等43个经济体。

② 根据国际清算银行提供的数据，发达经济体包括澳大利亚、加拿大、丹麦、欧元区、日本、新西兰、挪威、瑞典、瑞士、英国和美国；新兴市场经济体包括阿根廷、巴西、智利、中国、哥伦比亚、捷克共和国、匈牙利、印度、印度尼西亚、以色列、韩国、马来西亚、墨西哥、波兰、俄国、沙特阿拉伯、新加坡、南非、泰国和土耳其等。

贷总额与 GDP 之比均在 2021 年达到了 60%以上。

表 3.2　世界 GDP 前十大经济体 2017～2021 年的家庭信贷总额与 GDP 之比

国家	2017 年	2018 年	2019 年	2020 年	2021 年
英国	85.8%	85.4%	84.0%	91.0%	86.6%
美国	77.8%	76.0%	75.3%	79.3%	77.0%
日本	60.3%	61.4%	62.5%	67.7%	68.8%
法国	58.4%	60.4%	62.1%	68.6%	66.8%
中国	48.1%	51.5%	55.5%	61.8%	61.6%
德国	52.9%	52.6%	53.3%	57.1%	56.8%
意大利	40.7%	40.8%	41.1%	44.9%	43.5%
印度	34.5%	34.9%	37.0%	40.3%	35.9%
巴西	27.9%	28.4%	30.0%	32.8%	33.8%
俄罗斯	16.3%	17.2%	19.1%	22.0%	21.9%

资料来源：根据国际清算银行的公开数据库的数据整理所得

四、中国家庭杠杆率上升的原因

（一）住房价格快速上涨

住房抵押贷款在中国居民家庭消费性负债中占较大比重，住房资产作为最主要的抵押品，其价格的变动也会对家庭负债产生显著影响。一些研究指出，房价上涨会对家庭负债产生显著的正向影响（Mian and Sufi，2011；Cloyne et al.，2019）。周广肃和王雅琦（2019）基于 2014 年和 2016 年中国家庭追踪调查数据进行实证检验，研究发现住房价格的快速上涨推动了家庭杠杆率的急剧攀升，而且这部分增加的负债主要来源于银行贷款而非私人借贷；机制分析表明，住房价格的快速上涨刺激了家庭的刚需型和投资型住房需求，并提高了家庭的借贷意愿和风险偏好。如图 3.5 所示，2000～2022 年我国住宅商品房平均销售价格和居民部门杠杆率均呈现出显著的上升趋势，且二者的变动趋势基本一致。其中住宅商品房平均销售价格从 2000 年的 1948 元/米^2 上升至 2022 年的 10 375 元/米^2，增长了约 4.3 倍。这印证了中国居民部门杠杆率与住房价格变动高度相关，中国住房价格的快速上涨推动了居民家庭负债规模的大幅度攀升。

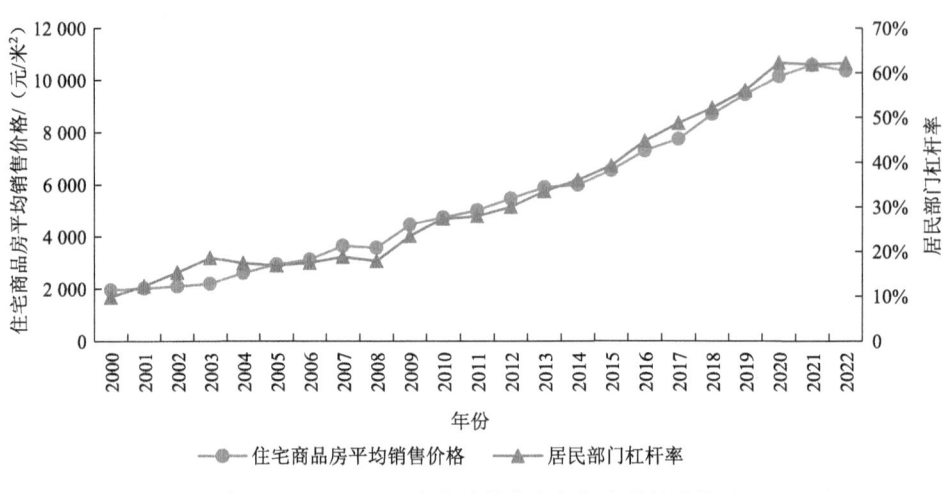

图 3.5 2000~2022 年住房价格与杠杆率的统计结果

资料来源：住宅商品房平均销售价格数据来自国家统计局，居民部门杠杆率数据来自国家金融与发展实验室

（二）收入不平等扩大

Fasianos 等（2017）研究认为，一方面，高收入群体拥有更高的储蓄倾向，收入不平等的加剧通过增加富人储蓄进而增加了信贷供给；另一方面，在收入不平等加剧背景下，由于工资增长缓慢，低收入群体更倾向于通过负债满足消费需求。这意味着收入不平等的加剧会导致财富向富人群体集中，由此引发高收入群体储蓄过剩，而非富裕家庭通过向富裕家庭借款以维持消费，过剩的富人储蓄成为中低收入群体负债的主要来源。伍再华等（2017）与尹志超等（2021b）利用中国家庭数据也证实了收入不平等的扩大显著提高了低收入与低财富家庭的杠杆率。如图 3.6 所示，在 2000~2022 年城镇居民人均可支配收入快速上涨，相比之下农村居民人均可支配收入缓慢上升，城乡居民收入差距不断扩大，并在 2022 年城镇居民人均可支配收入达到了农村居民人均可支配收入的 2.45 倍。与之伴随的是居民部门杠杆率的持续上升，这从侧面印证了收入不平等程度加剧刺激了中国居民家庭的负债融资，显著提高了居民部门杠杆率。

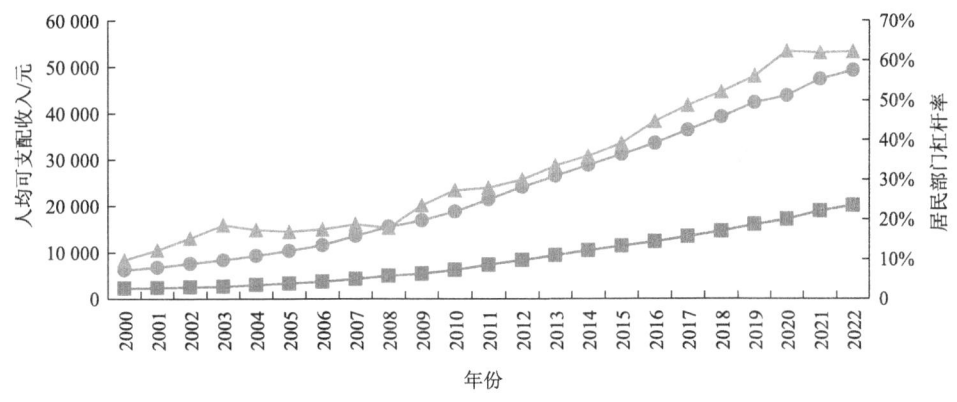

图 3.6　2000～2022 年城乡可支配收入与杠杆率的统计结果

资料来源：居民人均可支配收入数据来自国家统计局，居民部门杠杆率数据来自国家金融与发展实验室

（三）利率下调与信贷扩张

此外，中央银行制定的货币政策也会对家庭负债行为产生重要影响，特别是信贷供给扩张、利率下降等会通过提高家庭的信贷可得性、降低借贷成本等进而显著促进居民家庭负债（Justiniano et al.，2016）。根据中国人民银行官网公布的金融机构人民币贷款基准利率数据，2008 年美国金融危机之后，我国央行下调了不同年限的五类贷款基准利率①，然后在 2010 年之后又有小幅度提升。结合国家金融与发展实验室公布的居民部门杠杆率数据可以发现，2008～2010 年居民部门杠杆率显著上升，然后在 2010～2011 年增速放缓，与央行公布的贷款基准利率呈反向变动。随后自 2012 年 6 月 8 日起，中国人民银行公布的金融机构人民币贷款基准利率一直呈下降趋势，与之相对应的是居民部门杠杆率一直持续上升，直至 2020 年受到新冠疫情的冲击后，居民部门杠杆率的增速才有所放缓（表 3.3）。综上所述，我国贷款基准利率下调与信贷扩张政策显著地促进了居民家庭负债，推动居民部门杠杆率大幅度上升。

表 3.3　2000～2023 年中国居民部门杠杆率

指标	2000 年	2001 年	2002 年	2003 年	2004 年	2005 年	2006 年	2007 年	2008 年	2009 年	2010 年	2011 年
居民部门杠杆率	9.8%	12.3%	15.3%	18.6%	17.4%	16.9%	17.5%	18.8%	17.9%	23.5%	27.3%	27.9%
指标	2012 年	2013 年	2014 年	2015 年	2016 年	2017 年	2018 年	2019 年	2020 年	2021 年	2022 年	2023 年
居民部门杠杆率	30.0%	33.5%	36.0%	39.2%	44.7%	48.7%	52.1%	56.1%	62.3%	61.9%	62.2%	63.5%

资料来源：国家金融与发展实验室

---

① 包括六个月以内（含六个月）、六个月至一年（含一年）、一至三年（含三年）、三至五年（含五年）、五年以上五种类型的贷款基准利率。

五、未来中国家庭杠杆率的变化趋势

新冠疫情之后,实体经济受到巨大冲击,经济增长速度放缓,居民家庭消费意愿下降,为了刺激国内总需求和经济发展,中国人民银行出台了一系列的利率政策,进一步下调贷款基准利率。2022年9月29日中国人民银行、中国银行保险监督管理委员会发布通知,决定阶段性调整差别化住房信贷政策。符合条件的城市政府,可自主决定在2022年底前阶段性维持、下调或取消当地新发放首套住房贷款利率下限。2024年6月20日,中国人民银行授权全国银行间同业拆借中心公布,LPR(loan prime rate,贷款市场报价利率)为:1年期LPR为3.45%,5年期以上LPR为3.95%。我国贷款基准利率进一步下降,将显著降低居民家庭的借贷成本,进而刺激居民家庭通过负债融资进行消费与投资,结合我国现阶段的杠杆率变化趋势以及利率政策来看,未来中国家庭的杠杆率水平还将继续上升,不过增速可能略低于2020年以前的杠杆率增速。相关政策制定者需要时刻关注居民部门杠杆水平,持续过快上涨的杠杆率容易累积系统性风险,加剧金融市场的脆弱性,进而引发大规模的金融危机,对经济增长造成巨大的负面冲击。

第三节 中国家庭的风险管理和保险参与现状与典型事实

一、中国家庭商业保险参与严重不足,保险深度和保险密度都偏低

虽然中国家庭商业保险参与率逐步提升,家庭商业保险参与率由2011年的13.78%提升至2021年的19.01%,但与国际商业保险参与率相比,还存在很大的差距。2022年美国人均持有4.2份保单,日本人均持有保单更是高达6.5份,而中国的参与率只有不到60%,人均保单数量不足1份,中国家庭对商业保险的参与严重不足。

根据2021年中国家庭金融调查数据,中国家庭社会保险参与率高达98.50%,但却有81%的家庭未购买商业保险。综上所述,相较于世界主要发达国家,中国家庭商业保险参与率仍处于较低水平,中国家庭缺少风险防范机制。

图3.7是2000~2023年中国及世界主要发达国家和地区的保险密度。从2000年至2023年,中国与世界主要发达国家和地区在保险密度上具有显著的差异。保险密度作为衡量保险市场渗透率的重要指标,反映了人均保费的水平。在这24年的跨度中,中国虽然取得了显著的经济增长,但其保险密度与发达国家和地区相比仍有较大差距。具体来看,日本同期内的平均保险密度是中国的18.09倍。这一数字不仅显示了日本保险市场的成熟度,也反映了其居民对保险的高度依赖和接受度。欧盟作为一个整体,在保险密度上也表现出了较高的水平,其平均保险

密度是中国的 30.10 倍，这可能与其广泛的社会保障体系和居民对风险管理的高度重视有关。英国保险市场作为世界上最早的保险市场之一，其保险密度也远超中国，平均保险密度是中国的 21.71 倍，这凸显了英国保险市场的深度和广度。

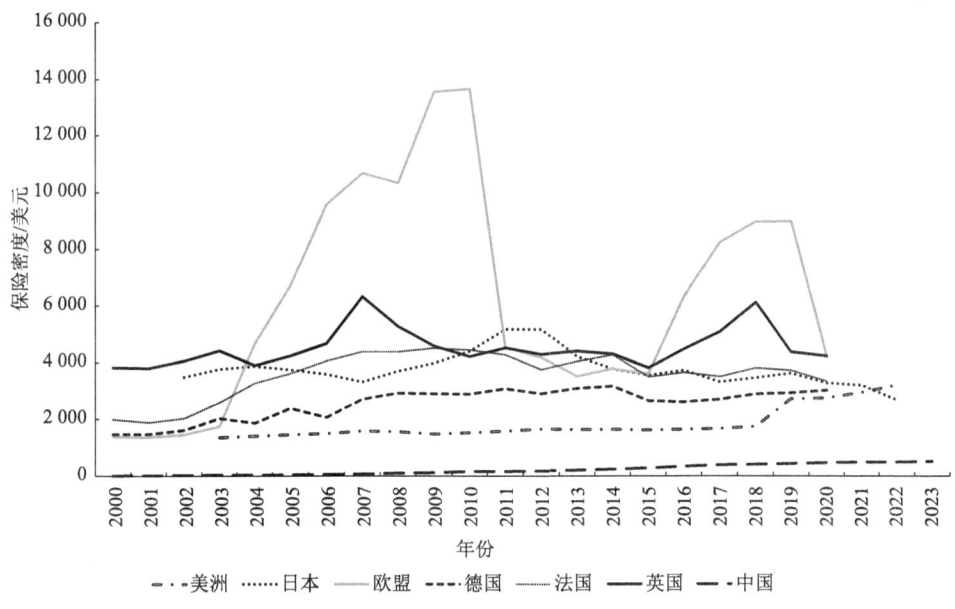

图 3.7　2000~2023 年中国及世界主要发达国家和地区的保险密度

资料来源：各国保险密度数据源于全球经济数据库

这些数据不仅揭示了中国保险市场与发达国家和地区之间的差距，也指出了中国保险业的发展潜力。随着中国经济的持续增长和居民收入水平的提高以及保险意识的逐步加强，人们对保险的需求将不断增加。同时，这也要求中国保险业加强产品创新，提高服务质量，以满足日益增长的市场需求。

图 3.8 是 2003~2022 年部分地区保险深度。中国在这段时间内的保险深度虽然显著低于日本和美洲国家，但整体呈现出上升趋势。2022 年，日本的保险深度达到了 8.2%，而中国的保险深度仅为 3.9%，日本的保险深度是中国的 2.1 倍。这一对比不仅凸显了日本保险市场在经济中的深度渗透，也反映了中国保险市场在提升其在经济中占比方面的潜力。尽管与发达国家和地区相比仍有差距，但这种上升趋势表明中国保险业正在逐步发展，未来有望进一步增强其在经济中的作用。同时，这也提示中国保险业需要继续努力，通过产品创新、服务提升和市场教育，推动保险深度的进一步提升，以更好地满足人民日益增长的保障需求。

图 3.8　2003～2022 年部分地区保险深度

资料来源：各国保险深度数据源于全球经济数据库

二、中国家庭参保不足的原因

（一）制度原因

中国家庭参保不足的原因主要与养老金资产管理的不足、政策体系的不完善以及养老金融产品服务的需求导向不足有关。董克用和张栋（2017）指出，这些因素是制约居民参与商业养老保险的关键障碍。他们强调，当前的养老金资产管理缺乏有效的投资渠道和风险控制机制，导致资金保值增值的能力较弱。同时，政策体系的不完善也使居民对养老保险的认知和信任度不足，影响了他们的参保意愿。徐文芳（2009）进一步指出，养老金融产品的供给不足，特别是缺乏针对不同收入水平和需求的多样化产品，限制了居民的选择空间，从而降低了他们的参保积极性。

（二）市场供给原因

市场供给不足被认为是影响居民参与度的一个重要因素。市场供给不足主要表现在养老金融产品的多样性和可及性上。养老金融产品的设计和推广未能充分考虑不同居民群体的实际需求，导致产品与需求之间存在较大的脱节。此外，产品的销售渠道和服务体系也不够完善，使许多有意愿参保的居民难以获得及时有效的服务和支持。这些问题共同作用，降低了居民对商业养老保险的参与度。

(三)家庭特征原因

个体的年龄、教育水平、社会资本、家庭规模以及家庭人口结构等因素也对居民商业保险的购买决策产生显著影响。李丁等（2019）的研究显示，教育水平较高的居民更有可能认识到养老保险的重要性，并采取积极的参保行为。社会资本，如社会网络和信任度，也在一定程度上影响居民的参保决策。Showers 和 Shotick（1994）指出，规模较大的家庭可能因为经济负担较重而更倾向于通过保险来规避风险。樊纲治和王宏扬（2015）则发现，老年人口比例较高的家庭，可能更关注养老问题，从而更倾向于购买养老保险。这些家庭特征因素共同作用，决定了居民在面对商业养老保险时的不同反应和选择。

三、中国家庭保险参与的变化趋势

（一）从经济补偿到生命周期健康管理的转变

预期寿命是衡量社会健康水平的关键指标。据波兰学者爱德华·罗赛特的研究，自19世纪工业革命以来，人类生存条件和生命质量显著提升，寿命年均增长约3个月。进入21世纪，这一趋势越发显著，不仅发达国家，发展中国家亦然。据《柳叶刀》预测，到2035年，中国的预期寿命将增至81.3岁，未来十年每五年增长约1.9岁。然而，临床数据也显示，每增加10岁，平均疾病种类增加一种。中国老龄科学研究中心的调查指出，60岁以上老年人余寿中有2/3的时间处于带病生存状态。随着社会经济的快速发展，某些疾病（如癌症）的发病率不断上升，且呈现年轻化趋势。癌症可防可控，研究表明，通过改变生活方式等，40%的癌症可避免，1/3的癌症患者通过早期干预可实现临床治愈。商业健康保险作为维护健康的重要手段，在疾病预防、治疗和康复过程中具有巨大潜力。

自2022年起，中国政府出台多项政策，鼓励健康保险产品与健康管理服务的结合，支持保险机构参与健康服务业的整合。商业健康保险须重新定位，从经济补偿转向积极倡导健康生活方式，服务模式从"患病后赔付"转向"事前预防、事中控制、事后恢复"的健康管理服务，成为健康风险管理服务的提供者。

（二）保险科技与产品形态的转变

在信息革命时代，保险科技已成为全球保险行业的热点。健康保险科技赋能也面临变革。过去，科技主要用于提高风险核查水平、降低成本和防范道德风险。现在，科技赋能转向提高客户健康水平、提升服务便捷性和增强客户体验，通过物联网、人工智能、大数据等技术，实现与客户共生共赢。当前，短期医疗保险产品占主导，长期医疗保险产品较少。2019年《健康保险管理办法》的修订为长期医疗保险产品设计提供了制度保障。医疗保险产品将分为普惠型、高端型和专科型,满足不同群体的需求。

(三)保障对象和风险单位的扩展

随着全球人口老龄化的加速,健康保险的保障对象须从标准体扩展至非标准体,包括老龄群体。这要求保险行业克服传统思维,利用科技力量扩展可保风险的范围。国务院提出医保个人账户允许家庭成员共济,强调家庭整体的风险特性。健康保险的风险评估和管理应从个体转向家庭整体,考虑家庭成长周期内的整体风险变化。

第四节 中国家庭资产配置状况与典型事实

一、中国家庭资产配置现状

(一)中国家庭资产规模扩大,增速放缓

2011~2021年,中国家庭资产规模扩大了1倍。图3.9展示了2011~2021年中国家庭资产变化的趋势。从图3.9可以明显看出,这一时期内中国家庭资产持续上升。具体来看,中国家庭资产从2011年的61.65万元增长到2021年的119.77万元,家庭资产规模实现了0.94倍的增长。对于城镇家庭来说,2011~2021年城镇家庭资产同样呈现不断增长的态势,从2011年的82.15万元上升到2021年的163.22万元,城镇家庭资产规模扩大了1倍。而在农村家庭方面,2011~2021年农村家庭资产也持续增长,从2011年的28.83万元增长到2021年的50.14万元,农村家庭资产规模扩大了0.74倍。总体而言,2011~2021年,中国家庭资产实现了稳定增长。

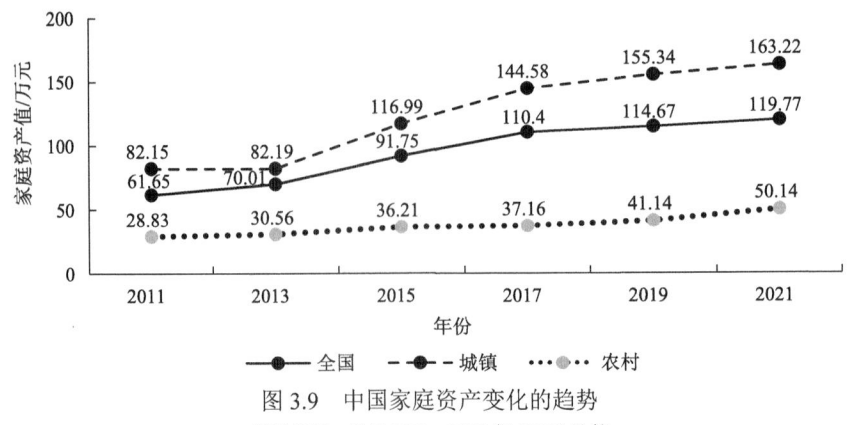

图 3.9 中国家庭资产变化的趋势

资料来源:根据 2011~2021 年 CHFS 计算

（二）家庭房产配置占比过高，金融资产配置比例低

各国家庭金融资产配置占比对比如图3.10所示，与美国、法国、英国等其他国家相比，中国家庭金融资产配置比例非常低。美国2021年家庭金融资产占总资产的配置比例高达72.2%；日本也同样较高，为61.6%；新加坡、瑞士、英国和加拿大家庭金融资产配置占比相对较低，但也都在50%以上；法国偏低，为40.1%，都超出中国的2倍。说明中国家庭金融资产配置比例过低。

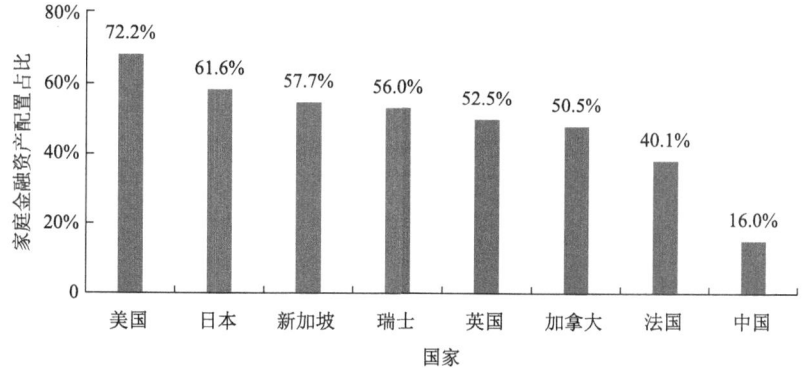

图3.10 各国家庭金融资产配置占比对比（2021年）
资料来源：中国的数据来自2021年CHFS，其他国家数据来自2021年瑞信《全球财富报告》

表3.4展示了2011~2021年中国家庭资产配置结构及变化，总体来看，房产在中国家庭资产配置中占绝大部分，金融资产和工商业经营资产的比重相对较低。但从趋势来看，中国家庭资产配置也呈现出一些变化。房产在中国家庭资产配置中的占比呈现波动下降趋势，金融资产占比基本呈上升态势，工商业经营资产的占比在这11年间从10%下降至5%。这些变化反映出中国家庭在资产配置上正逐步从房产转向金融资产。可以预见，受到房地产市场政策调整和税收环境变化的影响，未来中国家庭的财富配置可能会持续从房产转向金融资产，实现更加多元化的资产配置结构。

表3.4 中国家庭资产配置结构及其变化

年份	房产占比	金融资产占比	工商业经营资产占比	其他资产占比
2011	69%	10%	10%	11%
2013	60%	9%	10%	21%
2015	69%	11%	10%	10%
2017	73%	11%	7%	9%
2019	66%	13%	4%	17%
2021	65%	16%	5%	14%

注：根据2011~2021年CHFS数据整理所得

（三）中国家庭金融资产配置以储蓄为主，风险资产配置不足

表3.5给出了2011~2021年中国家庭金融资产配置结构。可以看出，2011~2021年中国家庭储蓄占家庭金融资产的比例一直维持在较高水平。其中，2011~2019年，中国家庭储蓄水平大体呈下降趋势，由于新冠疫情的冲击，2021年中国家庭储蓄升高。对于家庭风险资产配置而言，2011~2021年，中国家庭股票、基金资产占比均处于较低水平。并且2011~2019年，股票、基金资产占家庭金融资产的比例大体呈下降趋势，2021年有所上升。以上结果说明，中国家庭金融资产配置仍以储蓄为主，风险资产配置仍处于较低水平。

表3.5 中国家庭金融资产配置结构

资产占比	2011年	2013年	2015年	2017年	2019年	2021年
储蓄占比	78.79%	64.62%	76.93%	61.24%	50.98%	69.91%
股票占比	3.59%	2.67%	3.73%	2.62%	1.13%	2.00%
基金占比	1.07%	0.90%	0.87%	0.62%	0.20%	0.62%
债券占比	0.17%	0.15%	0.16%	0.17%	0.06%	0.11%
理财占比	0.28%	0.80%	1.90%	2.62%	2.24%	2.72%
黄金占比	0.19%	0.22%	0.08%	0.03%	0.03%	0.05%
其他占比	15.91%	30.64%	16.33%	32.70%	45.36%	24.59%

注：根据2011~2021年CHFS计算

（四）中国家庭的工商业经营资产比例出现了显著的下滑

图3.11展示了2011~2021年中国家庭工商业经营资产的变动趋势。就均值而言，中国家庭工商业经营资产均值在2011年为6.14万元，2013年上升至7.17万元，2015年进一步增至8.74万元，2017年略有下降至8.15万元，2019年大幅减少至4.93万元，到了2021年则小幅回升至5.97万元。这表明，在2011年至2015年，中国家庭工商业经营资产均值持续增长，但自2017年起出现了明显的下降，在2021年有所回升。这一变化反映出近年来中国经济面临的下行压力，以及家庭工商业经营所遭遇的严峻挑战。

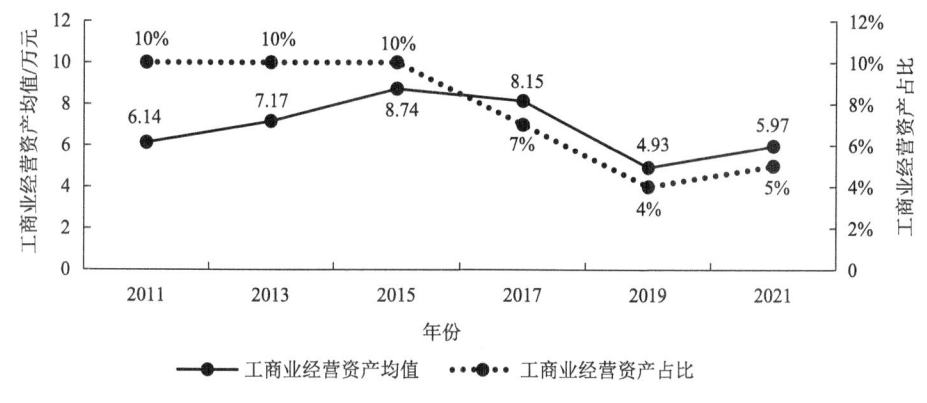

图 3.11　中国家庭工商业经营资产变化趋势
资料来源：根据 2011~2021 年 CHFS 数据整理所得

进一步观察家庭工商业经营资产的占比情况，2011~2015 年，中国家庭工商业经营资产的占比保持在 10%，但自 2015 年之后，这一比例显著下降，2017 年降至 7%，2019 年进一步降至 4%，而到了 2021 年，占比有所回升至 5%。这种变化表明，在当前经济需求减少、供给受到冲击、市场预期减弱的大环境下，促进中国家庭工商业的持续发展已成为一个亟待解决的重要议题。

（五）家庭资产配置风险不对等与两极分化

在理论上，家庭的资产配置策略应与其风险偏好相匹配：风险偏好型家庭可能会选择较高风险的投资组合以期获得更高的回报，而风险规避型家庭则倾向于选择风险较低的投资组合以保障资本安全。然而，在中国，存在一定比例的家庭其资产配置与风险偏好不相符，即风险错配现象。即便排除了风险错配的家庭样本之后，家庭金融资产组合的风险分布依然显示出两极分化的趋势。这一现象说明，风险错配并非导致资产组合风险两极分化的唯一或主要原因。这种两极分化可能还受到其他多种因素的影响，如市场环境、可获得的金融产品、家庭的金融知识水平以及投资渠道的限制等。

二、中国家庭风险资产配置不足的原因

（一）风险偏好保守

中国家庭普遍具有较为保守的风险偏好，更倾向于投资低风险资产，如存款和国债。这种偏好限制了对风险资产的投资，导致资产配置的多样性不足。如图

3.12所示,中国家庭更多的是风险规避型①,风险偏好型的比例仅为16.5%,低于美国。美国家庭风险中立型的居多,占比为45.7%。也就是说,在对待风险的态度上,美国家庭更加中立,而中国家庭更加规避。

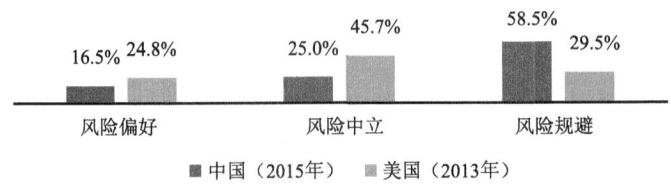

图3.12 中国与美国家庭风险偏好

资料来源:中国数据来自CFPS,美国数据来源于美国消费者金融调查

(二)金融知识缺乏

中国家庭在金融知识方面存在不足,缺乏对风险资产的认识和理解,这影响了他们参与风险资产配置的意愿和能力。金融知识水平越高的家庭,其投资可能越理性。因追求高收益及自身的金融知识水平缺乏,大部分炒股家庭没有进行多元化投资。如图3.13所示,近一半的炒股家庭表示"不了解该产品"是不投资其他金融产品的主要原因,特别是对互联网理财产品所知甚少;"资金有限"则限制了三分之一的炒股家庭投资债券和银行理财;多数炒股家庭表示对基金产品"没有兴趣",认为其"收益低"。

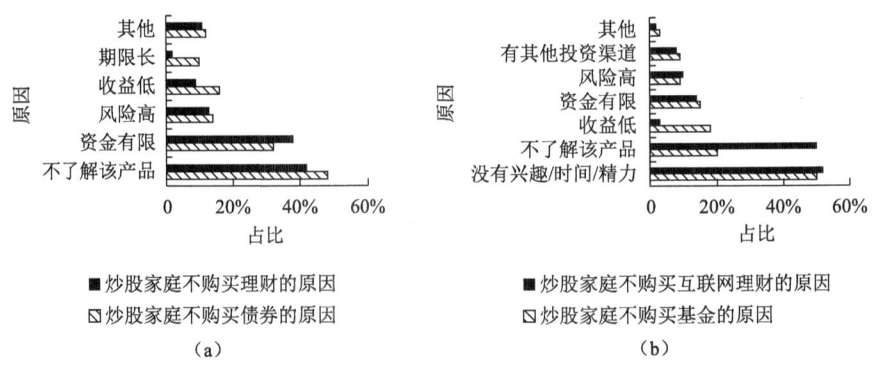

图3.13 炒股家庭不购买其他金融产品的原因

---

① 风险规避(指不愿意承担任何风险或选择略低风险略低回报的投资项目)、风险中立(指选择投资平均风险平均回报的项目)、风险偏好(指选择投资略高风险略高回报或高风险高回报的项目)。

（三）市场供给不足

金融市场上提供给个人投资和交易的基金、债券等风险及收益适中的金融产品规模有限，限制了家庭在风险资产上的配置选择。监管机构为了规范金融市场、减少风险以及维护投资者的合法权益，对各类金融产品设定了准入门槛。这些措施虽然在一定程度上保障了市场的稳定，但也对普通投资者，特别是小额投资者（散户）的投资选择造成了限制，影响了他们对资产的合理配置。与此同时，对于股票市场这类高风险投资领域，却没有设置相应的准入限制。根据2021年的CHFS数据，炒股盈利的比例是23.16%，投资亏损的家庭达到42.14%。同样，在2011～2019年的调查中，股票投资亏损的家庭均超过了一半，盈利家庭的比例分别为22.4%、15.8%、26.5%、20.97%和9.08%。

对于个人投资者参与债券市场，2015年深圳证券交易所发布了《深圳证券交易所关于公开发行公司债券投资者适当性管理相关事项的通知》，对合格投资者进行了严格的界定。2016年2月，中国人民银行出台了《全国银行间债券市场柜台业务管理办法》，规定只有年收入不低于五十万元以上，名下金融资产不少于三百万元，并且具备两年以上证券投资经验的个人投资者，才能投资柜台业务的所有债券品种和交易品种。此外，银行理财产品、基金、信托等其他金融产品也设置了一定的投资门槛。

（四）信息处理能力和获取能力不足

家庭在信息获取和处理上存在不确定性，这影响了他们对风险资产的配置。增强家庭的信息处理能力和信息获取能力，有助于提高家庭参与金融市场的积极性，并增加风险资产的配置比例。吴文生等（2022）先从理论上建立了信息不确定性与家庭最优资产配置之间的联系，提出家庭自身的信息处理能力和外在信息获取能力的提升可以降低信息不确定性，从而增加家庭参与金融市场的可能性和持有风险资产的比例。本章运用CHFS数据进行实证分析，发现信息处理能力强的家庭更倾向于参与股票等高风险市场，并且外在信息获取能力对家庭配置不同类型的金融资产产生不同的影响。

三、未来中国家庭资产配置的变化趋势

（一）随着人口老龄化的加剧，家庭的资产配置可能会趋向于更加保守和多元化

家庭金融资产配置受到年龄结构的影响，表现出生命周期性的特征。例如，60岁至70岁的老年人可能更倾向于减少股票资产配置，转而选择理财产品和定

期存款等多元化资产配置以分散风险。家庭可能会寻求更广泛的投资渠道来实现资产增值，包括股票、基金、房产、信托等风险投资账户，以及国债、银行存款等安全理财账户。

（二）中等风险资产的占比提升有较大空间

当前家庭金融资产的风险分布呈现出极端化，这种两极分化的配置策略并不理想。一方面，过度投资低风险资产可能使家庭错失经济增长带来的收益机会；另一方面，过分集中于高风险资产则可能使家庭面临较大的财务风险。合理的资产配置应当考虑风险与收益的平衡。中国家庭普遍存在对低风险资产的偏好，而在中等风险资产上的配置比例较低，这表明中国家庭在资产配置上存在改进空间。为了实现更合理的资产配置，金融市场也应提供更多中等风险的金融产品，以满足家庭多样化的投资需求。

（三）数字金融的快速发展增强了金融信息的可获得性和金融交易的便利性，家庭风险管理和保险意识与金融资产配置能力增强

随着家庭对风险认识的提高，预计会有更多的家庭通过购买保险来管理和规避风险。这包括保障型保险产品在内的金融杠杆账户，以保全现有资产不受损失，确保现金流不中断。

第二篇　家庭消费决策篇

第四章　收入风险对居民消费的影响——基于普惠金融视角[①]

第一节　问题的提出与研究假设

一、问题的提出

自 2014 年以来，我国最终消费支出已取代资本形成总额成为拉动 GDP 增长的最大需求项。其中，居民消费作为我国最终消费支出中的主要组成部分，自进入 21 世纪以来，占比始终维持在 69.2%～73.6%[②]（方福前，2021）。然而，根据国家统计局和世界银行数据，我国居民消费率由 1978 年的 48.8%大幅度下降到 2010 年的 34.6%，然后缓慢上升到 2019 年的 38.8%，比同期世界平均居民消费率低约 19 个百分点，同时也比中等偏上经济体平均居民消费率低约 12.8 个百分点。在我国经济发展与转型过程中，居民消费发展问题一直未能得到根本性的解决，目前"低消费、高储蓄"现象已经成为制约我国国民经济可持续均衡增长与经济发展方式转型的关键因素。2018 年 9 月，国家出台《中共中央 国务院关于完善促进消费体制机制进一步激发居民消费潜力的若干意见》，明确要"切实增强消费对经济发展的基础性作用"。2020 年 10 月召开的中国共产党的十九届五中全会基于"加快构建以国内大循环为主体、国内国际双循环相互促进的新发展格局"再次强调"全面促进消费"这一重要问题。由此可见，我国居民消费率仍然存在较大的提升空间。

已有文献主要从收支不确定性、人口结构变化、流动性约束、收入分配不均以及住房等视角阐释造成中国居民家庭"低消费、高储蓄"的原因（Modigliani and Cao，2004；罗楚亮，2004；易行健等，2008；Chamon and Prasad，2010；沈坤荣和谢勇，2012；Chamon et al.，2013；陈斌开，2012；李江一，2018）；另外，也有部分研究考查了习惯形成、文化因素、个人经历以及户籍制度等因素对居民消费储蓄行为的影响（杭斌，2009；陈斌开等，2010；程令国和张晔，2011；叶

[①] 本章内容是《收入风险、普惠金融与居民消费跨期平滑——基于 CHFS 的经验证据》（杨碧云、毛钦兵、易行健等，《金融经济学研究》2024 年第 39 卷第 1 期 92～111 页）的扩展修订稿。

[②] 以 1978 年为基期的 GDP 平减指数计算。

德珠等，2018；易行健等，2020）。其中，收入风险作为居民家庭消费储蓄决策中面临的主要不确定性因素之一①，是造成居民预防性储蓄增加和消费增长缓慢的重要原因（Chamon and Prasad，2010）。然而近二十多年来，随着我国经济结构不断转型升级，居民家庭的收入不确定性也在不断上升②（Chamon et al.，2013；许志伟和刘建丰，2019）。尤其是近几年持续的中美贸易摩擦以及 2020 年春季暴发的新冠疫情，使我国的相关产业链供给端受到冲击，并进一步传导至居民就业，导致家庭的收入风险攀升③，居民消费需求疲软。因此，如何缓解收入风险带来的不确定性冲击，进而降低居民的预防性储蓄动机，全面促进居民消费将成为加快构建以国内大循环为主体、国内国际双循环相互促进的新发展格局中的重中之重。

一般来说，居民家庭的消费平滑方式分为正规风险分担机制与非正规风险分担机制，正规风险分担机制主要通过动用家庭储蓄、借贷以及保险等方式来实现（Urrea and Maldonado，2011）。但当家庭缺乏正规的风险分担机制时，非正规的风险分担机制，如家庭社会网络等，便提供了补充，这对缺乏正规金融服务的农村居民来说则显得更为重要（马小勇和白永秀，2009）。然而，随着我国普惠金融工作的不断推进，从早期的小额信贷以及微型金融发展到目前涵盖储蓄、支付、保险、理财和信贷等金融产品与服务的数字普惠金融，使居民家庭金融服务可及性大大提高（焦瑾璞等，2015）。截至 2019 年末，银行卡信贷规模持续增长，银行卡授信总额为 17.37 万亿元，同时，银行卡卡均授信额度为 2.33 万元，授信使用率达 43.70%；移动支付业务增速较快，银行共处理电子支付业务 2233.88 亿笔④。另外，根据 CHFS 问卷调查数据，2011 年我国居民家庭商业保险参与率只有 4.79%，而在 2019 年达到 16%。商业保险的保险密度和保险深度伴随着数字普惠金融发展也在稳步提升（李晓等，2021），保险密度和保险深度已经分别由 2013 年的 1266元和 3%上升至 2017 年的 2646 元和 4%。可见，通过普惠金融的快速发展，无论是在储蓄、信贷还是保险等方面，居民家庭的参与广度和深度都显著提高，特别

---

① 较多文献将收入风险与收入不确定性视为同一概念，因为两者均是从收入角度来分析居民家庭预防性储蓄产生的原因，只是在指标的选取上存在差异。一般来说收入风险衡量的是家庭收入的波动，如樊潇彦等（2007）以及黄祖辉等（2011）的研究均是使用家庭收入的方差作为收入风险的测度；而沈坤荣和谢勇（2012）指出，只有预期之外的非概率型随机波动才属于不确定性，因此他们使用收入方程估计得到的暂时性收入平方作为收入不确定性的代理指标。本章的后续研究视两者为同一概念。

② 许志伟和刘建丰（2019）通过提取收入不确定性序列发现，中国家庭的收入不确定性从 1992 年的 0.2 一直上升至 2003 年的 0.85，再上升至 2008 年金融危机最高峰时的 0.9，中间因为政府的应对金融危机的一揽子计划使收入不确定性有所下降，但在我国进入新常态发展阶段后，收入不确定性又开始显著上升。

③ Krebs 等（2010）的研究发现，贸易政策的变动会显著地增加居民家庭的收入风险。

④ 相关数据来源于中国人民银行发布的《2019 年支付体系运行总体情况》以及国家统计局。

是解决了众多弱势群体居民的金融服务可及性问题。而从消费保险角度来看，这些金融服务的获取可能在一定程度上强化了居民家庭的风险分担能力，对于居民家庭实现消费平滑、应对风险冲击具有重要作用。Urrea 和 Maldonado（2011）便指出，普惠金融通过提供风险管理的手段，在改善居民家庭福利上发挥着重要作用，尤其是在家庭收入面临较大波动的情况下；Grossman 和 Tarazi（2014）的研究也表明了普惠金融在平滑居民消费上的正向作用。但上述研究均缺乏系统的实证分析，基于此，本章试图研究普惠金融在缓解收入风险对居民消费抑制作用上的经济效应，并对内在的作用机制及其异质性影响进行深入分析。

本章的贡献主要有以下几点。①尽管有较多文献表明保险、信贷等金融服务参与能够起到风险分担、实现居民消费平滑的作用，但基于整体的普惠金融发展能否起到消费保险的作用，从而缓解收入风险对居民消费的抑制作用的相关研究比较缺乏。不同于局部的研究分析，普惠金融具有更广泛的概念，更强调其"普惠性"，而保险参与和正规信贷获取在我国居民家庭中的比例仍比较低，因此不能代表整体普惠金融服务发展的经济效应。基于此，首先，本章参考尹志超和张栋浩（2020）的研究构建了家庭层面的普惠金融指数，聚焦于分析普惠金融能否显著缓解收入风险对居民消费的抑制作用，对相关的研究进行了补充；其次，已有研究主要给出普惠金融在提高居民消费上的直接经济效应，但本章从消费保险的角度给出了普惠金融促进居民消费的间接经济效应。②本章揭示了普惠金融缓解收入风险对居民消费抑制作用的内在机制，为引导居民参与普惠金融服务进而实现消费平滑提供了理论依据与经验证据。③通过分析普惠金融的缓解效应在不同群体以及地区中的异质性，为提升我国居民金融素养，推进我国普惠金融发展，提高金融服务的覆盖率、可及性和满意度的精准施策提供了政策建议。

二、文献综述与研究假设

居民消费储蓄理论经历了从确定性条件假设到不确定性条件假设的演变与发展，Modigliani 和 Brumberg（1954）以及 Friedman（1957）基于确定性条件假设提出生命周期-持久收入假说，表明个体将一生的收入进行跨期配置从而实现生命周期的效用最大化，并且消费主要取决于持久性收入。后来，Leland（1968）放松了跨期最优模型中的收入与支出的确定性假设，着重考查了不确定性对微观主体消费决策的影响，结论认为，未来收支不确定性的增加会导致微观主体增加预防性储蓄，从而减少当期消费。再后来，Zeldes（1989a）、Deaton（1991）、Carroll 等（1992）先后放松了金融市场完美假设进而提出流动性约束假说和缓冲存货理论，他们认为当期或预期未来可能受到流动性约束时，消费者将增加预防性储蓄从而减少当期消费，并且收入或支出不确定性导致的预防性储蓄动机在流动性约束条件下将进一步增强。

伴随着理论的发展，大量的研究从实证角度检验了收入不确定性与居民消费储蓄行为之间的关系。其中也因"中国的高储蓄之谜"诞生了较多从中国视角研究的相关文献，研究发现，收入风险作为居民家庭面临的主要不确定性之一，是造成我国居民家庭"低消费、高储蓄"现象的重要因素，当收入风险或不确定性上升时，居民的预防性储蓄动机会增加，进而更多地抑制当前消费（罗楚亮，2004；樊潇彦等，2007；易行健等，2008；Chamon and Prasad，2010；He et al.，2018）。总之，无论是基于早期理论的推导还是后续的实证研究检验，收入风险或收入不确定性与居民消费之间的负向关系基本确定。

然而，消费作为衡量个体福利的重要指标，当个体消费在其整个生命周期内出现较大波动时，各期消费带来的边际效用也会产生较大差异，从而对居民家庭的整体福利造成损失，这对我国在新发展阶段下实现共同富裕的目标以及巩固脱贫攻坚战的胜利成果是不利的（王貂等，2021）。消费保险作为连接收入和消费的纽带，衡量了收入风险传导至消费风险的程度，既是二者内在联系的测度，也反映了家庭抵抗收入风险的能力（Blundell et al.，2008）。因此，提高家庭的消费保险能力，是稳定居民家庭各期消费水平的重要方式。从正规的风险分担机制来看，Deaton（1992a）论证了信贷市场在缓解家庭流动性约束进而平滑消费上的重要性，因此，为居民家庭提供信贷资金支持是实现消费保险的一种重要途径；Gormley等（2010）则从保险参与的角度分析了居民消费平滑的可能性，并且尹志超等（2021c）的研究发现，家庭收入波动的上升会增加居民家庭对商业保险购买的需求。而从非正规的风险分担机制来看，社会网络一直被视为居民家庭应对不确定性冲击、平滑消费的有效方式（Townsend，1994），章元和黄露露（2022）基于大型的城镇家庭面板数据，运用双倍差分法检验了社会网络的风险分担作用，研究结论证明，社会网络能够为居民分担健康和收入风险，进而降低其家庭储蓄率。

我国党中央和国务院高度重视发展普惠金融，2013年党的十八届三中全会明确提出"发展普惠金融"，2015年12月国务院印发《推进普惠金融发展规划（2016—2020年）》。普惠金融在扩大我国居民家庭金融服务的可及性方面发挥了重要的作用。已有文献表明，普惠金融对居民家庭的经济行为产生了显著的积极影响，表现为通过促进居民创收能够减少贫困（Burgess and Pande，2005；Bruhn and Love，2014）和缓解收入不平等（Kling et al.，2022）；通过提供储蓄账户能够提高居民自身储蓄，但同时通过提供信贷资金支持能够促进居民消费支出（Dupas and Robinson，2013；Brune et al.，2016），此外，普惠金融中保险服务的获取以及移动支付的使用还能够提高家庭风险分担水平（Urrea and Maldonado，2011；Jack and Suri，2014）。从国内相关研究来看，尹志超和张栋浩（2020）基于微观调查数据研究发现，普惠金融的减贫效果显著，主要通过促进家庭创业[①]以及提高家庭的风险管理能力来实现，并且这一减贫效应在低收入等弱势群体中更大。尽管部分研究并未直接分析普惠金融的减贫效应，但研究结果表明，普惠金融对居民家庭收入具有显著的正向影响（尹志超等，2019）。易行健和周利（2018）较早研究了数字普惠金融对居民消费的促进作用，结论表明数字普惠金融通过提供支付便利性以及满足流动性需求进而促进居民消费；张勋等（2020）也得出类似的结论。另外，部分文献针对数字普惠金融与收入不平等的关系展开研究，他们发现，数字普惠金融的快速发展有利于缩小城乡收入差距（周利等，2020），从而促进了中国的包容性增长（张勋等，2019）。

综上所述，已有文献主要集中于分析收入风险与居民消费储蓄行为之间的关系，并且一致认为收入风险的上升将增加预防性储蓄从而抑制当期居民消费。近年来也有越来越多的文献聚焦于分析数字普惠金融对居民消费的直接影响，但是关于普惠金融能否缓解收入风险对居民消费的抑制作用的研究则非常少。由此，本章从普惠金融的整体概念出发，系统深入地研究其对居民家庭消费平滑的经济效果。

普惠金融能否实现消费平滑的经济效果，最直接表现为是否对居民家庭的消费保险机制存在显著的促进作用。由前文分析可知，消费保险机制中的正规的风险分担渠道在很大程度上依赖于居民家庭在相关金融服务获取上的广度与深度，如保险参与、信贷服务等，并且这一金融服务的获取对于我国欠发达地区或低收入家庭来说更为重要，因为在过去很长一段时间，这些群体居民的金融服务很难得到满足（马小勇和白永秀，2009）；与此同时，金融服务的获取在促进居民家庭进行社会生产活动，进而积累社会资本上也发挥了重要作用（张勋等，2019），而社会资本所带来的网络关系在强化家庭的非正规风险分担机制、实现消费平滑上也同等重要。普惠金融是指立足机会平等要求和商业可持续原则，以可负担的成本为有金融服务需求的社会各阶层和群体提供适当、有效的金融服务[②]。其中为居民家庭开设银行账户、提供合适的信用卡和正规信贷不仅可以方便居民进行资金往来和储蓄，更重要的是可以缓解流动性约束从而平滑消费支出，而近年来科技发展所推动的数字金融发展具有更强的普惠性（黄益平和黄卓，2018；郭峰等，2020）。因此，普惠金融可能在缓解收入风险对居民消费的抑制作用方面存在显著的正向效果。由此，本章提出假设4.1。

假设4.1：普惠金融能够显著地缓解收入风险对居民消费的抑制作用。

为了更清晰地了解普惠金融缓解收入风险对居民消费抑制作用的内在机理，

[①] 国内研究普惠金融影响居民创业的相关文献详见谢绚丽等（2018）以及李建军和李俊成（2020）。
[②] 这一定义来源于2015年12月国务院印发的《推进普惠金融发展规划（2016—2020年）》。

本章从流动性约束、风险管理能力与社会网络等三个方面进行讨论并对应地提出三个待验证的假设。Deaton（1991）的理论研究表明，在不确定性条件下，受到流动性约束的居民家庭相对于不受流动性约束的居民家庭，具有更强的预防性储蓄动机。并且流动性约束越强，居民消费的跨期平滑能力就越差，由此产生更多的谨慎性储蓄（万广华等，2001），因此，通过降低家庭的流动性约束可能有助于降低居民的预防性储蓄动机，从而缓解收入风险对居民消费的抑制作用。普惠金融发展的总体目标包括提高金融服务的覆盖率、可及性与满意度，其中申贷获得率的提高是一个很重要的指标，包括信用卡等均为居民家庭提供了更广泛的正规借贷渠道，傅秋子和黄益平（2018）的研究表明，数字普惠金融能够显著地提高居民的消费性正规信贷需求。此外，普惠金融能够为居民家庭提供金融资产交易的便利渠道，从而提高居民家庭对金融资产的持有，而金融资产的强变现能力能够满足家庭的流动性需求，尹志超等（2019）便指出普惠金融在提高居民的风险金融市场参与上具有显著的正向作用。由此，本章提出假设4.2。

假设4.2：普惠金融能够通过降低家庭的流动性约束进而缓解收入风险对居民消费的抑制作用。

Urrea和Maldonado（2011）认为普惠金融通过金融服务提供的风险管理渠道，能够有效地降低居民家庭的收入波动，改善家庭福利。一般来说，家庭的风险管理能力越强，对未来风险的认知以及预期也会越准确，从而能够更早地通过风险管理手段进行风险防范，对未来不确定性事件可能导致的负向冲击形成对冲，如购买商业保险、制订养老计划等。从对冲家庭风险或家庭风险管理这一角度来说，商业保险更为灵活有效（易行健等，2019），现有研究还表明移动支付有利于风险分担（Jack and Suri，2014）。尹志超和张栋浩（2020）以及李建军和李俊成（2020）的研究指出，具有商业养老保险计划的家庭，其风险管理能力更强。因此，家庭的风险管理能力越强，收入风险对居民消费的负向冲击可能相对越小。而普惠金融中所涵盖的商业保险业务，作为家庭对冲不确定性事件的一种经济手段，能够减缓风险冲击带来的短期效用下降，提高家庭的风险承担能力。由此，本章提出假设4.3。

假设4.3：普惠金融能够通过提高家庭的风险管理能力进而缓解收入风险对居民消费的抑制作用。

社会网络的风险分担作用已被相关研究证明（Fafchamps and Gubrt，2006；易行健等，2012；Ambrus et al.，2014），研究认为，当居民家庭缺乏正规的风险应对机制时，通过家庭社会网络中的亲友互助能够缓解风险冲击带来的负向影响，从而平滑家庭消费支出。Ambrus等（2014）指出，家庭的社会网络越广泛，家庭获取亲友帮助的可能性就越大，社会网络的风险分担效果就越明显。因此，家庭的社会网络越广泛，收入风险对居民消费的抑制作用可能越小。普惠金融在扩大家庭社会网络上可能存在积极影响,已有文献表明,获得信贷服务能够促进家庭更多地参与社会经济活动进而发展社会网络(Mosley,2001)。与此同时,普惠金融的发展提高了金融服务覆盖率与可及性,可以使那些受到金融排斥的中低收入群体更大程度上获得经济机会,如创业机会等(谢绚丽等,2018;张勋等,2019;郑秀峰和朱一鸣,2019),而这些社会经济活动的参与会进一步影响家庭的社会网络,胡金焱和张博(2014)得出结论,社会网络无论是对城镇家庭还是对农村家庭的创业行为均有显著的促进作用。戚聿东和褚席(2021b)认为数字生活显著降低了社交成本,从而起到拓展"关系"网络、提升和维护社会资本的作用,而普惠金融的发展也在很大程度上借助了数字化的力量。另外,移动支付作为普惠金融发展中的一部分,能够更大程度上降低资金交易或转移的成本,从而使家庭在遇到风险冲击时,能够更快捷、多渠道地获取他人的转移支付,进而平滑消费支出(Jack and Suri,2014)。因此,本章提出假设4.4。

假设4.4:普惠金融能够通过扩大家庭的社会网络进而缓解收入风险对居民消费的抑制作用。

已有文献表明,普惠金融的发展虽然能够直接或间接地带来较多经济效益,但其发展水平却受到金融知识普及程度的影响(张号栋和尹志超,2016),居民个体金融知识的匮乏可能会抑制他们的有效金融需求。Ehrbeck等(2012)基于供给的角度研究发现,即使有些国家的ATM、EPOS机在农村地区的安置范围很广,但在消费者金融知识普及程度不高的情况下,它们的使用率仍然很低。另外,个体的金融素养在提高其正规信贷需求,增加居民正规贷款积极性,进而缓解家庭流动性约束上具有正向作用(宋全云等,2017)。因此,对于金融素养较低的户主家庭来说,可能无法有效地利用金融服务来满足自身的金融需求,从而难以发挥普惠金融的缓解作用。另外,金融交易行为也离不开个体信任水平的影响,信任能够确立有效率且低成本的契约执行机制(张维迎和柯荣柱,2002),而家庭层面的普惠金融水平取决于居民对金融服务的参与程度,这意味着普惠金融的发展可能在一定程度上受到居民信任水平的影响。Guiso等(2009)发现金融发展进步的重要基础之一就是信任在社会中的普遍确立,而近期的研究则发现,社会信任在推进普惠金融发展方面具有显著的正向影响(陈颐,2017;Xu,2020),他们认为,当一个人对社会具有较高的信任度时,他获取金融服务的概率就更高。因此,本章提出假设4.5。

假设4.5:普惠金融缓解收入风险对居民消费抑制作用的效应受到个体金融素养水平以及社会信任水平的影响。

第二节 收入风险影响居民消费的实证设计

一、数据来源与处理

本章所使用的数据主要来自 2015 年由西南财经大学中国家庭金融调查与研究中心在全国范围内开展的 CHFS[①]。2015 年的调查数据样本覆盖我国除港澳台、新疆以及西藏外的 29 个省（自治区、直辖市），数据类型包括家庭的各项收入、支出、资产类别、保险购买等经济变量，以及家庭规模、家庭成员性别、年龄、婚姻状况、身体状况等人口统计学变量。此外，本章所使用的城市层面的宏观经济金融数据来自《中国统计年鉴》。

本章在数据处理上仅保留了个体回答问卷时身份为户主的家庭样本，同时删除了户主年龄小于 22 岁以及大于 65 岁的家庭样本[②]。另外，本章剔除家庭总收入以及净资产小于 0 的样本，并对家庭总收入、净资产、负债以及总消费进行 1% 的双边截尾处理，以消除异常值带来的影响。最后在删除了主要变量缺失的样本后观测值为 24 835 个。

二、变量选取与说明

（一）被解释变量：家庭总消费

国家统计局公布的《居民消费支出分类（2013）》，定义了食品烟酒，衣着，居住，生活用品及服务，医疗保健，交通和通信，教育、文化和娱乐，其他用品和服务等八大类消费分项，然后对这八类的消费额进行加总得到"家庭总消费"变量。下文描述性统计中列出了家庭总消费支出额的原始数据，但本章在回归中对家庭总消费取了对数。

（二）核心解释变量

本章的核心解释变量为收入风险。首先，关于收入风险的测度，本章参考 Carroll 和 Samwick（1997）、罗楚亮（2004）以及樊潇彦等（2007）的做法，选取户主年龄、受教育程度、工作单位类型、就业性质、所在行业、所在城市进行分

[①] CHFS 2013 以及 CHFS 2017 数据在构建家庭层面的普惠金融指数时由于存在部分变量数据缺失而无法满足实证需求，如家庭数字金融服务的使用情况。

[②] 考虑到户主年龄小于 22 岁可能还在上学，而户主年龄大于 65 岁基本已经退出劳动力市场，所以本章把户主年龄限制在 22 岁至 65 岁。

组，分别计算家庭收入对数值的组内方差，最后连乘得到收入风险指标。具体来说，假设户主年龄为 l，受教育程度为 h，工作单位类型为 m，就业性质为 n，所在行业为 k，所在城市为 g，家庭总收入为 income，则可构建收入风险指标为

$$V\_income = \prod var[\ln(income)_{lhmnkg}] \qquad (4.1)$$

通过考虑户主的年龄、受教育程度、工作单位类型、就业性质、所在行业以及所在城市能够比较充分地反映家庭的收入风险问题，因为受教育程度本身是决定个体收入的一个很重要的因素，另外，在不同年龄段、工作单位、行业、工作地点以及就业性质上，个体的收入风险都存在较大差异，并且 Carroll 和 Samwick（1997）指出根据户主的文化程度、职业类型和从事行业等指标把家庭进行分组计算，对数化收入的方差是衡量收入风险的一个很好的代理变量。Carroll 和 Samwick（1998）通过实证结果对比发现，基于理论构建的收入风险代理指标——等价预防性溢价，与对数化收入方差衡量的收入风险所得到的结果一样好。

（三）控制变量

为了让实证结果更具说服性，同时尽可能缓解由遗漏变量导致的回归结果偏差，本章参考易行健等（2012），控制了尽量多的影响家庭消费支出的相关变量。首先，本章控制了家庭特征变量，包括总收入、总负债、净资产、是否经营工商业、家庭规模、少儿人口占比以及老年人口占比[①]。其次，控制户主特征变量，包括性别、年龄、受教育程度、户籍、是否已婚、身体是否健康[②]、金融素养[③]、风险规避和风险偏好[④]。另外，考虑到社会保障在降低不确定性冲击上的作用（沈坤荣和谢勇，2012），本章进一步控制了社会保障变量，包括是否参与社会医疗保险、社会养老保险以及失业保险[⑤]。最后，本章用家庭所在地级市金融机构年末

---

① 本章定义家庭 0~15 岁（含 15 岁）小孩与家庭人口比值为少儿人口占比，定义 65 岁及以上老年人口与家庭人口之比为老年人口占比。

② CHFS 2015 询问了个体的身体状况，回答包括"非常好"、"好"、"一般"、"不好"以及"非常不好"五种，本章将回答结果为"非常好"以及"好"定义为身体健康。

③ 借鉴尹志超等（2014）的衡量方法，CHFS 2015 询问了个体关于金融的三个问题，分别是"利率计算、通货膨胀理解、投资风险认知"，本章对个体回答结果进行打分，如果回答正确则每个计为 1 分，否则为 0 分，最后对三个问题得分进行加总，用个体所得分数来衡量个体的金融素养水平。

④ CHFS 2015 问卷中与家庭风险态度相关的问题为：如果您有一笔资金用于投资，您最愿意选择哪种投资项目？1. 高风险、高回报的项目；2. 略高风险、略高回报的项目；3. 平均风险、平均回报的项目；4. 略低风险、略低回报的项目；5. 不愿意承担任何风险。本章将选择 4 和 5 的家庭定义为风险规避家庭，选择 3 的家庭定义为风险中性家庭，选择 1 和 2 的家庭定义为风险偏好家庭。

⑤ 商业保险购买被纳入家庭普惠金融指数的构建，所以本章没有将其纳入控制变量。

贷款余额与地区生产总值之比来控制宏观层面的经济金融水平。另外，本章在控制地级市层面的经济金融变量后，参照尹志超和张栋浩（2020）以及甘犁等（2018）的做法进一步控制了省份固定效应。

（四）家庭普惠金融指数的构建

关于家庭普惠金融指数的构建，本章参考尹志超和张栋浩（2020）的做法，基于微观家庭层面，从参与商业保险、拥有银行账户、拥有信用卡、使用正规信贷以及使用数字金融服务五个方面使用因子分析法来构建家庭普惠金融指数。考虑到上述五个变量均为二值变量，而常规的因子分析中在使用 Pearson（皮尔逊）相关系数矩阵估计时要求变量为连续型变量，因此，本章如果使用常规的因子分析法可能导致估计结果产生偏误。基于以上分析，本章使用多分格相关系数矩阵（polychoric correlation matrix）的因子分析法来构建家庭普惠金融指数，该研究方法能够在一定程度上对二值变量的因子分析进行纠偏。表 4.1 为因子分析的结果，KMO 检验整体值是 0.7375，表明所选取的五个指标适合采用因子分析法构建家庭普惠金融指数变量。根据特征值大于 1 及累计解释大于 75% 的常用准则保留第一个有效公共因子，表明该因子能够整体有效反映居民家庭的普惠金融水平。然后采用 Bartlett 因子得分法构建家庭普惠金融指数，最后将该家庭普惠金融指数标准化处理，使取值介于[0,1]。

表 4.1　因子分析结果

因子	特征值	累计解释	各子指标	KMO检验值	因子载荷
因子 1	1.9864	0.8152	参与商业保险	0.7791	0.6509
因子 2	0.2499	0.9178	拥有银行账户	0.7869	0.5299
因子 3	0.1751	0.9896	拥有信用卡	0.7009	0.2522
因子 4	0.0254	1.0001	使用正规信贷	0.7762	0.7660
因子 5	−0.0002	1.0000	使用数字金融服务	0.7155	0.3643

三、描述性统计

表 4.2 为主要变量的描述性统计结果。其中，居民家庭平均年总消费支出约为 5.76 万元，家庭规模平均约为 3.69 人，由此可知家庭平均人均消费支出大概为 1.56 万元，虽然与 2014 年国家统计局公布的全国人均消费支出 1.44 万元存在轻微差异，但考虑到本章在数据处理时删除了户主年龄大于 65 岁的家庭样本，而这些家庭的消费水平相对较低，因此根据表 4.2 中计算的人均消费支出可能相对较高。另外，从家庭普惠金融指数来看，我国居民家庭普惠金融指数平均水平为 0.28，

表明我国 2014 年总体上居民获得金融服务的程度还比较低,普惠金融还有很大的发展空间。

表 4.2 主要变量的描述性统计结果

变量	观测值	均值	标准差	最小值	最大值
家庭总消费	24 835	5.76	5.17	0.50	39.60
家庭普惠金融指数	24 835	0.28	0.23	0	1
收入风险	24 835	5.42	1.80	1.04	9.40
性别	24 835	0.76	0.43	0	1
年龄	24 835	48.79	10.48	22	65
风险规避	24 835	0.63	0.48	0	1
风险偏好	24 835	0.10	0.30	0	1
受教育程度	24 835	9.94	3.86	0	22
户籍	24 835	0.54	0.50	0	1
是否已婚	24 835	0.90	0.30	0	1
身体是否健康	24 835	0.87	0.34	0	1
金融素养	24 835	1.02	0.91	0	3
是否经营工商业	24 835	0.18	0.38	0	1
总收入	24 835	7.08	7.61	0	65.30
净资产	24 835	76.89	111.50	0.31	928.90
家庭金融资产	24 835	7.10	15.31	0	142.30
总负债	24 835	3.38	9.38	0	80
家庭规模	24 835	3.69	1.59	1	19
少儿人口占比	24 835	0.12	0.16	0	0.80
老年人口占比	24 835	0.05	0.12	0	0.75
是否参与社会养老保险	24 835	0.78	0.41	0	1
是否参与社会医疗保险	24 835	0.92	0.27	0	1
是否参与失业保险	24 835	0.18	0.39	0	1
家庭所在地级市金融机构年末贷款余额/地区生产总值	24 835	1.30	0.83	0.23	7.45

四、模型设定

基于前文分析,本章将构建实证模型来探讨普惠金融能否缓解收入风险对居民消费的抑制作用及其内在影响机制。因此,第一步我们需要检验收入风险与居民消费的关系,本章用 $consumption_{ij}$ 代表第 i 个省(自治区、直辖市)第 j 个家庭的总消费，并取对数，实证模型设定如下：

$$\ln(\text{consumption}_{ij}) = \alpha_{ij} + \beta_{ij} \text{V\_income}_{ij} + \mu_{ij} X_{ij} + \omega_i + \varepsilon_{ij} \quad (4.2)$$

其中，V_income_{ij} 表示第 i 个省（自治区、直辖市）第 j 个家庭的收入风险；X_{ij} 表示一系列控制变量，包括户主特征变量、家庭特征变量等；ω_i 表示省份固定效应；ε_{ij} 表示残差项。根据前文分析，本章预期解释变量 V_income_{ij} 的估计系数 β_{ij} 显著为负，表明收入风险与居民消费存在显著的负相关关系。在验证收入风险显著地抑制居民消费之后，我们进一步引入收入风险与家庭普惠金融指数的交互项，来考查普惠金融是否有助于缓解收入风险对居民消费的抑制作用，实证模型设定如下：

$$\ln(\text{consumption}_{ij}) = \alpha_{ij} + \beta_{ij} \text{V\_income}_{ij} + \varphi_{ij} \text{V\_income}_{ij} \times \text{fin\_index}_{ij} \\ + \rho_{ij} \text{fin\_index}_{ij} + \mu_{ij} X_{ij} + \omega_j + \varepsilon_{ij} \quad (4.3)$$

其中，fin_index_{ij} 表示第 i 个省（自治区、直辖市）第 j 个家庭的普惠金融指数；而本章主要关注的解释变量为收入风险 V_income_{ij} 以及收入风险与家庭普惠金融指数的交互项 $\text{V\_income}_{ij} \times \text{fin\_index}_{ij}$。本章预期模型（4.3）中收入风险变量的估计系数 β_{ij} 依然显著为负，而交互项估计系数 φ_{ij} 显著为正，从而表明普惠金融能够有效缓解收入风险对居民消费的抑制作用，进而证明假设 4.1 成立。需要说明的是，在模型（4.3）中的控制变量 X_{ij} 与模型（4.2）中的一致。

接下来，本章在假设 4.1 成立的基础上重点分析普惠金融缓解收入风险对居民消费抑制作用的内在机制。根据假设 4.2～假设 4.4，普惠金融可能通过降低家庭流动性约束、提高家庭风险管理能力以及扩大家庭社会网络进而缓解收入风险对居民消费的抑制作用，因此，本章首先需要检验家庭流动性约束、家庭风险管理能力以及家庭社会网络是否显著影响了收入风险对居民消费的抑制效应。并且需要验证这三个影响效应的方向是否符合预期，即家庭流动性约束是否强化了收入风险对居民消费的抑制作用，而家庭风险管理能力以及家庭社会网络是否降低了收入风险对居民消费的抑制作用。由此，本章在模型（4.2）的基础上分别单独引入家庭流动性约束、家庭风险管理能力以及家庭社会网络变量与收入风险的交互项，得到如下实证模型：

$$\ln(\text{consumption}_{ij}) = \alpha_{ij} + \beta_{ij} \text{V\_income}_{ij} + \gamma_{ij} \text{V\_income}_{ij} \times M_{ij} \\ + \delta_{ij} M_{ij} + \mu_{ij} X_{ij} + \omega_j + \varepsilon_{ij} \quad (4.4)$$

其中，M_{ij} 表示家庭流动性约束、家庭风险管理能力以及家庭社会网络三个机制变量。本章预期收入风险变量的估计系数 β_{ij} 依然显著为负，而家庭流动性约束与收入风险的交互项估计系数也显著为负，但家庭风险管理能力与收入风险的交互项估计系数以及家庭社会网络与收入风险的交互项估计系数均显著为正，即 γ_{ij} 的估计结果显著为负或为正，表明家庭受到流动性约束会强化收入风险对居民消费的抑制作用,而家庭风险管理能力以及家庭社会网络降低了收入风险对居民消费的抑制作用。

最后,在模型(4.4)交互项系数估计结果符合预期的条件下,本章将考查普惠金融是否显著影响了家庭的流动性约束、风险管理能力以及社会网络。因此,本章设定如下实证模型:

$$M_{ij} = \alpha_{ij} + \rho_{ij} \text{fin\_index}_{ij} + \mu_{ij} X_{ij} + \omega_j + \varepsilon_{ij} \qquad (4.5)$$

其中,M_{ij} 表示机制变量,即家庭流动性约束、家庭风险管理能力以及家庭社会网络。其中家庭流动性约束与家庭风险管理能力均为二值变量,即家庭受到流动性约束赋值为1,否则为0;家庭有较强风险管理能力赋值为1,否则为0;而家庭社会网络变量为连续型变量。因此,当模型(4.5)中被解释变量为家庭流动性约束以及家庭风险管理能力时,本章使用 Logit 模型进行估计,如果被解释变量为家庭社会网络则使用普通最小二乘法(ordinary least squares,OLS)进行估计。基于模型(4.4)的预期估计结果,如果在模型(4.5)中,普惠金融能够显著地降低家庭流动性约束、提高家庭风险管理能力以及扩大家庭社会网络,即普惠金融对家庭流动性约束的估计系数显著为负,而普惠金融对家庭风险管理以及家庭社会网络的估计系数均显著为正,则证明,普惠金融能够通过降低家庭流动性约束、提高家庭风险管理能力以及扩大家庭社会网络进而缓解收入风险对居民消费的抑制作用。由此证明假设4.2~假设4.4成立。

第三节 收入风险影响居民消费的实证分析

本节基于研究设计的思路首先实证检验了收入风险与居民消费的关系,在证明收入风险与居民消费的显著负相关关系后,紧接着讨论普惠金融是否有助于缓解收入风险对居民消费的抑制作用,由此检验假设4.1是否成立。进一步地,我们细化分析了普惠金融的各子指标在缓解收入风险对居民消费抑制作用上的经济效应,并对普惠金融的缓解效应是否在不同种类消费中存在差异进行探讨。

一、普惠金融缓解收入风险对居民消费抑制作用的基准回归

首先,表4.3第(1)列为估计模型(4.2)的实证结果,在加入所有控制变量以及控制城市固定效应后,我们发现收入风险与居民消费存在显著的负相关关系,表明收入风险对居民消费存在抑制效应。进一步地,我们基于模型(4.3)来考查普惠金融是否有助于缓解收入风险对居民消费的抑制作用,表4.3第(2)列为相关实证结果,本章主要关注收入风险的估计系数以及收入风险与家庭普惠金融指数交互项的估计系数,从结果来看,收入风险与居民消费的关系依然显著为负,而收入风险与家庭普惠金融指数交互项的估计系数显著为正。这表明普惠金融能

够显著地缓解收入风险对居民消费的抑制作用，表明假设 4.1 成立。

表 4.3　普惠金融缓解收入风险对居民消费抑制作用：基准回归

变量	家庭总消费	
	(1)	(2)
收入风险	−0.022 1***	−0.036 2***
	(0.004 6)	(0.005 7)
收入风险×家庭普惠金融指数		0.042 1***
		(0.010 8)
家庭普惠金融指数		0.290 6***
		(0.059 4)
性别	−0.042 4***	−0.035 8***
	(0.010 4)	(0.010 0)
年龄	0.001 8	0.004 4
	(0.004 1)	(0.004 0)
年龄的平方	−0.010 9**	−0.012 1***
	(0.004 3)	(0.004 2)
风险偏好	0.095 2***	0.085 0***
	(0.015 6)	(0.015 3)
风险规避	−0.036 8***	−0.022 8***
	(0.007 8)	(0.008 0)
金融素养	0.054 7***	0.039 3***
	(0.006 1)	(0.005 8)
受教育程度	0.019 3***	0.014 5***
	(0.001 8)	(0.001 7)
户籍	−0.166 6***	−0.149 1***
	(0.014 0)	(0.013 4)
是否已婚	0.138 9***	0.141 4***
	(0.014 9)	(0.014 0)
身体是否健康	0.008 6	−0.003 8
	(0.013 2)	(0.013 1)
家庭规模	0.066 9***	0.069 2***
	(0.003 9)	(0.003 7)
是否经营工商业	0.212 5***	0.198 4***
	(0.012 8)	(0.012 6)
少儿人口占比	0.037 3	0.033 5
	(0.032 7)	(0.031 4)

续表

变量	家庭总消费	
	(1)	(2)
老年人口占比	−0.154 0***	−0.133 6***
	(0.037 4)	(0.037 5)
净资产	0.155 8***	0.140 5***
	(0.005 8)	(0.005 2)
总收入	0.040 6***	0.034 8***
	(0.002 6)	(0.002 5)
总负债	0.012 4***	0.008 6***
	(0.000 9)	(0.001 0)
是否参与社会养老保险	0.004 7	−0.003 8
	(0.011 4)	(0.011 0)
是否参与社会医疗保险	0.038 7**	0.028 6*
	(0.015 9)	(0.015 2)
是否参与失业保险	0.053 6***	0.036 6***
	(0.013 6)	(0.013 8)
家庭所在地级市金融机构年末贷款余额/地区生产总值	0.213 1***	0.151 3***
	(0.014 2)	(0.014 6)
城市固定效应	是	是
观测值	24 835	24 835
R^2	0.411	0.424

注：表格括号内为聚类到城市层面的稳健标准误

*、**、***分别代表在10%、5%以及1%水平上显著

首先，从户主特征变量的系数来看，结论表明户主为男性、风险规避型特征以及为农村户口的家庭总消费相对更低；而户主呈现风险偏好特征、金融素养较高[1]、受教育程度较高以及已婚的家庭总消费相对更高。其次，从家庭特征变量来看，家庭规模增大、经营工商业能够显著地提高家庭消费，并且总负债也与家庭总消费呈显著的正相关关系，这与张雅淋等（2019）的研究结论一致，而老年人口占比[2]高则显著地抑制家庭总消费。最后，从家庭的社会保障变量来看，是否参与社会医疗保险以及失业保险均能够显著地促进家庭总消费，这与沈坤荣和

---

[1] 消费决策的合理性在一定程度上决定于个体的金融知识，宋全云等（2019）研究发现，金融知识能够通过提高家庭的保险参与率、消费信贷使用率以及提高家庭财富进而促进居民消费。

[2] 老年人口占比增加意味着家庭为了预防老年人的医疗等不确定性支出而进行储蓄，从而减少消费（何兴强和史卫，2014）。

谢勇（2012）的研究结论一致，即社会保险能够减少预防性储蓄动机，增强居民家庭的消费平滑能力。

普惠金融的发展是多维度的，既涵盖传统的信贷、银行卡服务，也涵盖保险、信用卡以及数字金融等相关服务。本章基于因子分析法构建的家庭普惠金融指数虽能够在综合分析上提供帮助，但其也就像一个"黑箱"一样掩盖了其他细化指标的经济影响。基于此，我们将家庭普惠金融指数的"黑箱"打开，具体考查各子指标的缓解效应是否存在。从表 4.4 的实证结果来看，家庭拥有银行账户、拥有信用卡、使用正规信贷和使用数字金融服务均能够显著地缓解收入风险对居民消费的抑制作用，表明普惠金融的缓解效应是多渠道的。然而本章并没有发现商业保险在缓解收入风险对居民消费抑制作用上的正向显著效果，但商业保险对居民消费仍存在显著的正向促进作用。我们认为其可能存在的一个原因在于本章使用的收入风险指标与已有研究衡量的不确定性代理指标不一致，如沈坤荣和谢勇（2012）使用暂时性收入平方作为不确定性代理指标，而南永清等（2020）则使用支出不确定性来衡量，两者的研究均发现商业保险参与能够通过降低不确定性来促进居民消费。但本章的收入风险指标基于家庭的分组收入方差连乘计算得到，衡量的是家庭总收入的变动风险，与上述的不确定性存在较大差异。商业保险参与更多的是对冲家庭由不确定性事件导致的收入损失，具有突发性和不连续性，因此对总收入变动的平滑效果可能不明显。

表 4.4 普惠金融各子指标的缓解效应分析

变量	家庭总消费				
	(1)	(2)	(3)	(4)	(5)
收入风险	−0.023 1***	−0.030 0***	−0.028 2***	−0.025 2***	−0.024 7***
	(0.003 9)	(0.005 5)	(0.004 0)	(0.003 9)	(0.003 9)
收入风险× 参与商业保险	0.001 0				
	(0.006 6)				
参与商业保险	0.108 0***				
	(0.036 9)				
收入风险× 拥有银行账户		0.011 8**			
		(0.005 2)			
拥有银行账户		0.053 1*			
		(0.030 3)			
收入风险× 拥有信用卡			0.017 8***		
			(0.005 0)		
拥有信用卡			0.116 0***		
			(0.027 2)		

续表

变量	家庭总消费				
	(1)	(2)	(3)	(4)	(5)
收入风险×使用正规信贷				0.021 8***	
				(0.006 3)	
使用正规信贷				−0.052 3	
				(0.035 5)	
收入风险×使用数字金融服务					0.026 1***
					(0.007 6)
使用数字金融服务					−0.019 8
					(0.040 5)
控制变量	是	是	是	是	是
城市固定效应	是	是	是	是	是
观测值	24 835	24 835	24 835	24 835	24 835
R^2	0.413	0.415	0.420	0.412	0.413

注：表格括号内为聚类到城市层面的稳健标准误

*、**、***分别代表在10%、5%以及1%水平上显著

随着我国互联网信息技术的快速普及和应用，普惠金融通过数字化发展模式赋能可以为居民家庭提供更便捷和低成本的金融服务，在改善居民消费结构，促进居民消费升级上发挥了重要作用（杨伟明等，2021）。事实上，不同种类的居民消费对收入的支出弹性也存在差异，并且可能随时间发生变化（唐琦等，2018）；一般来说，食品等生存型消费支出弹性较低，而文娱等享受型消费支出弹性较高，因此，当居民家庭面临收入风险时，往往会更多地减少享受型的消费，导致居民消费结构在短期受到冲击。那么，普惠金融作为能够实现缓解收入风险对居民消费抑制作用的重要方式，其缓解效应是否也有利于居民消费结构的改善呢？基于上述分析，我们进一步分析了普惠金融对居民家庭不同种类消费的缓解效应。表4.5为实证回归结果，我们发现，收入风险对家庭的食品、衣着、居住、日用品以及文娱教育支出均存在显著的抑制作用，而与此同时普惠金融的缓解效应也在上述五种消费中显著存在，并且普惠金融的缓解效果在衣着和文娱教育中是更大的，这表明普惠金融不仅能够直接改善居民家庭的消费结构，还能通过缓解收入风险对高层级消费的抑制作用来实现消费升级。

表 4.5　普惠金融对不同类消费的缓解效应分析

变量	(1)食品	(2)衣着	(3)居住	(4)日用品	(5)交通通信	(6)文娱教育	(7)医疗保健	(8)其他
收入风险	−0.077*** (0.007)	−0.093*** (0.015)	−0.033*** (0.010)	−0.024** (0.010)	−0.001 (0.009)	−0.151*** (0.022)	0.008 (0.025)	0.008 (0.011)
收入风险×家庭普惠金融指数	0.077*** (0.013)	0.152*** (0.029)	0.034* (0.019)	0.044** (0.022)	0.077*** (0.018)	0.138*** (0.038)	0.010 (0.055)	0.016 (0.034)
家庭普惠金融指数	−0.110 (0.078)	0.576*** (0.158)	0.108 (0.109)	0.672*** (0.125)	0.633*** (0.105)	1.131*** (0.212)	0.905*** (0.312)	0.684*** (0.194)
控制变量	是	是	是	是	是	是	是	是
城市固定效应	是	是	是	是	是	是	是	是
观测值	24 834	24 835	24 835	24 835	24 835	24 835	24 835	24 799
R^2	0.300	0.261	0.203	0.217	0.323	0.313	0.094	0.052

注：表格括号内为聚类到城市层面的稳健标准误

*、**、***分别代表在10%、5%以及1%水平上显著

二、普惠金融缓解收入风险对居民消费抑制作用的机制分析

本章将针对普惠金融缓解收入风险对居民消费抑制作用的影响机制进行讨论。首先基于模型（4.4）分别考查家庭流动性约束、家庭风险管理能力以及家庭社会网络在影响收入风险对居民消费抑制作用上的效应，如果结果符合预期，将进一步基于模型（4.5）来分析普惠金融是否显著地影响了该机制变量，如果普惠金融的估计系数显著且符号符合预期，则表明该机制成立，下面我们逐一进行讨论。

（一）家庭流动性约束机制

首先，关于如何衡量家庭受到流动性约束，Zeldes（1989）以"家庭金融资产小于两个月永久性收入"来作为家庭受到流动性约束的代理指标，甘犁等（2018）也延续这一逻辑使用"家庭金融资产总值是否大于两个月永久性收入"来衡量流动性约束，并且该文还使用"家庭是否有已激活信用卡"来衡量家庭的流动性约束情况。另外，也有文献基于信贷约束的角度来考虑（尹志超和张号栋，2018），即是否使用银行正规信贷来获取资金。但考虑到本章在构建普惠金融指标时已包括"家庭是否有已激活信用卡"与"是否使用正规信贷"这一信息，本章借鉴上述甘犁等（2018）的做法，使用"家庭金融资产总值是否大于两个月永久性收入"

来度量①。具体来讲,当家庭金融资产总值小于等于家庭两个月永久性收入时赋值为1,大于两个月永久性收入时赋值为0。

表4.6第(1)列回归结果显示,收入风险与家庭总消费的关系依然显著为负,并且收入风险与家庭流动性约束的交互项估计系数也显著为负,表明当居民家庭受到流动性约束时,会进一步强化收入风险对居民消费的抑制作用,这与已有的研究结论一致(万广华等,2001)。基于这一结论,本章进一步分析普惠金融是否显著降低了家庭流动性约束,从而缓解收入风险对居民消费的抑制作用。根据表4.6第(2)列的回归结果我们发现,家庭普惠金融指数的估计系数显著为负,表明普惠金融能够通过降低家庭流动性约束这一渠道来缓解收入风险对居民消费的抑制作用②。另外,本章还借鉴易行健和周利(2018)的做法,以家庭的流动性资产③高低来定义家庭是否受到流动性约束,即流动性资产较低的家庭定义为"受到流动性约束",赋值为1,反之赋值为0,实证结果如表4.6第(3)列和第(4)列所示,依然得到一致结论,由此证明假设4.2成立。

表4.6 家庭流动性约束的机制检验

变量	家庭金融资产总值是否大于两个月永久性收入		流动性资产高低	
	(1)	(2)	(3)	(4)
	家庭总消费	流动性约束	家庭总消费	流动性约束
收入风险	−0.017 7***		−0.018 2***	
	(0.004 2)		(0.004 3)	
收入风险×家庭流动性约束	−0.010 2**		−0.007 6*	
	(0.004 3)		(0.004 3)	
家庭流动性约束	−0.044 2*		−0.080 1***	
	(0.024 3)		(0.024 5)	
家庭普惠金融指数		−0.222 9***		−0.220 8***
		(0.005 8)		(0.006 0)
控制变量	是	是	是	是
城市固定效应	是	是	是	是
观测值	24 835	24 835	24 835	24 835
R^2	0.420	0.209	0.421	0.286

注:表格括号内为聚类到城市层面的稳健标准误
*、**、***分别代表在10%、5%以及1%水平上显著

---

① 借鉴沈坤荣和谢勇(2012)的做法,使用家庭收入作为被解释变量,对户主特征变量、家庭特征变量以及社会保障变量做回归,同时我们控制了行业虚拟变量以及省份虚拟变量,将回归得到的被解释变量的拟合值作为家庭的永久性收入。
② 从普惠金融的指标构建中也能看出,信用卡使用以及正规信贷获取可能对家庭流动性约束产生影响。
③ 本章的流动性资产是指现金、银行存款、股票等金融资产。

(二)家庭风险管理能力机制

已有研究表明,普惠金融能够通过提高家庭的风险管理能力进而显著影响居民家庭的相关经济行为,如促进创业(李建军和李俊成,2020)、降低家庭脆弱性(尹志超和张栋浩,2020)等,那么普惠金融能否通过提高家庭风险管理能力进而缓解收入风险对居民消费的抑制作用呢?本章以家庭未来主要的"养老计划方式"作为家庭风险管理能力的衡量,具体来说,我们借鉴李建军和李俊成(2020)的做法,将选择通过"商业养老保险"来实现未来养老计划的家庭视为风险管理能力较强的家庭,即风险管理能力赋值为1;选择其他养老计划方式视为风险管理能力较弱的家庭,即风险管理能力赋值为0[①]。

表4.7第(1)列回归结果显示,收入风险依然显著地抑制了家庭总消费,而收入风险与家庭风险管理能力的交互项估计系数显著为正,表明家庭风险管理能力

表4.7 家庭风险管理能力的机制检验

变量	全样本		剔除了可能购买了商业保险的家庭样本	
	(1)	(2)	(3)	(4)
	家庭总消费	风险管理能力	家庭总消费	风险管理能力
收入风险	-0.023 2***		-0.025 2***	
	(0.003 9)		(0.004 0)	
收入风险×家庭风险管理能力	0.034 7**		0.071 0***	
	(0.014 2)		(0.017 4)	
家庭风险管理能力	-0.079 4		-0.280 3***	
	(0.077 4)		(0.096 2)	
家庭普惠金融指数		0.124 2***		0.090 4***
		(0.010 3)		(0.013 1)
控制变量	是	是	是	是
城市固定效应[②]	是	否	是	否
观测值	24 835	24 835	22 929	22 929
R^2	0.412	0.142	0.402	0.115

注:表格括号内为聚类到城市层面的稳健标准误
、*分别代表在5%以及1%水平上显著

---

① CHFS 2015中相关问题如下:您计划最主要的养老方式是什么?1. 自己储蓄、投资;2. 子女赡养;3. 社会养老保险;4. 离退休工资;5. 商业养老保险;6. 配偶或亲属支持;7. 其他。

② 由于较多家庭并不选择以"商业养老保险"作为未来的主要养老计划,因此表4.7第(2)列以及第(4)列在使用Logit模型进行估计时同时控制城市固定效应时会自动删除很多样本,为了避免丢失过多样本,我们在上述两次回归中只控制了省份固定效应。本章也尝试控制了城市固定效应,结论依然一致。

越强，收入风险对居民消费的抑制效应就越小。表4.7中第（2）列为普惠金融对家庭风险管理能力影响的实证结果，与预期一致，家庭普惠金融指数与风险管理能力的回归系数在1%的水平上显著为正，表明普惠金融显著地提高了家庭的风险管理能力，由此可以证明假设4.3成立，即普惠金融能够通过提高家庭的风险管理能力进而缓解收入风险对居民消费的抑制作用。

考虑到选择商业养老保险形式作为未来养老计划的家庭，可能已经购买了商业养老保险，从而使普惠金融与商业养老保险可能只是相关关系。为了说明上述结果的稳健性，本章将样本中购买了商业养老保险的家庭全部剔除，由于CHFS 2015的问卷中只询问了家庭是否购买商业人寿保险、商业健康保险以及其他的商业保险，而商业人寿保险包括商业养老保险，因此本章将购买了商业人寿保险的家庭样本全部删除，同时考虑到其他商业保险购买中可能包括商业养老保险，为了避免干扰，此处也一并删除。剔除样本后的回归结果如表4.7中第（3）列和第（4）列所示，依然表明普惠金融能够通过提高家庭风险管理能力进而缓解收入风险对居民消费的抑制作用。

（三）家庭社会网络机制

我国作为一个传统的关系型社会（Bian，1997），在以地缘和血缘为纽带的社会网络内，通过以状态依存为特征的收入转移和互惠信贷，居民家庭可以彼此分担风险，实现横截面的消费平滑（马小勇和白永秀，2009）。尽管易行健等（2012）的研究认为，社会网络的经济效应可能随着我国市场化的推进而减弱，但较新的研究证据表明，家庭社会网络的风险分担作用可能依然存在（Niu et al.，2020）。根据假设4.4的理论机制分析可知，普惠金融可能在扩展家庭社会网络上具有积极作用。为了验证普惠金融能否通过扩大家庭社会网络这一渠道来缓解收入风险对居民消费的抑制作用，本章借鉴易行健等（2012）的做法，使用家庭节假日及红白喜事"礼金支出"作为衡量家庭社会网络的代理变量。

表4.8第（1）列为家庭社会网络作为风险分担的调节机制的检验结果，我们发现收入风险与家庭社会网络代理变量的交互项估计系数显著为正，表明家庭社会网络越大，收入风险对居民消费的抑制作用就越小，即家庭社会网络的风险分担作用存在，这与易行健等（2012）的结论一致，他们发现，家庭社会网络越广泛，居民的储蓄率就越低。在证明家庭社会网络能够缓解收入风险对居民消费的抑制作用后，进一步验证普惠金融能否通过扩大家庭社会网络进而缓解收入风险对居民消费的抑制作用，表4.8中第（2）列为家庭普惠金融指数对家庭社会网络代理变量的估计结果，结果表明普惠金融对扩大家庭社会网络存在显著的正向效应，且估计系数在1%的水平上显著，由此证明假设4.4也成立。

表 4.8 家庭社会网络的机制检验

变量	总礼金支出		非正常的礼金支出	
	(1)	(2)	(3)	(4)
	家庭总消费	礼金支出	家庭总消费	礼金支出
收入风险	−0.030 9***		−0.023 2***	
	(0.004 1)		(0.003 8)	
收入风险× 礼金支出	0.020 4***		0.019 9***	
	(0.004 6)		(0.004 5)	
礼金支出	0.043 5***		0.044 4***	
	(0.007 2)		(0.007 2)	
家庭普惠金融指数		0.025 6***		0.025 0***
		(0.002 3)		(0.002 3)
控制变量	是	是	是	是
城市固定效应	是	是	是	是
观测值	24 835	24 835	24 835	24 835
R^2	0.427	0.124	0.426	0.039

注：表格括号内为聚类到城市层面的稳健标准误
***代表在1%水平上显著

然而，孙永苑等（2016）指出，家庭的礼金支出可分为正常支出和非正常支出两个部分，正常支出是由家庭的经济状况、家庭结构等方面引起的，该类支出与家庭新建和维系关系无关；剩下的非正常支出是用于新建和维系关系的支出。因此，基于稳健性考虑，本章借鉴该文做法提取出家庭用于新建和维系关系的礼金支出，具体做法为：以礼金支出作为被解释变量对家庭总收入、自有住房、家庭规模、平均年龄、平均受教育程度、户籍[①]进行回归，同时我们还控制了城市虚拟变量，将回归残差作为家庭社会网络的代理变量。表 4.8 第（3）列和第（4）列为更换机制变量后的实证结果，依然证明普惠金融能够通过扩大家庭社会网络进而缓解收入风险对居民消费的抑制作用。

三、普惠金融缓解收入风险对居民消费抑制作用的异质性分析

我们将首先根据现有文献关于普惠金融使用背后的异质性因素——金融素养与社会信任的差异对居民家庭进行分样本分析，然后验证普惠金融的缓解效应

---

① 因为 CHFS 2015 问卷调查中并没有涉及个体的消费倾向问题，所以本章将其替换成户主的户籍变量，由于农村户籍和城镇户籍居民的消费倾向存在差别，并且这种约定俗成的礼金支出可能在农村户籍居民家庭中更明显，所以本章通过控制个体的户籍来识别家庭这种相对稳定的礼金支出，即这类相对稳定的礼金支出可能与家庭新建和维系关系无关。

是否对不同经济发展与金融发展程度地区的居民以及不同收入的居民存在显著差异,从而对假设4.5进行完整验证。

(一)基于金融素养水平高低的异质性分析

本章将总样本按家庭户主金融素养得分高低进行分组回归,具体来说,户主金融素养得分大于1分的视为金融素养较高的样本组,其他为金融素养较低的样本组。另外,本章还考虑了将户主金融素养得分按0~3分为四组进行回归,表4.9为分组回归的实证结果。根据第(1)列和第(2)列的回归结果我们发现,普惠金融的缓解效应在金融素养水平较高的样本组中更大。从表中第(3)列至第(6)列的结果来看,伴随着户主金融素养得分越来越高,普惠金融的缓解效应也越来越大。由此表明,个体金融素养的高低会显著影响普惠金融的缓解效应。并且相关研究证明金融素养对普惠金融存在积极的促进作用(Grohmann et al.,2018;Adetunji and David-West,2019),即户主金融素养越高的家庭越有可能使用金融服务,如参与商业保险、使用正规信贷、使用数字金融服务等。根据本章数据分析我们也可以发现,随着样本组的金融素养得分由低到高(从0分到3分),家庭普惠金融指数的均值水平分别为0.18、0.30、0.37、0.45,即户主金融素养越高的家庭,其普惠金融水平也越高。

表4.9 金融素养的异质性

变量	家庭总消费					
	(1)	(2)	(3)	(4)	(5)	(6)
	金融素养得分较高	金融素养得分较低	金融素养得分为0分	金融素养得分为1分	金融素养得分为2分	金融素养得分为3分
收入风险	−0.027 5***	−0.034 7***	−0.036 3***	−0.030 9***	−0.023 0**	−0.039 1*
	(0.009 4)	(0.005 5)	(0.007 8)	(0.007 9)	(0.010 7)	(0.020 6)
收入风险×家庭普惠金融指数	0.047 4***	0.035 9***	0.019 7	0.033 9**	0.044 3**	0.056 8*
	(0.015 6)	(0.012 4)	(0.022 5)	(0.015 7)	(0.018 5)	(0.030 3)
家庭普惠金融指数	0.202 6**	0.358 0***	0.536 9***	0.319 8***	0.229 4**	0.099 3
	(0.086 7)	(0.072 0)	(0.133 4)	(0.089 1)	(0.102 6)	(0.168 3)
控制变量	是	是	是	是	是	是
城市固定效应	是	是	是	是	是	是
观测值	7 156	17 679	8 469	9 210	5 444	1 712
R^2	0.398	0.405	0.359	0.388	0.390	0.467

注:表格括号内为聚类到城市层面的稳健标准误
*、**、***分别代表在10%、5%以及1%水平上显著

为了进一步佐证上述结论，本章以个体"关注经济金融信息多少"以及"是否上过经济金融课程"来衡量个体的金融素养水平[①]，表 4.10 为分组回归的实证结果，我们发现，在个体关注经济金融信息较多或上过经济金融课程的户主家庭样本中，普惠金融缓解收入风险对居民消费抑制作用的效应更大，这进一步证实普惠金融的缓解作用会受到个体金融素养高低的影响。

表 4.10　关注经济金融信息多少以及是否上过经济金融课程的异质性

变量	家庭总消费	
	关注经济金融信息较多或上过经济金融课程	关注经济金融信息较少且未上过经济金融课程
	(1)	(2)
收入风险	−0.025 6***	−0.040 9***
	(0.008 4)	(0.005 8)
收入风险×家庭普惠金融指数	0.046 6***	0.028 6**
	(0.014 5)	(0.013 4)
家庭普惠金融指数	0.243 6***	0.388 8***
	(0.080 9)	(0.077 5)
控制变量	是	是
城市固定效应	是	是
观测值	8 965	15 832
R^2	0.436	0.379

注：表格括号内报告的是聚类到城市层面的稳健标准误
、*分别代表在5%以及1%水平上显著

（二）基于户主社会信任水平高低的异质性分析

家庭层面的普惠金融水平取决于居民的金融服务参与程度，而金融服务的参与过程本身又是一种金融交易行为，交易行为能否有效进行会受到个体信任水平的影响，这是因为信任能够确立有效率且低成本的契约执行机制，因此信任构成了市场经济中一切交易的前提。金融发展进步的重要基础之一就是信任在社会中的普遍确立，当一个人对社会具有较高的信任度时，他获取或者接纳金融市场服务的概率就更高。

[①] CHFS 2015 中相关问题为：（1）您平时对经济、金融方面的信息关注程度如何？1. 非常关注；2. 很关注；3. 一般；4. 很少关注；5. 从不关注。本章把回答为"非常关注"、"很关注"以及"一般"的户主家庭视为金融素养较高的样本家庭。（2）您是否上过经济或金融类课程？1. 是；2. 否。本章把回答为"是"的户主家庭视为金融素养较高的样本家庭。

为了识别社会信任这一异质性影响是否存在，本章以"户主是否信任商业养老保险"来衡量家庭的社会信任水平。尹志超和潘北啸（2020）曾使用 CHFS 2015 和 CHFS 2017 问卷中"您对不认识的人信任度如何？"这一问题来衡量个体的社会信任水平。另外，CHFS 2015 问卷中关于信任水平的相关问题还有两个，其中一个为"如果您购买了商业养老保险，您是否相信将来它会按照承诺的那样给您钱？"，另一个为"如果您购买了政府的养老保险，您是否相信将来它会按照承诺的那样给您钱？"，本章之所以只考虑了"户主是否信任商业养老保险"，原因在于政府本身是一种高信用的机构，使用"是否信任政府的养老保险"来衡量家庭的社会信任水平会导致高估，因此本章只能从"户主是否信任商业养老保险"来考虑。

具体来讲，本章将信任商业养老保险的家庭视为社会信任水平较高[①]的样本组家庭，不信任的家庭视为社会信任水平较低的样本组家庭。表 4.11 第（1）列和第（2）列为社会信任水平高低的分组回归结果，我们发现，收入风险与家庭普惠金融指数的交互项估计系数在社会信任水平较高的样本组中更大。从分组的普惠金融水平来看，社会信任水平较高的样本组家庭普惠金融指数均值为 0.33，而社会信任水平较低的样本组家庭普惠金融指数均值为 0.25。由此说明，家庭的社会信任水平在一定程度上影响了家庭的普惠金融水平，进而影响了普惠金融在缓解收入风险对居民消费抑制作用上的效应。另外，考虑到信任商业养老保险的家庭往往可能已经购买了商业养老保险，所以本章根据前文分析进一步删除了可能购买商业养老保险的家庭，剔除样本后的分组回归结果如表 4.11 中第（3）列和第（4）列所示，依然表明在社会信任水平较高的样本家庭中，普惠金融的缓解效应更大。

表 4.11 基于社会信任水平高低的异质性分析

变量	家庭总消费			
	全样本		剔除可能购买了商业保险的家庭后的样本	
	(1)	(2)	(3)	(4)
	社会信任水平较高	社会信任水平较低	社会信任水平较高	社会信任水平较低
收入风险	−0.038 7***	−0.035 2***	−0.043 0***	−0.034 3***
	(0.008 1)	(0.005 8)	(0.008 7)	(0.005 9)
收入风险× 家庭普惠金融指数	0.054 5***	0.034 1***	0.074 8***	0.025 8*
	(0.014 8)	(0.012 7)	(0.017 2)	(0.013 5)

[①] CHFS 2015 的相关问题为：如果你购买了商业养老保险，您是否相信将来它会按照承诺的那样给您钱？1. 完全不可以相信；2. 比较不可信；3. 居于相信和不相信之间（包括"有些可信"和"有些不可信"）；4. 比较相信；5. 完全相信。我们把回答为"比较相信"以及"完全相信"的家庭视为信任商业养老保险的样本家庭，其他为不信任。

续表

变量	家庭总消费			
	全样本		剔除可能购买了商业保险的家庭后的样本	
	(1)	(2)	(3)	(4)
	社会信任水平较高	社会信任水平较低	社会信任水平较高	社会信任水平较低
家庭普惠金融指数	0.205 8**	0.337 7***	0.110 1	0.363 8***
	(0.084 0)	(0.072 6)	(0.096 9)	(0.077 0)
控制变量	是	是	是	是
城市固定效应	是	是	是	是
观测值	8 943	15 892	7 757	15 172
R^2	0.448	0.410	0.440	0.402

注：表格括号内为聚类到城市层面的稳健标准误

*、**、***分别代表在10%、5%以及1%水平上显著

（三）基于不同地区居民家庭的异质性分析

普惠金融的一个重要发展目标便是解决低收入居民家庭的金融可及性问题，为了识别普惠金融能否真正体现"普惠性"，即普惠金融的发展是否在更大程度上满足欠发达地区居民的金融服务需求，并且在边际上发挥更大的经济效应，本章依据2014年全国各地区人均地区生产总值排名进行分组回归，具体来说，将人均地区生产总值排名前15的地区视为经济较为发达的地区，其他则归类为经济欠发达的地区①。另外，考虑到普惠金融旨在解决居民的正规金融服务获得的问题，本章进一步按居民家庭所在地区每万人拥有的金融机构数量排名进行分组回归，即排名前15的地区视为居民家庭所在地区每万人拥有的金融机构数量较多的地区，其他为较少的地区②。一般来说，所在地区每万人拥有的金融机构数量越多，居民家庭获得正规金融服务的可能性就越高，因此，普惠金融所带来的经济效益可能就越小③。从表4.12的分组回归实证结果来看，相对于经济发达地区，在欠发达地区，即人均地区生产总值较低的样本家庭中，普惠金融缓解收入风险对居民消费抑制作用的效应更大。此外，普惠金融的缓解效应在所在地区每万人拥有

---

① 根据《中国统计年鉴2015》，2014年人均地区生产总值排名前15的地区分别为天津、北京、上海、江苏、浙江、内蒙古、辽宁、福建、广东、山东、吉林、重庆、湖北、陕西、宁夏，我们将这部分地区归类为经济发展水平较高的区域，其他地区则归类为经济发展水平较低的区域。

② 根据Wind（万得）数据整理而来，即排名前15的地区为浙江、北京、辽宁、天津、青海、内蒙古、宁夏、重庆、甘肃、陕西、吉林、黑龙江、四川、上海、江苏。

③ 我们构建的家庭普惠金融指数包括了基于数字金融的金融服务使用，郭峰等（2020）认为数字金融可以较大程度弥补传统金融供给的不足。

的金融机构数量较低的样本家庭中更大[①]。由此表明，普惠金融的"普惠性"显著存在，即普惠金融在减少金融排斥，满足欠发达地区居民家庭的金融服务需求上发挥了更大的作用。

表4.12 基于不同地区的异质性分析

变量	家庭总消费			
	(1)	(2)	(3)	(4)
	人均地区生产总值较高	人均地区生产总值较低	每万人拥有的金融机构数量较高	每万人拥有的金融机构数量较低
收入风险	−0.027 5***	−0.043 4***	−0.027 9***	−0.037 9***
	(0.005 8)	(0.006 9)	(0.006 5)	(0.006 1)
收入风险×家庭普惠金融指数	0.042 3***	0.051 9***	0.038 4***	0.051 4***
	(0.011 6)	(0.016 5)	(0.013 2)	(0.013 6)
家庭普惠金融指数	0.297 0***	0.271 2***	0.314 3***	0.265 9***
	(0.067 0)	(0.090 2)	(0.076 0)	(0.076 1)
控制变量	是	是	是	是
省份固定效应	是	是	是	是
观测值	14 998	9 837	12 259	12 576
R^2	0.412	0.375	0.421	0.402

注：表格括号内为聚类到城市层面的稳健标准误

***代表在1%水平上显著

（四）基于居民家庭不同收入水平的异质性分析

较多研究发现，普惠金融在改善居民家庭收入上具有积极作用，Bruhn 和 Love（2014）认为，普惠金融能够通过提高居民的劳动力市场参与度进而提高家庭收入。尹志超等（2019）也得到了类似结论，即普惠金融通过促进居民的非农就业以及创业进而提高家庭收入，并且对低收入家庭影响更大。那么普惠金融缓解收入风险对居民消费抑制作用的效应是否也对低收入群体作用更大呢？本章按居民家庭收入水平进行低中高均等分组，表4.13 的分组回归结果显示，收入风险与家庭普惠金融指数的交互项估计系数在低收入样本家庭中的经济显著性更大，其次是中等收入家庭，再次体现了普惠金融的"普惠性"作用，即更有利于低收入群体通过金融服务来实现更大的边际收益。但在高收入样本家庭中该估计系数并不显著，可能的原因在于高收入家庭的风险分担渠道更多，应对不确定性冲击

---

① 考虑到两个分组之间可能存在重合，本章对人均地区生产总值与每万人拥有的金融机构数量做了简单的相关系数矩阵分析，发现两者的相关系数为 0.5，即并不存在高度相关性。

的能力更强,因此较少依赖一般的金融服务来实现消费平滑。

表 4.13 基于收入水平高低的异质性分析

变量	家庭总消费		
	(1)	(2)	(3)
	低收入	中等收入	高收入
收入风险	−0.037 2***	−0.029 7***	−0.019 1**
	(0.008 1)	(0.008 0)	(0.009 1)
收入风险× 家庭普惠金融指数	0.046 8**	0.038 3**	0.024 4
	(0.022 5)	(0.017 6)	(0.015 0)
家庭普惠金融指数	0.294 3**	0.204 5**	0.296 7***
	(0.139 4)	(0.097 9)	(0.082 3)
控制变量	是	是	是
城市固定效应	是	是	是
观测值	8 279	8 278	8 278
R^2	0.360	0.273	0.343

注:表格括号内为聚类到城市层面的稳健标准误

、*分别代表在 5%以及 1%水平上显著

四、内生性讨论与稳健性检验

为了让本章的实证结果更加稳健,我们针对本章的核心解释变量收入风险以及普惠金融的内生性问题进行了讨论和处理。另外,本章对关键解释变量以及被解释变量重新进行了构建,同时本章还使用 2014 年的北京大学普惠金融指数对家庭普惠金融指数进行了替换来进行稳健性讨论。

(一)内生性讨论与处理

针对基准回归,本章的内生性可能主要来源于以下几种情况:①核心解释变量"收入风险"可能存在测量误差,而测量误差的存在可能对估计结果造成一定偏误;②尽管本章控制了尽可能多的控制变量,但回归模型中可能遗漏同时影响收入风险和家庭消费支出的变量,如户主的非认知能力(控制情绪的能力以及责任心等),有文献研究发现,非认知能力会影响个体的劳动收入(Heckman et al.,2006)以及财务困境程度(Parise and Peijnenburg,2019)等,因而可能对家庭的收入风险以及消费同时造成影响,使系数估计结果出现偏差;③本章的家庭普惠金融指数可能存在内生性问题,尹志超和张栋浩(2020)指出,遗漏家庭可获得的其他非金融扶贫支持或非正规金融服务使用习惯等因素可能会导致低估普惠金融的影响;④本章的家庭普惠金融指数是基于家庭是否使用相关金融服务进行构

建的,因此存在较强的样本自选择问题。

1. 工具变量估计

鉴于以上分析,本部分首先借鉴 Rozelle 等(1999)以及尹志超和张栋浩(2020)的研究思路,使用"社区平均"来构建工具变量(instrumental variable,IV)进行内生性讨论与处理,即将家庭所在社区其他家庭收入风险均值作为本章收入风险的工具变量,将家庭所在社区其他家庭普惠金融指数均值作为本章普惠金融变量的工具变量,另外,考虑到收入风险与家庭普惠金融指数的交互项也是内生变量,本章以两者的"社区平均"工具变量的交互项作为收入风险与家庭普惠金融指数交互项的工具变量。上述做法主要基于以下两方面考虑:①同一社区内的具有大致相同特征的群体成员间会相互影响,这意味着其他家庭收入风险与本家庭收入风险存在相关性;②Rozelle 等(1999)指出,群体效应只会对群体成员中的同一行为产生影响,不同行为之间并不会相互关联,因此,其他家庭收入风险并不会影响本家庭的消费支出,满足相对外生性。同理,其他家庭普惠金融指数均值也满足工具变量选取的要求。

表 4.14 第(1)列只针对收入风险与居民消费的关系进行了工具变量回归,其中 DWH(Durbin-Wu-Hausman,杜宾-吴-豪斯曼)检验值为 41.733,在 1%的水平上拒绝模型中不存在内生性的原假设,并且第一阶段工具变量的估计系数在 1%的水平上显著为正,弱工具变量(weak instruments)检验的 Kleibergen-Paap rk LM 值为 331.756,因此不存在弱工具变量的问题。考虑了内生性问题后,收入风险对家庭总消费的影响依然显著为负,表明收入风险抑制居民消费的结论是稳健的。进一步,本章针对普惠金融缓解收入风险对居民消费抑制作用的回归做了工具变量估计处理,表 4.14 中第(2)列为对应的内生性处理结果,三个变量的回归系数相对于表 4.3 基准回归的结果均有所变大,但显著性不变。其中 DWH 检验值为 78.978,仍在 1%的水平上拒绝模型中不存在内生性的原假设,第一阶段的三个工具变量估计系数均在 1%的水平上显著为正,而弱工具变量检验的 Kleibergen-Paap rk LM 值为 51.462,因此也不存在弱工具变量问题,由此说明本章基准回归结果比较稳健。

表 4.14 工具变量估计

变量	家庭总消费	
	(1)	(2)
Panel A:工具变量法估计结果		
收入风险	−0.225***	−0.264***
	(0.034)	(0.044)

续表

变量	家庭总消费	
	(1)	(2)
Panel A：工具变量法估计结果		
收入风险×家庭普惠金融指数		0.417***
		(0.140)
家庭普惠金融指数		0.429
		(0.775)
控制变量	是	是
城市固定效应	是	是
观测值	24 835	24 835
R^2	0.340	0.153
Panel B：工具变量法估计第一阶段结果		
所在社区其他家庭收入风险均值	0.244***	0.412***
	(0.013)	(0.029)
所在社区其他家庭普惠金融指数均值		0.334***
		(0.077)
所在社区其他家庭收入风险均值×所在社区其他家庭普惠金融指数均值		0.212***
		(0.084)
DWH 检验	41.733	78.978
（P 值）	(0.000)	(0.000)
Kleibergen-Paap rk LM	331.756	51.462

注：表格括号内为聚类到城市层面的稳健标准误

***代表在 1%水平上显著

2. 其他内生性处理

基于前文可知，由于本章的家庭普惠金融指数构建中的"是否使用数字金融服务"这一指标在其他年份存在数据缺失，因此无法进行面板数据的估计，但考虑到本章所使用的工具变量可能无法满足严格外生性这一条件，以至于在内生性处理上不够稳健，首先，本章将"是否使用数字金融服务"这一指标剔除，仅使用其余四个指标来构建家庭普惠金融指数，由此形成 2013～2015 年 CHFS 的平衡面板数据，表 4.15 第（1）列为双向固定效应下的平衡面板估计，依然表明普惠金融的缓解效应显著存在。其次，本章使用 LTZ（local to zero，近似零）方法估计来缓解工具变量不严格外生的问题，该方法最早见于 Conley 等（2012）的研究，他们认为，如果工具变量不满足严格外生性，那么该工具变量与被解释变量之间存在一个相关系数，并且该相关系数趋于 0，那么可以通过对该系数设定一个先验分布条件或取值范围，进而准确估计出结果。从表4.15第（2）列的LTZ估计结果来看，与工具变量估计结果存在一定差异，说明本章所使用的工具变量的确难以满足严格外生性，但仍然不改变普惠金融的缓解效应显著存在这一事实。最后，从样本选择的角度来看，可能收入风险越小的家庭参与金融服务的可能性越高，家庭普惠金融指数水平也就越高，进而导致回归结果不准确。为了解决这一问题，本章进一步剔除了在政府单位、事业单位以及国企上班的户主家庭，回归结果如表4.15第（3）列所示，依然得到与前文一致的结论。

表4.15 其他内生性处理

变量	家庭总消费		
	(1)	(2)	(3)
	平衡面板估计	LTZ方法估计	缩小样本估计
收入风险	−0.021 9***	−0.104 2***	−0.033 0***
	(0.003 9)	(0.024 5)	(0.006 1)
收入风险×家庭普惠金融指数	0.044 5***	0.353 2***	0.033 6***
	(0.009 2)	(0.077 5)	(0.011 6)
家庭普惠金融指数	0.152 8***	0.708 9	0.343 2***
	(0.051 5)	(0.436 8)	(0.068 8)
控制变量	是	是	是
观测值	17 146	24 835	20 836
R^2	0.345 7		0.412 0

注：表格括号内为聚类到城市层面的稳健标准误

***代表在1%水平上显著

（二）替换家庭普惠金融指数变量为城市层面的数字普惠金融指数

基准回归中使用的家庭普惠金融指数是基于家庭是否使用相关金融服务进行构建的，不但存在较强的样本自选择问题，而且可能难以体现宏观层面的普惠金融发展的缓解作用。本章进一步使用北京大学数字金融研究中心编制的2014年全国各城市数字普惠金融指数代替家庭层面的普惠金融指数，其中使用的数字普惠金融指数包括总指数、覆盖广度指数、使用深度指数以及数字支持服务程度[1]。表4.16第（1）～（4）列的回归结果显示，基于城市层面的总指数、覆盖广度指

---

[1] 数字普惠金融属于我国普惠金融发展的一部分，其由于依托互联网等信息技术，能够打破地理距离限制，更好地将金融服务惠及社会各群体，并且根据最新的各地区数字普惠金融指数分布数据，我国东部、中部、西部的数字普惠金融指数趋同性明显（郭峰等，2020），因此，数字普惠金融的"普惠性"更强，数字普惠金融的发展大大地提高了我国普惠金融发展的可行性（黄益平和黄卓，2018）。

数以及使用深度指数均能有效缓解收入风险对居民消费的抑制影响,但数字支持服务程度的缓解效应并不显著,一个可能的解释是我国的数字普惠金融发展在2014年仍处于初级阶段,更多地是进行数字普惠金融服务的普及和深化工作,尽管数字支持服务程度总体水平较高,但在个人家庭层面的数字化搭建以及数字化应用上仍存在较高成本,并且接受数字化服务也需要一定的过程,因此在金融服务数字化初始阶段其经济效应并不显著。但从总体而言,基于宏观层面的数字普惠金融发展依然能够显著地缓解收入风险对居民消费的抑制作用。

表 4.16 替换家庭普惠金融指数为城市层面的数字普惠金融指数

变量	家庭总消费			
	(1)	(2)	(3)	(4)
收入风险	−0.067 3***	−0.058 1***	−0.043 9***	−0.014 1
	(0.016 5)	(0.012 8)	(0.012 3)	(0.014 1)
收入风险×总指数	0.000 3***			
	(0.000 1)			
总指数	0.020 8***			
	(0.006 6)			
收入风险×覆盖广度指数		0.000 2***		
		(0.000 1)		
覆盖广度指数		0.022 9***		
		(0.007 0)		
收入风险×使用深度指数			0.000 2*	
			(0.000 1)	
使用深度指数			0.010 9***	
			(0.003 4)	
收入风险×数字支持服务程度				−0.000 0
				(0.000 1)
数字支持服务程度				−0.052 0***
				(0.014 4)
控制变量	是	是	是	是
城市固定效应	是	是	是	是
观测值	24 835	24 835	24 835	24 835
R^2	0.417	0.417	0.417	0.417

注:表格括号内为聚类到城市层面的稳健标准误
*、***分别代表在10%、1%水平上显著

(三) 替换核心解释变量与被解释变量

本章还考虑了替换收入风险的衡量指标,替换指标为暂时性收入平方[①],表4.17 第(1)列为相关实证结果,结果依然支持本章的结论,即普惠金融能够缓解收入风险对居民消费的抑制作用的结论是稳健的。此外,考虑到家庭的医疗保健及教育支出不仅具有消费属性,同时也具有投资属性(罗楚亮,2004),并且马光荣和周广肃(2014)指出教育医疗支出具有很强的刚性,因为教育支出与家庭是否有孩子处于上学阶段有直接关联,而大额的医疗支出具有较大的突发性,为了本章实证结论的稳健性,本章用家庭总消费剔除了医疗保健以及教育支出,重新作为新的被解释变量放入回归中,表4.17 第(2)实证结果表明,结论依然与上文一致。

表4.17 替换核心解释变量与被解释变量

变量	家庭总消费	家庭总消费-医疗保健及教育支出
	(1)	(2)
暂时性收入平方	−0.001 1**	
	(0.000 5)	
暂时性收入平方×家庭普惠金融指数	0.002 9*	
	(0.001 6)	
家庭普惠金融指数	0.441 7***	0.221 9***
	(0.022 3)	(0.054 3)
收入风险		−0.045 3***
		(0.004 8)
收入风险×家庭普惠金融指数		0.054 7***
		(0.009 5)
控制变量	是	是
城市固定效应	是	是
观测值	24 835	24 835
R^2	0.430	0.481

注:表格括号内为聚类到城市层面的稳健标准误

*、**、***分别代表在10%、5%以及1%水平上显著

[①] 借鉴沈坤荣和谢勇(2012)的做法,使用家庭收入的对数作为被解释变量,对户主特征变量、家庭特征变量以及社会保障变量做回归,同时我们控制了行业虚拟变量以及省份虚拟变量,将回归得到的残差值的平方作为收入风险的代理指标。

五、结论与政策建议

本章利用 2015 年中国家庭金融调查数据,通过构建家庭层面的普惠金融指数,分析了普惠金融在缓解收入风险对居民消费抑制作用上的经济效应。我们发现,普惠金融能够显著地缓解收入风险对居民消费的抑制作用,并且主要通过降低家庭流动性约束、提高家庭风险管理能力以及扩大家庭社会网络三个机制来实现。进一步通过异质性分析发现,普惠金融的缓解效应在户主金融素养较高、社会信任水平较高的样本家庭中更大;同时普惠金融的缓解效应体现出较强的"普惠性",即相对于发达地区以及高收入家庭,普惠金融的缓解效应在欠发达地区以及低收入家庭中更大。

基于上述结论,本章的政策建议包括以下几个方面。①普惠金融能够缓解收入风险对居民消费的抑制作用,这意味着普惠金融在居民家庭应对收入风险冲击,平滑居民消费上具有积极作用,因此要继续大力推动普惠金融的发展。一方面要进一步依托互联网科技平台建设来推进扩大普惠金融服务的广度和深度,同时要协同保险、信贷、储蓄、支付、投资等多方面金融服务的发展,缓解传统金融发展中形成的不平衡发展现象;另一方面,在不断实现普惠金融的高质量发展过程中,也要注意其中可能存在的金融风险问题,避免一味追求"普惠"而失去风险防控。②普惠金融的缓解效应在欠发达地区以及低收入家庭中更大,因此政府需要积极引导各类普惠金融服务主体借助互联网等现代信息技术手段,降低金融交易成本,延伸服务半径,拓展普惠金融服务的广度和深度,继续大幅度提高金融服务的覆盖率与可及性,加大对欠发达地区居民与中低收入群体的金融支持。③普惠金融的发展以及普惠金融的缓解作用受到个体金融素养高低以及社会信任水平高低的限制,因此国家在推进普惠金融发展的同时,需要加强居民的金融知识普及教育以及增强居民的社会信任度。具体来说,在提高居民金融素养方面,首先,可以广泛利用电视广播、数字媒体等渠道进行大力宣传,针对基础金融知识进行反复教育;其次,鼓励中小学开展相关金融知识竞赛活动,提高未成年人对金融知识的兴趣,也可通过"名人效应"开展公益金融教育综艺活动,让金融知识走进寻常百姓家;最后,弱势群体往往普遍缺乏金融知识,因此可以组织高校金融专业志愿者,走访社区、农村家庭等,为他们开展周期性的系列讲座,树立正确的金融观。在提高个体社会信任水平上,最重要的就是要建立起一个互相信任的机制与平台,逐步完善社会征信体系。另外,在当下个人信息电子化后,政府应该加大对私人信息的保护力度,防止个人信息外泄,进而保障个体权益,有利于增强社会信任;同时,政府也要提高政务信息的公开性,让老百姓更多地了解国家大事,提高政府的透明度,这也有利于增强个体社会信任。

第五章 收入不平等对居民消费的影响——基于普惠金融视角[①]

第一节 问题的提出与研究假设

一、问题的提出

加快构建以国内大循环为主体、国内国际双循环相互促进的新发展格局是"十四五"时期经济社会发展的重要战略导向。2023 年 7 月 28 日国务院办公厅印发《国务院办公厅转发国家发展改革委关于恢复和扩大消费措施的通知》表示"加快构建新发展格局,着力推动高质量发展,把恢复和扩大消费摆在优先位置"。然而,我国居民消费低迷现象一直未得到根本性改善,世界银行数据显示,我国居民消费率由 1978 年的 48.8%大幅下降至 2010 年的 34.6%,然后缓慢上升到 2021 年的 38.1%,远低于世界主要国家的平均水平 55.3%。因此,打通制约居民消费增长的堵点、进一步释放居民消费需求潜力对促进经济增长、增进民生福祉具有重要的现实意义。

针对我国居民目前存在的"低消费、高储蓄"现象,相关研究主要从收入分配(Schmidt-Hebbel and Servén,2000)、经济增长(王弟海和龚六堂,2007)、人口结构变迁(Modigliani and Cao,2004)、预防性储蓄(易行健等,2008)、流动性约束(万广华等,2001)、社会网络(易行健等,2012)等角度进行阐释。消费不振的一大重要因素在于居民收入在国民收入中占比较低(方福前,2009),且收入分配不平等程度较高,全国范围内的基尼系数由 1995 年的 0.34(赵人伟和李实,1997),快速上升至 2022 年的 0.47 左右,收入差距仍处于高位徘徊且存在扩大基础。如何降低收入差距对居民消费的抑制效应是当前亟待解决的重要课题。普惠金融在助力共同富裕及拉动消费提振内需方面成效显著。普惠金融的发展为广大居民提供了高效便捷的支付方式与便利易得、丰富多样的金融服务,降低了人们接触金融产品的门槛,并对社会经济各个方面产生了重要影响(郭峰等,2020)。一方面,普惠金融通过缓解流动性约束、提高人力资本投资、促进创业就业和提

[①] 本章内容是《收入不平等、普惠金融与居民消费——基于中国家庭金融调查的经验证据》(杨碧云、叶雅优、易行健等,《南方金融》2023 年第 10 期 50~65 页)的扩展修订稿。

高居民收入等渠道显著降低了收入不平等（张勋等，2019；吴本健等，2022）；另一方面，普惠金融通过提升居民支付便利性、缓解居民流动性约束、扩大居民社会网络等方面显著增加了居民消费（王勋和王雪，2022）。

调整居民收入分配格局，缩小居民收入差距，是一项长期、复杂、艰巨的任务，而促进居民消费是当前的迫切任务和要求。2022年召开的中央经济工作会议提出"着力扩大国内需求，要把恢复和扩大消费摆在优先位置"，消费是我国经济发展的重要引擎，是解决当下经济运行突出矛盾的关键举措。在收入不平等居高不下以及全面促进居民消费的背景下，能否通过大力发展普惠金融来缓解收入不平等对居民消费的抑制效应？为此，本章基于微观居民家庭调查数据，从普惠金融视角为缓解收入差距对居民消费的负面影响提供经验证据。本章的边际贡献主要体现在以下几点：第一，以往文献大多聚焦于普惠金融对居民收入分配和消费的影响，而本章探究了普惠金融在收入不平等和居民消费间的调节作用，相关研究是对收入不平等影响消费方面研究的有益补充；第二，本章从流动性约束和居民社会资本出发，厘清了普惠金融缓解作用的内在机理；第三，本章进一步结合纷繁复杂的居民家庭特征，分析了普惠金融在不同居民群体之间起到的异质性影响，从而为削弱收入不平等对居民消费负面影响的精准施策提供了依据。本章的研究具有鲜明的政策含义，短期内在收入不平等居高不下的背景下，可以通过大力发展普惠金融降低收入不平等对居民消费的负面效应，为全面促进消费提供经验证据。

二、文献综述与研究假设

凯恩斯的绝对收入假说指出居民存在边际消费倾向递减情况下，收入不平等加剧将抑制消费需求。基于边际消费倾向递减假定，国内外大多微观层面研究均指出收入不平等严重制约居民的消费增长（Chu and Wen，2017；杨汝岱和朱诗娥，2007）。一方面，高收入群体边际消费倾向相对偏低，意味着其消费意愿增长有限（甘犁等，2018）；另一方面，低收入群体消费倾向较高，但易受到流动性约束，抑制其消费需求增长（甘犁等，2018）。收入不平等加剧使分布在收入两端的群体占比上升，拉低平均消费倾向，导致整体消费水平下滑。

随着普惠金融概念的兴起和普及，已有学者深入探讨了普惠金融产生的经济效应及其对家庭经济行为的影响。普惠金融的发展扩大了金融服务覆盖程度，社会各群体能够享受成本可负担的金融服务，其中低收入群体在信贷服务的可及性上得到优先保障。一方面，多数研究认为发展普惠金融利于减贫和提升低收入群体收入，直接降低收入不平等（Easterly，2006；Kling et al.，2022；吴本健等，2022）。普惠金融为中小微企业和个体工商户提供资金支持，实体获得金融支持后能够扩大生产经营规模，进而创造更多就业机会，增加居民收入；并能通过缓解居民的金融约束，激发居民创业行为以增加财富，增加低收入群体的经营性收入，进而缩小收入差距（尹志超等，2023）。另一方面，普惠金融通过缓解居民消费时面临的流动性约束来推动当期消费的提升（Li et al.，2020；孙玉环等，2021），并且这种促进作用在中低收入群体中更加明显（易行健和周利，2018）。王勋和王雪（2022）研究进一步指出普惠金融的发展有助于居民家庭通过利用甚至拓宽社会关系网络，提高居民风险平滑能力，进而增加居民消费。上述研究表明收入不平等将会显著抑制居民消费，而普惠金融在促进居民消费尤其是提升低收入群体消费中发挥着重要作用，基于此，本章提出假设5.1。

假设5.1：普惠金融可以缓解收入不平等对居民消费的抑制作用。

消费储蓄理论中的流动性约束假说指出在不完全的金融市场上，居民难以获得信贷时，其基于生命周期的最优消费平滑路径难以进行（Zeldes，1989a），居民囿于流动性约束被迫减少消费（Carvalho and Rezai，2016），万广华等（2001）基于我国数据表明流动性约束人数占比上升是造成我国消费不足的重要原因。一方面，收入不平等扩大将会增加居民受到流动性约束的概率。金融发展可以合理有效分配资源，通过缓解流动性约束释放被压抑的消费需求（Campbell and Mankiw，1991）；而由于传统金融服务"嫌贫爱富"的本质，金融机构将服务提供给低收入群体的成本高且收益低，因此对低收入群体信贷支持或将有限（Deaton，1992a）。甘犁等（2018）发现我国中低收入家庭更加容易受到流动性约束，收入差距的扩大提高了居民家庭面临流动性约束的可能性。另一方面，普惠金融重点服务对象是低收入群体，致力于减少金融服务方面的非公平对待。普惠金融的发展扩大了金融服务覆盖范围，更多居民能够合理利用金融服务和产品，满足人们日益增长的信贷需求，尤其是被传统金融排斥的长尾群体（王颖和陆磊，2012）；拓宽了资金的获取渠道、降低了金融服务门槛；大幅提升了传统金融服务的可及性和便利性，缓解了弱势群体的信贷约束（张勋等，2019）。综上，流动性约束是消费平滑难以进行的梗阻，低收入群体更易面临流动性约束，普惠金融在改善低收入群体流动性约束方面发挥着重要作用。基于此，本章提出假设5.2。

假设5.2：普惠金融能够降低收入不平等扩张对居民面临的流动性约束概率的强化作用，进而促进消费增长。

社会网络是指人们在互动中形成相对稳定的关系，是人们利用社会关系获得稀缺资源的能力，社会网络、社会信任和社会规制等同属社会资本的范畴（Putnam，1993）。社会网络作为一种非正规风险分担机制，在降低居民流动性约束、减少居民预防性储蓄和促进居民消费平滑方面具有重要作用（易行健等，2012；章元和黄露露，2022）。一方面，收入不平等对居民社会资本积累具有负面影响。居民社会资本的积累与收入水平分布相关，低收入群体的社会资本量和社会资本回报率都较低（周晔馨，2012）。申广军和张川川（2016）研究发现收入差距扩大导致社会地位两端分布增加，即社会分化加重，进而降低社会信任水平对社会资本积累产生负向影响。另一方面，普惠金融的发展能够促进居民的经济互动行为，或将缓解收入不平等扩大对社会资本积累的负面影响。边燕杰（2004）指出社会资本源于社会网络中的信息传递、资源交换和信任交易。普惠金融的发展旨在兼顾公平与效率，将更多被排斥的群体纳入到金融服务范畴，赋予弱势群体信用，减少了信息不对称现象，增加了居民的金融市场参与行为，居民能够通过经济互动行为拓展和巩固社会网络，在网络中进行资源交换和传递个人信用信号，积极作用于居民的社会资本积累。王勋和王雪（2022）研究表明普惠金融发展可以使家庭获得低成本、高效率的经济联系，利于巩固和拓宽社会经济网络，进而提高了家庭通过社会网络平滑风险的能力。综上所述，社会资本是平滑居民消费的重要渠道，收入不平等会负面影响居民社会资本积累；普惠金融利于社会网络的维系和扩大。基于上述分析，本章提出假设5.3。

假设5.3：普惠金融能够缓解收入不平等对居民社会资本的抑制作用，进而促进居民消费增长。

第二节　收入不平等影响居民消费的实证设计

一、数据来源与处理

本章使用的样本数据来自西南财经大学中国家庭金融调查与研究中心在全国范围内开展的CHFS 2019数据。2019年CHFS样本覆盖我国29个省（自治区、直辖市），343个区县，1360个村（居）委会，最终搜集了34 643户家庭、107 008个家庭成员的信息，数据具有全国及省级代表性。地区层面的数据则来自对应年份的《中国统计年鉴》。在数据处理方面仅保留了身份为户主的样本、户主年龄为18岁以上且在65岁以下的家庭样本数据；剔除家庭人口大于10的样本；剔除家庭总消费支出、总收入、净资产以及总负债小于零且存在缺失值的样本，并剔除总消费、总收入、净资产以及负债的极端值。最后得到观测家庭为23 167户。

二、变量选取与说明

（一）被解释变量：家庭总消费

本章以家庭总消费自然对数作为被解释变量。根据国家统计局公布的《居民消费支出分类（2013）》定义的食品烟酒，衣着，居住，生活用品及服务，医疗保健，交通和通信，教育、文化和娱乐，其他用品和服务等八大类消费分项，对分项消费进行加总得到"家庭总消费"变量。

(二)核心解释变量:基尼系数和泰尔指数

本章根据同一区县内的居民收入分布情况计算基尼系数衡量收入不平等程度,并将其作为核心解释变量。由于基尼系数对富人观测值的敏感性,当富人收入数据误差过大,基尼系数会存在较大的偏误(万广华,2009),故而计算区县层面的收入泰尔指数进行补充。

(三)控制变量:户主、家庭和宏观层面特征

为尽可能缓解遗漏变量导致的回归偏差问题,本章控制了尽量多影响家庭消费支出的相关变量,包括家庭层面的总收入、净资产、总负债、家庭规模、少儿人口占比和老年人口占比[①]、是否经营工商业;户主层面的性别、年龄、年龄的平方/100、受教育程度[②]、是否党员、是否已婚[③]、是否健康[④]、是否农业户口[⑤]、是否风险规避以及是否风险偏好[⑥];宏观层面的为家庭所在城市的人均地区生产总值和城市金融发展水平[⑦]。

(四)调节变量:家庭普惠金融指数

以往宏观数字普惠金融指数可能难以反映金融资源在微观个体之间的配置,个体经济福利效益难以评估。本章基于微观家庭需求层面,从是否购买商业保险[⑧]、是否持有银行账户、是否持有信用卡、是否使用正规信贷以及是否使用数字金融

---

① 本章定义家庭0~16岁小孩人口与家庭人口比值为少儿人口占比,定义60岁以上老年人口与家庭人口之比为老年人口占比。

② 受教育程度赋值:未上过学=0,小学=6,初中=9,高中、职校、中专=12,大专=15,本科=16,硕士=18,博士=22。

③ 在CHFS 2019问卷中询问了家庭成员的婚姻状况,本章将选择"已婚"赋值为1,视为已婚;其他选项赋值为0,视为未婚。

④ 在CHFS的问卷中使用五点量表法提问了个人相比同龄人的身体健康状况,本章将前两项回答"1. 非常好"和"2. 好"定义为健康,赋值为1;将后三项回答"3. 一般"、"4. 不好"和"5. 非常不好",定义为不健康,赋值为0。

⑤ 依据CHFS问卷中询问户口类型的问题,将选择"1. 农业"的视为农业户口并赋值为1,否则赋值为0。

⑥ 风险规避和风险偏好通过CHFS问卷中如下问题测度:"如果您有一笔钱,您愿意选择哪种投资项目?"将选择"1. 高风险、高回报的项目"和"2. 略高风险、略高回报的项目",定义为风险偏好者;将选择"3. 平均风险、平均回报的项目"定义为风险中性者;将选择"4. 略低风险、略低回报的项目"和"5. 不愿意承担任何风险"定义为风险规避者。

⑦ 以城市金融机构人民币贷款余额与地区生产总值之比进行衡量。

⑧ 具体而言,将家庭人寿保险费、健康保险费以及其他保险费用大于0的家庭表示为购买商业保险的家庭,赋值为1。

服务①等五方面用因子分析法构建家庭普惠金融指数（尹志超和张栋浩，2020）。表 5.1 为因子分析的结果，KMO 检验整体值是 0.7973，表明所选取的五个指标适合采用因子分析法构建指数变量。根据特征值大于 1 以及累计解释大于 75%的常用准则保留第一个有效公共因子，表明该因子能够整体反映居民家庭的普惠金融水平。然后采用 Bartlett 因子得分法构建家庭普惠金融指数，最后将该指数进行标准化处理，使取值介于[0, 1]。

表 5.1　因子分析结果

因子	特征值	累计解释	变量	KMO	因子载荷
因子 1	2.366 08	0.871 9	是否购买商业保险	0.871 4	0.627 2
因子 2	0.261 26	0.968 1	是否持有银行账户	0.796 6	0.472 7
因子 3	0.082 32	0.998 5	是否持有信用卡	0.785 4	0.298 9
因子 4	0.004 35	1.000 1	是否使用正规信贷	0.818 2	0.611 1
因子 5	−0.000 21	1.000 0	是否使用数字金融服务	0.762 6	0.276 1

三、描述性统计

本章所使用的相关变量及其描述性统计如表 5.2 所示。从被解释变量看，家庭总消费对数均值为 10.708；从核心解释变量看，基尼系数和泰尔指数均值分别为 0.484 和 0.426，可见家庭收入差距较大；从调节变量看，家庭普惠金融指数均值为 0.442；从控制变量看，家庭规模均值为 3.343 人，少儿人口占比和老年人口占比均值为 12%和 17.6%，57.4%家庭为农业户口，年龄均值约为 50.533 岁，受教育程度均值约为 9.879 年，党员占比为 15.1%，已婚率为 87.7%。总体来看，数据初步处理后，得到所需变量的描述性结果较为合理。

表 5.2　描述性统计结果

变量	观测值	均值	标准差	最小值	最大值
家庭总消费	23 167	10.708	0.845	6.893	18.949
基尼系数	23 167	0.484	0.062	0.306	0.662
泰尔指数	23 167	0.426	0.126	0.173	0.884
家庭普惠金融指数	23 167	0.442	0.284	0	1

---

① 其中数字金融服务包括互联网支付、理财及融资。参考尹志超和仇化（2019）将互联网金融细分为互联网理财和网络借贷、互联网投资行为和互联网融资行为，又根据问卷设置将参与互联网理财，或通过网络借贷平台将资金有偿借出定义为互联网投资行为；将通过网络借贷平台有偿借入资金用于消费等定义为互联网融资行为，由此构建家庭"是否使用数字金融服务"变量。

续表

变量	观测值	均值	标准差	最小值	最大值
总收入	23 167	10.448	2.332	0	16.311
净资产	23 167	12.562	2.628	0	21.465
总负债	23 167	4.213	5.449	0	17.521
家庭规模	23 167	3.343	1.487	0	10
少儿人口占比	23 167	0.120	0.169	0	0.833
老年人口占比	23 167	0.176	0.300	0	1
是否经营工商业	23 167	0.148	0.355	0	1
是否农业户口	23 167	0.574	0.494	0	1
性别	23 167	0.766	0.423	0	1
年龄	23 167	50.533	9.885	18	65
受教育程度	23 167	9.879	3.842	0	22
是否党员	23 167	0.151	0.358	0	1
是否已婚	23 167	0.877	0.329	0	1
是否健康	23 167	0.439	0.496	0	1
是否风险规避	23 167	0.625	0.484	0	1
是否风险偏好	23 167	0.065	0.246	0	1
人均地区生产总值	23 167	6.528	3.841	9.569	18.100
城市金融发展水平	23 167	1.681	2.283	0.337	44.660

四、模型设定

1. 收入不平等对居民消费影响模型设定

聚焦于普惠金融是否缓解了收入不平等对居民消费的抑制作用，本章首先验证收入不平等对居民消费的抑制作用，构建如下模型：

$$\ln(C_{ijk}) = \alpha_0 + \alpha_1 \text{IE}_{ij} + X_{ijk}^{\text{T}} \alpha_2 + \omega_i + \varepsilon_{ijk} \quad (5.1)$$

其中，被解释变量 $\ln(C_{ijk})$ 表示居民家庭总消费对数，下标 i、j、k 分别表示省（自治区、直辖市）、区县、家庭；核心解释变量 IE_{ij} 表示收入不平等程度，基于区县层面家庭收入计算基尼系数和泰尔指数进行衡量；X_{ijk} 表示户主、家庭和城市层面的控制变量；考虑到每个省（自治区、直辖市）经济发展状况具有差异性，可能存在非时变的遗漏变量对估计结果造成影响，本章加入省份固定效应 ω_i；ε_{ijk} 表示随机误差项。考虑到误差项可能存在一定的相关性，导致估计系数存在偏误，本章在回归中将标准误差聚到区县层面。α_1 为本章关注的估计系数，据上文分析，

本章预期 α_1 显著为负,表明收入不平等将会显著抑制居民消费。

2. 普惠金融缓解效应模型设定

接着本章引入收入不平等与家庭普惠金融指数的交互项,考查普惠金融是否能够缓解收入不平等对居民消费的抑制作用,实证模型设定如下:

$$\ln(C_{ijk}) = \beta_0 + \beta_1 \mathrm{IE}_{ij} \times \mathrm{DI}_{ijk} + \beta_2 \mathrm{IE}_{ij} + \beta_3 \mathrm{DI}_{ijk} + X_{ijk}^{\mathrm{T}} \beta_4 + \omega_i + \varepsilon_{ijk} \quad (5.2)$$

其中,DI_{ijk} 表示家庭普惠金融指数,其余变量与模型(5.1)保持一致。模型中交互项 $\mathrm{IE}_{ij} \times \mathrm{DI}_{ijk}$ 的估计系数 β_1 则是本章主要关注的估计系数,依据假设5.1,本章预期 β_1 显著为正,说明普惠金融能够显著缓解收入不平等对居民消费的抑制作用。

第三节 收入不平等影响居民消费的实证分析

一、收入不平等影响居民消费的基准回归

表5.3为收入不平等影响居民消费的实证回归结果。表5.3中第(1)列和第(4)列仅引入收入不平等指标,基尼系数和泰尔指数估计系数分别为-2.513和-1.202,皆在1%水平上显著为负,表明收入不平等显著负向影响家庭总消费;第(2)列和第(3)列为加入家庭和户主层面特征控制变量的回归结果,第(5)列和第(6)列为加入宏观层面特征控制变量的回归结果,在加入所有控制变量之后,基尼系数和泰尔指数的估计系数分别为-0.632和-0.290,均在1%水平上显著为负,基尼系数和泰尔指数每上升0.1个单位,家庭总消费支出均值将下降6.32%和2.90%。实证结果表明收入不平等显著抑制居民消费,且从系数结果上看经济效应显著,结论与前文理论分析保持一致。

表5.3 收入不平等对居民消费的影响:基准回归

变量	家庭总消费					
	(1)	(2)	(3)	(4)	(5)	(6)
基尼系数	-2.513***	-0.723***	-0.632***			
	(0.264)	(0.159)	(0.160)			
泰尔指数				-1.202***	-0.328***	-0.290***
				(0.127)	(0.077)	(0.078)
总收入		0.033***	0.032***		0.033***	0.032***
		(0.002)	(0.002)		(0.002)	(0.002)
净资产		0.050***	0.048***		0.050***	0.048***
		(0.003)	(0.003)		(0.003)	(0.003)

续表

变量	家庭总消费					
	(1)	(2)	(3)	(4)	(5)	(6)
总负债		0.015***	0.015***		0.015***	0.015***
		(0.001)	(0.001)		(0.001)	(0.001)
家庭规模		0.117***	0.120***		0.117***	0.120***
		(0.004)	(0.004)		(0.004)	(0.004)
少儿人口占比		0.043	0.039		0.043	0.039
		(0.033)	(0.034)		(0.033)	(0.034)
老年人口占比		−0.124***	−0.123***		−0.124***	−0.123***
		(0.019)	(0.019)		(0.019)	(0.019)
是否经营工商业		0.178***	0.185***		0.177***	0.185***
		(0.013)	(0.013)		(0.013)	(0.013)
是否农业户口		−0.278***	−0.272***		−0.281***	−0.274***
		(0.016)	(0.016)		(0.016)	(0.016)
性别		−0.086***	−0.078***		−0.087***	−0.078***
		(0.011)	(0.011)		(0.011)	(0.011)
年龄		−0.009***	−0.009***		−0.009***	−0.009***
		(0.001)	(0.001)		(0.001)	(0.001)
受教育程度		0.044***	0.043***		0.044***	0.043***
		(0.002)	(0.002)		(0.002)	(0.002)
是否党员		0.067***	0.065***		0.067***	0.065***
		(0.013)	(0.012)		(0.013)	(0.012)
是否已婚		0.113***	0.115***		0.113***	0.115***
		(0.015)	(0.015)		(0.015)	(0.015)
是否健康		0.072***	0.071***		0.072***	0.071***
		(0.009)	(0.009)		(0.009)	(0.009)
是否风险规避		−0.052***	−0.051***		−0.051***	−0.051***
		(0.010)	(0.010)		(0.010)	(0.010)
是否风险偏好		0.152***	0.147***		0.152***	0.147***
		(0.018)	(0.017)		(0.018)	(0.017)
人均地区生产总值			0.016***			0.017***
			(0.003)			(0.003)
城市金融发展水平			0.014***			0.014***
			(0.005)			(0.005)
省份固定效应	是	是	是	是	是	是
观测值	23 167	23 167	23 167	23 167	23 167	23 167
R^2	0.126	0.438	0.441	0.125	0.437	0.441

注：括号内为区县层面聚类稳健标准误

***代表在1%水平上显著

二、普惠金融对收入不平等抑制居民消费的缓解效应

实证结果表明收入不平等显著抑制居民消费增长,本节根据模型(5.2)探究普惠金融是否缓解了收入不平等对居民消费支出的抑制作用。表5.4的第(1)列为普惠金融对居民消费的影响,家庭普惠金融指数估计系数在1%水平上显著为正,证实普惠金融显著促进居民消费增长;第(2)列使用家庭总消费对家庭普惠金融指数与基尼系数交互项、交互项子项进行回归,交互项估计系数0.718,在5%水平上显著为正,回归结果表明普惠金融具有正向缓解作用;第(3)列中家庭普惠金融指数和泰尔指数交互项的估计系数亦显著为正。实证结果表明普惠金融确实缓解了收入不平等对居民消费的抑制作用,且估计系数经济意义显著。由此,假设5.1得到验证。

表5.4 普惠金融的缓解效应

变量	家庭总消费		
	(1)	(2)	(3)
家庭普惠金融指数	0.673***	0.321**	0.555***
	(0.020)	(0.138)	(0.061)
基尼系数		−0.794***	
		(0.203)	
家庭普惠金融指数×基尼系数		0.718**	
		(0.281)	
泰尔指数			−0.328***
			(0.097)
家庭普惠金融指数×泰尔指数			0.268**
			(0.135)
控制变量	是	是	是
省份固定效应	是	是	是
观测值	23 167	23 167	23 167
R^2	0.468	0.470	0.469

注:控制了家庭、户主以及宏观层面特征以及省份固定效应,括号内为区县聚类稳健标准误
、*分别代表在5%以及1%水平上显著

三、收入不平等抑制居民消费的机制分析

(一)缓解居民流动性约束

流动性约束是限制居民消费增长的重要因素(Zeldes,1989a),收入差距扩

张将会加大居民受到流动性约束概率(甘犁等,2018),接下来对收入差距对居民受到流动性约束概率的影响进行分析,并探究普惠金融是如何发挥调节作用的。本章选用以下两个指标来衡量居民面临的流动性约束:第一个是将家庭流动性资产小于两个月永久性收入①视为受到流动性约束(甘犁等,2018;Zeldes,1989a),变量赋值为1,否则为0;第二个是将家庭流动性资产小于平均三个月支出视为受到流动性约束(尹志超等,2021b),变量赋值为1,否则为0。本章根据家庭收入排名进行五等分组,将最高收入组作为参照组,估算各收入群体面临的流动性约束概率。从表5.5的第(1)列中可以看到随着群体收入的提高,居民受到流动性约束的概率呈现单调递减的特征;第(2)列的实证结果呈现出相同趋势特征。由此可见,居民面临流动性约束概率随着群体收入上升而递减,收入不平等将通过加重居民的流动性约束进而抑制居民消费增长。

表5.5 各收入阶层群体面临流动性约束的概率

收入分组	流动性资产小于两个月永久性收入	流动性资产小于平均三个月支出
	(1)	(2)
最低五分之一组	1.085***	0.812***
	(0.046)	(0.039)
次低五分之一组	1.042***	0.660***
	(0.042)	(0.039)
中间五分之一组	0.775***	0.457***
	(0.039)	(0.037)
次高五分之一组	0.415***	0.190***
	(0.041)	(0.036)
控制变量	是	是
省份固定效应	是	是
观测值	23 167	23 167

注:控制了家庭、户主以及宏观层面特征以及省份固定效应,括号内为区县聚类稳健标准误
***代表在1%水平上显著

进一步,以流动性约束作为被解释变量对收入不平等进行回归,如表5.6所示,回归结果显示基尼系数和泰尔指数估计系数均在1%水平上显著为正,实证结果再次表明收入不平等加大了居民受到流动性约束的概率。随着收入不平等的扩大,收入进一步集聚,面临流动性约束的家庭将有所增加,即使低收入群体拥有较高的消费倾向,但流动性约束的限制将导致居民消费难以增加。

---

① 永久性收入的计算是以家庭总收入作为因变量,对家庭、户主和城市层面特征变量,并且加入省份虚拟变量进行OLS回归,得到该方程的预测值作为家庭的永久性收入(沈坤荣和谢勇,2012)。

表 5.6 收入不平等对居民面临流动性约束的概率的影响

变量	流动资产小于两个月永久性收入		流动资产小于平均三个月支出	
	(1)	(2)	(3)	(4)
基尼系数	0.350***		0.220***	
	(0.088)		(0.083)	
泰尔指数		0.176***		0.122***
		(0.043)		(0.040)
控制变量	是	是	是	是
省份固定效应	是	是	是	是
观测值	23 167	23 167	23 167	23 167
R^2	0.277	0.277	0.229	0.229

注：控制了家庭、户主以及宏观层面特征以及省份固定效应，括号内为区县聚类稳健标准误
***代表在1%水平上显著

为了探究普惠金融是否能够缓解收入不平等带来的流动性约束概率增加问题，本章构建普惠金融和收入不平等指标的交互项，分别将流动性约束指标作为被解释变量进行 OLS 回归，如表 5.7 所示。第（1）～（4）列结果显示家庭普惠金融指数和基尼系数、家庭普惠金融指数和泰尔指数的交互项估计系数均显著为负。实证结果表明普惠金融确实缓解了收入不平等对居民流动性约束的提升，普惠金融的包容性特征提供给低收入群体获得金融资源的能力，在一定程度上缓解了收入不平等对居民流动性约束的影响。由此，假设 5.2 得到验证。

表 5.7 普惠金融缓解收入不平等对居民流动性约束的影响

变量	流动资产小于两个月永久性收入		流动资产小于平均三个月支出	
	(1)	(2)	(3)	(4)
家庭普惠金融指数	−0.027	−0.260***	−0.081	−0.222***
	(0.090)	(0.042)	(0.089)	(0.041)
基尼系数	0.600***		0.375***	
	(0.123)		(0.121)	
家庭普惠金融指数×基尼系数	−0.828***		−0.550***	
	(0.180)		(0.181)	
泰尔指数		0.283***		0.201***
		(0.059)		(0.057)
家庭普惠金融指数×泰尔指数		−0.392***		−0.296***
		(0.091)		(0.092)
控制变量	是	是	是	是

续表

变量	流动资产小于两个月永久性收入		流动资产小于平均三个月支出	
	(1)	(2)	(3)	(4)
省份固定效应	是	是	是	是
观测值	23 167	23 167	23 167	23 167
R^2	0.314	0.314	0.255	0.255

注：控制了家庭、户主以及宏观层面特征以及省份固定效应，括号内为区县聚类稳健标准误
***代表在1%水平上显著

（二）提高居民社会资本

社会资本作为非正规金融保险制度，是居民进行借贷的重要方式，利于居民进行消费平滑（易行健等，2012），而收入不平等降低了居民间的社会信任水平，阻碍了居民社会资本积累（申广军和张川川，2016）。为进一步探究社会资本的渠道效应，本章选用受访家庭支付给非家庭成员的礼金支出①（自然对数）（易行健等，2012），以及家庭全年的交通和通信支出（自然对数）（何翠香和晏冰，2015）作为居民社会资本的衡量指标。首先考虑收入不平等对居民社会资本的影响，如表 5.8 所示。第（1）～（4）列回归结果显示基尼系数和泰尔指数估计系数皆显著为负，实证结果表明收入不平等显著抑制了居民社会资本积累。穷人在满足自身需求以后缺乏资金进行社会网络维护和拓展，社会资本积累受阻（Shoji et al.，2012）。

表 5.8　收入不平等对居民社会资本的影响

变量	礼金支出		交通和通信支出	
	(1)	(2)	(3)	(4)
基尼系数	−2.209** (0.949)		−0.596*** (0.205)	
泰尔指数		−1.161** (0.469)		−0.285*** (0.102)
控制变量	是	是	是	是
省份固定效应	是	是	是	是
观测值	23 167	23 167	23 167	23 167
R^2	0.090	0.090	0.232	0.232

注：控制了家庭、户主以及宏观层面特征以及省份固定效应，括号内为区县聚类稳健标准误
、*分别代表在5%、1%水平上显著

---

① 具体在CHFS问卷中"[G2004] 去年，您家庭因下列哪些项给非家庭成员现金或非现金？[可多选]G2004 去年受访户发生转移性支出原因：1. 逢年过节的红包和礼品支出，含过节费；2. 红白喜事的红包和礼品；3. 教育资助；4. 医疗；5. 生活费；6. 捐赠或资助；7. 其他（请注明）"将选择"1"和"2"的转移支出表示礼金支出，并根据支出金额加总得到"礼金支出"变量。

其次探究普惠金融是否能够缓解收入不平等对社会资本积累的负面作用，构建普惠金融和收入不平等指标的交互项，将社会资本衡量指标作为被解释变量进行 OLS 回归，如表 5.9 所示。第（1）～（4）列结果显示家庭普惠金融指数和基尼系数、家庭普惠金融指数和泰尔指数的交互项估计系数均显著为正，表明普惠金融确实能够缓解收入不平等对居民社会资本的负面作用。普惠金融以较低的交易成本和便捷的移动支付方式拓宽了居民的社会网络和提高了居民的风险分担能力，实现了其消费平滑行为（王勋和王雪，2022），改善收入不平等导致的社会资本积累受阻问题，进而在收入不平等负向影响居民消费的过程中起到缓解作用。由此，假设 5.3 得以验证。

表 5.9 普惠金融缓解收入差距对居民社会资本的影响

变量	礼金支出		交通和通信支出	
	(1)	(2)	(3)	(4)
家庭普惠金融指数	0.972	2.163***	0.449**	0.744***
	(0.679)	(0.316)	(0.205)	(0.095)
基尼系数	−3.471***		−2.129***	
	(0.731)		(0.380)	
家庭普惠金融指数×基尼系数	3.664***		1.014**	
	(1.388)		(0.421)	
泰尔指数		−1.531***		−1.080***
		(0.352)		(0.199)
家庭普惠金融指数×泰尔指数		1.362*		0.461**
		(0.699)		(0.212)
控制变量	是	是	是	是
省份固定效应	是	是	是	是
观测值	23 167	23 167	23 167	23 167
R^2	0.111	0.111	0.285	0.285

注：控制了家庭、户主以及宏观层面特征以及省份固定效应，括号内为区县聚类稳健标准误
*、**、***分别代表在 10%、5% 以及 1% 水平上显著

四、收入不平等抑制居民消费的异质性分析

本章进一步从户主受教育程度、家庭收入水平和区域正规金融发展程度探究普惠金融的异质性缓解作用的大小。

（一）户主受教育程度高低

根据户主受教育程度将样本进行分组，将样本分为高中及以下、高中（或中

专）以上（包括大专）两组样本，探究普惠金融在户主受教育程度上的作用差异。表 5.10 的回归结果显示，在户主受教育程度为高中及以下时交互项估计系数显著为正，而在高中以上样本中估计系数为负且不显著。采用自抽样法分别检验不同样本组间系数差异的显著性，P 值分别为 0.080 和 0.040，证实了组间系数差异性。实证结果表明普惠金融在户主受教育程度为高中及以下群体中的缓解作用更强，对此的解释为，低学历群体可能收入较低，受到流动性约束和社会资本积累的抑制作用可能更强，普惠金融具有更大的发挥空间。

表 5.10 基于户主受教育程度的异质性分析

变量	家庭总消费			
	(1)	(2)	(3)	(4)
	高中及以下	高中以上	高中及以下	高中以上
家庭普惠金融指数	0.262*	0.584*	0.537***	0.632***
	(0.152)	(0.324)	(0.068)	(0.145)
基尼系数	−0.923***	−0.062		
	(0.209)	(0.520)		
家庭普惠金融指数×基尼系数	0.868***	−0.040		
	(0.305)	(0.707)		
泰尔指数			−0.385***	0.074
			(0.099)	(0.258)
家庭普惠金融指数×泰尔指数			0.345**	−0.172
			(0.143)	(0.373)
控制变量	是	是	是	是
省份固定效应	是	是	是	是
观测值	18 171	4 996	18 171	4 996
R^2	0.398	0.359	0.398	0.359
P 值	0.080		0.040	

注：控制了家庭、户主以及宏观层面特征以及省份固定效应，括号内为区县聚类稳健标准误

*、**、***分别代表在 10%、5% 以及 1% 水平上显著

（二）家庭收入水平高低

本章将全体家庭样本分为高收入组和低收入组，探究普惠金融的缓解作用在不同收入组别的异质性结果。表 5.11 回归结果显示，在低收入组中，家庭普惠金融指数和基尼系数的交互项估计系数显著为正，在高收入组中，交互项估计系数结果为正但不显著。自抽样法检验组间系数差异的显著性，P 值分别为 0.085 和 0.090，回归结果存在显著差异。实证结果表明普惠金融对低收入组的缓解作用更

加明显。对此解释是，低收入群体面临收入不平等时具有更强的流动性约束（甘犁等，2018）、更低的社会资本水平（Shoji et al.，2012），普惠金融克服了地理障碍，避开了传统风险评估的盲点，实现了向低收入群体提供便捷的金融服务（黄益平和陶坤玉，2019），能够更大程度地降低收入群体的流动性约束（易行健和周利，2018），以及通过数字经济活动，如移动支付等，增强社会互动水平（戚聿东和褚席，2021b），进而更大程度上缓解低收入群体的消费抑制作用。

表 5.11 基于家庭收入水平的异质性分析

变量	家庭总消费			
	(1)	(2)	(3)	(4)
	低收入	高收入	低收入	高收入
家庭普惠金融指数	0.352**	0.385**	0.590***	0.425***
	(0.178)	(0.176)	(0.081)	(0.080)
基尼系数	−0.866***	−0.515*		
	(0.220)	(0.266)		
家庭普惠金融指数×基尼系数	0.688*	0.164		
	(0.355)	(0.374)		
泰尔指数			−0.333***	−0.259*
			(0.105)	(0.133)
家庭普惠金融指数×泰尔指数			0.232	0.091
			(0.169)	(0.194)
控制变量	是	是	是	是
省份固定效应	是	是	是	是
观测值	11 584	11 583	11 584	11 583
R^2	0.371	0.394	0.370	0.394
P 值	0.085		0.090	

注：控制了家庭、户主以及宏观层面特征以及省份固定效应，括号内为区县聚类稳健标准误

*、**、***分别代表在10%、5%以及1%水平上显著

（三）区域正规金融发展程度

本章基于区域贷款余额除以地区生产总值均值将地区划分为正规金融发展程度高和正规金融发展程度低两组，探究普惠金融在不同正规金融发展程度水平下的异质性缓解作用。表 5.12 为按照金融发展程度进行分组的回归结果，回归结果显示在正规金融发展程度较低的地区交互项估计系数显著为正，而在金融发展程度较高的地区交互项估计系数为正数但不显著。自抽样法检验组间系数差异的显

著性，P 值分别为 0.060 和 0.080，结果显示组间系数存在显著差异。实证结果表明普惠金融的缓解作用在正规金融发展程度较低的地区更强。对此的解释为，传统金融面临着设置机构网点成本高且对偏远地区的尾部人群金融覆盖难问题，通过线上平台数字技术与金融服务跨界融合丰富了普惠金融产品和服务形式，提升了金融服务的可及性（黄益平和黄卓，2018；郭峰等，2020），正规金融发展程度低的区域，其居民的流动性约束得以缓解，进而在收入不平等抑制居民消费的情况下起到了有效的缓解作用。

表 5.12 基于区域正规金融发展程度的异质性分析

变量	家庭总消费			
	(1)	(2)	(3)	(4)
	低金融发展地区	高金融发展地区	低金融发展地区	高金融发展地区
家庭普惠金融指数	0.204	0.438**	0.507***	0.588***
	(0.209)	(0.182)	(0.092)	(0.080)
基尼系数	−0.579**	−0.900***		
	(0.262)	(0.314)		
家庭普惠金融指数×基尼系数	0.936**	0.452		
	(0.416)	(0.378)		
泰尔指数			−0.216*	−0.371**
			(0.124)	(0.153)
家庭普惠金融指数×泰尔指数			0.357*	0.157
			(0.196)	(0.182)
控制变量	是	是	是	是
省份固定效应	是	是	是	是
观测值	11 661	11 506	11 661	11 506
R^2	0.431	0.496	0.430	0.495
P 值	0.060		0.080	

注：控制了家庭、户主以及宏观层面特征以及省份固定效应，括号内为区县聚类稳健标准误

*、**、*** 分别代表在 10%、5% 以及 1% 水平上显著

五、内生性讨论和稳健性检验

（一）内生性讨论

首先，尽管在基准回归模型中加入了尽可能多的控制变量以尽量避免遗漏变量导致的偏误问题，但仍可能存在一些无法观测的变量影响普惠金融和居民消费

支出,进而导致估计偏误,产生内生性问题。其次,收入不平等的衡量可能存在测量误差问题,测量误差亦会使估计结果产生偏误。此外,家庭普惠金融指数是基于家庭是否享有一系列金融服务构建的指数,可能存在自选择问题与反向因果关系。因此,本章使用控制函数法来缓解可能出现的内生性问题。相较于传统工具变量法,控制函数法是将内生性变量对工具变量回归的残差项作为额外的控制变量引入原回归方程中,能有效解决交叉项变量的内生性(Wooldridge, 2015)。参考尹志超和张栋浩(2020)的文章,以同一社区内其他家庭普惠金融指数的均值作为工具变量(Fu et al., 2016),社区内其他家庭的普惠金融水平会影响该家庭的普惠金融水平,但是并不会直接影响该家庭的消费支出水平(尹志超和张栋浩, 2020),满足工具变量的相关性和外生性的要求。内生性处理后回归结果如表5.13 所示,一阶段回归残差在 1%水平上显著,表明上述实证分析存在内生性问题,从估计结果来看,交互项仍显著为正,结果与前文一致,说明本章结果的稳健性。

表 5.13 内生性处理后回归结果

变量	家庭总消费	
	(1)	(2)
家庭普惠金融指数	2.561***	2.832***
	(0.206)	(0.171)
基尼系数	−0.405**	
	(0.188)	
家庭普惠金融指数×基尼系数	0.783***	
	(0.279)	
泰尔指数		−0.135
		(0.089)
家庭普惠金融指数×泰尔指数		0.337**
		(0.133)
一阶段回归残差	−2.325***	−2.361***
	(0.166)	(0.165)
控制变量	是	是
省份固定效应	是	是
观测值	23 166	23 166
调整 R^2	0.477	0.477

注:控制了家庭、户主以及宏观层面特征以及省份固定效应,括号内为区县聚类稳健标准误
、*分别代表在 5%、1%水平上显著

（二）稳健性检验

1. 替换解释变量

为进一步验证普惠金融的缓解效应，本章将核心解释变量替换为省份层面的收入不平等指标，包括省份基尼系数和省份泰尔指数。表 5.14 为替换解释变量后的回归结果，交互项估计系数仍显著为正。实证结果再次证实普惠金融缓解了收入不平等对居民消费的抑制作用。

表 5.14 替换解释变量稳健性回归

变量	家庭总消费	
	(1)	(2)
家庭普惠金融指数	0.062	0.418***
	(0.270)	(0.125)
省份基尼系数	−27.402***	
	(6.125)	
家庭普惠金融指数×省份基尼系数	1.191**	
	(0.526)	
省份泰尔指数		−8.421***
		(1.865)
家庭普惠金融指数×省份泰尔指数		0.541**
		(0.261)
控制变量	是	是
省份固定效应	是	是
观测值	23 167	23 167
调整 R^2	0.469	0.469

注：控制了家庭、户主以及宏观层面特征以及省份固定效应，括号内为区县聚类稳健标准误

、*分别代表在 5%、1%水平上显著

2. 替换被解释变量

为进一步检验结果的稳健性，本章使用家庭人均消费和剔除教育支出后的家庭总消费作为被解释变量。表 5.15 为替换被解释变量的回归结果，交互项估计系数仍显著为正，实证结果证实了普惠金融在缓解收入不平等抑制居民消费作用中的稳健性。

表 5.15 替换被解释变量稳健性回归

变量	家庭人均消费		家庭总消费（剔除教育费用）	
	(1)	(2)	(3)	(4)
家庭普惠金融指数	0.329**	0.532***	−0.019	0.373***
	(0.129)	(0.057)	(0.146)	(0.066)
基尼系数	−0.741***		−0.947***	
	(0.191)		(0.192)	
家庭普惠金融指数×基尼系数	0.627**		1.286***	
	(0.264)		(0.300)	
泰尔指数		−0.310***		−0.395***
		(0.091)		(0.093)
家庭普惠金融指数×泰尔指数		0.236*		0.541***
		(0.126)		(0.149)
控制变量	是	是	是	是
省份固定效应	是	是	是	是
观测值	23 167	23 167	23 167	23 167
调整 R^2	0.487	0.487	0.394	0.393

注：控制了家庭、户主以及宏观层面特征以及省份固定效应，括号内为区县聚类稳健标准误

*、**、***分别代表在10%、5%以及1%水平上显著

六、结论和政策建议

（一）主要结论

本章利用中国家庭金融调查2019年的数据，探究了收入不平等、普惠金融及其交互作用对居民消费的影响。经过一系列的实证研究主要得出了以下结论。第一，实证结果表明收入不平等显著抑制居民消费，而普惠金融能够显著缓解收入不平等对居民消费的抑制作用。第二，机制分析表明收入不平等通过加重居民流动性约束以及降低社会资本水平进而影响消费水平，普惠金融通过改善收入不平等导致的居民流动性约束加剧局面、重构社会关系网络以提高居民社会资本，进而充当收入不平等负向影响居民消费的缓冲剂。第三，异质性分析表明，普惠金融的缓解作用在户主受教育程度较低、家庭收入水平较低以及区域正规金融发展程度较低的群体中较大，其主要原因是普惠金融对该部分家庭的流动性约束缓解作用和社会网络形成与发展的影响作用更强。另外，在采用控制函数法进行内生性处理以及通过替换解释变量和被解释变量进行稳健性检验后，普惠金融的缓解效应仍显著。

(二)政策建议

根据实证分析结果可知,普惠金融在缓解收入不平等对居民消费的负向影响上具有重要作用,该作用通过缓解流动性约束和提高社会资本渠道产生效果,且缓解作用更多体现在受教育程度较低、低收入家庭、低正规金融发展程度地区的群体中。据此,本章提出以下政策建议。第一,鉴于普惠金融在收入不平等对居民消费负向影响中的缓冲作用,我们应该完善普惠金融体系,持续推进普惠金融发展,加强金融服务包容性,降低金融服务门槛和服务交易成本,提升金融服务覆盖率。要将普惠金融服务进一步落实到小微企业、农民、城镇低收入群体、残疾人、老年人等特殊群体,保障所有社会群体享受普惠金融发展成果的权利,缓解传统金融发展中形成的发展不平衡现象。充分利用大数据、人工智能、区块链等新型技术,延伸金融服务半径,切实保证普惠金融的普惠之义。第二,鉴于普惠金融在缓解居民流动性约束、降低金融排斥,增加居民社会经济互动、促进社会资本积累等方面的作用,需要进一步拓展普惠金融服务的广度和深度,为居民家庭提供包括支付、储蓄、信贷、保险、理财等全面的、多层次的金融服务。第三,鉴于普惠金融作用在低学历、低收入和低正规金融发展程度地区有较强的发挥空间,因此政府应该积极引导各类普惠金融服务主体借助互联网等现代信息技术手段,实现客户的精准触达,加大对欠发达地区居民与中低收入群体的金融支持,并通过开展金融知识宣传和参与活动提高居民的金融素养水平。本章主要从流动性约束和社会资本渠道探究普惠金融缓解收入不平等对居民消费的影响,居民消费增长也依赖于家庭财富持有和居民消费习惯形成,这个问题有待未来进一步讨论。

第六章　机会不平等影响居民消费的机制与效应[①]

第一节　问题的提出与研究假设

一、问题的提出

党的二十大提出要"加快构建以国内大循环为主体、国内国际双循环相互促进的新发展格局[②]。"2022年4月国务院办公厅印发的《关于进一步释放消费潜力促进消费持续恢复的意见》指出"消费是最终需求，是畅通国内大循环的关键环节和重要引擎"，肯定了消费需求在构建双循环新发展格局中的重要作用。同年12月，中共中央、国务院印发了《扩大内需战略规划纲要（2022—2035年）》，为更好发挥消费对经济发展的基础性作用，并在中长期内实施扩大内需战略、培育完整内需体系进行了详细系统的规划。目前，中国居民消费率仍存在较大提升空间，世界银行的数据显示，我国居民消费率从1978年47.8%下降至2021年38.4%，该数据不仅低于2021年美国（68%）、日本（54%）、德国（49%）、英国（60%）和法国（53%）的数据，也低于当年世界平均水平16.6个百分点，体现了我国经济发展中消费需求不足的深层次问题。在构建双循环新发展格局的背景下，探究我国居民"低消费、高储蓄"之谜，既是更好发挥消费对经济发展基础性作用和加快构建新发展格局的关键，也是满足人民日益增长的美好生活需要的基本要求，有着重大的现实意义。

提高居民部门收入和社会保障被认为是促进居民消费的重要举措（王小鲁等，2009；冯明，2023）。近年来，随着收入差距的不断扩大，共同富裕问题备受关注（罗楚亮等，2021），党的二十大报告更是明确指出中国式现代化是全体人民共同富裕的现代化，共同富裕是中国特色社会主义的本质要求[②]。目前相关研究基于收入不平等的视角探讨了收入差距对居民消费的影响效应，主要得出如下两个方面的结论：一方面，在边际消费倾向递减的凹性消费函数基础上，不同收入群体

[①] 本章内容是《机会不平等影响居民消费的机制与效应——基于CFPS数据的经验研究》（杨碧云、梁子昊、易行健等，《南开经济研究》2024年第3期20~40页）的扩展修订稿。

[②] 《习近平：高举中国特色社会主义伟大旗帜　为全面建设社会主义现代化国家而团结奋斗——在中国共产党第二十次全国代表大会上的报告》，https://www.gov.cn/xinwen/2022-10/25/content_5721685.htm[2024-11-11]。

边际消费倾向不同，缩小收入差距有助于释放居民的消费需求（袁志刚和朱国林，2002；杨汝岱和朱诗娥，2007）；另一方面，根据相对收入理论，高收入群体的消费对低收入群体具有显著的示范效应，因此，收入不平等的扩大可能会促使居民增加炫耀性消费（Sun and Wang，2013；Harriger-Lin et al.，2020）。要理解这两种不同的结论，需要更深入地分析收入不平等的不同维度。Roemer（1993，1998）将收入不平等分解为机会不平等和努力不平等，机会不平等代表了收入不平等中不合理的部分，可能对人力资本积累产生抑制作用（雷欣等，2017）。提高人力资本、降低机会不平等一直都是我国政府努力构建公平社会的发展方向，2022年1月印发的《"十四五"公共服务规划》明确指出："坚持以促进机会均等为核心，推动实现全体公民都能公平可及地获得大致均等的基本公共服务。"对于绝大部分家庭而言，人力资本既是家庭最大、最重要的资产，也直接参与决定了家庭的最优消费水平（Gourinchas and Parker，2002；Gomes et al.，2021）。理论上，机会不平等可能存在抑制居民家庭消费的消极效应。目前，关于机会不平等经济效应方面的研究主要集中在居民幸福感（万广华和张彤进，2021）和经济增长（Marrero and Rodríguez，2013；雷欣等，2017）等方面，机会不平等是否显著影响居民消费，还有待进一步研究讨论。

本章在收入不平等中分离出机会不平等指标的基础上，探讨其对我国居民消费的影响效应及作用机理。首先，利用中国家庭追踪调查五轮调查数据研究机会不平等对居民家庭消费的抑制作用，并解释中国居民消费率不足这一现实问题。其次，从社会资本、流动性约束和经济地位渴求三个方面探讨机会不平等对居民消费的作用渠道。最后，结合纷繁复杂的异质性居民家庭特征，考查机会不平等对异质性居民家庭消费影响的差异，并探讨政府民生性财政支出和数字普惠金融是否能缓解机会不平等对居民家庭消费的抑制作用，以进一步深化和拓展不平等问题影响居民消费的研究内容。

二、文献回顾与研究假设

Roemer（1993，1998）提出了机会不平等和努力不平等的定义，他认为个人收入分配结果差异可以被归结为"环境"差异和"努力"差异。所谓机会不平等，就是由不受个人控制的环境因素导致的收入差距，这些因素包括基因、民族、家庭背景和社会制度等；而努力不平等是指由个人努力和选择因素导致的收入差距。人们在对待不平等的态度上可能更倾向于接受努力不平等但难以接受机会不平等（李莹和吕光明，2016）。这意味着对于个人来说，两种类型的不平等可能会对个体经济决策产生不同的激励机制。例如，努力差异导致的收入不平等可能对个体工作积极性产生正向激励效应，个体通过自己的努力，可以获得更高的报酬以及更好的经济社会福利；而环境差异导致的收入不平等，对工作积极性可能带来逆向激励效应，个体通过努力往往难以消除由性别、年龄、民族和户籍等无法控制的因素导致的收入差距，这使人们缺乏努力工作的积极性，导致人力资本投资和积累不足（Marrero and Rodríguez，2013；雷欣等，2017）。

从已有研究来看，机会不平等对居民家庭消费的影响机制可能包括三种。其一，家庭资源通过代际转移使福利待遇更好的岗位更多地由家庭背景决定，抑制了家庭背景处于劣势的个体的工资增长，进而降低劣势群体的收入水平，最终抑制居民消费支出水平的提升（陈东和黄旭峰，2015）。其二，机会不平等导致人力资本投资收益率下降，在中长期会降低居民收入水平（Song and Zhou，2019）。其三，机会不平等会降低社会公平感和恶化消费环境，导致经济增长放缓，居民消费水平难以提升（陈晓东和张卫东，2017；苏冬蔚和叶菁菁，2021）。基于以上分析，本章提出以下研究假设。

假设6.1：机会不平等程度的上升将显著抑制居民家庭消费。

从影响机制来看，一方面，机会不平等可能通过社会资本抑制居民消费。在正规金融欠发达的地区，若人们面临收入和支出风险，将主要依靠地缘和亲缘关系形成的社会资本①来应对风险和缓解收入波动的冲击②，社会资本主要起到了非正式保险的作用（易行健等，2012）。社会资本的积极作用需要以紧密的社会网络、群体内高度的信任和完备的社会规范为基础，而机会不平等会导致社会资本弱化。其一，财富差距扩大引致的"俱乐部效应"使社会互动集中于同一群体内部，限制了原本各群体间的交流与互动，使社会网络变得松散（李家山等，2023）。其二，财富差距扩大加剧中低收入群体"不患寡而患不均"的心理失衡现象，中低收入群体产生更强的相对剥夺感（何立新和潘春阳，2011），继而损害居民信任水平（易行健等，2023）。其三，机会不平等违背了居民对公平公正的期望，可能引发社会动荡，破坏社会规范，削弱社会资本（陈晓东和张卫东，2017）。基于以上分析，本章提出以下研究假设。

假设6.2：机会不平等程度的上升将弱化社会资本，进而抑制居民家庭消费。

另一方面，机会不平等可能通过流动性约束抑制居民消费。"生命周期-持久收入假说"认为居民为了实现自身效用最大化，希望在整个生命周期内根据其持久收入平滑其消费支出。葛永波等（2021）研究发现机会不平等显著加剧了财富

---

① 社会资本指"能够通过协调的行动来提高经济效率的社会网络、信任和规范"（Putnam et al.，1992）。
② 即主要通过礼金往来、借款和转移支付等互助行为来实现风险分担和消费平滑（Kinnan and Townsend，2012；Ambrus et al.，2014）。

不平等，首先，由于教育资源分配的不均，低收入和社会地位更低的个体接受更高层次教育的可能性降低，中长期内将扩大收入差距，进而加剧财富不平等。其次，机会不平等导致市场环境恶化，显著降低了个体从事稳定工作和创业的概率，压缩了个体职业选择空间，使从事高端工作和低端工作的群体财富积累速度快速分化。在信贷市场不完善的情况下，财富水平更低的家庭在金融市场中无法提供高价值的抵押品从而更难获得信贷，因而受到流动性约束（李家山等，2023），而流动性约束将使居民家庭难以实现消费平滑，从而增加预防性储蓄（Zeldes，1989a；Deaton，1991），降低消费。基于以上分析，本章提出以下研究假设。

假设6.3：机会不平等程度的上升将增加居民受到流动性约束的概率，进而抑制居民家庭消费。

此外，机会不平等可能加强了家庭的经济地位渴求，并进一步降低居民消费。机会不平等的加剧使家庭背景更好的个体获得报酬更高、福利更好的就业机会，抑制了相对弱势群体的发展（Knudsen et al.，2006）。这改变了不同群体之间的相对收入分布，刺激了他们对经济地位的渴求。这种渴求产生于个体对自身收入与相关他人收入的比较（Stutzer，2004）。激发不同群体之间的相对收入比较会促使人们渴望提高自己的物质生活水平，以达到或超越他们认为更富裕的人的水平。研究表明，人们对经济地位的渴望会导致家庭消费的降低。例如，金烨等（2011）的研究表明，为了获得更高社会经济地位带来的物质和非物质的回报，收入不平等加剧时总体抑制了家庭的消费支出，这一抑制效应对较穷和较年轻的家庭影响更为显著。此外，Song等（2020）也发现了家庭希望通过投资风险资产获得收益以提高社会地位的动机，在家庭支出固定的情况下，这导致家庭用于消费的支出份额下降。基于以上分析，本章提出以下研究假设。

假设6.4：机会不平等程度上升将增加家庭的经济地位渴求，进而抑制居民家庭消费。

从前文分析可知，机会不平等从多种路径抑制居民消费，而政府民生性财政支出及数字普惠金融可能通过促进机会均等化进而有助于缓解机会不平等对居民消费的抑制作用。一方面，从政府民生性财政支出来看，教育、医疗和社会保障等公共服务是居民进行人力资本积累的基础（雷根强和蔡翔，2012），政府加大教育、医疗以及社会保障等民生性财政投入，提供更加公平和优质的公共服务，能改善居民人力资本积累和资产配置，进而使低收入者改善不利状况甚至获得高收入（韦韡等，2023），缓解机会不平等对居民家庭消费的抑制作用。另一方面，从数字普惠金融视角来看，数字普惠金融可以降低传统金融对物理网点的依赖，满足传统金融机构没有覆盖的偏远欠发达地区的金融需求（郭峰等，2020），增加弱势群体的金融服务可及性和使用深度,将原有被排斥在金融体系之外的低收入偏远地区群体纳入正规金融服务对象,能够显著降低居民流动性约束,提高居民收入和促进群体流动(易行健和周利,2018;周广肃和丁相元,2023),进而缓解机会不平等对居民消费产生的负面效应。基于以上分析,本章提出以下研究假设。

假设6.5:政府民生性财政支出和数字普惠金融可以缓解机会不平等对居民家庭消费的抑制作用。

第二节 机会不平等影响居民消费的实证设计

一、数据来源与处理

本章将中国家庭追踪调查2010年、2012年、2014年、2016年和2018年五轮调查数据用作实证检验的数据集。中国家庭追踪调查的样本是一个采用内隐分层方法抽取的多阶段等概率样本,每个子样本框的样本都通过三个阶段抽取得到,前两个阶段的抽样使用官方的行政区划资料,第三阶段则使用地图地址法构建末端抽样框,并采用随机起点的循环等距抽样方式抽取样本家庭,具有广泛代表性。其中中国家庭追踪调查数据自2010年正式开展访问后,每两年进行一次跟踪调查,覆盖25个省(自治区、直辖市)的162个区县,目标样本规模为16 000户,调查的对象包含了样本家庭中的全部成员。

在数据处理方面,本章剔除了收入为零或重要变量含有缺失值的样本,并对消费、收入、资产等进行了截尾、缩尾和对数化处理,以降低异常值对参数估计结果可能造成的影响。此外,本章还剔除了样本数量小于20的区县样本,并将价值型变量以2010年为基期剔除了价格因素影响。通过上述处理,最终保留了20 046例样本,并以此构建了非平衡面板数据。

二、变量选取

(一)被解释变量:居民家庭消费

本章将中国家庭追踪调查2010年、2012年、2014年、2016年和2018年五轮调查中样本家庭的消费性支出剔除价格因素后取对数作为本章的被解释变量。

(二)核心解释变量:机会不平等

本章参考Song和Zhou(2019)的做法,将剔除了努力因素的反事实的收入不平等指数除以事实的收入不平等指数,构建了区县层面的机会不平等指标并将其作为核心解释变量。本章使用泰尔指数作为不平等的衡量指标,此外还使用 MLD 指数用于稳健性检验。构建机会不平等指数的具体步骤如下。

首先,本章将性别、户籍、父亲受教育程度和母亲受教育程度设置为环境变量[①]。选取上述变量作为环境变量的原因是上述变量出生时不受个体选择,且对个体收入有显著影响。

其次,将个体收入取对数后对 Mincer 收入方程进行估计:

$$\ln(income_i) = c + C_i A + \mu_i \tag{6.1}$$

其中,C_i 表示由个体 i 的多个环境变量构成的向量;A 表示环境变量的待估系数向量;c 表示截距项;μ_i 表示扰动项。为了从个人收入中剔除努力因素的影响,本章根据回归结果获得个人收入的拟合值,再对收入方程两端取指数得到

$$\widehat{income_i} = \exp(\hat{c_i}) \times \exp(\hat{A}C_i) \tag{6.2}$$

最后,根据得到的收入拟合值 $\widehat{income_i}$ 的分布求得反事实的收入不平等指数(记为 $\widehat{IO}$),除以根据真实收入分布求得的事实的收入不平等指数(记为 IO)得到机会不平等指数,即 $inequal = \dfrac{\widehat{IO}}{IO}$[②]。

图 6.1 为 2010~2018 年中国机会不平等指数[③]。在样本期内,我国不平等指数总体呈现上升趋势,由 2010 年 0.26 上升至 2018 年 0.34,这意味着我国的收入差距近三分之一是机会不平等导致的。与国内其他文献相比,本章测度的机会不平等指数的大小、趋势与雷欣等(2017)、万广华和张彤进(2021)的研究较为一致,这表明本章测度结果的科学性和合理性[④]。与国外相关文献相比,虽然测度的时间并不一致,但总体可见我国机会不平等程度高于瑞典(0.18)、挪威(0.28)、意大利(0.20)和南美洲国家(巴西、厄瓜多尔和秘鲁均处于 0.23~0.33),与美国(约为 0.35)相近(Pistolesi,2009;Checchi and Peragine,2010;Ferreira and Gignoux,2011;Aaberge et al.,2011;Björklund et al.,2012)。

[①] 考虑到内生性问题,本章根据"个人当前户口"和"是不是农转非"两个变量生成个人最早的户籍。
[②] 本章采用的是相对的机会不平等指数,已有文献将绝对的机会不平等指数定义为 $\widehat{IO}$。
[③] 为便于与已有主流文献比较,本章以基尼系数作为不平等的衡量指标。
[④] 与本章测度方式相近,万广华和张彤进(2021)基于中国综合社会调查数据,使用参数估计的方式直接求得我国机会不平等指数,他们发现,2010 年、2012 年、2013 年和 2015 年我国机会不平等指数为 0.275、0.268、0.375 和 0.336;而雷欣等(2017)则使用中国综合社会调查的数据发现,2010~2013 年我国机会不平等指数总体由 2010 年的 0.298 上升至 2013 年的 0.385。

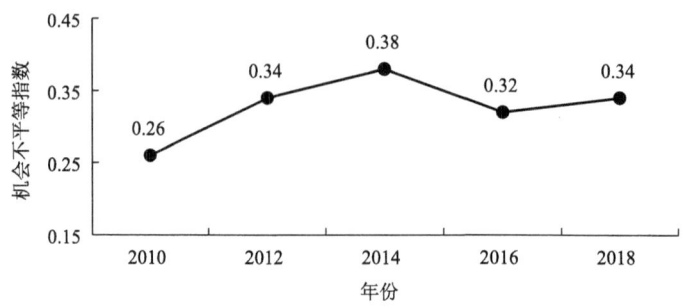

图 6.1 中国机会不平等指数趋势

(三)控制变量

为了避免遗漏变量导致的内生性问题,本章尽可能多地选取了户主[①]、家庭和区域三个层面共 15 个控制变量。在户主层面上,本章选取了户主年龄、户主年龄的平方、户主政治面貌(中共党员=1)、户主健康状况(健康=1)[②]、户主婚姻状况(已婚=1)和户主受教育程度作为控制变量;在家庭层面,本章选取了家庭人口规模、家庭老年人口比和家庭少儿人口比[③]等作为家庭人口结构的控制变量,选取家庭净资产、家庭总收入、家庭是否持有金融产品[④]和家庭是否有多套住房作为家庭资产端的控制变量;在区域经济层面,本章选取了省人均地区生产总值、省金融发展程度[⑤]作为控制变量。

(四)机制变量

1. 社会资本

已有研究社会资本的文献通常将社会资本分为认知性和结构性两类,认知性

[①] 一般认为传统意义上的户主为户籍上一户的负责人,通常为户口簿的第一个户籍人口。随着我国经济和社会事业快速发展,完全用户籍人口来界定家庭成员的构成存在着诸多局限性。本章根据 2010 年 CHFS "谁是家中主事者"、2012~2018 年 "过去一年,您家哪位家庭成员最熟悉并且可以回答家庭财务部分的问题?" 定义家庭户主,并且在数据处理中剔除了年龄在 18 岁以下的样本。

[②] 此处本章将户主健康状况设定为 0 或 1 的虚拟变量。考虑到 CFPS 2010 问卷 "您认为自己的健康状况如何?" 对应回答选项为 1. 健康、2. 一般、3. 比较不健康、4. 不健康、5. 非常不健康,而 CFPS 2012~2018 问卷 "您的健康状况如何" 对应回答选项为 1. 非常健康、2. 很健康、3. 比较健康、4. 一般、5. 不健康,本章将 2010 年回答 1 和 2,2012~2018 年中回答 1、2、3 和 4 的样本赋值为 1,其余为 0。

[③] 本章将 18 岁以下个人定义为少儿,65 岁以上定义为老年人,依此计算老年人口比和少儿人口比。

[④] CFPS 各期数据对金融产品的调查略有差异:2010 年仅询问了家庭是否持有股票、基金和债券三类金融产品,2012 年新增了对金融衍生品的调查,2014 年及以后新增了对外汇产品的调查。

[⑤] 参考易行健和周利(2018),以省级期末金融机构贷款余额与省级地区生产总值之比衡量金融发展程度。

社会资本主要为社会信任、理念、行为规范以及价值观等；结构性社会资本是指客观的和外部可观察到的结构性资源，如网络、社团、机构以及相应的规章制度等（Yip et al.，2007）。本章参考了马光荣和杨恩艳（2011）的做法，使用"礼金支出"作为认知性社会资本的代理变量。然而孙永苑等（2016）指出家庭的礼金支出可分为正常支出和非正常支出两个部分，正常支出是由家庭的经济状况、家庭结构等方面引起的，该类支出与家庭新建和维系关系无关；剩下的非正常支出是用于新建和维系关系的支出。因此，本章借鉴该文做法提取出家庭用于新建和维系关系的非正常礼金支出用作稳健性检验[①]。另外，周广肃等（2014）认为人情礼金支出仅能衡量社会资本的一个方面，人们所处的社会组织及其能够动员的资源也是其拥有的社会资本的重要反映，本章借鉴了他们的做法使用"家庭成员中是不是某些组织的成员"定义"组织成员"这一虚拟变量，作为结构性社会资本的代理变量[②]。

2. 流动性约束

本章借鉴了 Zeldes（1989a）对流动性约束的定义，按照"金融资产小于两个月永久性收入"对家庭是否受到流动性约束进行划分[③]，另外本章还参考了尹志超等（2020a）、姚健和臧旭恒（2021），根据"月平均支出大于三个月平均劳动收入"以及"高流动性资产小于年收入的一半"定义家庭是否遭受流动性约束[④]，作为稳健性检验。

3. 经济地位渴求

本章参考周广肃等（2018）的做法，使用人们自评的经济地位与实际的经济地位的对比作为经济地位渴求的代理变量。具体而言，受访者在 CFPS 问卷"您的收入在本地属于哪个层级？"中将自身收入主观地分为 1~5 五个层级（数字越

[①] 具体而言，本章使用礼金支出作为被解释变量，使用家庭总收入、家庭平均年龄、住房是不是自有产权（完全自有和部分自有）、家庭平均受教育程度、户主户口、家庭人口规模作为解释变量，将 OLS 回归拟合获得的残差作为衡量非正常礼金支出的指标。

[②] 考虑到 CFPS 5 轮调查问卷变化较大，本章组织仅包括中国共产党、工会、共青团、宗教/信仰群体和个体劳动者协会。

[③] 在估计永久性收入时，本章使用 OLS 拟合的方法对家庭永久性收入进行估计。具体而言，将家庭总收入作为被解释变量，将户主特征（户主年龄、户主年龄的平方、户主婚姻状况、户主健康状况、户主受教育程度）、家庭人口特征（家庭少儿人口比、家庭老年人口比、家庭人口规模）、家庭资产特征（家庭是否有多套住房、家庭净资产）作为解释变量，加上省份固定效应和年份固定效应求得的拟合值作为家庭的永久性收入。此外，考虑到部分年份家庭收入存在异常波动，而平均值方法可以避免数据异常波动的测量误差问题，本章同时使用 CFPS 5 期家庭总收入的平均值用作稳健性检验。

[④] 本章将金融资产定义为高流动性资产。

大表明经济地位越高),此外,本章根据家庭人均收入计算其在所在区县中的实际经济地位,同样分为1~5五个层级(数字越大表明经济地位越高),接下来将经济地位渴求定义为实际经济地位与自评经济地位的比值。该指标越大,则自评经济地位较实际经济地位越低,表明具有更高的经济地位渴求程度。此外,本章还根据实际经济地位与自评经济地位之比是否大于1设定虚拟变量,将其定义为经济地位渴求的替代变量,用作稳健性检验。

三、描述性统计

主要变量的描述性统计如表6.1所示。在户主特征层面,样本中户主平均年龄为51.95岁,平均受教育程度为7.26年;在家庭特征方面,16%的样本拥有多套住房,家庭人口平均规模为3.79人,家庭平均总收入约为4.74万元,家庭平均净资产为34.18万元,持有金融产品的家庭样本仅占5%,这反映了我国家庭对金融市场的参与率比较低;区域控制变量中,省人均地区生产总值均值为4.62万元。总体来看,经过数据的初步处理后,可以发现本章所需各类关键变量的描述性统计结果与国家统计局公布数据比较接近,表明粗处理后的数据统计特征基本合理。

表6.1 主要变量的描述性统计

变量名称	样本量	均值	标准差	最小值	最大值
居民家庭消费	20 046	37 110	38 216	1 630	300 930
机会不平等	20 046	0.42	0.42	0.01	0.80
户主年龄	20 046	51.95	11.95	18	80
户主政治面貌	20 046	0.09	0.28	0	1
户主婚姻状况	20 046	0.97	0.15	0	1
家庭是否有多套住房	20 046	0.16	0.37	0	1
户主健康状况	20 046	0.80	0.39	0	1
户主受教育程度	20 046	7.26	4.35	0	19
家庭总收入	20 046	47 443	45 885	966	426 876
家庭人口规模	20 046	3.79	1.66	1	10
家庭净资产	20 046	34.18	62.81	0	514.40
家庭少儿人口比	20 046	0.15	0.16	0	0.80
家庭老年人口比	20 046	0.14	0.28	0	1
家庭是否持有金融产品	20 046	0.05	0.22	0	1
省金融发展程度	20 046	1.22	0.42	0.62	2.32
省人均地区生产总值	20 046	46 211	22 866	13 119	140 211

四、模型设定

在基准回归分析中,为验证机会不平等对居民家庭消费的影响,本章将基准回归方程设定为

$$\ln(\text{consumption})_{ijht} = \alpha_0 + \alpha_1 \times \text{inequal}_{jht} + AX_{ijht} + \varphi_t + \omega_h + \mu_{ijht} \quad (6.3)$$

其中,$\ln(\text{consumption})_{ijht}$ 表示第 h 个省(自治区、直辖市)第 j 个区县的第 i 个家庭在 t 年家庭消费的对数;inequal_{jt} 表示第 h 个省(自治区、直辖市)第 j 个区县在 t 年的机会不平等指数;X 表示控制变量矩阵;A 表示控制变量的系数矩阵;φ_t 表示年份固定效应;ω_h 表示省份固定效应;μ_{ijht} 表示扰动项[①]。α_1 是基准回归分析中本章关注的核心解释变量系数,本章预期该系数显著为负。

江艇(2022)的研究指出,在检验作用渠道时,可用已有文献说明机制变量和因变量之间的关系,并在分析自变量与机制变量之间的关系时使用多个较为直观的机制变量以强化因果关系。基于此,在考查机会不平等对居民家庭消费的作用渠道时,本章将计量方程设定为

$$M_{ijht} = \alpha_0 + \alpha_1 \times \text{inequal}_{jht} + AX_{ijht} + \varphi_t + \omega_h + \mu_{ijht} \quad (6.4)$$

其中,M_{ijht} 表示第 h 个省(自治区、直辖市)第 j 个区县的第 i 个家庭在 t 年的机制变量;其余符号含义与基准回归一致。α_1 是机制分析中本章关注的核心解释变量系数。

在进一步分析何种政策能缓解机会不平等对居民家庭消费的抑制作用时,本章在公式(6.3)的基础上分别引入核心解释变量和政府民生性财政支出的交互项进行识别。本章将计量模型设定为

$$\ln(\text{consumption})_{ijht} = \alpha_0 + \alpha_1 \times \text{inequal}_{jht} + \alpha_2 \times \text{interterm} \\ + \alpha_3 \times P + AX_{ijht} + \varphi_t + \omega_h + \mu_{ijht} \quad (6.5)$$

其中,P 表示政策变量数字普惠金融或政府民生性财政支出;interterm 表示政策变量与核心解释变量的交互项;其余符号含义与基准回归一致。若交互项系数 α_2 显著为正,则表明数字普惠金融和政府民生性财政支出能够缓解机会不平等对居民家庭消费的抑制效应。

[①] 周广肃等(2014)指出,CFPS 每个社区层面的样本量过小,难以准确地反映收入分配状况,而省级层面的样本量虽然充足,但是在回归层面又会掺杂过多的不可控因素。本章参照他们的做法在区县层面计算机会不平等指标,并在回归中控制省份固定效应和年份固定效应。

第三节 机会不平等影响居民消费的实证分析

一、机会不平等影响居民消费的基准回归

表 6.2 为回归方程（6.3）的基准回归估计结果。可以发现，机会不平等显著地抑制了居民家庭消费。表中第（1）列回归结果表明，在仅控制年份固定效应和省份固定效应的情况下进行 OLS 单变量回归，机会不平等对居民家庭消费的半弹性系数估计值为 –0.146，并在 1%显著性水平上拒绝原假设。这说明，在不考虑其他控制变量的前提下，机会不平等每提高一个标准差，居民家庭消费平均会降低约 6.13%。进一步地，表中第（2）~（4）列回归结果表明，在依次将户主特征、家庭特征和区域经济特征变量引入回归方程后，机会不平等对居民家庭消费的半弹性系数从 –0.146 下降到 –0.100、–0.055 和 –0.054。在考虑所有控制变量后，机会不平等系数仍保持显著，且每增加一个标准差会使居民家庭消费降低 2.26%。基于以上分析，本章的第一个研究假设得证，即机会不平等抑制了居民家庭消费。

表 6.2 机会不平等对居民消费影响的基准回归结果

变量名称	居民家庭消费			
	(1)	(2)	(3)	(4)
机会不平等	–0.146***	–0.100***	–0.055***	–0.054***
	(0.019)	(0.017)	(0.015)	(0.015)
户主年龄		0.005	–0.006*	–0.006*
		(0.004)	(0.004)	(0.004)
户主年龄的平方		–0.000***	–0.000	–0.000
		(0.000)	(0.000)	(0.000)
户主政治面貌		0.167***	0.080***	0.080***
		(0.024)	(0.019)	(0.019)
户主婚姻状况		0.597***	0.216***	0.216***
		(0.052)	(0.035)	(0.035)
户主健康状况		0.025	–0.061***	–0.061***
		(0.017)	(0.014)	(0.014)
户主受教育程度		0.047***	0.025***	0.025***
		(0.002)	(0.002)	(0.002)
家庭是否有多套住房			0.061***	0.061***
			(0.015)	(0.015)

续表

变量名称	居民家庭消费			
	(1)	(2)	(3)	(4)
家庭总收入			0.273***	0.273***
			(0.007)	(0.007)
家庭人口规模			0.080***	0.080***
			(0.004)	(0.004)
家庭净资产			0.002***	0.002***
			(0.000)	(0.000)
家庭老年人口比			−0.043	−0.043
			(0.028)	(0.028)
家庭少儿人口比			0.415***	0.413***
			(0.052)	(0.052)
家庭是否持有金融产品			0.172***	0.172***
			(0.023)	(0.023)
省金融发展程度				0.017
				(0.033)
省人均地区生产总值				0.085
				(0.058)
省份固定效应	是	是	是	是
年份固定效应	是	是	是	是
样本数量	20 046	20 046	20 046	20 046
R^2	0.126	0.263	0.442	0.442

注：括号内为在家庭层面进行聚类的聚类标准误

*、***分别代表在10%、1%水平上显著

从控制变量来看，户主受教育程度更高、已婚、是党员均对居民家庭消费有正向影响，户主年龄更大、健康状况更好会抑制居民家庭消费，而更好的家庭财务状况（拥有多套住房、更高的家庭总收入、更高的净资产）、更大的家庭人口规模和更年轻的家庭人口结构能有效促进居民家庭消费。

二、机会不平等影响居民消费的机制分析

（一）社会资本机制

社会资本对家庭的生活质量和发展产生积极的影响，家庭社会资本越高其社会网络越大或成员之间的互动越频繁，家庭成员越容易获得信息、资源和机会，表6.3第（1）列和第（2）列的结果表明，机会不平等削弱了认知性社会资本，

减少了居民家庭在其社会网络内与亲友的互动行为，抑制了家庭对新社会关系、新社会网络的维系和扩展，破坏了原本紧密的社会网络，降低了社会信任水平。第（3）列的结果表明机会不平等降低了家庭成员是某个组织的成员的概率，同样削弱了结构性社会资本。居民对社会组织、社会生活的低参与度体现了其对社会、对他人的信任程度也相对较低，这抑制了各群体间的交流与互动，加深了群体分割。已有文献表明，社会资本更低的家庭在面对收入和支出的不确定性时，往往难以通过自身的社会网络应对风险和缓解收入波动的冲击，无法实现风险分担和消费平滑，进而增强预防性储蓄动机，导致消费水平下降（陆铭等，2010）。这验证了理论假设 6.2 社会资本的作用渠道：机会不平等削弱了社会资本，进而抑制了居民家庭消费。

表 6.3 机制分析：社会资本

变量名称	认知性社会资本		结构性社会资本
	礼金支出	非正常礼金支出	组织成员
	(1)	(2)	(3)
机会不平等	−0.200**	−0.230***	−0.021**
	(0.093)	(0.096)	(0.009)
控制变量	是	是	是
省份固定效应	是	是	是
年份固定效应	是	是	是
样本数量	20 046	20 046	20 046
R^2	0.484	0.443	0.159

注：括号内为在家庭层面进行聚类的聚类标准误

、*分别代表在 5%、1%水平上显著

（二）流动性约束机制

表 6.4 的回归结果表明，无论是按照"金融资产小于两个月永久性收入"、"月平均支出大于三个月平均劳动收入"还是"高流动性资产小于年收入的一半"划分受到流动性约束的家庭，机会不平等都会显著地增加居民家庭遭受流动性约束的概率。由于财富是获得信贷的重要工具，高收入群体在机会不平等程度扩大时进一步通过巩固其在教育、信息等方面的优势，实现自身财富的快速积累，而低收入群体在机会不平等中面临着更恶劣的生活环境、更狭窄的就业空间和更高的失业风险，财富积累速度缓慢，往往难以获得足够的贷款，或者只能获得高利率的贷款。当居民面临严峻的流动性约束，他们无法通过金融市场获取贷款以应对收入风险和实现消费平滑，进而抑制了其消费水平。这也验证了本章的理

论假设 6.3：机会不平等加剧了居民家庭遭受流动性约束的可能，进而抑制了居民家庭消费。

表 6.4 机制分析：流动性约束

变量名称	流动性约束			
	衡量方式一		衡量方式二	衡量方式三
	(1)	(2)	(3)	(4)
机会不平等	0.015*	0.014*	0.028***	0.016*
	(0.009)	(0.008)	(0.009)	(0.008)
控制变量	是	是	是	是
省份固定效应	是	是	是	是
年份固定效应	是	是	是	是
样本数量	20 046	20 046	20 046	20 046
R^2	0.183	0.190	0.155	0.150

注：衡量方式一、衡量方式二和衡量方式三分别代表按"金融资产小于两个月永久性收入""月平均支出大于三个月平均劳动收入""高流动性资产小于年收入的一半"划分的流动性约束。其中，第（1）列使用拟合方式估计永久性收入，第（2）列使用了五年家庭收入平均值估计永久性收入。括号内为在家庭层面进行聚类的聚类标准误

*、*** 分别代表在 10%、1%水平上显著

（三）经济地位渴求机制

从前文分析中可知，机会不平等会改变居民内部的收入分布状况，居民在与周围相关他人比较中可能会激发自身的经济地位渴求，希望在未来能够追上他人的经济地位或是消费水平。那么经济地位渴求会促使家庭增加储蓄和投资，降低当前消费。由于受教育程度是人力资本的重要组成部分，这种渴求可能会使家庭增加人力资本投资以获得更高的受教育程度。此外，为了提升财富水平以满足经济地位渴求，家庭会有更大的风险暴露动机，参与风险资产投资，如投资房地产、股票、债券等。表 6.5 分别给出了以比值衡量的经济地位渴求程度和以虚拟变量衡量的经济地位渴求概率对机会不平等进行回归后的结果。第（1）列结果表明，随着机会不平等的加剧，家庭的经济地位渴求程度也随之加深，第（2）列结果说明，机会不平等加深增大了家庭的经济地位渴求概率。本章从渴求程度和渴求概率两个角度进行了验证，证明了理论假设 6.4：机会不平等加剧了居民家庭的经济地位渴求，进而抑制消费需求。

表 6.5　机制分析：经济地位渴求

变量名称	经济地位渴求	
	(1)	(2)
机会不平等	0.096***	0.043***
	(0.032)	(0.008)
控制变量	是	是
省份固定效应	是	是
年份固定效应	是	是
样本数量	20 046	20 046
R^2	0.301	0.331

注：括号内为在家庭层面进行聚类的聚类标准误
***代表在1%水平上显著

三、机会不平等影响居民消费的异质性分析

（一）机会不平等对居民家庭分项消费的影响

我们将深入研究在机会不平等背景下，居民是否在不同类别的商品和服务需求方面发生变化，进而带来消费的结构性改变。我们参考了杨伟明等（2021）的方法对微观家庭八大类消费支出的收入弹性进行测度，并基于测度结果将收入弹性大于1的消费支出归为高层次消费支出，将小于等于1的消费支出归为普通消费支出①，最后进行了分组回归。

表6.6的回归结果显示，机会不平等对居民普通消费支出产生了抑制作用，其系数为–0.081，且通过了1%的显著性水平检验，而高层次消费支出系数虽为负，但不显著。与之对应的是第（3）列和第（4）列的结果，由于机会不平等抑制了普通消费支出，而对高层次消费支出不显著，总体来看，机会不平等降低了普通消费支出的占比。由于高层次消费具有一定的炫耀性，因此本章认为机会不平等并没有显著削弱居民的示范性消费。此外，本章将教育支出单独对机会不平等进行回归。与Song和Zhou（2019）不同，本章结果表明，在更长的时间范围内，机会不平等并没有显著削弱居民的经济地位渴求动机。

---

① 根据本章对各项消费收入弹性的测度，高层次消费支出包含居住支出（1.38）、家庭设备与日用品支出（1.82）、文教支出（1.44）和其他支出（1.01）；普通消费支出包含食品支出（0.20）、衣着支出（0.68）、医疗保健支出（0.37）、交通和通信支出（0.55）。

表6.6 异质性分析：居民家庭分项消费

变量名称	普通消费支出 (1)	高层次消费支出 (2)	普通消费占比 (3)	高层次消费占比 (4)
机会不平等	−0.081***	−0.023	−0.010**	0.010**
	(0.015)	(0.023)	(0.004)	(0.004)
控制变量	是	是	是	是
省份固定效应	是	是	是	是
年份固定效应	是	是	是	是
样本数量	20 046	20 046	20 046	20 046
R^2	0.388	0.356	0.068	0.069

注：括号内为在家庭层面进行聚类的聚类标准误

、*分别代表在5%、1%水平上显著

（二）基于家庭特征的异质性分析

根据前文理论，如果机会不平等通过社会资本和流动性约束抑制居民家庭消费，那么可以预见其对社会资本更低、更可能受到流动性约束的居民家庭抑制作用更加明显。

首先，本章根据户主受教育程度将全样本分为"高中及以上"和"高中以下"进行分组回归，理由是受教育程度更高的个体通常接触的也是高学历个体，社会资本存量和质量往往更高。此外，此类家庭往往具有更好的还债能力，更容易获得金融机构的贷款，受到机会不平等的负向效应在理论上更小。表6.7第（1）列和第（2）列的结果表明，机会不平等的负向效应主要集中在户主受教育程度更低的家庭，对户主受教育程度在高中及以上的家庭影响不显著。

表6.7 异质性分析：家庭特征异质性

变量名称	居民家庭消费					
	高中以下 (1)	高中及以上 (2)	城镇家庭 (3)	农村家庭 (4)	体制内家庭 (5)	体制外家庭 (6)
机会不平等	−0.059*	−0.032	−0.028	−0.043***	−0.026	−0.062***
	(0.036)	(0.053)	(0.023)	(0.015)	(0.067)	(0.015)
控制变量	是	是	是	是	是	是
省份固定效应	是	是	是	是	是	是
年份固定效应	是	是	是	是	是	是
样本数量	15 934	4 112	5 396	14 650	1 702	18 344
R^2	0.392	0.441	0.466	0.388	0.389	0.430

注：括号内为在家庭层面进行聚类的聚类标准误

*、***分别代表在10%、1%水平上显著

其次，本章将全样本根据户主户籍划分为"城镇家庭"和"农村家庭"。这是由于农村户口家庭成员大部分为农民或进城务工者，其收入、财富状况较差，难以获得金融机构的贷款。同时，相较于城镇户口家庭，他们难以获得来自城市的新信息、机会和公共资源，进而难以拓展其社会网络，社会资本也更低（王毅杰和童星，2004），理论上更容易受到机会不平等的冲击。表6.7中第（3）列和第（4）列的分组回归结果同样验证了这一点，机会不平等对农村家庭消费的抑制影响更大，而对城镇家庭消费影响不显著。

最后，考虑到我国劳动力市场存在体制性分割（李萍和刘灿，1999），本章根据"家庭是否有成员在体制内工作"将样本划分"体制内家庭"和"体制外家庭"[①]。一般认为，体制内工作往往与稳定的收入、较高的福利保障和社会资本、有能力调控社会资源等特征相联系，具有更高的社会地位，且更容易受到金融机构的"青睐"，可以预见机会不平等对这类家庭的冲击更小。表6.7中第（5）列和第（6）列的分组回归结果表明，机会不平等对体制内家庭影响并不显著，而是主要作用于体制外家庭。

（三）民生性财政支出和数字普惠金融的缓解效应

在机制分析中，社会资本和流动性约束是机会不平等对居民消费产生影响的作用渠道。前者主要作用于家庭社会网络，而后者则作用于家庭社会网络之外的正规金融市场。本部分将进一步研究何种政策能缓解机会不平等对居民消费的抑制作用。

民生性财政支出主要投向教育、医疗以及社会保障等领域，能有效缩小居民享受的基本公共服务的差异（洪源等，2014），增强对弱势群体的社会保障，进而减少其预防性储蓄动机，理论上能降低机会不平等对居民家庭消费的抑制作用。本章参考安体富（2008）对民生性财政支出的定义，将教育支出、医疗卫生支出、社会保障和就业支出定义为民生性财政支出，求得各省人均民生性财政支出后剔除价格因素并取对数后加入到式（6.5）的计量方程中进行回归。可以发现，表6.8中第（1）列机会不平等系数显著为负，而机会不平等与民生性财政支出的交互项显著为正，这意味着机会不平等的边际效应受到了民生性财政支出的影响，民生性财政支出越大，机会不平等对居民家庭消费的抑制效应越低。这说明政府应提高基本公共服务的覆盖范围和保障水平，确保基础教育、医疗和社会保障等基本公共服务对全体公民的公平可及性，通过发挥社会保障的托底作用，让居民愿消费、敢消费，创造更好的消费环境。

---

① 根据CFPS问卷调查，如果家庭有成员于政府部门、党政机关、人民团体、事业单位、国有企业工作，本章则将该家庭定义为体制内家庭。

表 6.8 民生性财政支出和数字普惠金融的调节效应

变量名称	居民家庭消费	
	(1)	(2)
机会不平等	−0.763**	−0.728***
	(0.350)	(0.099)
机会不平等×民生性财政支出	0.086**	
	(0.042)	
民生性财政支出	0.014	
	(0.106)	
机会不平等×数字普惠金融指数		0.002***
		(0.000)
数字普惠金融指数		0.001*
		(0.001)
控制变量	是	是
省份固定效应	是	是
年份固定效应	是	是
样本数量	20 046	15 905
R^2	0.443	0.424

注：括号内为在家庭层面进行聚类的聚类标准误

*、**、***分别代表在10%、5%以及1%水平上显著

数字普惠金融通过移动支付、互联网银行等创新手段，突破了传统金融时间和空间的限制，提供了便捷和多样的金融服务，同时利用智能算法、大数据等数字技术创新了风险评估模型，更全面地评估居民的信用风险，为其提供更灵活的金融支持，有效破除了长尾群体的流动性约束（郭峰等，2020；易行健和周利，2018）。本章预期数字普惠金融在机会不平等和居民家庭消费之间起到正向的调节作用。基于上述考虑，本章使用"北京大学数字普惠金融指数"衡量数字普惠金融发展程度，并加入到式（6.5）的计量方程中进行回归①。表 6.8 第（2）列显示，机会不平等与数字普惠金融指数的交互项显著为正，这同样说明了机会不平等的边际效应受到了数字普惠金融的影响，数字普惠金融发展程度越高，越能降低居民受到的流动性约束，进而降低机会不平等对居民家庭消费的抑制效应。这有着重要的政策启示：政府应积极引导大力发展普惠金融，支持普惠金融服务主体借助互联网等现代信息技术手段，发挥数字普惠金融的便利、低成本和信用化的特点，继续提高金融服务的普惠性质，破除居民流动性约束和金融排斥，促进我国消费健康发展。

---

① 由于北京大学数字普惠金融指数自 2011 年起发布，表 6.8 第（2）列的回归缺少 2010 年的样本数据。

四、稳健性检验和内生性讨论

（一）稳健性检验

1. 替换核心解释变量

考虑到基准回归的结果可能受到构建机会不平等时选取的不平等指标的影响，进而产生测量误差问题，本章使用 MLD 指数作为机会不平等指标，并在区县层面重新测度机会不平等指标进行回归分析。作为对比，表 6.9 第（1）列为基准回归的结果，第（2）列的回归结果显示，以 MLD 指数作为机会不平等指标的机会不平等指数增加对居民家庭消费具有抑制作用，且在 1% 的显著性水平下通过检验，但是这一系数较基准回归中得到的系数大。由于泰尔系数和 MLD 指数对收入分布中不同群体敏感性不同，MLD 指数对底层收入群体较为敏感，而泰尔指数对高收入群体赋予了更高的权重，因此对高收入群体更为敏感，因此两者系数区别可能说明机会不平等对底层收入家庭影响更大。另外，本章也尝试使用机会不平等的绝对衡量指标。表 6.9 中第（3）列的结果表明，即使使用绝对衡量指标，机会不平等对居民家庭消费仍具有抑制影响。

表 6.9 稳健性检验

变量名称	居民家庭消费			居民家庭消费-教育支出-医疗保健支出
	(1)	(2)	(3)	(4)
机会不平等（基于泰尔指数）	−0.054*** (0.015)			−0.081*** (0.015)
机会不平等（基于 MLD 指数）		−0.085*** (0.030)		
机会不平等（绝对衡量指标）			−0.116*** (0.026)	
控制变量	是	是	是	是
省份固定效应	是	是	是	是
年份固定效应	是	是	是	是
样本数量	20 046	20 046	20 046	20 046
R^2	0.442	0.424	0.443	0.453

注：括号内为在家庭层面进行聚类的聚类标准误
***代表在 1% 水平上显著

2. 替换被解释变量

在基准回归中,被解释变量居民家庭消费是由八项分项消费(食品、衣着支出等)加总而成,考虑到陈燕凤等(2021)认为教育支出和医疗保健支出具有人力资本投资属性,本章将居民家庭消费减去教育支出和医疗保健支出,再次进行回归。表 6.9 第(4)列的回归结果表明,缩小了消费范围后,机会不平等指数上升对居民家庭消费同样具有抑制作用,并在 1% 的显著性水平下通过检验,系数也比基准回归中获得的系数大,这意味着即使在更严格的消费定义下,机会不平等对居民家庭消费的抑制作用依然显著存在。

(二)内生性讨论

从实证方法角度,计量模型(6.3)可能存在多方面原因的内生性问题导致估计产生偏误。本章从样本自选择偏误、反向因果偏误、遗漏变量偏误三个方面进行具体分析,并使用工具变量法进一步检验解释变量与被解释变量之间的因果关系。

1. 考虑居住自选择性

机会不平等可能影响家庭居住地点的选择,那么家庭居住的区县可能是家庭选择后的结果,使样本存在自选择偏误,进而影响因果关系的识别。为了缓解该偏误,本章将样本限定在样本期内居住区县没有发生变化的范围内进行回归分析。表 6.10 第(1)列的结果表明,即使剔除了样本期内居住区县发生变化的家庭,都没有改变机会不平等对居民家庭消费的抑制作用。

表 6.10 内生性讨论:居住自选择性和反向因果

变量名称	居民家庭消费(剔除区县改变)	居民家庭消费(滞后一期机会不平等)
	(1)	(2)
机会不平等	−0.049***	−0.082***
	(0.015)	(0.017)
控制变量	是	是
省份固定效应	是	是
年份固定效应	是	是
样本数量	18 472	13 365
R^2	0.439	0.424

注:括号内为在家庭层面进行聚类的聚类标准误

***代表在 1% 水平上显著

2. 考虑潜在的反向因果

由于本章核心解释变量是基于区县层面计算的，而被解释变量消费是基于家庭层面的，理论上反向因果偏误较弱。谨慎起见，为了缓解潜在的反向因果问题，本章将滞后一期的机会不平等指标替代原有指标放入回归中。表 6.10 第（2）列给出了对应的回归结果，滞后一期的机会不平等指标系数仍然显著为负，这表明潜在的反向因果关系不会影响本章的核心结论。

3. 考虑潜在的遗漏变量问题

根据 Roemer 和 Trannoy（2015）的观点，造成机会不平等的环境因素众多，如父母的政治背景和职业等，而本章受限于数据仅使用了有限的环境因素，无法穷尽所有环境因素导致的测量误差本质上属于遗漏变量问题，即使本章在基准回归中加入了尽可能多的控制变量，仍可能存在潜在的遗漏变量，进而导致估计偏误。

本章首先考虑潜在的宏观经济因素，如地区产业结构、就业情况。本章将地区第三产业占比和地区失业率分别加入基准回归。表 6.11 的 Panel A 第（1）列和第（2）列为对应的回归结果，分别加入这两个控制变量后，机会不平等系数相较于基准回归变化很小，且都通过了 1%显著性水平的假设检验，这说明无论是地区产业结构还是地区失业率都不能解释机会不平等对居民家庭消费的负向影响。在 Panel A 第（3）列，本章同时将地区第三产业占比和地区失业率加入基准回归中，结果与第（1）列和（2）列相似。考虑到宏观经济的影响可能是难以观测的，本章参考赵涛等（2020）的做法，在回归中控制省份与年份固定效应的交互项，第（4）列的结果表明即使控制了不可观测的宏观经济变量，机会不平等对居民家庭消费的影响仍显著为负。考虑到机会不平等与收入不平等之间的相关关系，对居民家庭消费产生抑制作用的可能是收入不平等而不是机会不平等，本章参考 Song 和 Zhou（2019）的做法，在回归中加入区县层面的收入不平等，第（5）列和第（6）列给出了相应的回归结果。可以发现，加上收入不平等后机会不平等的系数变化较小，且仍显著为负。本章认为潜在的宏观经济变量无法解释机会不平等对居民家庭消费的抑制作用。

表 6.11　内生性讨论：潜在的遗漏变量

变量名称	居民家庭消费					
	(1)	(2)	(3)	(4)	(5)	(6)
	Panel A					
机会不平等	−0.053***	−0.054***	−0.054***	−0.071***	−0.068***	−0.050***
	（0.015）	（0.015）	（0.015）	（0.016）	（0.016）	（0.015）

续表

变量名称	居民家庭消费					
	(1)	(2)	(3)	(4)	(5)	(6)
Panel A						
地区第三产业占比	0.005*		0.005**			0.004
	(0.003)		(0.002)			(0.003)
地区失业率		0.022	0.027			0.026
		(0.021)	(0.021)			(0.021)
收入不平等					−0.089***	−0.087***
					(0.029)	(0.029)
控制变量	是	是	是	是	是	是
省份固定效应	是	是	是	否	否	是
年份固定效应	是	是	是	否	否	是
省份×年份固定效应	否	否	否	是	是	否
样本数量	20 046	20 046	20 046	20 046	20 046	20 046
R^2	0.442	0.442	0.443	0.435	0.431	0.443

变量名称	居民家庭消费			
	(1)	(2)	(3)	(4)
Panel B				
机会不平等	−0.053***	−0.041***	−0.040***	−0.038**
	(0.015)	(0.015)	(0.016)	(0.015)
风险偏好	0.235***		0.172**	0.179**
	(0.075)		(0.078)	(0.078)
时间偏好		0.212***	0.208***	0.208***
		(0.017)	(0.017)	(0.017)
宏观经济变量	否	否	否	是
省份固定效应	是	是	是	是
年份固定效应	是	是	是	是
样本数量	20 046	20 046	20 046	20 046
R^2	0.443	0.447	0.447	0.448

基准变量名称	核心解释变量系数变化		核心解释变量 t 值变化	
	一倍强度	三倍强度	一倍强度	三倍强度
Panel C				
家庭净资产	−0.035	−0.031	−2.51	−2.23

注：在 Panel A 中，第（4）列和第（5）列由于控制了省份×年份固定效应，因此回归中部分控制变量被剔除；括号内为在家庭层面进行聚类的聚类标准误

*、**、***分别代表在10%、5%以及1%水平上显著

其次，本章进一步考虑了家庭难以观测的个体偏好[①]。Gomes 等（2021）认为，在传统消费储蓄理论中，个体的时间偏好和风险偏好是影响家庭消费储蓄的重要偏好因子。基于此，本章依据 CFPS 2014 问卷中"我更倾向于活在当下，未来的事情不去考虑"和"您家在投资中，愿意承担的风险如何"对家庭生成时间偏好（活在当下=1）和风险偏好（高风险、高收益=1）的虚拟变量，并假定家庭时间偏好和风险偏好是不随时间改变的。Panel B 第（1）列和第（2）列分别在基准回归的基础上加入风险偏好和时间偏好，在第（3）列同时加入了时间偏好和风险偏好，可以发现机会不平等对居民家庭消费的抑制作用依然显著为负。本章认为，潜在的家庭个体偏好同样无法解释机会不平等对居民家庭消费的抑制作用。

本章最后考虑了其他不可观测的遗漏变量是否会影响本章的核心结论。借助 Cinelli 和 Hazlett（2020）的敏感性分析方法，本章可以设定可观测的选择性变量来限定不可观测的遗漏变量的混淆强度。在生命周期-持久收入的分析框架中，收入和财富是预算约束方程中的重要变量，直接决定了家庭的最优消费水平（Gourinchas and Parker，2002）。基于此，我们认为在理论上除了收入因素以外，资产因素是影响家庭消费的最重要因素。由于本章已经控制了收入因素，且已对潜在的遗漏变量进行了较为充分的讨论，因此本章将家庭净资产设定为比较基准，认为不可观测变量的强度不会超过家庭净资产。Panel C 为敏感性分析的结果。从遗漏变量对核心解释变量系数的变化影响来看，在分别加入家庭净资产一倍和三倍强度的遗漏变量之后，机会不平等对居民家庭消费的影响系数下降至–0.035 和–0.031。这表明即便加入家庭净资产三倍强度的遗漏变量，也不会使机会不平等的系数由负转正，从 t 值来看，机会不平等的 t 值下降为–2.51 和–2.23。综上分析，本章认为潜在的遗漏变量问题不会影响本章的核心结论。

4. 使用工具变量法进行内生性讨论

考虑到样本自选择性、反向因果和遗漏变量问题可能同时存在，本章拟借助工具变量法进一步强化本章的因果识别。参考樊纲等（2003），本章选取"政府与市场的关系"指标作为机会不平等的工具变量。

家庭可以通过人脉关系和权力渠道为后辈职业发展提供便利，这一社会关系渠道是家庭背景因素影响个体收入的重要途径，其原因在于市场机制健全程度不足（陈晓东和张卫东，2018）。政府与市场的关系指标反映了政府对经济资源的分配方式和对经济的干预程度，随着市场成为经济资源分配的主要方式，可以预见市场化规则会取代原有社会关系的作用，进而降低机会不平等程度，因此政府与

[①] 个体偏好等因素应属于环境因素还是努力因素，进而其影响应被归类为机会不平等还是努力不平等，在政治哲学领域内仍无一致结论。严谨起见，本章在对遗漏变量的讨论中考虑了个体偏好问题。

市场的关系和机会不平等之间应存在负向关系，符合工具变量的相关性假设。另外，政府与市场的关系指标不会直接影响微观家庭的消费，满足外生性假设。因此本章认为选取该工具变量是合理的。

表 6.12 为工具变量估计的结果。一阶段回归工具变量的系数显著为负，验证了工具变量与核心解释变量之间的相关性，二阶段回归机会不平等的系数显著为负，符合本章预期[①]。进一步检验的结果显示，Kleibergen-Paap Wald rk F 统计值为 21.72，大于 Stock-Yogo weak ID test 10%临界值 16.38，通过弱工具变量检验，认为不存在弱工具变量问题。此外，Kleibergen-Paap rk LM 统计量为 21.82，其 P 值小于 0.01，显著拒绝"工具变量识别不足"的原假设，通过了不可识别检验。经过一系列检验认为工具变量估计结果具有稳健性。

表 6.12 内生性讨论：工具变量法

变量名称	一阶段结果	二阶段结果
	机会不平等	居民家庭消费
	(1)	(2)
机会不平等		−0.883*
		(0.467)
工具变量	−0.019***	
	(0.004)	
控制变量	是	是
省份固定效应	是	是
年份固定效应	是	是
样本数量	20 046	20 046
Kleibergen-Paap Wald rk F 值	21.72	
Kleibergen-Paap rk LM 值	21.82	

注：括号内为在家庭层面进行聚类的聚类标准误
*、***分别代表在 10%、1%水平上显著

五、结论与政策建议

在构建新发展格局和实现共同富裕目标的背景下，近年来我国学者主要从收入不平等的角度研究中国居民家庭消费储蓄之谜。基于现有的不同理论，收入不平等对居民家庭消费将产生相反影响，这意味着需要从收入不平等的不同维度深

[①] 可以发现，在工具变量法中核心解释变量系数较基准回归更大，这可能是因为工具变量系数仅衡量了处理组一部分个体的平均处理效应，而非处理组的平均效应（Imbens and Angrist，1994）。

入分析。基于此，本章考查了不受个人控制的外部因素导致的收入不平等，即机会不平等对中国居民家庭消费的影响及其影响机制。本章使用中国家庭追踪调查2010~2018年五轮数据实证研究发现，机会不平等显著抑制了居民家庭的消费支出，机会不平等每增加一个标准差会使居民家庭消费降低2.26%；机制分析的结果表明，机会不平等主要通过抑制居民社会网络、增强居民家庭的流动性约束和增强经济地位渴求三个机制抑制居民家庭消费；在异质性分析中，本章发现机会不平等显著抑制了普通消费支出，对高层次消费支出影响不显著，这表明机会不平等扩大并没有削弱居民的经济地位渴求动机；在基于家庭特征的异质性分析中，本章发现机会不平等对受教育程度更低的家庭、农村户口家庭和体制外家庭消费的抑制作用更大。在稳健性检验和内生性讨论中，本章更换了不平等指标，使用了更严格的消费定义，并进行了一系列内生性检验，获得了稳健的估计结果，且使用了工具变量法以缓解潜在的内生性问题；最后，本章还发现政府民生性财政支出和数字普惠金融发展能有效缓解机会不平等对居民家庭消费的抑制作用。

已有文献基于收入不平等为解决中国消费储蓄问题提出了相关政策建议，而本章认为应将政策建议的着力点转向机会不平等。

第一，进一步促进机会公平，降低机会不平等。研究表明，机会不平等是阻碍居民消费的重要内因，要阻断环境通过性别、户籍等歧视性因素和家庭背景因素形成的机会不平等，促进发展成果共享。首先，政府应提供公平的、多样化的教育机会，同时发挥职业技能培训的作用，提升弱势群体的就业竞争力，降低家庭背景与子代收入的相关性。其次，需要积极构建机会均等、公平公正的就业环境，消除就业市场的歧视和限制。再次，继续加大城乡户籍改革力度，打破城乡户籍收入分配壁垒从而有效削减机会不平等。最后，由于政府与市场关系和机会不平等存在负向关系，表明政府要进一步深化市场化体制改革，要深化简政放权，充分发挥市场在资源配置中的决定性作用，同时也要完善公平竞争等经济基础制度，以更好发挥政府作用，推动有效市场和有为政府更好结合。

第二，积极推动数字普惠金融发展，发挥普惠价值。研究发现，机会不平等降低了居民从非正规金融渠道（民间社会网络）和正规金融渠道（银行）中抵御收入风险、实现消费平滑的能力。因此，应大力推进数字普惠金融的发展，发挥数字普惠金融便利、低成本和信用化的特点，为弱势群体提供金融服务支持，破除居民流动性约束和金融排斥，缓解机会不平等对居民消费的抑制作用。

第三，充分发挥民生性财政的积极作用，推进基本公共服务均等化。政府努力推进公共财政建设，稳步提升民生性财政支出占比，提高基本公共服务的覆盖范围和保障水平，确保基础教育、医疗和社会保障等基本公共服务对全体公民的公平可及性，通过发挥社会保障的托底作用，让居民愿消费、敢消费，创造更好的消费环境。

第七章 创业行为影响居民消费的机制与效应①

第一节 问题的提出与研究假设

一、问题的提出

创业的经济增长效应已被相关研究证明,熊彼特早在1934年的《经济发展理论》中便指出,创业所带来的技术创新是推动一国经济发展最重要的驱动力。习近平总书记在2018年11月召开的民营企业座谈会上指出:"民营经济具有'五六七八九'的特征,即贡献了50%以上的税收,60%以上的国内生产总值,70%以上的技术创新成果,80%以上的城镇劳动就业,90%以上的企业数量"②,可见创业对经济发展的重要性。自改革开放以来,我国经历了四次创业潮③,民营企业从改革开放初期的10万户左右发展到2017年底的私营企业3000多万户,个体工商户6579.4万户,越来越多的家庭投入到创新创业活动当中。尽管大量的研究讨论了创业活动对宏观经济的影响,但关于创业行为的微观经济效应的研究不多,且主要集中于创业行为对居民收入、幸福感以及健康状况的研究上,而关于创业行为与居民消费关系的研究则更是少见。

自2013年以来,最终消费支出对国内生产总值的贡献率始终处于首位,在2019年达到57.8%,高于资本形成总额20多个百分点。其中,居民消费构成了总消费支出的最大一部分,超过60%④。然而,2020年初突如其来的新冠疫情给国民经济造成了巨大的冲击,产业链供给端停滞使居民失业率攀升,收入风险增加,最终导致居民消费增长大幅收缩。根据2020年国民经济和社会发展统计公报,城镇新增就业人数出现明显下滑,年度农民工数量⑤相对上年下降1.8%,全年最终消费

---

① 本章内容是《创业能否显著提高居民消费?——来自中国家庭金融调查(CHFS)的微观证据》(杨碧云、毛钦斌、易行健,《湘潭大学学报(哲学社会科学版)》2021年45卷第6期32~38页,45页)的扩展修订稿。

② 《习近平著作选读》第二卷(13)。

③ 四次创业潮分别为20世纪80年代的改革开放创业潮;20世纪90年代初期下海创业潮;21世纪初期互联网创业潮以及2014年以来的创新创业潮。

④ 数据来源《中国统计年鉴2020》。

⑤ 年度农民工数量包括年内在本乡镇以外从业6个月及以上的外出农民工和在本乡镇内从事非农产业6个月及以上的本地农民工。

支出拉动国内生产总值下降 0.5 个百分点；其中，全国居民人均消费支出实际下降 4.0%，城镇和农村分别实际下降 6.0% 和 0.1%[①]。由居民消费理论可知，收入是消费的决定性因素，同时就业又是居民收入的决定性因素，而在"六稳""六保"政策[②]中，首要的工作便是"稳就业"以及"保居民就业"，只有保障居民就业，才能稳定居民收入，最终稳定居民消费，带动经济增长。因此，如何引导居民就业，缓解疫情冲击带来的失业问题，进而刺激居民消费，是当下保障国民经济平稳健康发展的重要工作。大量研究表明，创业是解决居民就业的有效途径，而在"互联网+"业态快速发展的当下，居民创业的可能性也大大提高。由此本章猜想，家庭的创业行为可能会对居民消费产生显著的促进作用。

基于上述背景分析，本章旨在研究创业行为与居民消费的关系，并对内在的影响机制进行深入分析。这既有利于在"大众创业、万众创新"的新时代背景下鼓励居民创新创业；同时也有利于通过引导居民自主创业来缓解失业压力，进而稳定居民消费，对畅通国内大循环、扩大居民内需具有重要作用。通过利用2017年中国家庭金融调查数据研究家庭创业行为与居民消费之间的关系，本章得到以下几点结论。首先，创业行为显著提高了居民消费，通过机制分析表明，创业主要通过提高居民收入以及扩大家庭社会网络来促进居民消费。其次，我们发现，政府财政支出占比越高以及地区金融发展水平越高的地区，创业对居民消费的促进作用越大，并且相对于高收入家庭，创业在改善低收入家庭的消费水平上发挥了更大的作用。与本章相关的代表性研究很少，其中徐佳和韦欣（2021）侧重于分析我国城镇创业家庭与非创业家庭之间的消费差异，而关于创业行为影响居民消费的实证因果分析相对缺乏；刘丽丽等（2021）虽然基于农民工就业选择的视角分析了自雇行为对居民消费的影响，但研究结论仅限于农民工群体。

本章的主要贡献有以下几点：首先，本章基于代表性的中国家庭金融调查微观数据，从城乡总体样本的角度分析了家庭的创业行为与居民消费的关系，并对内在的影响机制进行了探讨，对已有文献进行了补充；其次，本章利用工具变量法、处理效应模型、倾向得分匹配以及平衡面板数据回归的方法较好地缓解了模型估计的内生性问题，提高了估计结果的可信度；最后，通过识别创业对居民消费的异质性结果，为差异化引导居民创新创业，进而带动内需增长提供政策参考。

---

① 扣除了价格因素。
② 2018年7月召开的中共中央政治局会议首次提出"六稳"方针，分别为"稳就业、稳金融、稳外贸、稳外资、稳投资、稳预期"；"六保"则首次在2020年4月的中央政治局会议中提出，分别为"保居民就业、保基本民生、保市场主体、保粮食能源安全、保产业链供应链稳定、保基层运转"。

二、文献综述与研究假设

本章的文献主要涉及两大块，第一块是关于居民消费影响因素的相关文献，第二块是关于创业活动对微观个体经济行为影响的相关文献。

（一）居民消费影响因素的理论与实证文献

居民消费决定理论从早期来看主要是从收入角度进行讨论。从凯恩斯的绝对收入假说到杜森贝里的相对收入假说，再到生命周期-持久收入假说，均表明收入是居民消费的主要决定因素。而后伴随着 Leland（1968）放松跨期最优模型中收入与支出的确定性假设，提出了收入不确定性条件下的预防性储蓄理论，认为收入的不确定性会导致居民增加预防性储蓄需求，从而减少当期消费。此后，流动性约束理论（Deaton，1991）和缓冲存货理论（Carroll et al.，1992）皆表明居民的收入不确定性在金融市场不完美条件下会进一步抑制居民消费。

从实证研究的角度来看，大量的文献主要从以下几个角度进行分析。第一种是以预防性储蓄理论为基础，认为收入与支出不确定性、住房、医疗、教育以及社会保障体系的不完善会导致居民家庭预期未来的不确定性支出会增加，从而增加预防性储蓄，减少当前消费（罗楚亮，2004；杨汝岱和陈斌开，2009；Wei and Zhang，2011；沈坤荣和谢勇，2012；Chamon et al.，2013；何兴强和史卫，2014；李江一，2018）。第二种以流动性约束理论为基础，认为在金融借贷市场不完美的条件下，信息不对称以及道德风险的存在使居民家庭在面临资金约束时难以获得短期的流动性支持，从而不得不减少当前消费，增加储蓄（Lee and Sawada，2010；甘犁等，2018），并且在面临不确定性增加时，流动性约束会进一步强化居民的预防性储蓄行为（万广华等，2001）。第三种则是从收入分配的角度出发，该视角强调不同收入群体的边际消费倾向的差异是影响居民消费的主要渠道，即相对于中等收入群体，低收入与高收入群体的边际消费倾向均比较低，因此，扩大中等收入群体是促进居民消费增长的有效途径（陈斌开，2012；纪园园和宁磊，2018）。第四种认为人口结构变化、地域文化传统、个人特殊经历以及户籍制度等方面也会对居民消费行为产生显著影响（程令国和张晔，2011；易行健等，2020）。

（二）创业活动对微观个体经济行为影响的相关文献

关于创业活动与微观个体经济行为关系的研究相对不多，主要集中在以下几方面。首先，创业具有减贫效应。Bruton 等（2013）和尹志超等（2020a）均认为创业能够通过改善家庭的经济条件，对贫困者的生活水平产生积极影响。其中，通过创业带来的收入增长是降低贫困的主要渠道，这一增收效果已被相关文献证明（王春超和冯大威，2018）。其次，创业能够提高居民家庭幸福感。已有文献表明，创业活动不仅对个体的生活满意度存在积极影响（Binder and Coad，2013），也对工作满意度具有正向作用（Bianchi，2012）；周烁等（2020）基于幸福经济学视角分析了居民家庭的创业行为，他们发现，虽然创业降低了个体的生活满意度，但提高了工作满意度以及整体的幸福感。再次，创业还会影响个体的身体健康状况。Meng 和 Xue（2020）发现，将自雇纳入控制变量来解释农民工的精神健康问题存在显著的负向影响。然而赵建国和周德水（2021）的研究得到相反的结论，他们认为，农民工的自雇行为对身体健康状况具有显著的正向影响，并且机会型自雇者的自评健康效应高于生存型自雇者。最后，创业行为也会影响居民消费支出。徐佳和韦欣（2021）的研究表明，创业行为能够缩小高收入与低收入家庭间的消费差距，并且指出创业带来的收入增加是消费增加的重要因素。刘丽丽等（2021）从农民工自雇行为的视角出发，他们发现，农民工的自雇行为显著提高了消费水平，但该效应主要来源于机会型自雇，生存型自雇对消费并没有显著影响。

综上所述，关于创业行为与居民消费的研究非常少，徐佳和韦欣（2021）只是通过描述性统计以及简单的实证结果来分析中国城镇创业与非创业家庭的消费差异，但并未系统地论证创业行为与居民消费的因果关系。虽然刘丽丽等（2021）给出了自雇行为与居民消费的因果识别，但仅限于农民工群体，整体代表性相对不足。本章则基于城乡总体样本来分析创业行为与居民消费的关系，对已有文献进行了补充。为了具体说明创业行为与居民消费的关系，本章通过梳理相关文献并进行理论分析，对应地提出待验证的假设，为后续的实证分析提供理论指导，同时通过实证分析来验证本章的假设。

根据生命周期-持久收入假说，消费最主要的决定性因素是家庭的永久性收入，这意味着当居民预期未来家庭的收入会增加时，当前的消费支出也可能会增加。而从已有的相关文献研究来看，Berglann 等（2011）基于挪威个体研究数据发现，创业者的货币回报为正，且创业者的货币回报高于非创业者。王春超和冯大威（2018）也发现了类似的结论，即创业相对工资性工作存在显著收入溢价，且随着收入分位数水平提高，收入溢价水平也较高。徐佳和韦欣（2021）则通过数据的描述性统计发现，创业者的平均收入远高于非创业者。因此，创业行为可能通过影响居民收入进而影响居民消费。由此，本章提出假设 7.1。

假设 7.1：创业行为通过提高居民收入进而促进居民消费。

现有文献认为，相对于受雇者，自雇者在社会网络的积累方面具有显著优势。王春超和冯大威（2018）基于分组描述性统计发现，创业者的社会网络显著高于非创业者的社会网络，并且赵建国和周德水（2021）研究证明，创业能够通过提高个体的社会资本进而改善身体状况。而社会网络作为家庭一种非正式的保障机制，在促进居民消费方面产生了积极影响。易行健等（2012）的研究表明，家庭社会网络在降低居民储蓄率、提高居民消费上具有显著影响;并且 Ambrus 等(2014)指出,作为一种非正规的风险分担机制,家庭社会网络越广泛,收入风险对居民消费的抑制作用就越小。这意味着,通过创业所带来的家庭社会网络扩大,可能是创业影响居民消费的重要渠道。由此,本章提出假设 7.2。

假设 7.2:创业行为通过扩大家庭社会网络进而促进居民消费。

一般来说,个体创业带来的经济效益一方面内生于自身的要素禀赋(受教育程度、风险态度等),另一方面也与外生的要素供给有关,如制度环境、政策支持等(罗明忠和邹佳瑜,2011);林毅夫(2011)也认为,外生供给的基础设置对一国企业的生存能力至关重要,因为它能影响每个企业的交易费用和投资边际回报。而这些外生供给的基础设置基本都来自政府的财政支持。陈旭东和刘畅(2019)通过分析地方政府财政支出与创业活动关系发现,财政支出规模对创业活动数量及创业活动质量均具有滞后的积极作用。因此,地方政府的财政支出差异可能导致创业行为对居民消费产生异质性影响。另外,区域间的金融发展水平差异也是影响居民创业的重要因素,Bianchi(2012)基于理论模型研究证明,完善的金融体系能够缓解个体创业的资金约束,从而激发企业家才能,提高创业可能性;李磊等(2014)通过整合多套微观数据研究发现,金融发展水平越高的地区,个人选择成为私营企业主的概率越高,原因在于金融发展水平高的地区,金融约束相对较低。因此,地区间的金融发展差异可能会导致创业行为对居民消费产生异质性影响。由此,本章提出假设 7.3。

假设 7.3:创业行为对居民消费的影响存在区域异质性,在政府财政支出占比较高以及金融发展水平较高的地区,创业行为对居民消费的促进作用更大。

第二节 创业行为影响居民消费的实证设计

一、数据来源与处理

本章所使用的数据来自西南财经大学在 2017 年开展的 CHFS 微观数据,总样本覆盖我国 29 个省(自治区、直辖市),样本规模达到 40 011 户家庭。由于其科学的抽样问卷调查以及详细的个人和家户数据,已被广泛应用于应用微观计量研究中。首先,本章在数据处理上首先保留了个体回答问卷时为户主的家庭样本,同时删除户主年龄小于 22 岁、大于 80 岁的家庭样本[①]。其次,为了避免异常值

---

① 一般来说,个体在 22 岁左右结束大学教育,因此在此之前进入社会从事创业活动的可能性较低;此外,根据本章的户主在不同年龄阶段的创业数据来看,大于 80 岁的户主家庭的创业数量非常少,而在 60~80 岁的样本中仍存在几百创业样本家庭,因此,本章保留了户主年龄 22~80 岁的样本家庭。

的干扰，本章删除了家庭总收入、净资产小于 0 的样本，同时对家庭总收入、净资产、总消费、总负债进行上下 1% 的截尾处理。最后，删除主要变量缺失值后，剩余观测样本 22 104 个。另外，本章在稳健性检验中使用了 2011~2015 年 CHFS 的平衡面板数据进行分析以及 2016~2018 年 CFPS 平衡面板数据进行分析。其他宏观层面变量数据来自《中国统计年鉴》。

二、变量选取

（一）被解释变量：家庭总消费

CHFS 2017 详细询问了居民家庭的各类消费支出数据，我们根据国家统计局公布的《居民消费支出分类（2013）》，将食品烟酒，衣着，居住，生活用品及服务，医疗保健，交通和通信，教育、文化和娱乐，其他用品和服务等八大类消费加总得到家庭总消费，在实证回归中我们对家庭总消费进行了对数化处理。另外，本章借鉴易行健等（2018）的做法，进一步将食品、衣着、居住、其他用品及服务支出归为生存型消费；家庭设备及用品、医疗保健、交通通信支出归为发展型消费；娱乐、旅游以及奢侈品等支出归为享受型消费，用以考查创业行为对居民消费结构的影响。

（二）核心解释变量：居民家庭创业

本章的核心解释变量为"居民家庭创业"，此变量为二值变量。根据 CHFS 2017 问卷中的问题"目前，您家是否从事工商业生产经营项目，包括个体户、租赁、运输、网店、经营企业等？"，我们将回答为"是"的家庭定义为创业样本，并赋值为 1，否则赋值为 0。另外，我们借鉴尹志超等（2015b）的做法，对创业的不同类型进行了区分，包括生存型创业和主动型创业[①]、自雇创业行为和雇主创业行为[②]。

（三）控制变量

考虑到模型估计中可能因遗漏变量问题而产生估计偏差，本章加入了尽可能多的控制变量。主要借鉴易行健等（2018）的做法，控制了如下几类变量：①户主

[①] CHFS 2017 问卷中的相关问题为：您家从事工商业的主要原因是？1. 找不到其他工作机会；2. 从事工商业能挣得更多；3. 理想爱好/想自己当老板；4. 更灵活，自由自在；5. 继承家业；6. 社会责任，解决就业问题；7. 其他（请注明）。我们将回答为"找不到其他工作机会"的家庭视为生存型创业；而将回答为"从事工商业能挣得更多""理想爱好/想自己当老板""更灵活，自由自在"的家庭视为主动型创业。

[②] CHFS 2017 问卷中的相关问题为：除您和您家庭成员以外，目前该项目还雇用了多少员工？包括目前雇用的临时工。我们把回答个数为 0 的定义为自雇创业行为，回答个数大于 0 的定义为雇主创业行为。

特征变量，包括性别（男性=1，女性=0）、年龄、受教育程度、身体状况（身体健康=1，不健康=0）、是否已婚（已婚=1，未婚=0）、风险规避、风险偏好[①]、户籍（农户=1，其他=0）；②家庭特征变量，包括人口规模、少儿人口占比（0~16岁小孩占家庭总人口的比值）、老年人口占比（65岁以上老年人占家庭总人口的比值）、总收入、总负债、净资产、是否参与社会养老保险、是否参与社会医疗保险、是否参与失业保险以及是否参与商业保险（参与=1，否则=0）；③区域经济变量，以家庭所在地级市人均地区生产总值表示。另外，为了避免其他因素的干扰，我们还在实证中加入地级市虚拟变量，以控制城市固定效应。

三、描述性统计

从表 7.1 描述性统计的结果来看，我国居民家庭在 2017 年的总体消费水平均值为 5.239 万元。根据《中国统计年鉴 2017》，居民家庭平均人口规模 3.11 人，人均消费支出 1.71 万元，由此可知居民家庭的平均消费支出为 5.32 万元，与本章处理后的家庭消费均值基本一致。另外，在总体样本中，从事创业活动的家庭较少，仅占比 13.9%。

表 7.1 描述性统计

变量	观测值	均值	标准差	最小值	最大值
家庭总消费	22 104	5.239	4.251	0.488	32.400
居民家庭创业	22 104	0.139	0.345	0	1
性别	22 104	0.820	0.384	0	1
年龄	22 104	56.090	12.250	22	80
人口规模	22 104	3.329	1.551	1	15
风险规避	22 104	0.664	0.472	0	1
风险偏好	22 104	0.082	0.274	0	1
受教育程度	22 104	9.130	3.891	0	22
户籍	22 104	0.569	0.495	0	1
是否已婚	22 104	0.884	0.321	0	1
身体状况	22 104	0.458	0.498	0	1

① CHFS 2017 问卷中关于居民风险态度的问题只询问了新用户，因此，本章结合 CHFS 2015 的数据，假定旧受访户的风险态度不发生改变，通过合并 CHFS 2015 与 CHFS 2017 的数据，将旧受访户在 2015 年问卷中的风险态度赋值给 2017 年数据。具体关于风险态度的问题为："如果您有一笔资金用于投资，您最愿意选择哪种投资项目？1. 高风险、高回报的项目；2. 略高风险、略高回报的项目；3. 平均风险、平均回报的项目；4. 略低风险、略低回报的项目；5. 不愿意承担任何风险"。本章将选择 4 和 5 的家庭定义为风险规避家庭；选择 3 的家庭定义为风险中性家庭；选择 1 和 2 的家庭定义为风险偏好家庭。

续表

变量	观测值	均值	标准差	最小值	最大值
是否参与社会养老保险	22 104	0.839	0.368	0	1
是否参与社会医疗保险	22 104	0.937	0.244	0	1
是否参与失业保险	22 104	0.111	0.314	0	1
是否参与商业保险	22 104	0.083	0.276	0	1
少儿人口占比	22 104	0.102	0.155	0	0.800
老年人口占比	22 104	0.221	0.348	0	1
礼金支出	22 104	0.310	0.574	0	30.500
总负债	22 104	3.298	9.688	0	90
总收入	22 104	7.457	7.932	0.006	65.790
净资产	22 104	84.690	136.700	0.165	1061.000
所在地级市人均地区生产总值	22 104	6.651	3.585	1.140	16.740

为了初步说明创业家庭与非创业家庭的消费差异，本章对全样本、城镇样本以及农村样本中创业与未创业家庭的消费水平进行了差异性分析，如表7.2所示。我们发现，无论是全样本，还是城镇样本以及农村样本，创业家庭的总体消费水平均显著高于未创业家庭的总体消费水平，均值差异表明，创业行为与居民消费存在显著的正相关关系。

表7.2 不同样本内创业家庭与未创业家庭的消费差异比较

样本消费均值	创业家庭	未创业家庭	观测值	均值差异检验
全样本消费均值	7.087	4.941	22 104	2.146***
城镇样本消费均值	7.574	5.833	14 068	1.741***
农村样本消费均值	5.732	3.484	8 036	2.248***

***代表在1%水平上显著

四、模型设定

首先，我们构建如下基准回归模型来分析创业与居民消费的关系：

$$\ln(\text{consumption}_{ij}) = \alpha_{ij} + \beta_{ij}\text{busi\_dummy}_{ij} + \gamma_{ij}X_{ij} + \eta_{ij} + \varepsilon_{ij} \quad (7.1)$$

其中，consumption_{ij}表示第i个城市第j个家庭的总消费支出，为了避免极端值所带来的估计偏误，本章对家庭总消费进行了对数化处理；α_{ij}表示回归模型的截距项；busi_dummy_{ij}是本章关注的核心解释变量，表示家庭创业的二值变量，根据第二部分的推断，本章预期估计系数β_{ij}显著为正，表明家庭的创业行为对居民消费存在显著的促进作用；X_{ij}是本章的一系列控制变量，包括户主特征变量、家庭特征变量以及区域经济变量。另外，本章还控制了居民家庭所在城市的固定效应 η_{ij}，ε_{ij} 则表示模型估计的残差项。

第三节 创业行为影响居民消费的实证分析

本节将基于实证模型（7.1）来探讨家庭创业行为与居民消费的关系。首先，通过实证检验创业行为是否显著促进了居民消费，并进一步分析创业行为影响居民消费的内在机制；其次，进一步探讨创业行为影响居民消费的异质性结果；最后，通过一系列稳健性检验来分析本章结论的稳健性。

一、创业行为影响居民消费的基准分析

（一）创业行为对家庭总消费的影响

表 7.3 为创业行为对家庭总消费影响的基准回归结果。主要关注核心解释变量"居民家庭创业"的回归系数的显著性，其中第（1）列为单变量回归分析，第（2）列和第（3）列为依次添加户主特征变量、家庭特征变量以及区域经济变量后的回归结果，并且三次回归均控制了城市固定效应。通过逐步添加控制变量依然不影响创业行为对家庭总消费的正向作用效果，即"居民家庭创业"变量的回归系数均显著为正，表明创业行为显著促进了居民家庭总消费。

表 7.3 创业行为对家庭总消费的影响

变量	家庭总消费		
	(1)	(2)	(3)
居民家庭创业	0.411 4***	0.301 7***	0.153 2***
	(0.015 7)	(0.011 7)	(0.013 5)
性别		−0.037 2***	−0.032 8***
		(0.012 7)	(0.011 8)
年龄		−0.007 7**	−0.020 6***
		(0.003 5)	(0.004 0)
年龄的平方		−0.004 0	0.013 4***
		(0.003 3)	(0.003 8)
风险规避		−0.002 8	0.011 7
		(0.010 4)	(0.009 5)
风险偏好		0.102 6***	0.052 8***
		(0.016 0)	(0.014 9)

续表

变量	家庭总消费		
	(1)	(2)	(3)
受教育程度		0.032 4***	0.020 5***
		(0.001 8)	(0.001 5)
户籍		−0.328 1***	−0.296 4***
		(0.015 3)	(0.014 6)
是否已婚		0.330 5***	0.139 2***
		(0.016 3)	(0.013 8)
身体状况		0.026 3***	−0.005 9
		(0.008 7)	(0.007 6)
是否参与社会养老保险			0.022 8*
			(0.012 5)
是否参与社会医疗保险			0.022 1
			(0.016 9)
是否参与失业保险			−0.020 0
			(0.016 9)
是否参与商业保险			0.108 3***
			(0.013 7)
人口规模			0.116 6***
			(0.003 9)
少儿人口占比			0.034 6
			(0.035 9)
老年人口占比			−0.113 7***
			(0.021 2)
总负债			0.003 1***
			(0.000 6)
总收入			0.016 1***
			(0.000 8)
净资产			0.000 6***
			(0.000 1)
所在地级市人均地区生产总值			0.070 6***
			(0.001 2)
城市固定效应	是	是	是
观测值	22 104	22 104	22 104
R^2	0.175	0.332	0.456

注：括号内均为聚类到地级市层面的标准误

*、**、***分别代表在10%、5%以及1%水平上显著

从其他控制变量的回归结果来看，首先，性别、户籍以及老年人口占比更高的家庭，对家庭总消费存在显著的抑制作用，这与已有的大部分研究文献结论一致。其次，家庭总消费-年龄曲线表现为"U"形特征，这与经典的生命周期理论假说一致，即家庭的储蓄率在消费者青年时期较低，中年时期达到最高，老年时期又开始下降。最后，户主偏好风险、受教育程度越高、已婚以及家庭人口规模越大均会对家庭总消费产生显著的促进作用。从家庭特征变量来看，是否参与社会养老保险以及商业保险对家庭总消费均存在显著的正向作用，这与沈坤荣和谢勇（2012）以及南永清等（2020）的研究结论一致，但本章的回归并没有发现是否参与社会医疗保险与家庭总消费之间的正向关系，这可能是随着我国居民社会医疗保险参与的提高，由社会医疗保险参与带来的居民消费差异已逐渐消失，并且由于商业医疗保险的发展起到了很好的补充作用，居民家庭对社会医疗保险的依赖程度下降。另外，是否参与失业保险对家庭总消费也没有显著影响。另外，本章发现总负债对家庭总消费也有显著的正向促进作用，表明我国居民家庭存在"越负债，越消费"现象（张雅淋等，2019）。从区域经济变量来看，家庭所在地级市人均地区生产总值越高，经济越发达，家庭总消费也相对越高。

（二）创业行为对居民消费结构的影响

随着我国社会主要矛盾的转变，居民家庭对不同种类消费的偏好也发生了变化，由早期的满足基本生活消费需求到现如今提倡消费结构升级，体现了居民对美好生活的向往（石明明等，2019）。创业作为改善家庭经济活动的一种经济行为（Bruton et al.，2013），在促进居民消费结构升级上可能发挥重要作用。基于此，我们进一步探讨了创业行为对不同类居民消费的影响，如表7.4所示。结论发现，不论是生存型消费、发展型消费还是享受型消费，居民家庭创业的正向促进作用依然存在，表明创业行为对居民消费的促进作用具有普遍性；另外，从经济显著性来看，居民家庭创业对享受型消费的促进效果最大，远大于居民家庭创业对生存型消费以及发展型消费的影响，并且居民家庭创业对生存型消费的促进作用最小。一般来说，生存型消费主要包括食品、衣着等基础性消费支出，发展型消费包括交通和通信以及医疗保健等支出，两类消费支出弹性较小，相对刚性，因此不易发生变动；而享受型消费弹性较大，属于家庭的非必要支出，当家庭的经济条件变好，居民可能更多地增加享受型消费支出，如娱乐支出、旅游支出等。由此可见，家庭创业行为能够显著地改善居民消费结构，促进居民消费升级。

表 7.4 创业行为对不同类居民消费的影响

变量	生存型消费	发展型消费	享受型消费
	(1)	(2)	(3)
居民家庭创业	0.165 3***	0.170 1***	0.500 0***
	(0.013 7)	(0.022 5)	(0.070 0)
控制变量	是	是	是
城市固定效应	是	是	是
观测值	22 104	22 104	22 104
R^2	0.485	0.229	0.361

注：括号内均为聚类到地级市层面的标准误
***代表在1%水平上显著

（三）不同类别创业行为对家庭总消费的影响

创业动机的不同可能导致创业行为对居民消费的影响也存在较大差异。根据创业动机的不同，可将创业行为分为主动型创业以及生存型创业（尹志超等，2015b），已有研究发现，主动型创业比生存型创业能够带来更高的幸福感（马良和蔡晓陈，2018），这不仅源于创业所带来的货币性收入增加，更多的是因为自我理想的实现，而这种幸福感的提升又会对居民消费产生正向促进作用（李树和于文超，2020）；但是生存型创业是通过创业提供生活所需的保障，创业活动仅仅被视为在一定时期内满足这种生活需求的手段（薛红志等，2003），因此，生存型创业相对于主动型创业，其带来的收入回报更多的是满足生活所需，并且薛红志等（2003）指出，生存型创业者更希望企业维持现状或小规模发展，所以生存型创业的收入回报相对于主动型创业可能更低。这意味着生存型创业对居民消费的影响可能小于主动型创业所带来的影响。另外，个体创业规模的差异也可能对居民消费产生不同的影响。既当雇主又当雇员的自雇型创业者其经营规模往往较小，而创业者作为理性的经济人，当认识到雇用劳动力的成本大于其所带来的收益时，便会放弃雇佣行为，以实现利润最大化，说明此时的经营规模还无法通过雇用劳动力来实现规模经济，因此自雇型创业者的经营收益也相对有限；而对于存在雇用劳动力行为的雇主来说，其经营规模相对更大，通过雇用劳动力能够带来利润增长，即雇用劳动力所带来的收益大于雇佣成本，这便使雇主有动机去雇用他人。由此，本章猜想，自雇型创业对居民消费的影响可能要小于雇主型创业对居民消费的影响。

表 7.5 第（1）列和第（2）列分别为生存型创业与主动型创业对家庭总消费影响的实证结果。在同时加入所有控制变量后，我们发现，主动型创业对家庭总消费的促进作用远大于生存型创业对家庭总消费的促进作用，这进一步验证了上

文的猜想；接下来本章分析了家庭创业规模差异对居民消费是否存在不同的影响，回归结果见表 7.5 第（3）列和第（4）列，依然证明上述猜想，即雇主型创业对家庭总消费的促进作用显著大于自雇型创业对家庭总消费的促进作用。

表 7.5 不同创业行为对居民家庭总消费的影响

变量	家庭总消费			
	(1)	(2)	(3)	(4)
生存型创业	0.091 6***			
	(0.023 0)			
主动型创业		0.161 0***		
		(0.013 7)		
自雇型创业			0.122 9***	
			(0.013 0)	
雇主型创业				0.185 2***
				(0.022 1)
控制变量	是	是	是	是
城市固定效应	是	是	是	是
观测值	22 104	22 104	22 104	22 104
R^2	0.442	0.445	0.444	0.443

注：括号内均为聚类到地级市层面的标准误

***代表在 1%水平上显著

二、创业行为影响居民消费的机制分析

根据前文理论分析可知，创业行为影响居民消费的渠道可能在于改善了居民收入以及扩大了居民家庭社会网络。创业行为对居民收入的正向影响在前文已有较多讨论，并且较多文献的研究结论证明了两者之间的正相关关系（Berglann et al., 2011；王春超和冯大威，2018），但本章出于结论的稳健性考虑，表 7.6 第（1）列为居民家庭创业对总收入影响的实证结果，其他控制变量与上文一致，我们依然发现，居民家庭创业能够显著地提高总收入。而根据本章基准回归中的表 7.3 第（3）列结果来看，将总收入作为控制变量代入回归方程中，并且在控制其他变量后，总收入对家庭总消费的估计系数显著为正，由此说明本章假设 7.1 成立，即创业行为通过提高居民收入进而促进居民消费。

表 7.6　机制分析

变量	(1) 总收入	(2) 礼金支出	(3) 家庭总消费
居民家庭创业	1.836 5***	0.025 8*	0.149 4***
	(0.183 2)	(0.013 4)	(0.013 2)
礼金支出			0.144 7***
			(0.020 6)
控制变量	是	是	是
城市固定效应	是	是	是
观测值	22 104	22 104	22 104
R^2	0.401	0.099	0.456

注：括号内均为聚类到地级市层面的标准误
*、***分别代表在10%、1%水平上显著

进一步地，家庭社会网络的扩大也可能是创业行为促进居民消费的一个重要渠道。首先，本章借鉴易行健等（2018）的做法，将家庭的节假日及红白喜事"礼金支出"定义为家庭社会网络的代理变量。其次，参考温忠麟和叶宝娟（2014）的做法，设定如下中介效应模型来验证家庭社会网络渠道是否成立。其中，模型（7.2）用于分析创业行为是否显著扩大了家庭社会网络，模型（7.3）在模型（7.1）的基础上加入家庭社会网络的机制变量，即 $Social\_net_{ij}$ 表示第 i 个城市第 j 个家庭的社会网络。

$$Social\_net_{ij} = \alpha_{ij} + \beta_{ij}busi\_dummy_{ij} + \gamma_{ij}X_{ij} + \eta_i + \varepsilon_{ij} \qquad (7.2)$$

$$\ln(consumption_{ij}) = \alpha_{ij} + \beta_{ij}busi\_dummy_{ij} + \lambda_{ij}Social\_net_{ij} + \gamma_{ij}X_{ij} + \eta_i + \varepsilon_{ij} \qquad (7.3)$$

表 7.6 第（2）列和第（3）列为中介效应模型回归的结果，其中第（2）列结果显示，居民家庭创业显著扩大了礼金支出，估计系数在10%水平上显著。第（3）列在加入家庭社会网络机制变量后，居民家庭创业与礼金支出两个变量对家庭总消费均表现出正向促进的效果；而进一步通过观察居民家庭创业的估计系数大小变化来看，与基准结果相比，表 7.6 第（3）列中的估计系数要小于表 7.3 第（3）列中的估计系数，说明在加入家庭社会网络机制变量后，创业行为对居民消费的作用效果有所减弱，即创业行为对居民消费的促进作用有一部分被家庭社会网络吸收。由此表明，创业行为能够通过扩大家庭社会网络进而促进居民消费。因此，假设 7.2 成立。

三、创业行为影响居民消费的异质性分析

（一）分不同区域的异质性分析

居民的创业活动在一定程度上依赖于所在地区的相关外部条件，即创业环境。全球创业观察（Global Entrepreneurship Monitor, GEM）指出，创业环境框架体系包括金融支持、政府政策、政府创业项目、创业教育、R&D（research and development，研究与试验发展）转移、商业和法律基础设施、进入壁垒、有形基础设施、文化与社会规范。郭晓丹（2010）论证了政府财政投入对改善创业环境进而促进居民创业的重要性，并且已有实证研究证明了政府财政支出对居民创业行为的促进作用（陈旭东和刘畅，2019）。因此，基于假设 7.3 的分析，本章首先分析了地区间政府财政支出的差异是否会影响创业行为对居民消费的促进效果。我们以居民所在地级市政府财政支出总额与地区生产总值之比来衡量地区的财政支出高低，并按均值水平划分为高低两组。表 7.7 第（1）列和第（2）列分别为地区财政支出占比低和高的分组回归结果，结论发现，政府财政支出占比较高的地区，创业行为对居民消费的促进作用更大。

表 7.7 基于地区政府财政支出占比以及金融发展程度的异质性分析

变量	家庭总消费			
	(1)	(2)	(3)	(4)
	地区政府财政支出占地区生产总值比重较低	地区政府财政支出占地区生产总值比重较高	金融发展水平较低	金融发展水平较高
居民家庭创业	0.131 9***	0.171 7***	0.125 1***	0.158 2***
	(0.017 3)	(0.019 1)	(0.015 7)	(0.018 3)
控制变量	是	是	是	是
城市固定效应	是	是	是	是
观测值	11 052	11 052	11 052	11 052
R^2	0.438	0.455	0.420	0.431

注：括号内均为聚类到地级市层面的标准误
***代表在1%水平上显著

另外，根据假设 7.3 的分析，地区间的金融发展水平差异也可能会导致创业行为对居民消费产生不同的影响。居民创业面临的一个最重要的问题便是资金约束（Bianchi, 2012），较好的融资环境、更高的金融发展水平可能会使居民更容易获得创业资金，从而开展创业活动（李磊等，2014）。因此，对于金融发展水平更高的地区，创业行为对居民消费的促进作用也可能更大。为了验证这一猜想，本章以居民所在地级市金融机构贷款余额与地区生产总值之比来衡量地区金融发

展水平,并按均值水平分为高低两组。根据表 7.7 第(3)列和第(4)列的分组回归结果,金融发展水平更高的地区,创业行为对居民消费的促进作用也更大。综上表明,本章假设 7.3 也成立。

(二)分不同群体的异质性分析

一般来说,相对于高收入群体而言,低收入群体有更高的边际消费倾向,但收入较低,消费水平也比较低,这种收入分配的差距进而导致了消费水平的差距,这也是导致我国居民家庭"低消费、高储蓄"的一个重要原因(陈斌开,2012)。由前文分析可知,创业行为能够显著地提升居民收入水平,这意味着对于低收入群体,创业的增收效应能够在边际上更多地转化为居民消费,即创业行为对居民消费的促进作用可能在低收入群体中更大。为了证实这一理论分析,我们将全样本家庭收入均值分为低收入与高收入两组进行回归分析,从表 7.8 第(1)列和第(2)列的回归结果来看,的确发现创业行为对居民消费的促进作用在低收入家庭样本中更大,这与徐佳和韦欣(2021)的研究结论基本一致。

表 7.8 不同收入群体以及是否为贫困户的异质性分析

变量	家庭总消费			
	(1)	(2)	(3)	(4)
	较低收入	较高收入	贫困户	非贫困户
居民家庭创业	0.184 7***	0.122 8***	0.200 2***	0.120 6***
	(0.020 5)	(0.015 4)	(0.023 4)	(0.014 6)
控制变量	是	是	是	是
城市固定效应	是	是	是	是
观测值	11 052	11 052	8 309	13 795
R^2	0.350	0.297	0.384	0.381

注:括号内均为聚类到地级市层面的标准误
***代表在 1%水平上显著

接下来进一步分析创业行为对居民消费的影响是否在贫困户与非贫困户[①]间存在显著差异。这一分析的理论基础源于创业行为在改善家庭经济条件,降低家庭贫困上发挥了重要作用(Bruton et al.,2013;尹志超等,2020a),而国际上针对贫困家庭的划分便是根据居民消费水平来考量的[②],因此,创业对居民消费的

[①] 国际上的贫困家庭划分标准是根据人日均消费水平来制定的,但考虑到本章在数据处理上对家庭总消费进行了截尾处理,可能造成衡量偏误,本章借鉴单德朋和余港(2020)的做法,将家庭年人均可支配收入低于 2016 年全国人均可支配收入 50%的家庭定义为相对贫困家庭,赋值为 1,反之为 0。

[②] 根据世界银行 2015 年的贫困标准,将家庭日人均消费低于 1.9 美元的家庭界定为贫困家庭。

促进作用是否在贫困家庭样本中更大呢？表 7.8 第（3）列和第（4）列为对应分组回归的结果，结论发现，创业行为对居民消费的促进作用在贫困户家庭中更大，说明创业不仅能够降低家庭贫困，还能缓解不同家庭之间的消费不平等。

四、内生性处理与稳健性检验

（一）内生性处理

1. 工具变量法

本章基准回归模型估计中的创业行为可能存在反向因果问题，居民消费越低的家庭，越有动机通过创业活动来改善家庭的消费水平，这对跨区域流动的农民工群体来说更为明显（宁光杰，2012）。此外，还可能存在同时影响家庭创业行为与消费的遗漏变量的问题，王询等（2018）发现，非认知能力对居民创业行为存在显著影响，而非认知能力也会影响居民的劳动收入（Heckman et al., 2006），进而影响居民消费。为了缓解反向因果关系以及遗漏变量导致的内生性问题，本章借鉴 Rozelle 等（1999）以及尹志超等（2020a）的做法，选取同一社区除本家庭外的其他家庭的创业比例作为家庭创业行为的工具变量。该工具变量同时满足相关性以及外生性两个条件，Araujo 等（2010）发现，同一社区内具有相同特征群体内的个体会相互影响，这意味着社区内的创业氛围与单个家庭的创业行为存在相关关系；而其他家庭是否创业相对于本家庭的消费行为是外生的，因此，该工具变量存在理论可行性。

表 7.9 第（1）列和第（2）列分别为工具变量第一阶段和第二阶段的估计结果，结论发现，工具变量"社区内其他家庭的创业比例"的估计系数显著为正，说明相关性假设成立，并且第一阶段回归 F 值为 639.99，大于 10%偏误水平下的临界值 16.38（Stock and Yogo, 2005），因此不存在弱工具变量问题；而第二阶段回归结果显示，居民家庭创业对家庭总消费的影响依然显著为正，说明居民家庭创业对家庭总消费的正向促进作用是稳健的。对比居民家庭创业变量在基准回归（表 7.3）与工具变量回归中的估计系数来看，工具变量回归后的估计系数扩大了 6 倍左右[①]。工具变量估计的结果属于"局部平均处理效应"（local average treatment effect, LATE），即同一社区内只有少部分居民家庭才会受到"社区内其他家庭的

[①] Wei 和 Zhang（2011）通过对 JF（Journal of Finance，金融杂志）、JFE（Journal of Finance Economics，金融经济学杂志）、RFS（The Review of Financial Studies，金融研究评论）三大金融顶级期刊中的 255 篇运用工具变量进行回归估计的论文进行研究后发现，工具变量估计法将回归估计系数平均扩大了 9 倍，因此本章估计结果相对合理。

创业比例"的影响，而这部分受到影响的家庭往往相对于剩余部分的家庭可能在某些特征上表现突出，如学习能力强，家庭财富更多，从而导致更有动机去创业，也易受到社区内部创业氛围的影响，因而这部分居民家庭的消费水平也更高。

表 7.9 内生性处理

变量	工具变量法		处理效应模型	
	(1)	(2)	(3)	(4)
	第一阶段	第二阶段	第一阶段	第二阶段
	居民家庭创业	家庭总消费	居民家庭创业	家庭总消费
居民家庭创业		0.974 5***		0.566 6***
		(0.216 9)		(0.046 3)
社区内其他家庭的创业比例	0.310 9***		1.357 9***	
	(0.038 7)		(0.101 3)	
第一阶段回归 F 值	639.99			
Wald Chi^2			76.73	
			(0.000 0)	
控制变量	是	是	是	是
城市固定效应	是	是	是	是
观测值	22 104	22 104	22 104	22 104
R^2	0.122	0.327	0.127	

注：括号内均为聚类到地级市层面的标准误；Wald Chi^2 为 Wald Chi-squared test（瓦尔德卡方检验）
***代表在 1%水平上显著

2. 处理效应模型

除了应对反向因果和遗漏变量导致的估计偏误问题，本章基准回归中还可能存在严重的自选择问题。创业决策除了受个体的内在因素影响，如受教育程度、风险态度等，还受较多外在因素，如自然环境、文化传统以及政策支持等影响（罗明忠和邹佳瑜，2011），本章虽然控制了较多影响创业的个体内在因素，但外在因素的控制较为缺乏，个体可能因为外在因素的差异而选择是否进行创业，如税收支持、政策环境等。因此，为了缓解这一自选择问题带来的估计偏误，同时考虑到本章的解释变量"居民家庭创业"为二值变量，本章应用处理效应模型来进行内生性处理。其中，在第一阶段的选择方程中，本章仍将"社区内其他家庭的创业比例"作为居民选择创业的外生变量进行估计。表 7.9 第（3）列和第（4）列分别为处理效应模型第一阶段和第二阶段估计的结果，依然证明，创业行为对居民消费存在显著的正向促进作用。

3. 倾向评分匹配法

本章基准回归模型中通过多元回归方程获取创业行为对居民消费的无偏估计的一个假设前提是不存在函数设定错误的问题。倾向评分匹配（propensity score matching，PSM）的优势在于不需要设置特定的函数形式，故使用该种方法能够消除模型的函数形式设定不当而造成的偏误。本章通过倾向评分匹配来计算创业行为的平均处理效应（average treatment effect on the treated，ATT）的步骤如下：首先，基于户主特征变量、家庭特征变量同时控制城市固定效应来进行 Logit 回归，计算倾向评分；其次，进行一对一近邻匹配以及核匹配。表 7.10 为两种匹配方式的结果。我们发现，无论是近邻匹配还是核匹配，处理组的家庭总消费与控制组的家庭总消费存在显著的差异，即处理组的平均处理效应显著高于控制组的平均处理效应，说明创业行为的确能够显著提高居民消费。

表 7.10　倾向评分匹配法

匹配方法	结果变量	处理组	控制组	平均处理效应	标准误	t 值
近邻匹配	家庭总消费	10.9387	10.8018	0.1369	0.0214	6.41
核匹配	家庭总消费	10.9388	10.7865	0.1523	0.0154	9.92

为了说明匹配结果的合理性，匹配后各协变量的标准化偏差均小于 10%，说明本章的匹配方式较好地满足了平衡性检验要求，即处理组与控制组在各协变量无显著差异下，创业行为能够显著地提高居民消费。

（二）稳健性检验

1. 平衡面板数据回归

为了进一步降低不随时间变化的个体差异的影响，缓解遗漏变量估计偏误，本章利用 2011~2015 年 CHFS 的数据整合成平衡面板数据进行回归；另外，出于稳健性考虑，本章还使用了 2016~2018 年 CFPS 数据整合成平衡面板数据进行估计[1]，平衡面板数据回归结果如表 7.11 所示，我们发现，无论采用截面数据或面板数据以及更换多种估计方法，创业行为对居民消费的影响始终为正，由此证明

---

[1] CFPS 数据中我们借鉴周广肃和樊纲（2018）的做法，根据"过去一年您家是否有家庭成员从事个体经营或开办私营企业？"来定义家庭是否有创业行为，如果回答是，则创业取值为 1，否则为 0。

本章的结论非常稳健[①]。

表 7.11 平衡面板数据回归

变量	家庭总消费			
	2011~2015 年 CHFS		2016~2018 年 CFPS	
	(1)	(2)	(3)	(4)
	混合 OLS	双向固定效应	混合 OLS	双向固定效应
居民家庭创业	0.122***	0.113***	0.196***	0.087*
	(0.018)	(0.024)	(0.026)	(0.046)
控制变量	是	是	是	是
城市固定效应	是	是	是	是
年份固定效应	是	是	是	是
观测值	13 232	13 232	8 566	8 566
R^2	0.452	0.293	0.491	0.063

注：括号内均为聚类到地级市层面的标准误

*、***分别代表在 10%、1%水平上显著

2. 替换样本：缩小样本

张龙耀和张海宁（2013）指出，家庭的创业行为往往与财富水平呈正相关[②]，同时也与所在地区的经济发展水平呈正相关。财富较高的家庭以及经济发展水平较高的地区消费水平都相对更高，这就可能导致创业行为对居民消费的正向作用是被财富水平较高的家庭或经济发展水平较高的地区拉高的，进而带来估计偏误。为了解决这一可能存在的问题，本章将样本家庭分别限制在家庭财富高于所在地级市财富均值以及所在地级市人均地区生产总值高于所在省份人均地区生产总值上，从而减少样本家庭因财富水平以及所在地区经济发展水平带来的差异。从表 7.12 的实证结果来看，依然证明创业行为对居民消费存在显著的促进作用。

---

① 由于 CHFS 与 CFPS 数据上的差异，我们针对 CFPS 平衡面板数据回归控制了户主性别、年龄、年龄的平方、是否已婚、受教育程度、身体状况、人口规模、户籍、老年人口占比、少儿人口占比、风险态度、净资产、家庭总收入是否参与社会养老保险、是否参与社会医疗保险、是否参与失业保险、是否参与商业保险这些变量。

② 本章通过对全样本居民家庭按财富均值进行高低分组发现，低财富样本组家庭中的创业比例仅为 7%，而高财富样本组家庭中的创业比例达到 20%。

表 7.12　缩小样本后的回归

变量	家庭总消费	
	(1) 家庭财富高于所在地级市财富均值	(2) 所在地级市人均地区生产总值高于所在省份人均地区生产总值均值
居民家庭创业	0.1011***	0.1579***
	(0.0158)	(0.0156)
控制变量	是	是
城市固定效应	是	是
观测值	7455	9739
R^2	0.377	0.454

注：括号内均为聚类到地级市层面的标准误
***代表在1%水平上显著

五、结论与政策建议

在"大众创业、万众创新"的时代背景下，创新创业成为我国经济发展的持续动能。不仅在宏观层面上为经济增长持续发力，同时在微观层面上解决居民就业等问题。要应对发展中的不确定性，必须贯彻创新驱动发展战略，激发"大众创业、万众创新"的市场主体活力，以新动能来支撑"保就业"和"保市场主体"，尤其是支持毕业大学生和农民工就业。通过鼓励大众创业，缓解就业压力，稳定居民收入，为经济增长增加活力，最终实现经济平稳健康的发展。

本章在已有相关研究的基础上，通过利用 CHFS 微观数据研究了家庭创业行为的微观经济效应，实证结果表明，创业行为能够显著地提高居民消费，通过内生性处理以及一系列稳健性检验后结论依然成立；并且创业行为对不同类型居民消费的促进作用也存在差异，其中对享受型消费的促进作用最大，其次为发展型消费，最后为生存型消费，说明创业行为在改善居民消费结构，促进居民消费升级上发挥了重要作用；另外，主动型创业相对于生存型创业来说，对居民消费的促进作用更大，而雇主型创业相对于自雇型创业来说，对居民消费的促进作用更大。通过机制分析发现，增加居民收入以及扩大家庭社会网络是创业行为提高居民消费的两个重要渠道。最后，异质性分析表明，在政府财政支出占比较高以及金融发展水平较高的地区，创业行为对居民消费的促进作用更大；并且相对于高收入以及非贫困户家庭，创业行为在改善低收入家庭的消费水平上发挥了更大的作用。

基于以上结论，本章提出以下几点政策建议：①创业行为在提高居民消费、促进居民消费升级上具有正向作用，因此要继续鼓励居民响应"大众创业、万众创新"，通过加大政府财政投入，设立居民创业引导基金，解决居民创业在资金约束上的问题，另外，政府也要有针对性地对企业实行"减税降费"的政策，让企业轻装上阵，激发居民创业的积极性；同时鼓励银行放贷，利用金融科技强化银行的信用风险识别机制，有利于银行进一步扩宽对中小企业的放贷范围；②创业行为能够在更大程度上提高低收入家庭的消费水平，因此要鼓励地方政府有组织地针对低收入家庭进行相关创业知识培训，并给予优惠政策激发居民的创业活力，从而有利于扩大我国中等收入群体，带动内需增长。

第三篇 家庭保险资产配置篇

第八章　商业保险购买与家庭金融风险承担[①]

第一节　问题的提出与研究假设

一、问题的提出

根据瑞信研究院（Credit Suisse Research Institute）发布的《2023年全球财富报告》[②]，2000年至2022年，我国居民家庭财富总额已从3.7万亿美元迅速增长至63.83万亿美元，2022年仅次于美国，位居世界第二位。近年来伴随着我国居民家庭财富持续增长和金融市场快速发展，居民家庭资产结构逐步从单一化向多种资产组合模式转变，但相较于美国，我国居民家庭金融资产占总资产比例依然较低。西南财经大学中国家庭金融与调查研究中心发布的《2024 Q1中国家庭财富变动趋势》显示，我国城市家庭金融资产占总资产比重仅为21.89%，低于世界平均水平[③]；且我国城市家庭的金融资产配置中无风险类金融资产占主要地位，风险类金融资产[④]与总金融资产之比仅为12%。过于单一化的资产配置从居民家庭层面来说不但会降低家庭抵御系统性风险的能力，而且金融风险承担不足将降低居民家庭财产性收入的增值速度；与此同时，从需求的角度来看，还将对资本市场的长期有效发展起到抑制作用（Brunetti et al., 2016；路晓蒙等，2017；徐舒和路晓蒙，2019）。

根据经典投资组合理论[⑤]，在两基金分离定理成立的条件下，所有投资者都需要将一定比例的财富投资于风险金融资产（Markowitz, 1952；Merton, 1969；Samuelson, 1969；Tobin, 1958；Sharpe, 1964）。然而，现实中的以股票为代表

[①] 本章内容是《商业保险、数字经济参与和家庭金融风险承担——基于中国家庭金融调查数据的经验证据》（张凌霜、易行健、杨碧云（通讯作者），《世界经济文汇》2023年第3期58～77页）的扩展修订稿。

[②] 瑞信研究院于2023年9月发布《2023年全球财富报告》（Global Wealth Report 2023）。

[③] 根据瑞信研究院的《2023年全球财富报告》中全球分区域家庭财富变化数据计算，中国家庭金融资产占总资产的比重为45%，低于全球平均水平61%，远低于北美的82.5%。

[④] 该报告中风险类金融资产包括股票、基金和债券三种。

[⑤] 该理论框架下，投资者的投资行为须满足如下基本假定：第一，投资者的效用曲线遵循边际效用递减规律；第二，金融资产价格符合随机游走；第三，金融市场是完全的；第四，所有财富均以金融资产形式存在，且劳动收入完全确定，人力资本类似于无风险资产。

的风险金融资产参与率却远低于资产组合理论预测的参与水平,甚至部分居民完全不持有股票资产,这一现象被称为"股票市场有限参与之谜"(Mankiw and Zeldes,1991;Canner et al.,1997;Campbell,2006;Guiso and Sodini,2013)。对于这一现象,国内外已有研究从市场摩擦[①]、背景风险[②]、居民特质[③]以及社会互动和信任等多种视角进行了探讨。除此之外,还有少部分文献从保险参与角度研究其对居民家庭金融风险承担的影响效应。现有相关研究大多支持社会保险参与能够提高居民家庭风险金融资产投资的广度和深度(宗庆庆等,2015;Qiu,2016;王稳和孙晓珂,2020),而分析商业保险参与和家庭金融风险承担关系的文献极少,仅有个别文献,如易行健等(2019)的实证分析表明商业医疗保险参与对居民家庭金融风险承担有正向影响。相比于社会保险,商业保险能够通过市场化的风险转移机制有效平抑突发风险,不断适应经济社会环境中的动态性和复杂性以及日益多样化的风险场景;2014年国务院在《关于加快发展现代保险服务业的若干意见》中更是明确指出,要"把商业保险建成社会保障体系的重要支柱"。综上来看,详细探讨商业保险参与对居民家庭金融风险承担的影响效应便显得尤为重要。

根据Goldfarb和Tucker(2019)的研究,数字经济[④]能够在降低搜索成本、复制成本、运输成本、跟踪成本和验证成本五个方面对经济活动产生重要影响。现有不少实证研究已发现互联网技术的进一步普及和数字经济的不断发展能够显著降低金融摩擦和服务成本,提高小微企业、农村地区、低收入群体以及老年群体等的金融可及性(张勋等,2019;Rossi and Utkus,2021),提高居民家庭商业保险服务可得性以及商业保险参与广度和深度(李晓等,2021),推动居民参与创业活动并扩大家庭收入(张勋等,2019),有助于缓解流动性约束、降低居民面临的不确定性和陷贫可能性并进一步改善家庭资产配置。2021年3月发布的"十四五"规划明确提出,要"打造数字经济新优势""壮大经济发展新引擎"。在此背景下,充分探讨数字经济的发展是否能够对商业保险参与和居民家庭金融风险承担之间的关系起到调节作用具有重要的现实意义。

总体而言,研究居民家庭金融风险承担的影响因素及其作用机理,鼓励家庭积极参与风险金融市场并合理分散风险,对我国资本市场的健康发展以及居民家庭福利水平的改善都具有重要意义,本章将尝试从商业保险参与这一视角来研究

---

① 包括参与成本和信贷约束等。
② 包括人力资本或劳动收入风险、健康风险、住房价格波动风险、商业经营风险等。
③ 包括非标准偏好、异质性信念、金融素养和人口统计学特征等。
④ 根据国家统计局《数字经济及其核心产业统计分类(2021)》,数字经济是指以数据资源作为关键生产要素、以现代信息网络作为重要载体、以信息通信技术的有效使用作为效率提升和经济结构优化的重要推动力的一系列经济活动。

其对居民家庭金融风险承担的影响效应和数字经济在中间的调节作用以弥补相关文献的不足。本章利用 2015 年、2017 年和 2019 年中国家庭金融调查数据进行经验研究，结论表明提高商业保险保费支出水平能够显著促进居民家庭金融风险承担，而数字经济能够通过缓解居民家庭由未来可能面临的不确定性引发的预防性储蓄动机和降低居民家庭在面临不利冲击时陷入财务脆弱的可能性进而增强商业保险参与对家庭金融风险承担的促进作用，并且数字经济的调节效应在金融素养和受教育程度较低、拥有社会资本较少或面临背景风险较高的家庭中更为显著。

相比于以往文献，本章的贡献主要在于：第一，已有文献鲜有从商业保险视角考查保险与家庭金融风险承担的关系，本章将尝试从这一角度开展研究以弥补相关文献的不足；第二，当前涉及数字经济的文献多从省市级层面构建指标，而本章将尝试利用微观家庭调查问卷中的部分信息构建家庭层面数字经济参与指标，着重分析数字经济在商业保险参与和居民家庭金融风险承担关系中的调节作用；第三，从居民个人特征和家庭特征入手，细致考查了数字经济对商业保险参与和家庭金融风险承担关系的调节效应在不同家庭中的异质性作用，丰富了商业保险参与、数字经济参与和居民家庭资产配置行为相关关系的研究成果。

二、文献综述与研究假设

目前，基于市场摩擦、背景风险、行为因素、信息处理能力和家庭特征等方面解释"股票市场有限参与之谜"的文献较为丰富，但讨论保险对家庭金融风险承担影响的文献相对较少，且更多集中于社会保险视角，这类研究大多得出结论认为社会保险有利于提高家庭金融风险承担水平。在养老保障方面，Bertaut 和 Starr-McCluer（2000）通过对美国家庭微观调查数据进行实证研究发现，参与养老保险的确能够增加家庭参与风险金融市场的概率。Cocco 等（2005）将外生的社会养老保险纳入生命周期模型并进行数值模拟，结果显示，在引入社会养老保险的情况下，退休群体将持有更多的风险金融资产。宗庆庆等（2015）基于 2011 年中国家庭金融调查数据进行的实证分析则发现，参加基本养老保险的家庭参与风险金融资产投资的概率比未参加基本养老保险的家庭高 25% 左右。在健康和医疗保险方面，Gormley 等（2010）指出在没有完全投保的情况下，健康冲击带来的家庭财富大幅减少是造成"股票市场有限参与之谜"的重要原因。之后，Atella 等（2012）利用跨国数据分析发现缺乏全民医疗服务体系的国家，其居民家庭风险资产参与率显著低于医疗服务体系较为完善的国家。Goldman 和 Maestas（2013）使用 2000 年美国健康和退休研究（Health and Retirement Study，HRS）数据进行实证分析，结果显示参与基本补充保险能使居民风险资产持有率增加 11.6 个百分点。国内学者的相关研究亦表明，参与医疗保险可以显著提高家庭参与风险金融市场的可能性和参与程度（何兴强等，2009；周钦等，2015；易行健等，2019）。基于此，本章提出假设8.1。

假设8.1：参与商业保险能够显著提高家庭金融风险承担水平。

为了进一步探究数字经济是否能够对商业保险参与和家庭金融风险承担之间的关系起到调节作用，本章将从不确定性和财务脆弱性两个渠道进行分析，并提出两个有待验证的假设。投资者在进行金融资产配置决策时，不仅受到金融风险的影响，还可能同时受到劳动收入风险、住房价格波动风险、长寿风险、健康风险、创业风险等的影响，这些无法在金融市场中交易的风险统称为背景风险（Gollier and Pratt，1996）。保险能够通过弥补失业、退休、健康状况不佳等导致的劳动收入损失或大额医疗支出等来缓解居民家庭面临的风险，缩小其风险敞口进而影响居民家庭金融资产配置。Rosen和Wu（2004）使用1992~1998年美国健康和退休研究数据分析发现健康冲击会导致家庭重建其资产组合并更多倾向于持有非风险金融资产（Edwards，2008），而拥有高社会保障水平的家庭由于其面临的不确定性更低因而持有风险资产的可能性也更高（Goldman and Maestas，2013），相应地，社会保险促进家庭风险金融资产投资的作用对不确定性更强的家庭影响则更为显著（林靖等，2017）。综合已有研究来看，持有保险能够缩小家庭的风险敞口，缓解不确定性对家庭的负向影响，有利于降低家庭当前的预防性储蓄水平，从而促使家庭调整资产结构并参与风险金融市场（Gormley et al.，2010；周钦等，2015）。

互联网信息通信技术的推广允许信息以非常低的成本流向市场参与者，有助于减少信息不对称和市场摩擦问题（Andrianaivo and Kpodar，2012），亦有助于解决"最后一公里"难题，特别对于金融市场的"长尾群体"而言，提高了其金融可及性并缓解了流动性约束（郭峰和王瑶佩，2020），这均有利于缓解不确定性的影响并降低家庭预防性储蓄动机。Jack和Suri（2014）对肯尼亚家庭数据进行分析表明，使用移动货币账户能够降低不确定性（如患有严重疾病、失业、经营工商业项目失败以及牲畜死亡等）对居民收入的不利冲击，从而避免家庭消费支出发生较大波动；相对应地，未使用移动货币账户的家庭在面临以上不确定性冲击时，家庭消费平均下降了7%。易行健和周利（2018）对2012~2016年中国家庭追踪调查数据进行实证分析得出结论，数字普惠金融的发展能够显著缓解流动性约束并提高居民消费。此后，何宗樾和宋旭光（2020）采用相同的调查数据进行实证研究，进一步发现数字金融在缓解流动性约束的同时，能够显著降低家庭面临的不确定性进而缓解预防性储蓄动机。基于以上讨论，本章提出假设8.2。

假设8.2：数字经济能够缓解居民家庭由未来可能面临的不确定性引发的预防性储蓄动机，从而强化商业保险参与对家庭金融风险承担的促进作用。

保险的重要功能在于能够弥补家庭在受到不利冲击时，因资产积累不足而产生的抗风险能力弱的缺陷，从而有利于降低家庭脆弱性（景鹏等，2019）。方迎风和邹薇（2013）基于1997~2006年四轮中国健康与营养调查（China Health and Nutrition Survey，CHNS）数据考查健康风险对个体消费平滑和贫困脆弱性的影响，发现由于医疗保险在低收入者中或农村地区使用率较低，健康冲击很可能使低收入者陷入贫困陷阱。刘子宁等（2019）利用中国健康与养老追踪调查（China Health and Retirement Longitudinal Study，CHARLS）数据进行分析也发现，参与医疗保险和提高医疗保险保障水平均能够显著降低健康状况较差群体的陷贫概率。张楠等（2021）基于宏观视角考查一揽子财政工具的减贫效应和效率，发现基本社会保险、养老保险和医疗保险贫困瞄准率较好，减贫效率较高。基于商业保险视角开展相关研究的文献极少，其中，龚晶（2011）指出，在农村社会保障制度极不完善的情况下，商业人身保险其市场化性质引起的社会排斥性会使无法获得商业保险的弱势群体缺乏足够的健康保障，从而容易陷入"贫困陷阱"。

Choudhury（2014）曾指出金融普惠水平低将会增加风险冲击对家庭脆弱性的负面作用，而数字经济的发展能够促进普惠金融的发展，提高消费者剩余[①]和福利水平（Greenstein and McDevitt，2011），促进居民就业与创业（Atasoy，2013），并有利于降低家庭遭受负向冲击后陷入财务脆弱的可能性。胡鞍钢等（2016）指出，互联网的普及和应用已经成为创新创业的引擎，新产品、新产业以及新业态不断涌现，对产业结构调整和创造就业发挥了积极的作用，数字经济在促进生态企业成长的同时，也将大力推动创新创业的发展（李晓华，2019）。张勋等（2019）在评估数字经济对包容性增长的影响时，发现中国的数字经济发展带来了创业机会的均等化，且显著提升了农村弱势群体的家庭收入水平。Carlin等（2018）对2014~2016年英国数字金融机构客户数据进行的分析显示，数字技术的发展使家庭财务信息获取成本降低，居民能够更容易地关注各类财务透支情况，减少债务展期的同时也减轻了财务负担。张栋浩和蒋佳融（2021）利用"中国农村普惠保险缓解贫困脆弱性的机制、效应及政策研究"项目数据考查普惠保险对贫困脆弱性的影响效应时发现，借助金融科技手段获取普惠保险能够更大程度降低农村家庭贫困脆弱性，且数字金融与普惠保险具有互补作用。基于以上讨论，本章提出假设8.3。

假设8.3：数字经济能够降低家庭在面临不利冲击时陷入财务脆弱的可能性，从而强化商业保险参与对家庭金融风险承担的促进作用。

---

① Greenstein 和 McDevitt（2011）测算了1999~2006年与互联网技术扩散相关的消费者剩余为48亿~67亿美元。

第二节　商业保险购买影响家庭金融风险承担的实证设计

一、数据来源与处理

本章使用的数据来自 2015 年、2017 年和 2019 年的 CHFS。CHFS 是中国家庭金融调查与研究中心在全国范围内开展的抽样调查项目，旨在收集有关家庭金融微观层次的相关信息，主要内容包括：住房资产与金融财富、负债与信贷约束、收入与消费、社会保障与保险、代际转移支付、人口特征与就业以及支付习惯等相关信息。样本分布于 29 个省（自治区、直辖市）、367 个县（区、县级市）、1481 个社区，具有全国、省级和副省级城市代表性。在数据处理方面，本章剔除了家庭总收入小于 0、净资产小于 0、负债小于 0、家庭规模为 0、家庭可支配收入小于 100 元以及关键变量存在缺失值的样本。另外，为了避开户主可能正在接受教育的家庭以及户主已退休的家庭，本章根据问卷中关于户主受教育状态和就业状态的信息剔除了这一部分样本家庭。经过上述数据处理，本章最终得到 25 299 个样本家庭。此外，本章所用城市层面宏观数据均来自相应年份《中国保险年鉴》、《中国统计年鉴》和《中国城市统计年鉴》。

二、变量选取与说明

（一）被解释变量：家庭金融风险承担

CHFS 涵盖的家庭金融资产包括：银行存款（活期和定期）、股票、债券、基金、金融衍生品、理财产品、非人民币资产、黄金、现金和借出款。本章参照尹志超等（2014）的衡量口径，将股票、公司（企业）债券、金融债券、基金、金融衍生品、金融理财产品、黄金、非人民币资产划分为风险金融资产。参考 Malmendier 和 Nagel（2011）[①]以及 Hong 等（2020）[②]，本章分别选取家庭风险金融资产占比和家庭是否持有风险金融资产作为家庭金融风险承担的代理变量，以此作为实证模型的被解释变量，考查商业保险保费支出水平对家庭金融风险承担的影响效应。此外，本章还在稳健性检验中以家庭持有股票资产占比

---

① Malmendier 和 Nagel（2011）以是否参与股票市场和债券市场以及股票投资金额占流动资产总额的比重作为金融风险意愿的代理变量。

② Hong 等（2020）分别采用三种方法衡量个人金融风险承担水平，具体如下：投资者是否参与共同基金投资，是则取值为 1，否则取值为 0；对于投资超过 100 元的投资者，设定非货币市场基金投资占全部共同基金投资比重为个人金融风险承担的第二代理变量；以共同基金投资组合月收益波动性作为个人金融风险承担的第三个代理变量。

和家庭是否持有股票资产作为替代变量,对基准回归结果的稳健性进行检验。

(二)核心解释变量:家庭商业保险保费支出

本章的核心解释变量为家庭商业保险保费支出[1],并对其进行对数化处理[2]。在后续稳健性检验中,本章还将使用家庭是否参与商业保险作为替代变量,对基准回归的结果进行稳健性检验。

(三)控制变量

为了避免遗漏变量导致的内生性问题,本章将在模型中加入尽可能多的控制变量。本章所采用的主要控制变量如下:①家庭层面,总收入、净资产、家庭人口规模、是否拥有社会医疗保险、是否拥有社会养老保险、是否拥有失业保险、少儿占比、老年人占比、是否拥有房产、是否拥有负债、是否从事工商业经营项目、是否为农业户口;②户主个人层面,年龄、年龄的平方、受教育程度、是否健康、风险规避、风险偏好、金融素养[3];③城市层面,人均地区生产总值和城市金融发展水平[4]。

(四)调节变量:数字经济参与指数

本章中设有数字经济参与指数这一核心变量作为调节变量。目前国内研究数字经济的经济效应的相关文献中,多采用北京大学数字金融研究中心和蚂蚁金服集团共同编制(郭峰等,2020)的数字普惠金融指数作为数字经济的代理变量,尚未有文献构建家庭层面的数字经济参与指数。本章借鉴赵涛等(2020)[5]的思路,采用CHFS问卷中涉及数字经济参与的15个指标[6],包括互联网购物经历、互联网购物支出、工商业自营项目通过互联网获得的收入等,将以上15个指标的

---

[1] 包括 CHFS 问卷中涉及的家庭在过去一年中投保的全部类型商业保险保费支出,包括商业健康保险、商业养老保险以及其他商业保险年保费支出。

[2] 我们以 ln(1+商业保险保费支出)的方式对核心解释变量进行对数化处理。

[3] 2019 年和 2017 年 CHFS 问卷部分问题仅询问了新受访用户。因此在结合 2015 年 CHFS 问卷信息之后,本章仅采用其中 3 道题构建金融素养代理变量,每题答对为 1 分,得分总和代表受访者金融素养水平,最高 3 分,最低 0 分。

[4] 城市金融机构年末贷款余额与地区生产总值之比。

[5] 赵涛等(2020)利用城市互联网普及率、相关从业人员情况、相关产出情况、移动电话普及率与中国数字普惠金融指数五项指标和主成分分析法构建城市层面数字经济发展指标。

[6] 这 15 个指标均来自 CHFS 问卷信息,具体包括:选基金的主要依据、选金融理财产品的主要依据、购物时的支付方式、是否使用互联网、使用互联网的主要作用、是否有过网上购物经历、网购费用、家庭自营项目是否使用互联网、来自互联网的收入、购物时的支付方式、通信费用、是否拥有智能手机、智能手机数量、是否在数字经济行业就业以及关注财经新闻的渠道。

数据标准化之后利用因子分析法构建得到家庭层面的数字经济参与指数,并对该指标进行标准化处理。表 8.1 为因子分析的结果,KMO 检验整体值是 0.824,Bartlett 球形检验 P 值为 0.022,小于 0.05 的临界值,表明所选取的指标适合采用因子分析法构建数字经济参与指数变量。我们根据特征值大于 1 以及累积贡献大于 60% 的基本准则保留前两个有效公共因子,然后采用 Bartlett 因子得分法构建指数,最后将该指数标准化处理,使取值介于[0,1]。

表 8.1 因子分析结果①

因子	特征值	方差贡献	累积贡献	因子载荷
因子 1	3.539 88	0.483 9	0.483 9	0.772 6
因子 2	1.001 32	0.128 3	0.612 2	0.227 3

三、描述性统计

表 8.2 为主要变量的描述性统计结果。可以看出,家庭风险金融资产占比的均值为 9%,持有风险金融资产的家庭占全部家庭的比重仅为 19%,我国居民在风险金融资产投资参与上依然存在"有限参与"问题。核心解释变量家庭商业保险保费支出均值为 804 元,最大值为 36 万元,此外,样本中有 14% 的家庭持有商业保险。调节变量家庭层面的数字经济参与指数的均值为 0.42。样本家庭中,有 17% 的家庭拥有失业保险,有 93% 的家庭拥有社会医疗保险,有 79% 的家庭拥有社会养老保险。

表 8.2 主要变量的描述性统计

变量名	观测值	均值	最小值	最大值	标准差
家庭风险金融资产占比	26 898	0.09	0	1	0.27
家庭是否持有风险金融资产	26 898	0.19	0	1	0.38
家庭商业保险保费支出	26 898	804	0	360 000	4 925
家庭是否参与商业保险	26 898	0.14	0	1	0.32
数字经济参与指数	26 898	0.42	0	1	0.25
总收入	26 898	89 787	11 863	642 700	81 274
净资产	26 898	865 175	24 000	7 890 640	1 289 433
年龄	26 898	49.81	25	65	9.89
受教育程度	26 898	10.29	0	22	3.75

---

① 根据因子分析结果,仅前两个因子特征值大于 1,为了节省篇幅,本章只展示了前两个因子的相关信息。

续表

变量名	观测值	均值	最小值	最大值	标准差
是否健康	26 898	0.85	0	1	0.49
金融素养	26 898	1.21	0	3	0.86
是否从事工商业经营项目	26 898	0.18	0	1	0.38
风险规避	26 898	0.65	0	1	0.49
风险偏好	26 898	0.08	0	1	0.27
是否为农业户口	26 898	0.51	0	1	0.45
是否拥有负债	26 898	0.33	0	1	0.45
是否拥有房产	26 898	0.94	0	1	0.24
少儿占比	26 898	0.13	0	0.83	0.16
老年人占比	26 898	0.14	0	1	0.26
家庭人口规模	26 898	3.40	1	10	1.46
是否拥有失业保险	26 898	0.17	0	1	0.37
是否拥有社会医疗保险	26 898	0.93	0	1	0.25
是否拥有社会养老保险	26 898	0.79	0	1	0.40
人均地区生产总值	26 898	77 803	15 395	189 568	35 433
城市金融发展水平	26 898	3.11	0.84	8.63	1.81

四、模型设定

（一）基准模型

本章的基准回归模型设定如下：

$$y_{ijt}=\beta_0 + \beta_1 \text{premium}_{ijt} + X_{ijt}^{\text{T}}\beta_2 + D_{jt}^{\text{T}}\beta_3 + \lambda_i + \eta_t + \mu_{ijt} \tag{8.1}$$

其中，被解释变量 y_{ijt} 表示第 t 年 j 城市 i 家庭的金融风险承担；premium_{ijt} 为本章关注的核心解释变量，表示家庭商业保险保费支出；X_{ijt} 表示家庭层面和户主个人层面特征控制变量；D_{jt} 表示城市和区域层面控制变量，用以控制区域经济特征；λ_i 和 η_t 分别表示个体和年份的固定效应；μ_{ijt} 表示扰动项。

（二）数字经济的调节效应模型

在模型（8.1）的基础上进一步加入数字经济参与指数以及数字经济参与指数与家庭商业保险保费支出的交互项，以考查家庭参与数字经济能否对商业保险与金融风险承担之间的关系起到调节作用。

实证模型设计如下：

$$y_{ijt}^* = \tau_0 + \tau_1 \text{premium}_{ijt} + \tau_2 \text{premium}_{ijt} \times \text{Data}_{ijt} \\ + \tau_3 \text{Data}_{ijt} + X_{ijt}^{\text{T}} \tau_4 + D_{jt}^{\text{T}} \tau_5 + \lambda_i + \eta_t + \mu_{ijt} \quad (8.2)$$

其中，Data_{ijt} 表示家庭层面数字经济参与指标；其他控制变量与上文一致。根据假设 8.2 和假设 8.3，我们预期此处家庭商业保险保费支出与数字经济参与指数的交互项系数 τ_2 为正，且在统计上显著。在模型（8.2）的交互项系数估计结果符合预期的情况下，我们将进一步分析数字经济是否能够通过缓解居民家庭由未来可能面临的不确定性引发的预防性储蓄动机，以及是否能够通过降低家庭在面临不利冲击时陷入财务脆弱的可能性从而增强商业保险对家庭金融风险承担的促进作用。具体模型设定如下：

$$\text{Mech}_{ijt} = \gamma_0 + \gamma_1 \text{Data}_{ijt} + X_{ijt}^{\text{T}} \gamma_2 + D_{jt}^{\text{T}} \gamma_3 + \lambda_i + \eta_t + \mu_{ijt} \quad (8.3)$$

其中，Mech_{ijt} 表示不确定性和财务脆弱性两类机制变量；其他控制变量与上文一致。根据假设 8.2 和假设 8.3，若数字经济能够对商业保险与家庭金融风险承担的关系起调节作用，那么我们预期此处数字经济参与指数的系数 γ_1 为负，且在统计上显著。

第三节　商业保险购买影响家庭金融风险承担的实证分析

一、商业保险购买影响家庭金融风险承担的基准分析

商业保险购买影响家庭金融风险承担的基准回归如表 8.3 所示，家庭商业保险保费支出对家庭风险金融资产占比和是否持有风险金融资产的影响始终为正向且在 1%水平上显著，其中，家庭商业保险保费支出每增加 1%，家庭风险金融资产与家庭总金融资产之比将提高 0.3%，而持有风险金融资产的概率也将提高 0.9%，这与本章所提出的假设 8.1 相吻合，参与商业保险确实有助于提高家庭金融风险承担水平。从户主特征层面上来看，受教育程度、金融素养以及风险偏好越高，家庭投资风险金融资产的概率越大，深度也越深，这一结果与现有研究相吻合（孟亦佳，2014；卢亚娟和何朴真，2022）；与贺建风和吴慧（2017）的研究结论相似，本章实证结果显示年龄与家庭风险金融资产参与概率呈"U"形关系，即伴随着年龄上升，家庭参与风险金融资产投资的可能性呈现先降后升的趋势。进一步观察家庭特征层面控制变量，我们发现总收入和净资产水平越高，则家庭风险金融资产参与概率越大，深度越深，家庭人口规模越大以及老年人口越多，则家庭风险金融资产参与概率和深度越低；此外，从事工商业经营项目的家庭参与风险金融资产投资无论在概率和深度上都显著低于未从事工商业经营项目的家庭，这可能缘于创业家庭会倾向于选择持有无风险或较低风险金融资产来平衡创

业收入的高风险性（Heaton and Lucas，2000；Cullen and Gordon，2007；肖忠意等，2018）；农业户口家庭参与风险金融资产投资的概率和深度均低于城镇家庭；而拥有社会养老保险或者失业保险的家庭，其风险金融资产投资占比和持有概率都较高。吴洪等（2017）指出，社会保障体系作为社会的安全网和缓冲器，具有风险保障和损失补偿的功能，社会养老保险可以弥补因退休而带来的劳动收入的缺失，减少劳动收入风险对家庭的冲击，减轻家庭未来不确定性支出的负担，进而影响家庭的金融资产选择行为，并且保障性越高，家庭应对劳动收入风险的能力越强，对家庭金融资产配置行为的影响也越大。与本章所得结论类似，现有众多文献如 Gormley 等（2010）、Goldman 和 Maestas（2013）、吴洪等（2017）以及吴卫星等（2022）均发现社会保险与家庭风险金融市场参与存在显著的正向关系。

表 8.3　商业保险购买影响家庭金融风险承担的基准回归

变量名	(1) 家庭风险金融资产占比	(2) 家庭是否持有风险金融资产
家庭商业保险保费支出	0.003***	0.009***
	(0.001)	(0.001)
年龄	0.000	−0.003*
	(0.002)	(0.002)
年龄的平方	0.000	0.006***
	(0.002)	(0.002)
受教育程度	0.005***	0.011***
	(0.001)	(0.001)
是否健康	0.002	0.003
	(0.009)	(0.011)
风险规避	−0.008	−0.015
	(0.010)	(0.021)
风险偏好	0.018***	0.044***
	(0.006)	(0.010)
总收入	0.025***	0.068***
	(0.003)	(0.007)
净资产	0.027***	0.055***
	(0.004)	(0.013)
是否拥有负债	0.000	−0.003
	(0.003)	(0.005)
是否为农业户口	−0.006**	−0.019***
	(0.003)	(0.006)

续表

变量名	(1) 家庭风险金融资产占比	(2) 家庭是否持有风险金融资产
是否拥有房产	0.003	0.010
	(0.012)	(0.013)
少儿占比	0.004**	0.003
	(0.002)	(0.010)
老年人占比	−0.004*	−0.013**
	(0.003)	(0.007)
家庭人口规模	−0.007***	−0.013***
	(0.001)	(0.002)
金融素养	0.005***	0.021***
	(0.001)	(0.004)
是否从事工商业经营项目	−0.021***	−0.020***
	(0.005)	(0.008)
是否拥有失业保险	0.003**	0.011*
	(0.001)	(0.007)
是否拥有社会医疗保险	0.001	0.003
	(0.006)	(0.011)
是否拥有社会养老保险	0.007**	0.012*
	(0.003)	(0.007)
人均地区生产总值	0.000	0.000
	(0.000)	(0.000)
城市金融发展水平	0.002*	0.003*
	(0.001)	(0.002)
个体固定效应	是	是
年份固定效应	是	是
观测值	26 898	26 898

注：括号内为家庭层面聚类稳健标准误

*、**、***分别代表在10%、5%以及1%水平上显著

二、内生性处理与稳健性检验

（一）内生性处理

尽管我们在基准模型中加入了一系列体现户主特征、家庭特征和地区经济发展特征的控制变量以尽可能避免出现遗漏变量偏误，但依然可能存在一些无法观

测到的因素与家庭商业保险保费支出具有相关性。此外，核心解释变量家庭商业保险保费支出还存在一定程度的自选择问题，也会导致估计出现偏误。基于此，我们采用除本家庭外同县（区、县级市）其他家庭商业保险保费支出均值作为工具变量，对基准模型进行估计，如表8.4所示。该工具变量的选取主要基于以下两方面考虑：其一，群体效应理论认为个体的某一行为会与群体间其他个体的这一行为紧密相关，但和群体间其他个体的其他行为不相关（Eriksson et al.，2014；黄宇虹和樊纲治，2017）。在保险配置决策过程中，同一县（区、县级市）内的家庭可能面临相似的金融发展水平和保险供给水平，且共同受到当地文化影响，具有类似的保险需求偏好，因而县（区、县级市）商业保险保费支出应与该区域内各家庭商业保险保费支出水平密切相关。其二，县（区、县级市）层面商业保险保费支出不会对微观层面单个家庭金融风险承担水平产生直接影响。综合来看，该工具变量能够同时满足相关性和外生性条件，是较为合适的工具变量，且采用群体均值处理内生性问题已在许多研究中被运用（Pan et al.，2013；张雅淋和姚玲珍，2020；尹志超等，2022）。

表 8.4 工具变量估计

变量名	(1) 家庭风险金融资产占比	(2) 家庭是否持有风险金融资产	(3) 家庭风险金融资产占比		(4) 家庭是否持有风险金融资产	
	外生性检验		第一阶段	第二阶段	第一阶段	第二阶段
家庭商业保险保费支出	0.003*** (0.001)	0.009*** (0.002)		0.004*** (0.001)		0.013*** (0.003)
工具变量	0.004 (0.009)	0.005 (0.009)	0.103*** (0.290)		0.103*** (0.290)	
控制变量	是	是	是	是	是	是
观测值	26 898	26 898	26 898	26 898	26 898	26 898
Cragg-Donald Wald F			43.642		43.642	

注：括号内为家庭层面聚类稳健标准误；控制变量与基准回归所用变量一致且均控制了个体固定效应和年份固定效应

***代表在1%水平上显著

为了进一步检验本章所用工具变量的外生性，我们参考Acemoglu等（2001）、方颖和赵扬（2011），将县（区、县级市）层面商业保险保费支出均值纳入基准模型进行回归，若本章所选工具变量仅能通过核心解释变量家庭商业保险保费支出间接影响家庭金融风险承担，那么在该回归过程中，当控制了家庭商业保险保费支出之后，工具变量对家庭金融风险承担应该没有显著影响。表8.4第（1）列为回归结果，可以看出，同时将家庭商业保险保费支出和工具变量纳入回归模型时，工具变量系数不显著。这说明本章的工具变量并不能直接影响被解释变量,而是通过影响家庭商业保险参与水平来间接影响家庭风险金融市场参与行为,符合工具变量的外生性要求。第(3)列和第(4)列被解释变量分别为家庭风险金融资产占比和家庭是否持有风险金融资产。根据第一阶段回归结果,除本家庭外,同县(区、县级市)其他家庭商业保险保费支出均值与核心解释变量之间呈正相关关系,且在1%水平上显著。此外,第二阶段回归中的Cragg-Donald Wald F检验值为43.642,大于Stock-Yoo弱工具变量的临界值10,通过了弱工具变量检验,可认为本章所选取的工具满足有效性条件。在第二阶段回归中,家庭商业保险保费支出水平对家庭风险金融资产投资参与的概率和参与深度均有显著促进作用,且均在1%水平上显著,其影响方向与基准回归结果相一致。整体来看,在控制了可能的内生性问题后,家庭商业保险保费支出水平对家庭风险金融投资参与概率和深度的影响效应均略微高于基准回归结果的系数。该结果不仅表明家庭商业保险保费支出可以显著促进家庭参与风险金融资产投资,亦说明若忽略了模型的内生性问题将在一定程度上低估家庭商业保险保费支出水平对家庭风险金融资产配置的作用效果。基于此,在接下来的所有实证分析中,我们均对内生性问题采取一致性处理,即在稳健性检验、机制分析和异质性分析部分均以工具变量法估计并展示相应结果。

(二)稳健性检验

1. 更换被解释变量:家庭股票资产占比和家庭是否持有股票资产

在本章稳健性检验中,考虑到股票资产是风险金融资产中极为重要的部分,参考Edwards(2008),我们将被解释变量替换为家庭股票资产占比(家庭持有的股票资产占金融资产总额的比重)和家庭是否持有股票资产虚拟变量,以此作为家庭金融风险承担的新的代理变量,来考查家庭商业保险保费支出对家庭金融风险承担的影响效应是否稳健。稳健性检验如表8.5所示,可以看出,家庭商业保

表8.5 稳健性检验:家庭股票资产占比和是否持有股票资产

变量名	家庭股票资产占比	家庭是否持有股票资产
家庭商业保险保费支出	0.004***	0.010***
	(0.001)	(0.003)
控制变量	是	是
观测值	26 898	26 898

注:括号内为家庭层面聚类稳健标准误;控制变量与基准回归所用变量一致且均控制了个体固定效应和年份固定效应

***代表在1%水平上显著

险保费支出对家庭股票资产占比和持有可能性均有显著促进作用，其回归系数分别为 0.004 和 0.010，意味着家庭商业保险保费支出每增加 1%，家庭股票资产占比将增加 0.4%，而家庭持有股票资产的概率将提高 1%。

2. 更换解释变量：家庭是否持有商业保险

进一步地，我们将核心解释变量家庭商业保险保费支出更换为家庭是否持有商业保险，稳健性检验如表 8.6 所示，我们发现持有商业保险的样本家庭参与风险金融资产投资的概率比未参与商业保险的样本家庭高 11.4%，且家庭风险金融资产占比比未参与商业保险的样本家庭高 3.9%。可以发现参与商业保险确实能够显著提高家庭金融风险承担水平，在更换核心解释变量之后，影响方向依然与基准回归结果保持一致。

表 8.6　稳健性检验：家庭是否持有商业保险

变量名	家庭风险金融资产占比	家庭是否持有风险金融资产
家庭是否持有商业保险	0.039*	0.114**
	(0.023)	(0.055)
控制变量	是	是
观测值	26 898	26 898

注：括号内为家庭层面聚类稳健标准误；控制变量与基准回归所用变量一致且均控制了个体固定效应和年份固定效应

*、**分别代表在 10%、5%水平上显著

3. 更换样本：剔除农村地区家庭

多年以来，城乡二元结构的长期存在使我国城镇和农村地区之间在经济、金融、文化、制度、习俗等方面均存在很大差异。根据本章所用的样本数据分析发现，农村样本家庭中持有风险金融资产以及风险金融资产与总金融资产之比的均值分别仅为 0.05 和 0.01，远低于城镇样本的 0.27 和 0.11；此外，农村样本中仅 7% 家庭拥有商业保险，而城镇样本中约 18% 家庭拥有商业保险。根据已有文献研究，农村地区金融市场成熟度、金融素养和受教育程度、互联网普及率、社会保障水平、收入和财富水平普遍较低，而金融排斥和流动性约束则普遍高于城镇地区，这些均不利于农村家庭参与风险金融市场（孟亦佳，2014；周钦等，2015；卢亚娟和张菁晶，2018）。因此，我们在本部分实证分析中，将剔除农村地区家庭并重新进行估计。稳健性检验如表 8.7 所示，我们发现在剔除农村地区家庭后，家庭商业保险保费支出对家庭风险金融资产占比和参与概率均呈显著正向影响，影响方向与基准回归结果一致，这意味着我们的回归结果符合稳健性要求。且在

剔除农村地区家庭后，家庭商业保险保费支出对家庭风险金融资产参与深度和概率的影响效应均有所上升，即家庭商业保险保费支出每提高1%，家庭风险金融资产占比将提高0.7%，而家庭持有风险金融资产概率也将上升1.8%。

表8.7 稳健性检验：剔除农村地区家庭

变量名	家庭风险金融资产占比	家庭是否持有风险金融资产
家庭商业保险保费支出	0.007***	0.018***
	(0.003)	(0.002)
控制变量	是	是
观测值	13 180	13 180

注：括号内为家庭层面聚类稳健标准误；控制变量与基准回归所用变量一致且均控制了个体固定效应和年份固定效应

***代表在1%水平上显著

三、商业保险购买影响家庭金融风险承担的机制分析

（一）不确定性机制：失业风险和健康风险

在机制分析的第一部分，我们将考查商业保险是否有助于降低家庭面临的健康等风险从而提高家庭金融风险承担水平。参考罗楚亮（2004）、Chamon 和 Prasad（2013），我们分别以失业风险①和健康风险②作为家庭面临的不确定性的代理变量，在基准模型基础上分别加入失业风险和健康风险与家庭商业保险保费支出的交互项进行回归，以考查商业保险参与是否能够通过降低家庭面临的风险来提高家庭金融风险承担水平。不确定性机制如表8.8所示，结论发现，面临失业风险和健康风险的家庭，其风险金融资产投资的可能性和占比均较低。通常来说，保险能够显著降低家庭预防性储蓄（Berkowitz and Qiu，2006），使这些家庭能够将更多财富投资于风险金融资产（Gormley et al.，2010），且这一影响效应对面临不确定性越大的家庭越显著（林靖等，2017）。根据我们的回归结果，可以看出家庭商业保险保费支出与失业风险和健康风险的交互项均为正向显著，这意味着参与商业保险确实能够缓解失业风险和健康风险对家庭风险金融资产投资的抑制作用，从而提高家庭金融风险承担水平，验证了前文所提出的假设8.1。

---

① 参考罗楚亮（2004），我们以家庭成员的个人特征、家庭特征、社会保险参与、自评健康状况等作为解释变量，以无工作为被解释变量，用 Logit 方法估计家庭的失业函数，并得到预测值，作为失业风险的衡量指标。

② 参考 Chamon 和 Prasad（2010），我们根据家庭医疗消费支出与总消费支出的比构造二值变量，若占比超过20%，则该二值变量取值为1，否则取值为0。之后，用该变量作为被解释变量，并以 Probit 模型进行估计，生成预测值。最后，设定健康风险变量，若预测值大于15%，该变量取1，否则取0。

表 8.8 不确定性机制：失业风险和健康风险

变量名	(1) 家庭风险金融资产占比	(2) 家庭是否持有风险金融资产	(3) 家庭风险金融资产占比	(4) 家庭是否持有风险金融资产
家庭商业保险保费支出	0.004***	0.015***	0.004***	0.014***
	(0.001)	(0.002)	(0.001)	(0.002)
家庭商业保险保费支出×失业风险	0.003*	0.007***		
	(0.002)	(0.002)		
失业风险	−0.002*	−0.033*		
	(0.001)	(0.019)		
家庭商业保险保费支出×健康风险			0.001**	0.003***
			(0.000)	(0.001)
健康风险			−0.004*	−0.011**
			(0.002)	(0.006)
控制变量	是	是	是	是
观测值	26 898	26 898	26 898	26 898

注：括号内为家庭层面聚类稳健标准误；控制变量与基准回归所用变量一致且均控制了个体固定效应和年份固定效应

*、**、***分别代表在 10%、5%以及 1%水平上显著

（二）财务脆弱性机制

保险本身可以弥补家庭因自身资产积累不足而产生的抗风险能力弱的缺陷，从而有利于降低家庭脆弱性和陷贫概率[1]并通过"损失补偿效应"维持家庭资产积累规模（景鹏等，2019），进而影响家庭资产配置结构。基于此，在机制分析的第二部分，我们将考查商业保险是否能够通过降低家庭陷入财务脆弱的可能性以提高家庭金融风险承担水平。参考 Albacete 和 Lindner(2013)、Ampudia 等（2016），我们分别以债务收入比[2]和财务差额[3]作为家庭财务脆弱性的代理变量。接下来，

---

[1] 该文在 Kovacevic 和 Pflug（2011）构建的非贫困家庭资产随机损失模型基础上进行拓展，并将贫困家庭的贫困脆弱性定义为遭受负向冲击后变得更加贫困的概率，脱贫家庭的贫困脆弱性定义为遭受负向冲击后陷入贫困的概率，最后根据 2010 年中国健康与养老追踪调查数据对该模型进行数值模拟。

[2] 参考 Albacete 和 Lindner（2013），本章将债务收入比高于 3 的样本家庭设置为 1，其他设为 0。

[3] 参考 Ampudia 等（2016），本章将财务差额小于 0 的家庭设定为财务脆弱家庭，取值为 1，否则为 0。其中，财务差额为家庭月均收入与月均税费、月均偿还贷款（根据 2017 年 CHFS 问卷信息，包括每月房贷偿还和信用卡偿还）、家庭月均基本生活成本的差额。家庭基本生活成本用地区人均基本生活成本中位数的 40%来衡量，当家庭成员大于 1 人时，设置户主权重为 1，14 岁及以上每个家庭成员权重为 0.5，14 岁以下每个家庭成员权重为 0.3。

我们在基准模型基础上加入财务脆弱性的代理变量与家庭商业保险保费支出的交互项进行回归,以考查商业保险参与是否能够通过降低家庭陷入财务脆弱的可能性来提高家庭金融风险承担水平。财务脆弱性机制如表8.9所示,债务收入比越高以及财务差额越低的家庭,家庭风险金融资产投资可能性和持有份额越低。此外,家庭商业保险保费支出与两项财务脆弱性的代理变量的交互项系数均显著为正,意味着参与商业保险确实能够缓解家庭财务脆弱性对家庭金融风险承担的抑制作用,验证了本章的假设8.1。

表8.9 财务脆弱性机制

变量名	(1) 家庭风险金融资产占比	(2) 家庭是否持有风险金融资产	(3) 家庭风险金融资产占比	(4) 家庭是否持有风险金融资产
家庭商业保险保费支出	0.004*** (0.001)	0.013*** (0.002)	0.005*** (0.001)	0.017*** (0.002)
家庭商业保险保费支出×债务收入比	0.001* (0.001)	0.004** (0.002)		
债务收入比	−0.000* (0.000)	−0.002* (0.001)		
家庭商业保险保费支出×财务差额			0.003* (0.002)	0.008*** (0.001)
财务差额			−0.006** (0.003)	−0.014*** (0.005)
控制变量	是	是	是	是
观测值	26 898	26 898	26 898	26 898

注:括号内为家庭层面聚类稳健标准误;控制变量与基准回归所用变量一致且均控制了个体固定效应和年份固定效应

*、**、***分别代表在10%、5%以及1%水平上显著

四、商业保险购买影响家庭金融风险承担的调节效应:数字经济参与

基于模型(8.2),我们进一步引入数字经济参与指数以及家庭商业保险保费支出和数字经济参与指数的交互项来考查数字经济的发展是否有助于增强商业保险参与对家庭金融风险承担的促进作用。数字经济参与的调节效应如表8.10所示,重点关注家庭商业保险保费支出和数字经济参与指数交互项的估计系数。从结果来看,家庭商业保险保费支出对家庭持有风险金融资产的概率以及家庭风险金融资产占比的影响依然显著为正,数字经济参与指数和家庭商业保险保费支出交互

项的系数也显著为正，意味着数字经济参与确实能够强化商业保险参与对家庭金融风险承担的促进作用。其中数字经济参与本身对家庭金融风险承担的作用也显著为正，与李晓等（2021）的结果类似①。

表 8.10 数字经济参与的调节效应

变量名	(1) 家庭风险金融资产占比	(2) 家庭是否持有风险金融资产
家庭商业保险保费支出	0.003***	0.011***
	(0.001)	(0.003)
家庭商业保险保费支出×数字经济参与指数	0.009***	0.013***
	(0.003)	(0.004)
数字经济参与指数	0.082***	0.198***
	(0.010)	(0.015)
控制变量	是	是
观测值	26 898	26 898

注：括号内为家庭层面聚类稳健标准误；控制变量与基准回归所用变量一致且均控制了个体固定效应和年份固定效应

***代表在1%水平上显著

数字经济的发展有利于降低金融市场参与成本、增强居民家庭正规金融可及性、缓解流动性约束、提高居民金融知识水平和社会互动水平以及促进居民创业与增收（郭峰和王瑶佩，2020；傅秋子和黄益平，2018；吴雨等，2020），从而有助于降低居民家庭面临的不确定性和陷入财务脆弱的可能性。在上一部分讨论中，已经验证了数字经济对商业保险参与和家庭金融风险承担关系的调节作用。在本部分，我们将具体考查数字经济参与是否通过降低家庭面临的不确定性和陷入财务脆弱的可能性两种渠道来产生影响。基于模型（8.2），我们以数字经济参与指数为核心解释变量，分别对以健康风险和失业风险为代理变量的不确定性渠道及以负债收入比和财务差额为代理变量的财务脆弱性渠道进行回归。数字经济参与对不确定性和财务脆弱性机制的影响效应如表 8.11 所示，我们发现本章构建的家庭层面数字经济参与指数能够显著降低家庭面临的不确定性和陷入财务脆弱的可能性。据此，结合上文分析所得结论，我们认为数字经济的发展确实降低了家庭因不确定性引发的预防性储蓄动机和负向冲击导致家庭陷入财务脆弱的可能性，

---

① 李晓等（2021）发现数字金融发展显著促进了家庭商业保险参与。机制分析表明，一方面，数字金融发展通过降低市场交易成本、增加商业保险服务可得性促进了家庭商业保险参与；另一方面，数字金融发展通过提高家庭金融知识水平和社会互动水平促进了家庭商业保险参与。

进而强化了家庭商业保险保费支出对家庭金融风险承担的正向影响效应,假设 8.2 和假设 8.3 得以验证。

表8.11 数字经济参与对不确定性和财务脆弱性机制的影响效应

变量名	(1) 负债收入比	(2) 财务差额	(3) 健康风险	(4) 失业风险
数字经济参与指数	-0.003** (0.002)	-0.048*** (0.010)	-0.052*** (0.012)	-0.009** (0.005)
控制变量	是	是	是	是
观测值	26 898	26 898	26 898	26 898

注:括号内为家庭层面聚类稳健标准误;控制变量与基准回归所用变量一致且均控制了个体固定效应和年份固定效应

、*分别代表在 5%、1%的水平上显著

五、数字经济参与调节效应的异质性分析

(一)在不同金融素养水平和受教育程度家庭中的异质性

金融素养水平的差异将影响居民家庭风险识别、风险应对与缓冲的效率,较高的金融素养有助于家庭在不断变化的经济条件下合理地应用短期财务管理和中长期规划来提高家庭资金配置效率,且有助于家庭在复杂的金融环境下对利率、风险投资等相关信息做出正确的判断(李波和朱太辉,2020),缺乏金融素养将可能阻碍家庭参与金融市场并弱化家庭风险投资效率(吴卫星等,2018)。基于此,我们在本节分析中将样本分别根据户主金融素养和受教育程度划分为高低两组[①],以考查数字经济的发展对商业保险与家庭金融风险承担的调节效应在不同层次金融素养和受教育水平家庭中的差异。异质性分析如表 8.12 所示,第(1)~(4)列为金融素养分组回归结果,第(5)~(8)列为受教育程度分组回归结果。仔细观察回归结果可以发现,数字经济参与指数和家庭商业保险保费支出交互项的系数在金融素养较低以及受教育程度较低的样本群体中更为显著且均为正向效应,即数字经济对商业保险与家庭风险金融资产投资之间的关系存在调节作用,且这一正向调节作用在金融素养较低或受教育程度较低的家庭中尤为显著。

---

① 本节回归中,我们将户主金融素养得分低于均值的样本视为低金融素养家庭,高于均值的样本视为高金融素养家庭;将户主受教育程度在高中及以下样本视为低教育程度家庭,受教育程度在高中以上样本视为高教育程度家庭。

表 8.12 异质性分析：按金融素养和受教育程度分组

变量名	家庭风险金融资产占比		家庭是否持有风险金融资产		家庭风险金融资产占比		家庭是否持有风险金融资产	
	(1)	(2)	(3)	(4)	(5)	(6)	(7)	(8)
	金融素养低	金融素养高	金融素养低	金融素养高	受教育程度低	受教育程度高	受教育程度低	受教育程度高
家庭商业保险保费支出	0.004***	0.004***	0.011***	0.012***	0.003***	0.004***	0.010***	0.012***
	(0.001)	(0.001)	(0.002)	(0.003)	(0.001)	(0.001)	(0.003)	(0.003)
数字经济参与指数×家庭商业保险保费支出	0.012*	0.004*	0.021**	0.009**	0.006*	0.001**	0.014**	0.004**
	(0.007)	(0.002)	(0.010)	(0.004)	(0.003)	(0.001)	(0.007)	(0.002)
数字经济参与指数	0.084***	0.081***	0.137***	0.244***	0.083***	0.090***	0.172***	0.232***
	(0.009)	(0.010)	(0.016)	(0.030)	(0.004)	(0.011)	(0.009)	(0.024)
控制变量	是	是	是	是	是	是	是	是
观测值	13 449	13 449	13 449	13 449	20 981	5 917	20 981	5 917
组间系数差异 P 值（Bootstrap）	0.022		0.031		0.016		0.012	

注：括号内为家庭层面聚类稳健标准误；控制变量与基准回归所用变量一致且均控制了个体固定效应和年份固定效应

*、**、***分别代表在 10%、5%以及 1%水平上显著

（二）在不同社会资本水平家庭中的异质性

社会资本是一个来自社会学的概念，指"可以被个体所使用的内嵌在其社会网络中的显在和潜在资源"（Coleman，1988），是能够通过协调的行动来提高经济效率的网络、信任和规范（Putnam，1993），代表着个人通过社会关系获取稀缺资源的能力。根据 Nahapiet 和 Ghoshal（1998），社会资本可以划分为结构（如社会网络，包括家庭成员、朋友和他人之间的关系）、关系（如信任程度）和认知（如是否拥有共同的愿景等）三重维度。但社会资本不易测量，目前已有研究多采用社会网络来作为社会资本的代理变量。本章参考张爽等（2007）、Knight 和 Yueh（2008）以及叶静怡和武玲蔚（2014），分别以户主是否为医生、教师、律师和金融部门从业人员以及户主是否为共产党员作为家庭社会资本的代理变量，对样本家庭进行分组回归，如表 8.13 所示。根据回归结果，我们发现家庭商业保险保费支出与数字经济参与指数的交互项系数在户主非医生、教师、律师和金融部门从业人员和户主非共产党员中更为显著，意味着数字经济对商业保险促进家庭金融

风险承担的强化作用在家庭社会资本水平较低的家庭中更为显著。

表 8.13 异质性分析：按户主工作职业和户主是否为共产党员分组

变量名	家庭风险金融资产占比		家庭是否持有风险金融资产		家庭风险金融资产占比		家庭是否持有风险金融资产	
	(1)	(2)	(3)	(4)	(5)	(6)	(7)	(8)
	户主不是医生、教师、律师和金融部门从业人员	户主是医生、教师、律师和金融部门从业人员	户主不是医生、教师、律师和金融部门从业人员	户主是医生、教师、律师和金融部门从业人员	户主不是共产党员	户主是共产党员	户主不是共产党员	户主是共产党员
家庭商业保险保费支出	0.003*** (0.001)	0.004*** (0.004)	0.013*** (0.002)	0.014*** (0.005)	0.004*** (0.002)	0.003*** (0.003)	0.012*** (0.003)	0.012*** (0.002)
家庭商业保险保费支出×数字经济参与指数	0.005** (0.003)	0.007 (0.009)	0.013*** (0.005)	0.020 (0.025)	0.009* (0.004)	0.002* (0.001)	0.015** (0.007)	0.004** (0.002)
数字经济参与指数	0.085*** (0.008)	0.089*** (0.010)	0.104*** (0.015)	0.138*** (0.024)	0.089*** (0.011)	0.091*** (0.013)	0.105*** (0.010)	0.108*** (0.022)
控制变量	是	是	是	是	是	是	是	是
观测值	24 477	2 421	24 477	2 421	23 940	2 958	23 940	2 958
组间系数差异 P 值（Bootstrap）	0.000		0.001		0.011		0.018	

注：括号内为家庭层面聚类稳健标准误；控制变量与基准回归所用变量一致且均控制了个体固定效应和年份固定效应

*、**、***分别代表在10%、5%以及1%水平上显著

（三）在不同背景风险家庭中的异质性

根据国内外已有文献的研究，劳动收入风险、工商业经营风险、住房价格波动等背景风险均可能对家庭金融市场参与行为产生影响（Heaton and Lucas，2000；Rosen and Wu，2004；Yao and Zhang，2005；何兴强等，2009；周广肃等，2018）。为了考查数字经济的调节效应在面临不同背景风险的家庭间的差异，我们根据背景风险的高低对样本家庭进行分组回归。考虑到除商业保险之外，居民还可以通过参与社会保险来帮助家庭缓解由背景风险带来的负向冲击，我们根据家庭是否拥有社会养老保险和失业保险进行分组回归（表 8.14）。结果显示，商业保险对各

分组样本家庭的风险金融资产投资均有显著正向促进作用,而家庭商业保险保费支出和数字经济参与指数的交互项系数在无社会养老保险和无失业保险的家庭中更为显著,且系数为正,意味着数字经济参与对缺乏社会保险保障的家庭的调节效应更为明显。进一步,我们根据住房价格波动风险[①]以及家庭是否从事工商业经营项目进行分组回归,如表8.15所示。根据表8.15,家庭商业保险保费支出和数字经济参与指数交互项系数在从事工商业经营项目的样本家庭以及所在城市住房价格波动较高的家庭中正向显著,这意味着数字经济对商业保险与家庭金融风险承担之间的调节效应在面临经营风险和住房价格波动风险的家庭中更为显著。综合表8.14和表8.15的回归结果,可以发现数字经济对商业保险促进家庭金融风险承担的强化作用主要在背景风险较高的家庭中更为显著。

表8.14 异质性分析:按是否拥有社会保障分组

变量名	(1) 家庭风险金融资产占比(无社会养老保险)	(2) 家庭风险金融资产占比(有社会养老保险)	(3) 家庭是否持有风险金融资产(无社会养老保险)	(4) 家庭是否持有风险金融资产(有社会养老保险)	(5) 家庭风险金融资产占比(无失业保险)	(6) 家庭风险金融资产占比(有失业保险)	(7) 家庭是否持有风险金融资产(无失业保险)	(8) 家庭是否持有风险金融资产(有失业保险)
家庭商业保险保费支出	0.004*** (0.001)	0.005*** (0.001)	0.012*** (0.002)	0.013*** (0.002)	0.004*** (0.001)	0.003*** (0.001)	0.014*** (0.002)	0.013*** (0.003)
家庭商业保险保费支出×数字经济参与指数	0.009* (0.005)	0.003* (0.002)	0.021** (0.010)	0.008* (0.005)	0.008** (0.003)	0.003 (0.009)	0.014*** (0.005)	0.009 (0.013)
数字经济参与指数	0.056*** (0.012)	0.750*** (0.010)	0.179*** (0.028)	0.116*** (0.016)	0.087*** (0.008)	0.086*** (0.026)	0.176*** (0.015)	0.199*** (0.040)
控制变量	是	是	是	是	是	是	是	是
观测值	3 955	15 683	3 955	15 683	15 925	3 713	15 925	3 713
组间系数差异P值(Bootstrap)	0.038		0.021		0.000		0.000	

注:括号内为家庭层面聚类稳健标准误;控制变量与基准回归所用变量一致且均控制了个体固定效应和年份固定效应

*、**、***分别代表在10%、5%以及1%水平上显著

[①] 参考张栋浩等(2020),本章以样本所在城市过去3年商品房价格增长率的标准差定义住房价格波动风险,若样本所在城市住房价格波动高于均值,则视为家庭面临较高住房价格波动风险。

表 8.15 异质性分析：按住房价格波动水平和是否从事工商业经营项目分组

变量名	(1) 家庭风险金融资产占比 未从事工商业	(2) 家庭风险金融资产占比 从事工商业	(3) 家庭是否持有风险金融资产 未从事工商业	(4) 家庭是否持有风险金融资产 从事工商业	(5) 家庭风险金融资产占比 住房价格波动高	(6) 家庭风险金融资产占比 住房价格波动低	(7) 家庭是否持有风险金融资产 住房价格波动高	(8) 家庭是否持有风险金融资产 住房价格波动低
家庭商业保险保费支出	0.004***	0.004***	0.013***	0.014***	0.003***	0.004***	0.013***	0.013***
	(0.001)	(0.002)	(0.002)	(0.003)	(0.001)	(0.001)	(0.003)	(0.003)
家庭商业保险保费支出×数字经济参与指数	0.009	0.002**	0.016	0.018***	0.010***	0.007	0.021***	0.023
	(0.028)	(0.001)	(0.059)	(0.005)	(0.003)	(0.012)	(0.004)	(0.051)
数字经济参与指数	0.080***	0.079***	0.103***	0.123***	0.105***	0.101***	0.144***	0.206***
	(0.009)	(0.016)	(0.016)	(0.031)	(0.039)	(0.019)	(0.060)	(0.015)
控制变量	是	是	是	是	是	是	是	是
观测值	22 056	4 842	22 056	4 842	13 449	13 449	13 449	13 449
组间系数差异 P 值（Bootstrap）	0.000		0.000		0.001		0.000	

注：括号内为家庭层面聚类稳健标准误；控制变量与基准回归所用变量一致且均控制了个体固定效应和年份固定效应

、*分别代表在 5%、1%水平上显著

六、结论与政策建议

本章基于 2015 年、2017 年和 2019 年中国家庭金融调查数据构建平衡面板数据实证分析了家庭商业保险保费支出对家庭金融风险承担的促进作用，以及数字经济通过降低不确定性和财务脆弱性对其产生的调节效应。主要结论如下。第一，本章发现家庭商业保险保费支出对家庭持有风险金融资产的概率和风险金融资产与总金融资产之比具有明确促进作用。考虑到可能存在的遗漏变量问题和自选择问题，本章通过工具变量估计来缓解内生性问题，得出的结果与基准分析结果一致。进一步，本章通过更换核心解释变量、被解释变量以及样本群体对基准回归结果进行了稳健性检验，结果依然支持商业保险促进家庭金融风险承担的结论。第二，在机制分析和调节效应分析中，本章发现数字经济的发展可以通过降低家庭因不确定性引发的预防性储蓄动机和降低家庭在面临不利冲击时陷入财务脆弱的可能性，从而增强商业保险参与对家庭金融风险承担的促进作用。第三，本章发现数字经济关于商业保险促进家庭金融风险承担的调节作用在不同类别家庭中

存在明显的异质性，数字经济的调节效应在金融素养和受教育程度较低、背景风险较高和社会资本水平较低的家庭中更为显著。

本章的研究显示了商业保险参与和数字经济发展对降低家庭不确定性与财务脆弱性，以及推动我国居民参与风险金融资产投资具有重要作用。政府应进一步推进保险业供给侧结构性改革，促进保险与保障紧密衔接，鼓励开发多样化的商业保险产品，不断推进商业保险产品的创新与发展，并充分考虑不同类别家庭对保险的异质性需求，为居民家庭提供更加个性化、多层次的商业保险产品供给和服务。在此基础之上，结合本章研究所得结论，为了进一步有效增强商业保险对家庭金融风险承担的强化作用，本章还建议推进并落实如下政策：第一，持续推动数字经济建设，完善数字基础设施，结合数字化手段将金融业务向线上转移，延伸金融服务可及半径，进一步覆盖更多长尾群体，增强居民家庭金融可及性；第二，扩大社会保障体系覆盖广度和深度，进一步向低收入群体和农村家庭倾斜，推动优质医疗资源扩容下沉和区域均衡布局，加强住房保障体系建设和养老服务保障，引导社会资金向初创企业流动，缓解创业风险，加大失业保险补助力度，开展多渠道灵活就业等方式，多维度降低居民家庭面临的劳动收入风险，切实提高家庭抗风险能力；第三，推进义务教育优质均衡发展和城乡一体化，进一步普及金融经济培训教育，借助信息技术发展搭建多元化多层次金融教育平台，全面提高居民金融素养，切实降低由金融素养不足导致的金融排斥。

第九章 互联网使用与家庭商业保险购买①

第一节 问题的提出与研究假设

一、问题的提出

在 2014 年国务院印发的《国务院关于加快发展现代保险服务业的若干意见》中，明确指出"把商业保险建成社会保障体系的重要支柱"，体现出商业保险在完善多层次社会保障体系中的重要地位和作用。经济的增长是影响保险需求的主要因素，这已成为保险经济学界的一般共识（Browne and Kim，1993；Hwang and Gao，2003）。我国商业保险业从改革开放以来，经历了快速的发展，已经初步形成了较为完善的商业保险市场体系，从 1980 年到 2017 年，我国保费收入从最初的 4.6 亿元增加到 3.66 万亿元，保险密度②从 0.47 元/人提高到 2632 元/人，保险深度③从 0.1%提高到 4.57%，而且保险市场规模在 2017 年世界排名中升至第 2 位。但是通过国际比较④发现，虽然我国是保费收入全球第二大的国家，但是保险密度和保险深度在全球范围内都处于一个比较低的水平⑤，保险密度只有全球平均水平的 59%，而保险深度只有全球平均水平的 75%。伴随着我国人均可支配收入的增长，潜藏着巨大的保险需求，为了促进国内现代保险服务业的发展，必须促进潜在保险需求向现实的保险需求转化。国内很多学者探究了我国家庭商业保险需求问题，得出结论认为自我保障意识不足、金融知识缺乏、对保险功能认识存在偏差、对保险行业缺乏信任、保险市场的信息不对称问题和保险产品的重复供给等因素是

---

① 本章内容是《互联网使用与家庭商业保险购买——来自 CFPS 数据的证据》（杨碧云、吴熙、易行健，《保险研究》2019 年第 12 期 30~47 页）的扩展修订稿。
② 保险密度是指按当地人口计算的人均保险费，反映该地国民参加保险的程度（保费收入/总人口）。
③ 保险深度是指某地保费收入与该地国内生产总值之比，反映了该地保险业在整个国民经济中的地位（保费收入/国内生产总值）。
④ 雪球网. 2018. 2017 全球 88 个地区保险深度、密度排行榜[EB/OL]. http://www.xueqiu.com/7999178193/ 114136214 [2018-09-21]
⑤ 2017 年我国保险密度为 384 美元/人，保险深度为 4.57%；2017 年全球平均保险密度为 651 美元/人，保险深度为 6.13%。

导致我国保险需求不足的主要原因（孙武军和高雅，2018；魏华林和杨霞，2007；王宏扬，2017；朴明根和雷定安，2002）。Kunreuther等（1984）首次提出投保过程存在一种时序特性（sequential nature），具体可以分为三个阶段：第一，消费者必须先认识到风险或灾害的重要性；第二，消费者要意识到通过保险来应对风险或灾害是有效的；第三，着手搜寻并处理与保险相关的信息，最终做出投保决策。Kunreuther和Pauly（2006）认为如果消费者缺乏专业知识，保险信息搜寻和处理将需要付出大量的时间和精力，这很大程度上会打消其购买保险的想法。已有文献研究发现互联网的介入会通过降低信息搜寻成本以及减少市场摩擦等机制对家庭金融资产选择产生影响，但是这类文献相对较少，关于互联网使用影响家庭商业保险需求的文献尤其缺乏。现有文献主要研究的是互联网金融与传统金融的关系、互联网背景下金融产品如何创新以及如何有效地监管互联网金融等（谢平等，2012）。因此本章从互联网使用的角度切入，探讨其对家庭商业保险购买的影响。

根据中国互联网信息中心发布的第43次《中国互联网络发展状况统计报告》，截至2018年12月，我国的网民规模已经达到了8.29亿，互联网普及率[①]达到59.6%。互联网的普及与应用无论是从宏观角度还是微观角度，都对社会产生了深刻的影响。从宏观角度，互联网能够对国际贸易、价格竞争、经济增长以及金融发展等产生一定的影响（Choi et al.，2002；Cronin，1998；谢平等，2012）；而从微观角度，互联网在很大程度上改变了人们的就业方式、消费决策、投资行为以及自我认知等（Song and Zahedi，2005；Lohmann，2015）。而且近年来，我国"互联网+"的发展促进了互联网与金融行业的跨界融合，可能会进一步对传统金融行业造成冲击和影响。

图9.1为2002~2018年中国网民人数与保费收入之间的关系[②]，根据两者总体的增长趋势以及在2006年相同的增长转折点，可以发现它们具有正相关关系[③]。基于此，本章准备利用家庭调查数据，从微观层面就互联网使用对我国家庭商业保险购买的影响进行经验研究，并探讨其中的影响机制和稳健性检验，这不仅具有较强的学术价值，而且对中国商业保险市场的健康发展也具有十分重要的现实意义。

[①] 互联网普及率=网民数量/总人口。

[②] 2011年由于受到宏观经济增长放缓、通货膨胀预期、货币政策紧缩和渠道受阻等外部因素影响，我国保费增长放缓。

[③] 经过计算，相关系数达到了0.938。

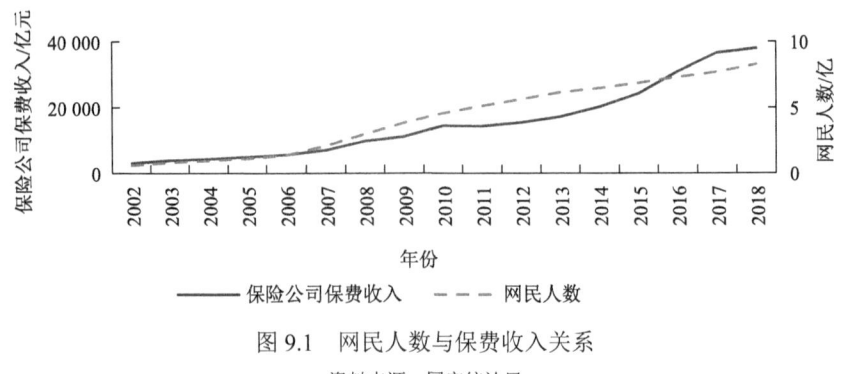

图 9.1 网民人数与保费收入关系

资料来源:国家统计局

二、文献综述与研究假设

现有文献探讨了影响家庭商业保险购买的因素,大致可以分为以下三种。第一,家庭的收入财富水平。家庭收入的提高和资产的积累会提高家庭商业保险购买的概率,但是保险购买存在财富门槛效应,只有家庭收入和财富达到足以维持基本生活所需的水平才会有购买保险的能力(Hammond et al.,1967;Showers and Shotick,1994;何兴强和李涛,2009)。第二,人口特征因素。例如,家庭人口结构特征、年龄、性别与种族等因素显著影响保险需求。Burnett 和 Palmer(1984)考查了心理学和人口统计学特征对家庭保险需求造成的影响[①],Gutter 和 Hatcher(2008)发现黑种人和白种人在购买人寿保险的可能性方面没有显著差异,但白种人家庭保费支出占工资的比例要大于黑种人家庭。樊纲治和王宏扬(2015)发现家庭老年人口比例与家庭人身保险需求负相关,少儿人口比例与其正相关,家庭就业者比例以及家庭规模对家庭人身保险需求都存在负向作用。第三,家庭的主观态度。例如,金融知识、风险偏好、社会信任及社会互动等。李涛(2006b)提出社会互动的效应包括了内生互动和情景互动,其中内生互动带来的感受交流和信息获得推动了个体当前对保险的购买。何兴强和李涛(2009)利用广东省居民调查数据研究发现,社会资本会推动居民购买商业保险,但社会互动的影响不显著[②]。秦芳等(2016)、孙武军和高雅(2018)与王宏扬(2017)认为金融知识的增加提高了我国居民家庭参与商业保险的概率以及参与程度。在传统理论中,风险规避型的居民更可能购买保险,很多学者从实证的角度验证了风险厌恶程度与

[①] 结果表明,传统职业道德、宿命论、社会化偏好、宗教信仰和自信心这类心理特征因素对保险需求的影响显著为负;而人口统计特征中的教育水平、子女数量和家庭收入则对保险需求有着显著的正向影响。

[②] 何兴强和李涛(2009)认为社会互动中的内生互动和情景互动同时对居民的保险购买决策产生影响,内生互动和情景互动的效应是相反的,并且在一定程度上相互抵消,从而导致社会互动指标对居民的保险购买决策影响不显著。

保险需求成正比（刘宏和王俊，2012；黄毓慧和邓颖璐，2013）。但是也有学者的研究结果与预期相反，其中何兴强和李涛（2009）认为，商业保险给未来收入或财富提供了保障，从而导致人们敢于从事一些高风险的经济活动。

关于互联网使用的文献在早期更多关注的是互联网使用对消费者交易方式和交易活动的影响。Barber 和 Odean（2002）得出结论认为年轻、男性、高收入以及风险偏好型投资者群体，更倾向于使用互联网进行股票交易。Choi 等（2002）的经验研究结果表明，互联网交易方式的介入使交易者的交易频率翻了一番，不过持有金融资产的规模没有受到影响。Dumm 和 Hoyt（2003）认为网络渠道覆盖面广、降低交易成本以及对网络营销渠道提供的信息的信任是居民越来越多通过网络交易方式购买金融资产的主要原因。现有的研究中，关于互联网使用影响家庭金融资产组合的文献不多，Bogan（2008）发现互联网的发明使用显著提高了家庭参与股票投资的概率，将这种变化与减少市场摩擦联系起来，但是缺乏对互联网使用潜在内生性的处理以及相应影响机制的探讨。Liang 和 Guo（2015）发现互联网可以替代传统社交互动作为信息传播渠道，并对居民家庭参与机票市场产生积极影响。周广肃与梁琪（2018）采用 CFPS 2010 年和 2014 年的数据，通过估计 Probit 和 Tobit 模型发现互联网使用是通过减少市场摩擦，包括降低交易成本、缓解有限参与机会约束以及增强社会互动行为，从而提高了家庭风险金融投资的概率。

根据前述文献回顾，本章提出以下假设进行实证检验。

假设 9.1：互联网使用将促进家庭商业保险购买。

假设 9.2：互联网使用有助于缓解传统保险可得性约束，从而促进家庭商业保险购买。

假设 9.3：互联网使用有助于增强人们的社交互动，从而促进家庭商业保险购买。

通过文献回顾，本章对保险需求文献的贡献主要体现在：第一，利用中国家庭调查数据首次从微观层面聚焦于互联网使用对我国家庭商业保险购买的影响；第二，利用固定效应和工具变量较好地处理了主要解释变量潜在的内生性问题，提高了估计结果的稳健性；第三，本章从保险可得性以及社会互动的角度探讨了互联网使用对家庭商业保险购买的影响机制。

第二节　互联网使用影响家庭商业保险购买的实证设计

一、数据来源与处理

由于本章研究的是互联网使用对家庭商业保险购买的影响，商业保险购买一般以家庭为单位进行决策,所以我们的研究单位是居民家庭。本章使用 2014 年和 2016 年的 CFPS 数据构成面板数据,CFPS 2014 的全部调查样本涵盖了我国 29 个省(自治区、直辖市)的 498 个县(区)的 13 946 个家庭,2016 年对其中 92% 的样本[1]进行了追踪调查。本章剔除了相关变量存在缺失值[2]和异常值[3]的样本,最终使用的样本数据包括了 6955 个家庭在 2014 年和 2016 年两轮调查中形成的面板数据。

二、变量选取与描述性统计

(一)被解释变量:家庭商业保险购买

家庭商业保险购买分为两个层次来衡量:第一个层次的被解释变量衡量家庭是否购买商业保险,为二值变量,购买商业保险取值为 1,否则为 0;第二个层次的被解释变量衡量家庭商业保险参与程度,包括家庭商业保险支出及其占总收入的比重。

(二)核心解释变量:互联网使用

本章借鉴了周广肃和梁琪(2018)的研究方法,利用户主[4]的互联网使用情况作为一个家庭互联网利用情况的衡量指标,也分为两个层次来衡量。第一个层次衡量家庭是否使用互联网,为二值变量,其中 1 表示使用,0 表示不使用;第二个层次衡量家庭使用互联网的程度,本章在实证研究中对户主每日上网时长(分钟)[5]进行对数化处理。由于越来越多的人是通过手机等移动端使用互联网,我们还利用家庭是否移动上网进行了稳健性检验,"是否移动上网"仅存在于 2016 年问卷中,同为二值变量,1 表示使用移动上网,0 表示不使用。

(三)控制变量

参考现有文献,本章研究中控制了影响家庭商业保险购买的其他因素。首先是家庭层面控制变量,本章采用总收入和净资产控制了家庭资源禀赋;家庭人口统计学特征变量方面控制了家庭规模、少儿比例(16 岁以下)、老年人比例(60

---

[1] 根据两年数据中相同家庭编号的样本数量计算得到。
[2] 为了构造平衡面板,剔除了相关变量存在缺失值的样本。
[3] 剔除了原始数据中相关变量中含有"不知道""不适用"以及相关变量小于 0 的样本。
[4] CFPS 数据中没有明确定户主,本章采用的是财务回答人。
[5] CFPS 问卷的对应问题:"一般情况下,您每周业余时间里有多少时间用于上网(小时)?",本章将其换算成了每日上网时长(分钟)。

岁以上)以及是否城镇地区家庭。其次还控制了户主层面的特征变量,包括性别[①]、年龄、受教育程度[②]、健康状况[③]、婚姻状况[④]、风险偏好[⑤]、是否参与社会保险以及是否在业。在后续的回归分析中,我们对总收入、净资产以及家庭商业保险支出进行了对数化的处理。

(四)描述性统计

变量的描述性统计如表 9.1 所示,2014 年有 23.8%的家庭购买了商业保险,而 2016 年这个比例为 25.8%;2014 年使用互联网的家庭比例为 21.2%,2016 年该比例上升为 31.8%;2014 年户主每日上网时长为 19.489 分钟,2016 年上升至 32.179 分钟。

表 9.1 变量的描述性统计

变量名称	2014 年			2016 年		
	观测值	均值	标准差	观测值	均值	标准差
家庭是否购买商业保险	6 955	0.238	0.426	6 955	0.258	0.438
家庭商业保险支出	6 955	1 109	3 737	6 955	1 404	4 463
家庭商业保险支出占总收入的比重	6 955	0.020	0.070	6 955	0.018	0.058
家庭是否使用互联网	6 955	0.212	0.409	6 955	0.318	0.466
户主每日上网时长	6 955	19.489	57.237	6 955	32.179	71.906
家庭是否移动上网				6 955	0.297	0.457
人情礼金支出	6 955	3 930	5 483	6 955	4 574	7 581
家庭规模	6 955	3.893	1.774	6 955	3.899	1.838
老年人比例	6 955	0.185	0.309	6 955	0.209	0.324
少儿比例	6 955	0.140	0.169	6 955	0.129	0.166
性别	6 955	0.481	0.500	6 955	0.488	0.500
年龄	6 955	50.337	12.922	6 955	51.916	13.255
总收入	6 955	55 361	105 571	6 955	73 207	226 287
净资产	6 955	412 892	747 530	6 955	563 541	1 620 167

---

① 性别虚拟变量:女性=1,男性=0。
② 问卷中已经完成的最高学历选项为:文盲或半文盲、小学、初中、高中/中专/技校/职高、大专、大学本科、硕士和博士,我们将其折算为受教育程度,依次取值为 0、6、9、12、15、16、19、22。
③ 问卷中有回答人的健康状况自评和访员对受访人的健康状况观察评价,本章采用的是受访人的健康自评情况构造健康虚拟变量:非常健康、很健康和比较健康=1,一般和不健康=0。
④ 婚姻状况虚拟变量:已婚=1,其余=0。
⑤ Dave 和 Saffer(2008)指出对风险容忍度越高的个体,其对酒精的摄入量越高。因此,我们以问卷中户主"每周喝酒是否超过 3 次"来反映户主的风险态度。

续表

变量名称	2014年			2016年		
	观测值	均值	标准差	观测值	均值	标准差
健康状况	6 955	0.654	0.476	6 955	0.616	0.486
受教育程度	6 955	6.770	4.766	6 955	6.837	4.778
婚姻状况	6 955	0.891	0.311	6 955	0.876	0.329
风险偏好	6 955	0.175	0.380	6 955	0.169	0.375
是否参与社会保险	6 955	0.957	0.203	6 955	0.954	0.210
是否城镇地区家庭	6 955	0.451	0.498	6 955	0.463	0.499
是否在业	6 955	0.776	0.417	6 955	0.750	0.433

三、模型设定

本章构建了以下 Probit 模型来考查互联网使用对家庭商业保险购买决策的影响：

$$\Pr(\text{insurance}_{ijt}=1) = \Phi(\beta_0 + \beta_1 \text{internet}_{ijt} + \beta_2 X_{ijt} + \beta_3 P_j + y_t) \quad (9.1)$$

其中，被解释变量 insurance_{ijt} 为虚拟变量，表示第 j 省（自治区、直辖市）i 家庭在 t 年是否购买商业保险；主要解释变量 internet_{ijt} 表示家庭互联网使用的情况，包括家庭是否使用互联网以及户主每日上网时长两个变量；X_{ijt} 表示控制变量，包括了家庭层面以及户主层面的相关变量；P_j 表示省份虚拟变量，用来控制省份层面的经济特征；y_t 表示年份虚拟变量。此外，我们还采用了城市层面的聚类标准差。

为了估计互联网使用情况对家庭商业保险参与程度的影响，本章还构建了如下 Tobit 模型：

$$\begin{aligned}\text{insurance}_{ijt}^* &= \beta_0 + \beta_1 \text{internet}_{ijt} + \beta_2 X_{ijt} + \beta_3 P_j + y_t + \mu_{ijt} \\ \text{insurance}_{ijt}^* &= \max(0, \text{insurance}_{ijt}^*)\end{aligned} \quad (9.2)$$

其中，被解释变量 insurance_{ijt}^* 为家庭商业保险参与程度，分别用家庭商业保险支出及其占总收入比重来衡量；关注解释变量和控制变量的含义与式（9.1）相同。由于样本中存在大量的家庭没有参与商业保险，即保费支出占比是截断的，所以我们将通过 Tobit 模型来估计，模型的显著性检验仍然使用城市层面聚类标准差。由于本章数据是面板数据，所以在稳健性检验部分还利用固定效应模型估计互联网使用对家庭商业保险购买的影响，从而控制不易观测的个体层面特征。

第三节　互联网使用影响家庭商业保险购买的实证分析

一、互联网使用影响家庭商业保险购买的基准回归

混合截面的 Probit 模型估计的系数①以及相应的聚类标准差如表 9.2 所示，展示了家庭是否使用互联网对家庭是否购买商业保险的影响。表 9.2 中第（1）～（3）列没有控制省份和年份效应，第（4）～（6）列控制了省份和年份固定效应，分别逐步加入家庭控制变量和户主控制变量。通过结果的对比可以看出，通过逐步增加控制变量，家庭是否使用互联网的系数显著为正，说明使用互联网能够显著提高家庭商业保险购买的概率，验证了本章的假设 9.1。大部分控制变量也显著地影响了家庭是否购买商业保险，其中家庭资源禀赋变量包括总收入和净资产，都显著与家庭是否购买商业保险正相关；家庭人口统计学特征变量中，老年人比例对家庭是否购买商业保险影响显著为负、少儿比例对家庭是否购买商业保险影响显著为正，但是家庭规模的影响则不显著；是否城镇地区家庭对家庭是否购买商业保险影响显著为正，但控制了省份固定效应和年份固定效应后不显著。从户主的特征变量可以看出，性别对家庭是否购买商业保险具有显著的正向影响，年龄对家庭是否购买商业保险则呈现先升后降的倒"U"形关系，受教育程度、婚姻状况、是否参与社会保险以及是否在业对家庭是否购买商业保险都具有显著的正向影响。风险偏好系数为正，但在控制了省份固定效应和年份固定效应后不显著。健康状况的系数虽然为正，但是在统计上不显著。这些控制变量的回归结果与已有文献基本一致，本章不再对其结果和经济含义进行过多的解释和引申。

表 9.2　互联网使用对家庭商业保险购买的影响（Probit）

变量	家庭是否购买商业保险					
	(1)	(2)	(3)	(4)	(5)	(6)
家庭是否使用互联网	0.778***	0.439***	0.333***	0.764***	0.465***	0.358***
	(0.032)	(0.031)	(0.033)	(0.034)	(0.032)	(0.036)
总收入		0.239***	0.232***		0.247***	0.235***
		(0.023)	(0.023)		(0.022)	(0.022)
净资产		0.198***	0.188***		0.193***	0.180***
		(0.021)	(0.022)		(0.022)	(0.022)

---

① Probit 模型估计的系数 β 表示解释变量增加一个微小量引起"对数概率比"的边际变化。

续表

变量	家庭是否购买商业保险					
	(1)	(2)	(3)	(4)	(5)	(6)
家庭规模		−0.010	−0.0012		−0.003	0.005
		(0.011)	(0.011)		(0.010)	(0.010)
老年人比例		−0.530***	−0.112		−0.546***	−0.149**
		(0.068)	(0.073)		(0.065)	(0.073)
少儿比例		0.572***	0.521***		0.544***	0.512***
		(0.106)	(0.105)		(0.108)	(0.107)
是否城镇地区家庭		0.077*	0.079*		0.046	0.043
		(0.046)	(0.048)		(0.044)	(0.044)
性别			0.080**			0.069**
			(0.034)			(0.033)
年龄			0.033***			0.035***
			(0.009)			(0.009)
年龄平方			−0.000***			−0.000***
			(0.000)			(0.000)
健康状况			0.016			0.014
			(0.031)			(0.030)
受教育程度			0.019***			0.020***
			(0.004)			(0.004)
婚姻状况			0.101*			0.098*
			(0.054)			(0.051)
风险偏好			0.084*			0.054
			(0.043)			(0.041)
是否参与社会保险			0.202**			0.213**
			(0.090)			(0.086)
是否在业			0.107**			0.101**
			(0.048)			(0.047)
常数项	−0.923***	−5.827***	−6.825***	−0.868***	−6.054***	−6.977***
	(0.035)	(0.284)	(0.353)	(0.097)	(0.315)	(0.396)
省份固定效应				是	是	是
年份固定效应				是	是	是
伪 R^2	0.061	0.146	0.156	0.080	0.157	0.167
观测值	13 910	13 910	13 910	13 910	13 910	13 910

注：括号内表示城市层面的聚类标准差

*、**、***分别代表在10%、5%以及1%水平上显著

接下来探讨家庭是否使用互联网对家庭商业保险参与程度的影响,由于存在大量没有购买商业保险的家庭,所以我们利用式(9.2)所示的 Tobit 左侧截断模型进行回归分析,混合截面 Tobit 的结果如表9.3 所示,其中第(1)～(3)列为家庭是否使用互联网对家庭商业保险支出的影响,第(4)～(6)列是家庭是否使用互联网对家庭商业保险支出占比的影响,都分别逐步加入家庭控制变量和户主控制变量。Probit 和 Tobit 回归的结果表明,家庭互联网的使用显著提高了家庭商业保险的购买概率以及家庭商业保险的参与程度。

表9.3 互联网使用对家庭商业保险参与程度的影响(Tobit)

变量	家庭商业保险支出			家庭商业保险支出占总收入比重		
	(1)	(2)	(3)	(4)	(5)	(6)
家庭是否使用互联网	7.104***	3.837***	2.866***	0.105***	0.064***	0.049***
	(0.323)	(0.273)	(0.296)	(0.006)	(0.005)	(0.005)
总收入		2.192***	2.059***		0.012***	0.009***
		(0.180)	(0.174)		(0.003)	(0.003)
净资产		1.662***	1.527***		0.030***	0.028***
		(0.182)	(0.183)		(0.003)	(0.003)
家庭规模		−0.012	0.063		0.001	0.002
		(0.084)	(0.083)		(0.002)	(0.002)
老年人比例		−4.889***	−1.488**		−0.085***	−0.033***
		(0.550)	(0.608)		(0.010)	(0.011)
少儿比例		4.470***	4.144***		0.074***	0.070***
		(0.872)	(0.858)		(0.015)	(0.016)
是否城镇地区家庭		0.508	0.446		0.012**	0.010*
		(0.359)	(0.353)		(0.006)	(0.006)
性别			0.577**			0.011**
			(0.265)			(0.005)
年龄			0.311***			0.005***
			(0.072)			(0.001)
年龄平方			−0.004***			−0.000***
			(0.001)			(0.000)
健康状况			0.165			0.004
			(0.243)			(0.004)
受教育程度			0.171***			0.003***
			(0.032)			(0.001)
婚姻状况			0.823**			0.010
			(0.417)			(0.008)

续表

变量	家庭商业保险支出			家庭商业保险支出占总收入比重		
	(1)	(2)	(3)	(4)	(5)	(6)
风险偏好			0.439 (0.326)			0.006 (0.006)
是否参与社会保险			1.741** (0.700)			0.030*** (0.011)
是否在业			0.681* (0.381)			0.009 (0.007)
常数项	−7.498*** (0.877)	−52.070*** (2.613)	−59.420*** (3.230)	−0.140*** (0.014)	−0.655*** (0.048)	−0.773*** (0.061)
省份固定效应	是	是	是	是	是	是
年份固定效应	是	是	是	是	是	是
Sigma	9.780*** (0.164)	8.905*** (0.160)	8.808*** (0.159)	0.160*** (0.007)	0.156*** (0.006)	0.155*** (0.006)
伪 R^2	0.037	0.076	0.081	0.165	0.306	0.327
观测值	13 910	13 910	13 910	13 910	13 910	13 910

注：括号内表示城市层面的聚类标准差

*、**、***分别代表在10%、5%以及1%水平上显著

二、内生性处理与稳健性检验

（一）内生性处理

互联网的使用与否是一种自我选择行为，基于不可观察的偏好，所以家庭的互联网使用与商业保险购买的决策可能会同时受到一些遗漏变量的影响。而且，有的家庭可能是为了更便捷地购买商业保险才使用互联网，因此家庭是否使用互联网这个变量可能存在内生性问题。在这些情况下，估计结果可能是有偏的，因此我们采用面板数据固定效应模型和IV法尝试解决可能存在的内生性问题。

由于本章所利用的数据是由2014年和2016年数据构成的面板数据，我们可以使用面板数据的双向固定效应模型来控制家庭层面中不随时间变化的变量，从而在一定程度上减少遗漏变量带来的内生性问题。对于固定效应的面板Probit模型，目前尚未解决伴生参数问题（incidental parameters problem），因此我们采用线性概率模型和Logit模型进行回归。面板数据双向固定效应模型的结果如表9.4所示。第（1）～（3）列是采用了线性概率模型的方法来估计，第（4）～（6）列是采用Logit模型进行估计，回归结果显示，当控制了家庭层面和年份的固定效应时，家庭是否使用互联网的系数仍然显著为正，说明互联网使用能显著提高

家庭参与商业保险的概率。

表 9.4 互联网使用对家庭商业保险参与影响的面板数据模型（双向固定效应）

变量	线性概率模型			Logit 模型		
	(1)	(2)	(3)	(4)	(5)	(6)
家庭是否使用互联网	0.080***	0.073***	0.065***	0.563***	0.525***	0.492***
	(0.014)	(0.014)	(0.016)	(0.108)	(0.110)	(0.123)
家庭控制变量		是	是		是	是
户主控制变量			是			是
省份固定效应	是	是	是			
年份固定效应	是	是	是	是	是	是
观测值	13 910	13 910	13 910	3 128	3 128	3 128

注：括号内表示标准差
***代表在1%水平上显著

面板数据只能处理不随时间变化的不可观测变量带来的内生性问题，而对于那些随着时间变化且与解释变量或残差项相关的内生性问题需要通过 IV 进行解决。本章采用户主对互联网作为信息渠道的重视程度①作为个人互联网使用的 IV，并通过 IV Probit 和 IV Tobit 模型进行估计。该 IV 基本满足相关性和外生性条件。首先，如果户主对互联网作为信息渠道的重视程度很高，则很有可能使用互联网，该变量与互联网使用的概率正向相关；其次，对互联网的重视程度与家庭购买商业保险的决策并没有直接关系，从而满足了外生性条件。另外，作为 IV 的补充，本章还参考了 Lewbel（2012）的方法②，通过外生变量及其方差构建 IV 来识别和估计内生模型。Lewbel（2018）详细讨论了当内生变量是二值变量而不是连续变量时该如何进行估计，并指出这种估计方法也可以应用于自变量和因变量同时都为二值变量的情况。因此本章还利用模型中的相对外生的控制变量③对互联网使用构建 IV 从而进行估计。

表 9.5 为采用户主对互联网作为信息渠道的重视程度作为 IV 的 Probit 模型和

---

① CFPS 问卷的对应问题：互联网对你/您获取信息的重要性？1 表示非常不重要，5 表示非常重要；如受访者从未接触过互联网，选择"1 非常不重要"。

② Lewbel（2012）详细讨论并证明了如何利用异方差性估计内生模型，他认为当方程中存在一些外生变量而且误差是异方差时，可以在不强加标准的排斥性约束的情况下实现识别。其方法可简单归纳为以下两个步骤：首先，通过外生变量 X 对内生变量 Y_2 进行 OLS 回归并得到残差的估计值 $\hat{\varepsilon}_2 = Y_2 - \hat{\alpha}X$；其次，令 Z 为 X 的子集，利用 X 和 $(Z-\bar{Z})\hat{\varepsilon}_2$ 作为工具变量对原方程 $Y_1 = \beta X + \gamma Y_2 + \varepsilon_1$ 进行 OLS 回归，从而估计 β 和 γ 的值。正如 Lewbel（2012）所强调的，Z 向量的优秀候选者是那些明显外生的变量。

③ 构造 IV 的外生变量：总收入、净资产、家庭规模、老年人比例、少儿比例、是否城镇地区家庭、性别、年龄、婚姻状况、是否在业以及健康状况。

Tobit 模型的结果,Panel A 底部为用 Wald 检验互联网使用内生性的结果,均显著地拒绝了不存在内生性的原假设。表 9.5 的 Panel B 为采用两步法的一阶段结果,IV 系数的显著性以及一阶段 F 统计值远大于弱 IV 的临界值,表明该 IV 不是弱 IV。Panel A 与前文模型设定一致,第(1)列和第(2)列我们检验了家庭是否使用互联网对家庭购买商业保险购买的影响,在第(3)列和第(4)列、第(5)列和第(6)列中,展示了家庭是否使用互联网对家庭商业保险参与程度的影响。表 9.5 的回归结果与前文一致,家庭是否使用互联网的系数均显著为正。相比于 Probit 基准回归(表 9.2),IV Probit 模型中家庭是否使用互联网的系数变大了一些,这可能是由于对互联网的重视程度对人们去使用互联网的"驱动力"不是均质的,存在"局部平均处理效应"[①]。我们有理由相信能力强(如信息搜索能力强)的人,更倾向于去使用互联网,并且从互联网中获得的效益更大。当 IV 对内生解释变量的因果效应不是均质时,可能导致能力强的人更容易受到互联网对其重要性的影响,这样该群体使用互联网的可能性就会更容易被影响。所以本部分 IV Probit 模型的估计值所体现的就不是基于样本的平均处理效应,而是一个加权平均值,而且其中来自"信息搜索能力强"的家庭会占有更大的权重,因此 IV 估计得到的系数相比基准回归会有所变大。

表 9.5 互联网使用对家庭商业保险参与的影响(IV 模型)

变量	家庭是否购买商业保险 (IV Probit 模型)		家庭商业保险支出 (IV Tobit 模型)		家庭商业保险支出占总收入比重 (IV Probit 模型)	
	(1)	(2)	(3)	(4)	(5)	(6)
Panel A:MLE 估计结果						
家庭是否使用互联网	0.999***	0.522***	9.310***	4.122***	0.135***	0.066***
	(0.047)	(0.069)	(0.452)	(0.543)	(0.008)	(0.009)
其余控制变量		是		是		是
省份固定效应	是	是	是	是	是	是
年份固定效应	是	是	是	是	是	是
观测值	13 910	13 910	13 910	13 910	13 910	13 910
Wald 检验	81.680	9.470	86.770	8.960	49.220	5.220
P 值	0.000	0.000	0.000	0.000	0.000	0.020
Panel B:两步法一阶段估计结果						
互联网重视程度	0.216***	0.160***	0.216***	0.160***	0.216***	0.160***
	(0.004)	(0.004)	(0.004)	(0.004)	(0.004)	(0.004)
一阶段 F 统计值	575.850	467.310	575.850	467.310	575.850	467.310

注:括号内表示城市层面的聚类标准差;MLE 的全称为 maximum likelihood estimate(最大似然估计)
***代表在 1%水平上显著

[①] Angrist 等(1996)对工具变量估计中的"局部平均处理效应"进行了详细的展开和讨论。

本章采用 Lewbel（2012）方法构造 IV 的回归结果如表 9.6 所示，并展示了 Hansen J 统计量[1]，相关统计量均通过了弱 IV[2]以及过度识别检验，第（1）～（3）列结果显示出互联网使用对家庭商业保险参与存在显著的促进作用，进一步验证了本章的假设 9.1。因此可以看出，在采用以上方法来处理互联网使用可能存在的内生性问题时，结果都表明家庭互联网的使用显著提高了家庭商业保险的购买概率以及家庭商业保险的参与程度。

表 9.6　互联网使用对家庭商业保险参与的影响（构造 IV）

变量	(1) 家庭是否购买商业保险	(2) 家庭商业保险支出	(3) 家庭商业保险支出占总收入比重
家庭是否使用互联网	0.137***	1.150***	0.015***
	(0.020)	(0.159)	(0.003)
省份固定效应	是	是	是
年份固定效应	是	是	是
观测值	13 910	13 910	13 910
R^2	0.167	0.194	0.054
Hansen J 统计量	15.168	16.389	15.406
P 值	0.175	0.127	0.165

注：括号内表示标准差，限于篇幅未列出其余控制变量
***代表在 1%水平上显著

（二）稳健性检验

在以上的回归分析中，我们仅探讨了家庭是否使用互联网对家庭商业保险购买的影响，而互联网使用时长的差异对家庭商业保险购买是否会产生影响还需要进一步探究。而且随着网络技术的发展以及智能手机的广泛普及，越来越多的网民是通过手机端来使用互联网，截至 2018 年 12 月[3]，我国的手机网民规模已经达到了 8.17 亿，而网民中使用手机上网的群体占比已经高达 98.6%。即使截至 2015 年底，中国手机网民规模也已经达到了 6.2 亿，占比达到了 90.1%，移动上网已经成为人们使用互联网的主要形式。

因此，本章利用"户主每日上网时长"和"家庭是否移动上网"分别来进行稳健性检验。由于 CFPS 2014 的数据没有对受访者是否使用手机上网进行统计，

---

[1] Hansen J 统计量的原假设为 IV 是有效的。
[2] Cragg-Donald Wald F 统计量和 Kleibergen-Paap rk Wald F 统计量均超过弱 IV 的临界值。
[3] 资料来源：第 43 次《中国互联网络发展状况统计报告》。

所以对于家庭是否移动上网我们只采用 CFPS 2016 的数据进行稳健性检验。表 9.7 的 Panel A 为稳健性检验的回归结果，IV 同样采用对互联网作为信息渠道的重要程度，Panel B 为 IV 两步法的一阶段结果。第（1）列和第（2）列的被解释变量为家庭是否购买商业保险，第（3）列和第（4）列的被解释变量为家庭商业保险支出，第（5）列和第（6）列的被解释变量为家庭商业保险支出占总收入比重。结果显示，无论是户主每日上网时长还是家庭是否移动上网，都对家庭商业保险的参与有着显著的正向影响。另外，本章参照周广肃和梁琪（2018）的研究方法，采用户主的互联网使用情况作为一个家庭互联网利用情况的衡量指标，但是在部分已有文献中，互联网使用的衡量方式是家庭中至少有一个人使用互联网则表示该样本家庭使用互联网，因此本章也对这种互联网使用的衡量方式进行了稳健性检验，结果显示其对家庭商业保险参与同样存在显著正向影响，限于篇幅，不再详细展示。

表 9.7 互联网使用对家庭商业保险参与影响的稳健性检验（IV Probit）

变量	家庭是否购买商业保险（IV Probit 模型）		家庭商业保险支出（IV Tobit 模型）		家庭商业保险支出占总收入比重（IV Probit 模型）	
	(1)	(2)	(3)	(4)	(5)	(6)
Panel A：MLE 估计结果						
户主每日上网时长	0.119***		0.937***		0.015***	
	(0.016)		(0.124)		(0.002)	
家庭是否移动上网		0.562***		4.431***		0.070***
		(0.092)		(0.732)		(0.011)
其余控制变量	是	是	是	是	是	是
省份固定效应	是	是	是	是	是	是
年份固定效应	是	是	是	是	是	是
观测值	13 910	6 955	13 910	6 955	13 910	6 955
Panel B：IV 两步法一阶段估计结果						
互联网重视程度	0.702***	0.155***	0.702***	0.155***	0.702***	0.155***
	(0.020)	(0.005)	(0.020)	(0.005)	(0.020)	(0.005)
一阶段 F 统计值	491.700	221.030	491.700	221.030	491.700	221.030

注：括号内表示城市层面的聚类标准差
***代表在 1%水平上显著

三、互联网使用影响家庭商业保险购买的异质性分析

前面的经验结论表明互联网使用对家庭商业保险参与确实产生了显著的促进作用,但是不同家庭的自身特征存在差异,可能导致这种促进作用存在异质性。因此我们根据家庭收入、户主受教育程度以及城乡状况将样本家庭进行分组,来探究互联网使用对家庭商业保险参与影响的异质性,IV 同样采用对互联网作为信息渠道的重要程度。

表 9.8 展示了不同分组的回归结果,第(1)列和第(2)列是根据家庭收入的中位数进行分组,结果发现,无论是在低收入水平家庭还是高收入水平家庭,互联网使用都显著地提高了家庭商业保险购买的可能性,而且相对于高收入水平家庭,这种促进效应在低收入水平家庭中更明显,反映出互联网保险产品在一定程度上能够满足低收入家庭的需求。第(3)列和第(4)列是以初中水平作为分界线对户主受教育程度进行分组,结果发现,对于不同受教育程度的家庭,互联网使用都显著地促进了家庭商业保险购买,互联网使用的促进效应在户主受教育程度较低的家庭中要大于户主受教育程度较高的家庭。结论从侧面反映出互联网的使用能够在一定程度上减少由于受教育程度较低对家庭商业保险购买带来的负面效应。第(5)列和第(6)列是根据国家统计局资料进行的城乡分组,回归结果发现,无论是农村地区家庭还是城镇地区家庭,互联网使用都显著促进了家庭商业保险购买,而且互联网使用对家庭商业保险购买的促进效应在农村地区家庭中更大一些。这可能是因为农村地区的信息流通不及城镇地区,因此互联网的普及对农村地区居民家庭的信息获取和流通的提升效果更为明显,从而导致了互联网使用对家庭商业保险购买在农村地区更强的促进效果。

表9.8 互联网使用对家庭商业保险参与影响的异质性分析(IV Probit)

变量	(1) 低收入	(2) 高收入	(3) 初中及以下	(4) 高中及以上	(5) 农村	(6) 城镇
互联网使用	0.525***	0.477***	0.544***	0.338**	0.563***	0.477***
	(0.122)	(0.083)	(0.086)	(0.158)	(0.116)	(0.094)
常数项	−5.934***	−8.084***	−6.808***	−9.306***	−7.247***	−7.051***
	(0.762)	(0.636)	(0.457)	(0.768)	(0.557)	(0.518)
其余控制变量	是	是	是	是	是	是
观测值	6 955	6 955	10 971	2 939	7 554	6 356

注:括号内是城市层面的聚类标准差,以上回归均控制省份和年份固定效应

、*分别代表在 5%、1%水平上显著

四、互联网使用影响家庭商业保险购买的机制分析

（一）降低交易成本

许多文献都证实了互联网保险模式能够节省保险公司的运营成本，从而降低保险产品价格（罗艳君，2013；唐金成和韦红鲜，2014）。保险产品定价取决于纯费率和附加费率，纯费率是由理赔风险决定，附加费率是由日常运营成本决定。互联网的介入使保险产品的展业、投保、承保、理赔和给付等业务流程能够通过线上渠道实现，基于网络的产品研发和营销很大程度上减少了保险公司的运营成本，唐金成和韦红鲜（2014）指出传统保险中销售成本约占保费收入的33%，而互联网保险展业费用仅占10%左右，这种成本优势使互联网保险产品的附加费率更低从而产品价格更低。此外，除了附加费率低，线上和线下产品的纯费率也存在差异。互联网保险产品以消费型、储蓄型保险产品为主，这些保险产品的保障程度不如线下传统保险，所以价格也会相对较低，这能够在一定程度上保障收入不高但是又存在保险需求的居民群体。因此互联网的介入通过两种方式降低了保险产品的价格，从而促进了家庭商业保险购买。

同时，互联网的介入也很大程度上降低了消费者的信息搜寻成本。消费者需要收集和处理相关的保险公司、保险产品等信息之后再做出决策，当缺乏专业知识以及缺乏能够信任的渠道时，信息的搜集和处理会非常困难。信息搜寻成本可以看作是一种机会成本，当这种成本大于保险产品带来的收益时，消费者最终可能会选择不去投保（Kunreuther and Pauly，2006）。然而随着互联网的发展，强大的搜索引擎提供了快速的信息获取渠道，而且大多数保险公司都有自己的网站，消费者可以轻松地同时对多家公司以及多种产品进行比较和选择，大大减少了消费者的信息搜寻成本。信息不对称现象会对保险市场的健康发展产生消极影响，我国保险市场存在严重的信息不对称现象，消费者对保险市场缺乏信任，进而导致交易量不足，使市场呈现萎缩状态（朴明根和雷定安，2002）。互联网的发展和网络覆盖率的不断提高大大降低了信息的搜寻成本，正是信息搜寻成本的减少，使市场中的信息能够大量和迅速地流通，而市场中信息量的增加能够降低信息不对称程度（王亚杰和陈军，2005）。

（二）增加商业保险服务的可得性

由于互联网的介入，传统实体金融机构和互联网平台都将成为影响金融可得性的重要因素，尹志超等（2015c）发现金融可得性对家庭参与金融资产投资具有显著促进作用。保险市场中同样也存在"可得性"的问题，除了保险机构的区域配置外，保险产品的"可得性"也是影响家庭商业保险购买的重要因素。魏华林

和杨霞（2007）指出我国保险产品重复供给十分严重，中国家庭买不到想买的保险。这反映出传统保险行业的竞争度不够，缺乏产品创新，因此难以满足消费者的需求。随着互联网平台的发展，更多的中小型保险公司依托网络信息技术加入保险市场竞争，激烈的竞争能够加速产品的创新和迭代，因此投保群体能够通过互联网平台主动寻求适合自己的产品。互联网媒介打破了时间和空间的限制，为充分满足投保群体的个性化需求提供了可能。本章借鉴 Mookerjee 和 Kalipioni（2010）的研究方法，通过《中国保险年鉴》的数据统计出样本家庭所在地级市每万人拥有保险公司数量，将其作为传统保险可得性的衡量指标。我们通过分组回归来验证这一机制，根据传统保险可得性从低到高将样本分成两组，观察互联网使用在不同传统保险可得情况下对家庭商业保险促进效果的差异，如表 9.9 所示，其中第（1）列和第（2）列的被解释变量为家庭是否购买商业保险，第（1）列是传统保险可得性较低的家庭组，第（2）列是传统保险可得性较高的家庭组，结果发现互联网使用均显著地提高了家庭商业保险购买的可能性，说明现有的传统保险还远远不足以满足居民的保险需求，而且通过比较发现，互联网使用对家庭商业保险的促进效果在传统保险可得性较低的家庭组中更大，即传统保险可得性较低的家庭会更多地通过互联网来满足自己的保险需求。结果表明，互联网的使用减少了所在地区有限的保险机构或者保险产品的约束，使家庭有机会选择更合适自身的保险产品，从而促进了家庭商业保险购买的概率。表 9.9 中第（3）列和第（4）列的被解释变量为家庭商业保险支出，与第（1）列和第（2）列分组方法相同，仍然得到了一致的结论，从而验证了本章的假设 9.2。

表 9.9　互联网使用与传统保险可得性

变量	家庭是否购买商业保险		家庭商业保险支出	
	(1)	(2)	(3)	(4)
互联网使用	0.582***	0.469***	4.230***	3.657***
	(0.094)	(0.112)	(0.747)	(0.751)
常数项	−6.364***	−7.437***	−52.980***	−61.590***
	(0.601)	(0.581)	(5.085)	(4.652)
其余控制变量	是	是	是	是
观测值	6347	6329	6347	6329

注：括号内是城市层面的聚类标准差，以上回归均控制省份和年份虚拟变量
***代表在1%水平上显著

（三）增加网络社交互动

互联网的介入为人们提供了一个新型的信息渠道，不仅能够促进市场中卖家

和买家之间的信息交流，还通过网络社交增加了人们的互动从而也促进了信息的交流。因此人们通过网络进行日常交流时，可能会由于相信他人告知的信息从而影响了自己的决策。已有文献验证了社会互动对家庭金融投资的影响，社会互动可以分为情景互动和内生互动两种形式，其中内生互动带来的感受交流和信息推动了保险的购买（李涛，2006b）。我们根据户主的"他人转告"对获取信息的重要性[①]，对样本家庭进行分组，观察互联网使用对家庭商业保险购买的促进效应在不同群体中的差异。如果一个家庭认为"他人转告"作为信息渠道的重要性很高时，说明该家庭很大程度上会受到人际交流中获得信息的影响，当互联网使用对家庭商业保险购买的促进效果在这类家庭中更加明显，则能够证明互联网使用通过人际交流这个渠道对家庭商业保险购买产生影响。

互联网使用、社交互动与家庭商业保险购买之间的关系如表 9.10 所示。我们根据问卷中"他人转告"对户主获得信息的重要性（1~5）对样本家庭进行分组，表 9.10 第（1）~（5）列的结果展示了这 5 组家庭中互联网使用对家庭商业保险购买的影响，结果发现互联网使用对家庭商业保险购买的促进效果在越重视他人转告作为信息来源的家庭中效果越小，说明互联网使用不是通过网络社交提高社会互动来促进家庭的商业保险购买。同时，我们还在原模型中引入了人情礼金支出和互联网使用与人情礼金支出的交互项来验证这种社交互动的影响渠道是否存在。表 9.10 的第（6）列是引入了人情礼金支出以及交互项的 Probit 模型回归结果，可以看到互联网使用和人情礼金支出的系数都显著为正，说明互联网使用和社交互动都促进了家庭商业保险的购买，但是交互项的系数则完全不显著。两种检验方式都说明了互联网使用对家庭商业保险购买的促进作用不是通过网络社交增加了人际交流互动这个渠道，因此验证了本章的假设 9.3 不成立。

表 9.10　互联网使用、社交互动与家庭商业保险购买

变量	(1)	(2)	(3)	(4)	(5)	(6)
互联网使用	0.672***	0.711***	0.447***	0.440**	0.166	0.281*
	(0.132)	(0.135)	(0.111)	(0.205)	(0.254)	(0.160)
互联网使用×人情礼金支出						0.009
						(0.020)
人情礼金支出						0.068***
						(0.014)
常数项	−7.845***	−7.656***	−6.543***	−7.571***	−6.786***	−7.077***
	(0.623)	(0.888)	(0.666)	(1.035)	(1.244)	(0.402)

---

① CFPS 问卷的对应问题："他人转告"对你/您获取信息的重要性？1 表示非常不重要，5 表示非常重要。

续表

变量	(1)	(2)	(3)	(4)	(5)	(6)
其余控制变量	是	是	是	是	是	是
省份固定效应	是	是	是	是	是	是
年份固定效应	是	是	是	是	是	是
观测值	3 952	2 673	3 840	1 777	1 615	13 910

注：括号内是城市层面的聚类标准差

*、**、***分别代表在10%、5%以及1%水平上显著

五、结论与政策建议

本章基于2014年和2016年CFPS的面板数据，实证分析了互联网使用对家庭商业保险参与行为的影响。本章的主要结论如下。第一，互联网使用能够显著地提高家庭购买商业保险的概率以及购买商业保险的支出。在考虑了互联网使用可能存在的内生性问题以及采用互联网使用时长、手机移动上网以及不同的互联网使用衡量方式进行稳健性检验后，结论仍然保持一致。另外，家庭收入的增加、家庭净资产的累积和教育程度的提高都会推动家庭购买商业保险。第二，本章的异质性分析表明，互联网使用对家庭商业保险的促进效果主要存在于低收入、低教育以及农村地区的家庭群体中，表现出互联网对家庭商业保险购买的促进效果在那些原本比较缺乏保险意识或者购买商业保险可能性比较低的家庭中更加明显，这对商业保险的推广和普及以及提高我国的保险密度将会起到重要的作用。第三，互联网使用对家庭商业保险购买的影响机制分析表明，互联网使用主要通过减少交易成本，以及提高居民的保险可得性来提高家庭商业保险参与的概率，但是互联网使用并没有通过提高人们的社交互动水平从而影响家庭商业保险参与的决策。

因此，为了进一步加快我国现代保险服务业的发展，第一，各保险公司应当充分利用互联网平台，针对消费者不同的需求提供合适的保险产品。第二，政府在推动互联网基础设施建设的同时，应该重点着力于农村地区以及低收入群体的互联网普及，更大地发挥互联网对家庭商业保险购买的促进作用。第三，监管机构要加强对互联网保险相关网站的监管力度，确保各类保险信息能够准确和及时地披露，鼓励保险产品创新，开通更多的消费者反馈渠道，严厉打击虚假信息和网络保险欺诈，切实保护居民投资者的合法权益。

第四篇 家庭风险金融资产配置篇

第十章 家庭人口结构与家庭风险金融市场参与[①]

第一节 问题的提出与研究假设

一、问题的提出

自从加入世界贸易组织（World Trade Organization，WTO）以来，中国经济建设取得迅速发展，社会总财富和家庭财富规模都在不断增加，中国家庭财富规模从2001年的4.2万亿美元增长至2022年的84.49万亿美元，增长了大约20倍，居全球第二位[②]。在此背景下，投资者逐渐意识到家庭的金融资产组合需要得到有效配置，才能使家庭利益最大化。根据经典金融学理论，最优的金融资产组合应包含一定份额的风险金融资产（Tobin，1958）。但中国家庭财富指数调研报告（2020年度）[③]显示，中国居民家庭持有的金融资产组合中的风险资产份额比重过低。这表明中国家庭的风险金融市场"有限参与"现象较为严重（周钦等，2015；宗庆庆等，2015）。从微观层面来看，风险金融资产持有份额过低将延缓居民家庭的财富积累，阻碍其生命周期内的福利最大化（Haliassos and Bertaut，1995）；从宏观层面来看，风险金融市场的发展有助于化解宏观金融风险（苟文均等，2016），居民家庭风险金融资产持有份额过低将不利于中国金融市场的健康平稳发展。因此，研究家庭风险金融市场"有限参与"问题对中国宏观经济健康发展极为重要。

周广肃和梁琪（2018）指出在全世界范围内，欧美金融市场相对发达，结合2016年中国家庭追踪调查和Badarinza等（2016）的文献数据，本章整理了2015年美国、德国、法国、英国、意大利和中国的风险金融市场参与深度情况进行对比，如表10.1所示，美国、德国、法国和英国的风险金融市场参与深度均较高，居民家庭的风险金融市场参与深度在22%以上，具有最高参与深度的美国的风险

[①] 本章内容是《未成年子女数量对家庭风险金融市场参与的影响》（杨碧云、徐毓飞、张凌霜，《消费经济》2022年第38卷第6期81~93页）的扩展修订稿。

[②] 瑞信研究院《2023年全球财富报告》。

[③] 2021年2月4日，西南财经大学中国家庭金融调查与研究中心联合蚂蚁集团研究院共同发布了《疫情下中国家庭的财富变动趋势——中国家庭财富指数调研报告（2020年度）》，该份报告采用支付宝APP（application，应用程序）线上调研，问卷投放对象为支付宝活跃用户，涵盖我国31个省（自治区、直辖市），调研时间为每季度末，2020年共计回收155 761份问卷。

金融市场参与深度是中国的 9 倍，在对比国家中，即使参与深度最低的意大利其风险金融市场参与深度也是中国的 2 倍，这说明中国居民家庭存在严重的风险金融市场"有限参与"现象。

表 10.1 各国风险金融市场参与深度

金融市场参与类型	美国	德国	法国	英国	意大利	中国
直接持股	15.1%	10.6%	14.7%	17.5%	4.6%	4.4%
基金（间接持股）	8.7%	16.9%	10.7%	5.4%	6.3%	1.1%
合计	49.8%	27.5%	25.4%	22.9%	10.9%	5.5%

注：美国的基金（间接持股）数据只包含了直接购买基金的居民家庭占比，未包含通过个人养老金账户购买基金（即间接购买基金）的家庭，此类居民家庭占比为26%，加上此数据后，美国风险金融市场参与深度合计为49.8%。

现有文献对风险金融市场"有限参与"之谜现象做出了一系列解释，具体影响因素包括居民家庭参与成本（尹志超等，2015c）、背景风险（Rosen and Wu, 2004；何兴强等，2009）、行为因素（周广肃等，2020）、社会互动（Hong et al., 2004）和家庭特征（吴卫星和谭浩，2017）等。其中，家庭特征作为解释金融市场"有限参与"的一个重要影响因素，具体包括年龄（Canner et al., 1997）、性别（Bogan, 2008）、婚姻状况（Campbell, 2006）、家庭规模（Campbell, 2006）、户主的兄弟姐妹数量（易行健等，2016）、家庭结构（卢亚娟和张菁晶，2018）六个方面，而作为家庭结构特征的子女数量对家庭风险金融市场参与影响的结论并不统一，相关研究结论主要有促进作用（Badarinza et al., 2016）、倒"U"形（朱光伟等，2014）、抑制作用（卢亚娟和张菁晶，2018）三个方面。并且这部分文献将风险态度作为子女数量影响家庭风险金融市场参与的机制变量，但忽略了预防性储蓄和母亲的工资性收入也是子女数量影响家庭风险金融市场参与的两个重要机制。

据第七次人口普查数据，我国的人口出生率和人口自然增长率持续低迷[①]。中国加速步入老龄化社会，为应对出生率下降问题，提高人口出生率，自 2011 年起，我国先后实施了"双独二孩"、"单独二孩"、"全面两孩"与"三孩"政策。但即便如此，由于家庭考虑到高房价、高养育成本，以及"优生优育"的思想深入人心，鼓励家庭生育的政策没有达到预期效果（李建伟和周灵灵，2018）。据国家统计局数据，2023 年我国全年出生人口 902 万人，人口出生率仅为 6.39‰，跌至 1949 年新中国成立以来人口出生率的最低水平，我国人口少子化[②]问题已日趋严重。

[①] 2021 年 5 月 11 日，国家统计局发布《第七次全国人口普查公报》，数据显示，2020 年 11 月 1 日零时全国总人口（指我国大陆 31 个省、自治区、直辖市和现役军人的人口，不包括居住在 31 个省、自治区、直辖市的港澳台居民和外籍人员）为 141 178 万人，与 2010 年第六次人口普查的 133 972 万人相比，全国人口增量为 7205 万，总增长率为 5.38%，年平均增长率仅为 0.53%。

[②] 人口少子化指的是由于人口生育率下降，少儿人口逐渐下降的现象。

现有关于子女数量影响家庭风险金融资产的研究大多将解释变量聚焦于所有年龄段的子女数量,而为了探究少子化问题下的子女数量对家庭风险金融资产的影响,本章将解释变量聚焦于未成年子女数量,探究其对家庭风险金融市场参与的影响,这不仅有利于进一步对中国居民家庭严重的风险金融市场"有限参与"现象进行合理解释,还能对已有居民家庭资产配置理论进行验证与补充。因此,研究未成年子女数量与居民家庭风险金融市场参与概率和参与深度之间的关系具有十分重要的现实意义和理论意义。

相较于以往相关研究,本章可能存在以下贡献。第一,大多数文献在分析子女数量对家庭风险金融市场参与的影响时,解释变量聚焦于所有年龄段的子女数量(Wei and Zhang,2011),鲜有文献考虑未成年子女数量对家庭风险金融市场参与的影响,为了探究少子化问题下的子女数量对家庭风险金融市场参与的影响,本章将解释变量聚焦于未成年子女数量。与此同时,已有的少量关于未成年子女数量影响家庭风险金融市场参与的研究未能得出一致结论,并且未能就该研究主题提出相对完整的理论与实证分析框架,本章试图予以补充。第二,已有研究大多只关注风险态度这一中间影响机制,本章另外检验了家庭的预防性储蓄和母亲的工资性收入在未成年子女数量影响中国家庭风险金融市场参与中的机制作用,多角度地解释了未成年子女数量如何影响中国家庭风险金融市场的参与,同时本章发现没有证据表明父亲的工资性收入可以作为一个中介机制来解释未成年子女数量如何影响中国家庭风险金融市场参与,本章的研究结论进一步拓展了相关研究。第三,以往文献在进行异质性分析时大多基于家庭户口是否为农村和家庭是否位于东部、中部、西部地区进行分组,本章在异质性分析中进一步加入了基于户主及其配偶的工作单位性质分组(汪伟等,2020)和家庭是否存在隔代抚养分组(段志民,2016)的相关研究,以期获得更丰富的异质性分析结论。第四,在处理内生性问题时,和以往文献用的工具变量如家庭第一胎性别(段志民,2016)不同,本章使用了同一社区其他家庭的平均未成年子女数量作为工具变量,更好地缓解了由反向因果、遗漏变量引起的内生性问题,与此同时,本章还使用了Heckman(赫克曼)两阶段模型来缓解由自选择偏差引起的内生性问题,以期获得更加稳健的研究结论。

二、文献综述与研究假设

(一)未成年子女数量与家庭风险金融市场参与关系的文献综述

在未成年子女数量对家庭风险金融市场参与影响的现有文献中,研究结论并不统一。相关研究主要有三个方面。第一,有文献认为未成年子女数量增加对家庭风险金融市场的参与概率和参与深度有显著的促进作用。蓝嘉俊等(2018)在研究家庭人口结构与家庭风险金融市场参与之间的关系时，发现子女数量增加促进了中国居民家庭的风险金融市场参与。Badarinza等（2016）认为，随着未成年子女数量增加，家庭的风险偏好增强，在预期未来子女数量增加而导致各种消费支出上升的时候，家庭为获取更大利益将提升风险金融市场的参与概率。第二，还有一部分文献认为未成年子女数量增加对家庭风险金融市场的参与概率和参与深度有倒"U"形的影响。朱光伟等（2014）在研究家庭规模对股票市场参与的影响时，发现股票市场的参与概率随着家庭规模的扩大先增加后减少，回归系数反映出家庭规模作用的转折点是4人，即当家庭规模在4人以内（家庭有少于或等于2个子女）时，家庭规模越大（未成年子女数量越多），家庭的股票市场参与概率越大；当家庭规模超过4人（家庭有2个以上子女）时，家庭规模（家庭的未成年子女数量）与家庭的股票市场参与概率显著负相关，即家庭未成年子女数量越多，其股票市场的参与概率越小。第三，部分研究者从风险态度影响机制出发研究得出未成年子女数量增加会显著降低家庭对风险金融市场的参与概率。Calvet和Sodini（2014）发现随着家庭未成年子女数量增加，家庭的风险态度由风险偏好逐渐变为风险厌恶，这使家庭金融资产组合中的风险资产份额下降。国内学者王子城（2016）有相似的发现，未成年子女数量的增加会显著降低父母投资风险金融资产的意愿。Grinstein-Weiss等（2008）认为家庭进入满巢期[①]阶段以后，考虑到未来子女数量增加而导致各种消费支出上升，家庭会具有积累财富的意愿，同时，家庭在对于金融资产的选择上相对保守，在资产组合的选取上，家庭更倾向于选择低风险或者无风险的资产（Guiso et al., 1996），而随着家庭未成年子女数量的增加，家庭积累财富的意愿更加强烈，家庭的金融资产组合中风险金融资产的份额逐渐减少（樊纲治和王宏扬，2015）。基于此，本章提出如下假设10.1。

假设10.1：未成年子女数量增加会显著降低家庭对风险金融市场的参与概率和参与深度。

（二）未成年子女数量与预防性储蓄关系的文献综述

家庭消费储蓄理论认为未成年子女数量与居民家庭的储蓄率之间具有相互替代作用，即家庭未成年子女数量越多，其储蓄会越少（Becker et al., 1973）。Samuelson（1969）指出预防性储蓄由两部分组成，一部分为养老保障，另一部分为应对子女数量增加导致的以后可能增加的花费。家庭存在"养儿防老"行为，

[①] 参考张恩碧等（2012），未婚子女与父母同住的家庭被称为满巢期核心家庭。6周岁及以下的子女与其父母同住的家庭处于满巢Ⅰ，7~12周岁的子女与其父母同住的家庭处于满巢Ⅱ，13周岁及以上（直至孩子离家）与其父母同住的家庭处于满巢Ⅲ。

即未成年子女数量越多,家庭用于以后养老保障的那部分预防性储蓄会越低;但同时,家庭考虑到未来的育儿支出增加,为提前准备以后子女花费的那部分预防性储蓄会增加。Wei 和 Zhang(2011)首次提出竞争性储蓄理论,该理论指出随着中国男女性别比例的失衡,有男孩的家庭为了提高男孩以后在婚姻市场中的竞争力而增加预防性储蓄;有女儿的家庭同样也会增加预防性储蓄,目的是增加其在婚恋市场中的"议价能力"。独旭和张海峰(2018)有相同的发现,他们指出在中国,未成年子女数量多的家庭预防性储蓄较高,原因在于中国父母需要给以后儿子结婚准备婚房、婚车和彩礼,从而增加预防性储蓄,而有女儿的家庭则需要为以后女儿结婚准备嫁妆从而增加预防性储蓄。Rosenzweig 和 Zhang(2014)指出随着房价暴涨,中国家庭为子女成年以后的结婚住房提供经济支持从而选择多储蓄,这将导致随着家庭未成年子女数量的增加,父母将会有预见地增加预防性储蓄。家庭总资产在一段时间内是固定的,预防性储蓄对风险金融资产存在挤出效应,即随着预防性储蓄的增加,风险金融市场参与将会显著减少(Leland et al.,1968)。因此,本章认为探究未成年子女数量对家庭风险金融市场参与的影响时,预防性储蓄是一个可能的机制。基于此,本章提出如下假设10.2。

假设10.2:未成年子女数量的增加会提高家庭的预防性储蓄水平从而显著降低家庭对风险金融市场的参与概率和参与深度。

(三)未成年子女数量与家庭工资性收入关系的文献综述

相关文献指出未成年子女数量增加会导致家庭父母照料需求增加,劳动时间减少,从而家庭收入降低。从母亲的劳动供给角度来看,於嘉和谢宇(2014)发现未成年子女数量增加会导致家庭中母亲照料需求增加,母亲的劳动时间减少,从而降低家庭收入(张川川,2011);从父亲的劳动供给角度来看,Pencavel(1986)认为未成年子女数量对父亲劳动供给的影响主要有两个方面,一方面,由于未成年子女数量的增加,家庭需要抚养的人口增加,作为"一家之主"的父亲必须更加努力工作,获得更高的收入和更好的职位,从而使家庭的未成年子女更好地生活下去;另一方面,随着未成年子女数量的增加,母亲所有的时间和精力都逐渐用在"在家带娃"上,已无力独立抚养更多的子女,此时,更多的子女必然要求父亲也付出一定的时间和精力用于"在家带娃",应付繁杂的家庭事务,因而未成年子女数量的增加不仅会减少父亲的劳动供给,也会影响父亲的工作效率和职业晋升,进而降低父亲收入和家庭收入,降低家庭持有风险金融市场参与的概率和深度(吕学梁和吴卫星,2017)。因此,本章认为工资性收入可能是解释未成年子女数量影响家庭风险金融资产投资的中介机制。基于此,本章提出如下假设10.3。

假设10.3:未成年子女数量的增加会减少父亲和母亲的工资性收入从而显著降低家庭对风险金融市场的参与概率和参与深度。

（四）未成年子女数量对家庭风险金融市场参与的异质性影响文献综述

不同地区之间、城镇和农村之间的经济发展程度有差异，育儿成本和生育观念也有区别（李子联，2016），收入和社会保障也不同。东部地区的家庭和城镇地区的家庭考虑到房价、消费水平和育儿成本更高，未成年子女数量增加使家庭预防性储蓄动机更强（王军和詹韵秋，2021）；东部地区的家庭和城镇家庭更加重视子女的质量，而未成年子女数量增加使母亲的照料需求增加得更多，从而母亲的工资性收入减少得更多（段志民，2016），因此未成年子女数量对家庭风险金融市场参与的影响可能在不同地区之间、城镇和农村之间存在异质性。同时，当今社会"考公""考编"的人数剧增，体制内的工作成为"金饭碗"，出现这种现象的原因在于，与体制外的工作相比，体制内员工的工作和收入相对稳定，女性因生育子女而失业的这种可能性很小（吴愈晓等，2015），家庭收入风险更小，家庭对风险金融资产的需求较高（Franke et al.，2004），因而家庭户主及其配偶是否在体制内工作对未成年子女数量影响家庭风险金融市场参与可能存在异质性。除此之外，祖辈帮助父辈隔代抚养孙辈在中国传统家庭抚育过程中起着重要作用（Chen et al.，2011），家庭中的祖辈能帮助年轻父母照顾未成年子女，减少了父母养育未成年子女需要投入的时间，由此减弱了未成年子女数量增加对母亲参与劳动力市场的负向冲击，家庭的经济负担得到一定程度的减轻（邹红等，2018；García-Morán and Kuehn，2017），因而家庭是否存在隔代抚养现象对未成年子女数量影响家庭风险金融市场参与可能存在异质性。基于此，本章提出如下假设10.4。

假设10.4：未成年子女数量对家庭风险金融市场参与的抑制作用在东部地区、城镇、户主及其配偶工作单位在体制外、不存在隔代抚养的家庭更强。

第二节 家庭人口结构影响家庭风险金融市场参与的实证设计

一、数据来源与处理

本章主要使用西南财经大学中国家庭金融调查与研究中心的 CHFS 2015 数据[①]来对本章的假设进行验证。CHFS 数据质量高，拒访率较低，在全国、省级和副省级城市都具有代表性（甘犁等，2012），该调查访问了 29 个省（自治区、直辖市）的 37 289 个居民家庭，提供包括家庭实物与金融资产配置、财富与负债状况、

[①] 2017 年 CHFS 数据中风险偏好态度变量仅询问了新受访用户，以及在构建户主和家庭层面的变量时，控制变量的数据缺失而无法满足实证需求。

收入和消费、投资观念以及家庭人口构成等详细家庭金融信息。其中，2015 年 CHFS 数据详细调查了家庭子女信息，包括未成年子女数量、户主年龄、户主性别和户主的婚姻状况等，这为探查未成年子女数量对家庭风险金融市场参与的影响提供了良好的数据基础。除 CHFS 数据以外，本章从各地级市的年度统计公报和统计年鉴中得到地区生产总值和年末金融机构存款余额，并通过计算得出人均地区生产总值。

数据处理方面，本章剔除了家庭净资产或收入小于 0 的异常样本。同时，考虑到主要变量存在缺失值可能会导致回归偏差，本章剔除了主要变量存在缺失值的样本①，除此之外，本章的核心解释变量不考虑未成年子女数量为 0 的情况，所以本章还剔除了未成年子女数量为 0 的家庭样本。考虑到极端观测值会使本章的实证回归产生较大偏差，本章对关键变量（家庭负债、家庭净资产和家庭收入②）数据进行了 1% 的双边截尾处理。另外，《中华人民共和国民法典》规定，女子结婚不得早于 20 周岁，男子结婚不得早于 22 周岁，故样本中剔除了女性户主年龄小于 20 周岁、男性户主年龄小于 22 周岁的家庭，最终获得 10 539 个样本数据。实证部分主要使用 2015 年 CHFS 数据，在稳健性检验中，本章替换了家庭风险金融市场参与的代理变量，用股票市场的参与概率和参与深度替换家庭风险金融资产市场的参与概率和参与深度，还分别用 2011 年、2013 年和 2017 年的 CHFS 截面数据进行稳健性检验。

二、变量选择与说明

（一）被解释变量：家庭风险金融市场参与

本章参考尹志超等（2015c）将家庭风险金融市场参与变量分为四个变量：家庭风险金融市场参与概率、家庭股票市场参与概率、家庭风险金融市场参与深度和家庭股票市场参与深度。参照 CHFS 数据的调查问卷内容，家庭风险金融市场参与概率和家庭股票市场参与概率用家庭当年是否参加风险金融市场和股票市场表示，当家庭当年参加风险金融市场和股票市场时取值为 1，否则取值为 0；本章的家庭风险金融市场参与深度和家庭股票市场参与深度分别用样本家庭持有的风险金融资产总价值占家庭金融资产总价值的比重和样本家庭持有的股票资产总价值占家庭金融资产总价值的比重表示，数学表达式分别为家庭风险金融市场参与深度=家庭风险金融资产总价值/家庭金融资产总价值、家庭股票市场参与

---

① 剔除存在缺失值的变量包括家庭收入、是否有负债、风险态度等。
② 为避免投资风险金融资产获得的收入与风险金融市场参与之间互为因果的内生问题，本章参照尹志超等（2015c）的做法，使用 CHFS 数据库中总的家庭收入减去投资性收入，并取对数作为家庭收入控制变量。

深度=家庭股票资产总价值/家庭金融资产总价值。根据 CHFS 数据的调查问卷内容，家庭风险金融资产包含常见的风险金融资产，如股票、基金和互联网理财产品，并进一步将家庭投资的公司债券、金融债券和金融衍生品也纳入家庭风险金融资产，尹志超等（2015c）指出投资者持有非人民币资产和黄金也存在一定的投资风险，因此本章的家庭风险金融资产也包括了非人民币资产和黄金。

（二）核心解释变量：家庭未成年子女数量

《中华人民共和国民法典》规定的成年年龄为 18 周岁，父母有义务对其未成年子女进行抚养，因此本章的未成年子女数量指的是样本家庭中未满 18 周岁的子女数量。

（三）控制变量

本章的实证模型需要控制对家庭风险金融市场参与产生影响的其他变量，以此来避免由遗漏变量导致的内生性问题，本章参照尹志超等（2015c）、刘雪颖和王亚柯（2021）选取的控制变量主要包括家庭、户主以及地区三个层面。①家庭层面的控制变量，具体包括家庭净资产、家庭收入、家庭是否有负债[①]、家庭成员健康状况[②]、家庭是否拥有自有住房[③]、家庭是否经营工商业。②户主层面的控制变量，具体包括户主风险规避、户主风险偏好[④]、户主性别[⑤]、户主年龄[⑥]，考虑到户主年龄可能对家庭风险金融市场参与产生非线性影响，进一步加入户主年龄的平方项；户主的受教育程度[⑦]和婚姻状况[⑧]均会对家庭风险金融市场参与产生影响（周钦等，2015），因此本章家庭户主层面的控制变量也包括户主受教育程度和户主婚姻状况；Hsiao 和 Tsai（2018）将金融素养定义为投资者能正确运用金融

---

① 将样本中没有负债的家庭赋值为 0，有负债的家庭赋值为 1。
② 本章参考刘雪颖和王亚柯（2021），样本中的家庭成员健康状况用家庭中健康状况差的人数表示。
③ 将样本中没有住房的家庭赋值为 0，有住房的家庭赋值为 1。
④ 2015 年 CHFS 数据的调查问卷内容中有一个关于家庭风险态度的问题：如果有一笔资产，您愿意选择哪种投资项目：1. 高风险、高回报的项目；2. 略高风险、略高回报的项目；3. 平均风险、平均回报的项目；4. 略低风险、略低回报的项目；5. 不愿意承担任何风险。本章参考宗庆庆等（2015）以及刘雪颖和王亚柯（2021）的处理方法，将问题答案选择为 1 和 2 的家庭定义为风险偏好家庭，赋值为 1；将问题答案选择为 3 的家庭定义为风险中性家庭，赋值为 2；将问题答案选择为 4 和 5 的家庭定义为风险规避家庭，赋值为 3。
⑤ 户主为女性赋值为 0，户主为男性赋值为 1。
⑥ 本章把样本限制在户主年龄为 20~65 周岁的家庭，原因如下：《中华人民共和国民法典》规定，男子结婚不得早于 22 周岁，女子结婚不得早于 20 周岁，本章剔除了户主年龄小于 20 周岁的家庭，65 周岁以上老年人由于其风险规避程度较高，更少参与风险金融市场，故剔除 65 周岁以上老年家庭样本。
⑦ 参照刘雪颖和王亚柯（2021）的做法，将调查问卷中户主学历为大专及以上赋值为 1，否则为 0。
⑧ 户主未婚赋值为 0，户主已婚赋值为 1。

知识对其金融资产组合进行有效配置的能力，并指出金融素养[①]会对家庭风险金融市场参与产生促进作用，因此本章家庭户主层面的控制变量也包括户主金融素养。③除了家庭层面和户主层面的控制变量，本章还包括了东部、中部、西部三个地区的地区变量[②]。关于区域层面的控制变量的选取，本章选取城市金融发展水平变量，即用家庭所在城市金融机构年末贷款余额与地区生产总值之比来控制宏观层面的经济金融水平，同时为了避免其他因素影响，还控制了省份固定效应。

（四）机制变量

1. 预防性储蓄

现金和存款流动性相对较强，可以用来抵御各种不确定性。因此，参考刘雪颖和王亚柯（2021），本章选用的预防性储蓄代理变量为现金和存款总值（活期存款和定期存款之和）在家庭金融资产中的比重，即预防性储蓄=（现金+存款）/家庭金融资产总价值。

2. 工资性收入

未成年子女数量会导致父亲（Pencavel，1986）和母亲（於嘉和谢宇，2014）照料需求增加，从而减少家庭劳动供给，降低家庭收入，本章分别将家庭父母的工资性总收入以及父亲和母亲各自的工资性收入作为中介机制变量，探讨未成年子女数量如何影响家庭风险金融市场参与。

三、描述性统计

主要变量描述性统计如表 10.2 所示，可以看出，样本中参与风险金融市场和股票市场的家庭比例分别为 20.6% 和 12.1%，这表明中国家庭的风险金融市场参与率和股票市场参与率都相对不高，存在较为严重的风险金融市场"有限参与"现象。家庭风险金融市场参与深度和家庭股票市场参与深度都较低，分别仅为 15.6% 和 4.6%。从户主特征变量来看，户主为男性的家庭占总样本的比例为 78.1%，可

---

① 2015 年 CHFS 数据中涉及个体关于金融素养水平高低的三个问题，主要有投资风险认知、通货膨胀计算、利率理解三个方面，本章借鉴尹志超等（2014）的衡量方法，个体每回答对一个问题计 1 分，答错计为 0 分，将个体的最终得分进行加总（0~3 分），用个体的最终得分衡量个体的金融素养水平，最终得分为 3 分的个体金融素养水平最高，最终得分为 0 分的个体金融素养水平最低。

② 参照国家统计局划分标准，本章将 CHFS 数据中涉及的 29 个省（自治区、直辖市）根据家庭所在省（自治区、直辖市）划分为东部、中部、西部三个地区，其中，东部地区赋值为 1，包括海南、广东、福建、江苏、浙江、上海、辽宁、山东、河北、天津、北京；中部地区赋值为 2，包括江西、安徽、湖南、湖北、河南、黑龙江、山西、吉林；西部地区赋值为 3，包括宁夏、青海、甘肃、内蒙古、四川、重庆、云南、广西、陕西、贵州。

见家庭户主以男性为主。户主年龄均值为 45.49 岁,正值"青壮年"。在所有样本家庭中,受过大专及以上高等教育的户主比例仅为 26.4%,整体受教育程度相对不高。从家庭层面变量来看,在所有样本家庭中,投资的风险态度为风险规避的家庭占比高达 64.3%,表明大部分家庭投资的风险态度是风险规避型。家庭中健康状况差的人数平均值仅为 0.342,说明在所有样本家庭中,大部分家庭成员身体健康。此外,家庭去除财产性收入后的平均收入约为 7.925 万元,净资产均值约为 83.87 万元。在所有样本家庭中,38.8%的家庭拥有负债,超过样本家庭的 1/3,拥有负债的家庭较为常见。在所有样本家庭中,拥有住房的家庭占比高达 85.7%,即大部分人拥有自有住房。

表 10.2 主要变量描述性统计

变量	样本量	均值	标准差	最小值	最大值
家庭风险金融市场参与概率	10 539	0.206	0.405	0	1
家庭股票市场参与概率	10 539	0.121	0.326	0	1
家庭风险金融市场参与深度	10 539	0.156	0.290	0	1
家庭股票市场参与深度	10 539	0.046	0.165	0	1
家庭未成年子女数量	10 539	1.335	0.633	1	6
户主风险规避	10 539	0.643	0.479	0	1
户主风险偏好	10 539	0.119	0.324	0	1
家庭收入	10 539	7.925	8.770	0	75
家庭净资产	10 539	83.870	121.200	0	958.300
家庭是否有负债	10 539	0.388	0.487	0	1
家庭是否拥有自有住房	10 539	0.857	0.350	0	1
家庭成员健康状况	10 539	0.342	0.681	0	5
家庭是否经营工商业	10 539	0.229	0.420	0	1
户主性别	10 539	0.781	0.413	0	1
户主年龄	10 539	45.490	10.410	20	65
户主受教育程度	10 539	0.264	0.441	0	1
户主婚姻状况	10 539	0.954	0.209	0	1
户主金融素养	10 539	0.114	0.318	0	1
城市金融发展水平	10 539	1.248	0.393	0.769	2.710

四、模型设定

考虑到家庭风险金融市场参与概率是二值变量,参考刘雪颖和王亚柯(2021),本章通过使用 Probit 模型来探究家庭未成年子女数量作为核心解释变量对家庭风险金融市场参与的影响。

$$\text{risk\_may}_i = 1, \text{Child\_quan}_i + \beta\lambda_i + \gamma Z_i + \theta_i > 0 \qquad (10.1)$$

其中，risk_may_i 为二值变量，表示样本中的家庭是否参与风险金融市场和股票市场（参与赋值为 1，否则赋值为 0）；Child_quan_i 表示家庭未成年子女数量变量；λ_i 表示控制变量矩阵，主要为家庭、户主以及地区三个层面特征变量和城市金融发展水平变量；Z_i 表示省份控制变量。

鉴于家庭持有风险金融资产总价值占家庭金融资产总价值的比重的取值为 (0,1)，并且为截断的非连续值，参考周广肃等（2020），本章通过使用 Tobit 模型来探究家庭未成年子女数量作为核心解释变量对家庭金融资产中风险金融资产占比的影响。

$$\text{risk\_dep}^*_{it} = \alpha_1 \text{Child\_quan}_{it} + \beta\lambda_{it} + \gamma Z_{it} + \theta_{it} \qquad (10.2)$$

$$\text{risk\_dep}_i = \max(0, \text{risk\_dep}^*_i) \qquad (10.3)$$

其中，risk_dep 表示样本家庭金融资产中风险金融资产占比的观测值；risk_dep^*_{it} 表示不可观测的家庭风险金融资产占比潜变量；θ_{it} 表示扰动项，假设其服从正态分布。

第三节 家庭人口结构影响家庭风险金融市场参与的实证分析

一、家庭未成年子女数量影响家庭风险金融市场参与的基准分析

在模型（10.1）和模型（10.2）的基础上，利用二值变量选择 Probit 模型和 Tobit 模型，分别检验家庭未成年子女数量对家庭风险金融市场参与概率和参与深度的影响，如表 10.3 所示。从表 10.3 第（1）～（3）列可知，在依次控制了家庭层面、户主层面以及城市金融发展水平等变量后，家庭未成年子女数量增加显著降低家庭风险金融市场参与概率，边际效应系数分别为 –9.8%、–7.3% 和 –4.2%，并且均在 1% 统计水平上显著，即家庭未成年子女数量每增加一个人，家庭风险金融市场参与概率分别下降 9.8%、7.3% 和 4.2%。从表 10.3 第（4）～（6）列可知，在依次控制了家庭层面、户主层面以及城市金融发展水平等变量后，家庭未成年子女数量增加显著降低家庭风险金融市场参与深度，边际效应系数分别为 –6.3%、–4.4% 和 –1.9%，并且均在 1% 统计水平上显著，即家庭未成年子女数量每增加一个人，家庭风险金融市场参与深度分别下降 6.3%、4.4% 和 1.9%。

表 10.3 基准分析：家庭未成年子女数量对家庭风险金融市场参与的影响

变量	Probit 家庭风险金融市场参与概率			Tobit 家庭风险金融市场参与深度		
	(1)	(2)	(3)	(4)	(5)	(6)
家庭未成年子女数量	−0.098***	−0.073***	−0.042***	−0.063***	−0.044***	−0.019***
	(−12.768)	(−10.645)	(−6.642)	(−11.225)	(−9.338)	(−5.521)
户主风险规避		−0.086***	−0.047***		−0.053***	−0.021***
		(−12.346)	(−6.913)		(−11.745)	(−5.985)
户主风险偏好		0.060***	0.053***		0.037***	0.026***
		(6.638)	(6.133)		(6.565)	(6.351)
家庭收入		0.004***	0.002***		0.002***	0.000*
		(9.520)	(5.223)		(7.738)	(1.862)
家庭净资产		0.001***	0.067***		0.000***	0.037***
		(16.307)	(19.404)		(18.954)	(19.540)
家庭是否有负债		0.020***	0.005		0.008**	−0.000
		(3.116)	(0.818)		(2.060)	(−0.116)
家庭是否拥有自有住房		−0.033***	−0.064***		−0.018***	−0.033***
		(−3.862)	(−7.092)		(−3.091)	(−7.264)
家庭成员健康状况		−0.036***	−0.009		−0.027***	−0.007**
		(−5.887)	(−1.604)		(−6.798)	(−2.511)
家庭是否经营工商业		−0.028***	−0.024***		−0.018***	−0.014***
		(−3.596)	(−3.323)		(−3.704)	(−3.950)
户主性别			−0.025***			−0.014***
			(−3.683)			(−4.114)
户主年龄			0.008***			0.005***
			(2.983)			(3.624)
户主年龄的平方			−0.009***			−0.005***
			(−3.070)			(−3.580)
户主受教育程度			0.097***			0.049***
			(14.384)			(13.275)
户主婚姻状况			0.015			0.012
			(0.918)			(1.427)
户主金融素养			0.077***			0.032***
			(10.031)			(9.129)

续表

变量	Probit			Tobit		
	家庭风险金融市场参与概率			家庭风险金融市场参与深度		
	(1)	(2)	(3)	(4)	(5)	(6)
截距项			−4.036 (−1.152)			−2.358 (−1.147)
城市金融发展水平	是	是	是	是	是	是
省份固定效应	是	是	是	是	是	是
观测值	10 539	10 539	10 539	10 539	10 539	10 539
R^2	0.080	0.251	0.305	0.058	0.200	0.241

注：表中回归结果已转换成边际效应；括号内为经家庭层面聚类调整的 t 值

*、**、*** 分别代表在 10%、5% 以及 1% 水平上显著

从家庭特征变量回归结果看，与风险规避的家庭相比，风险态度为风险偏好的家庭风险金融市场参与概率和参与深度显著增加，本章结论与 Guiso 等（2008）一致。与没有负债的家庭相比，拥有负债的家庭的风险金融市场参与意愿高，原因可能在于持有负债的家庭风险态度多为风险偏好。与以往文献研究结论一致（刘雪颖和王亚柯，2021），家庭收入水平显著增加了家庭风险金融市场参与概率。家庭是否经营工商业对家庭风险金融市场参与的影响都显著为负，这可能是由于经营工商业的家庭劳动收入风险较大，而劳动收入风险显著降低家庭风险金融市场参与概率（Franke et al., 2004）。家庭拥有自有住房显著降低家庭风险金融市场参与概率和参与深度，这可能是由于房产价值相对比较高，大部分家庭以按揭贷款的形式购买，每个月需要还贷款，几乎没有"闲钱"投资风险金融资产，即房产对风险金融资产存在挤出效应（Heaton and Lucas, 2000）。不仅如此，房产通常具有投资品属性（陈永伟等，2015），而住房作为一种风险投资品会显著挤出家庭其他风险金融资产投资，这与陈选娟和林宏妹（2021）的研究结果一致。与 van Rooij 等（2011）的研究一致，户主金融素养显著提高家庭风险金融市场参与概率。此外，家庭的不健康人数越多，可以预计的未来的医疗花费越多，家庭的预防性储蓄动机越强，从而显著降低家庭风险金融市场参与概率和参与深度。

除了家庭特征变量回归结果，表 10.3 还展示了户主特征变量的回归结果，回归结果显示，家庭风险金融市场参与存在性别差异，与户主为女性的家庭相比，户主为男性的家庭风险金融市场参与概率显著降低，与沈悦和余若涵（2021）的研究结果一致，原因可能是男性比女性的风险厌恶程度高（周广肃和梁琪，2018）。与大部分学者的研究结论一致，户主年龄与家庭风险金融市场参与存在倒"U"形关系，这表明投资者的风险金融市场参与意愿随着年龄增长先增大后减小（尹志超等，2015c）。户主受教育程度显著促进家庭风险金融市场参与，这可能是因

为受教育程度越高,学习能力越强,信息搜集成本越低,同时其金融素养也越高(尹志超等,2014)。本章与陈选娟和林宏妹(2021)的研究结果一致,户主婚姻状况对家庭风险金融市场参与概率和参与深度没有显著影响。

二、家庭未成年子女数量影响家庭风险金融市场参与的机制分析

前文理论分析表明,家庭未成年子女数量增加会通过提高家庭预防性储蓄和减少父母亲的工资性收入,从而降低家庭风险金融市场参与概率和参与深度。本章选取预防性储蓄和父母亲的工资性收入两个指标作为中介变量,通过建立中介效应模型进行机制分析,验证家庭未成年子女数量对家庭风险金融市场参与的中介效应。

(一)预防性储蓄机制

表10.4为预防性储蓄作为中介机制的回归结果。第(1)列为以预防性储蓄作为被解释变量的OLS回归结果,结果显示在控制了其他因素后,家庭未成年子女数量对预防性储蓄的边际效应系数在5%水平上显著为正。这说明相比于未成年子女数量少的家庭,未成年子女数量多的家庭显著增加了预防性储蓄。第(2)列和第(4)列为不加中介变量的回归结果,第(3)和第(5)列为加入预防性储蓄中介变量的回归结果,回归结果表明,在分别以家庭风险金融市场参与概率和参与深度为被解释变量时,在模型(10.1)和模型(10.2)中,在以家庭未成年子女数量为核心解释变量的基础上加入预防性储蓄这个中介变量时,边际系数绝对值分别从4.2%下降到3.3%、1.9%下降到1.3%,家庭未成年子女数量的回归系数在1%水平上显著为负,作为中介机制变量的预防性储蓄的回归系数为负,而且是在1%的水平上显著,这说明家庭未成年子女数量增加通过提高预防性储蓄从而降低了家庭风险金融市场参与概率和参与深度,即预防性储蓄是家庭未成年子女数量影响家庭风险金融市场参与概率和参与深度的重要机制,假设10.2得证。

表10.4 预防性储蓄机制

变量	OLS	Probit		Tobit	
	预防性储蓄	家庭风险金融市场参与概率		家庭风险金融市场参与深度	
	(1)	(2)	(3)	(4)	(5)
家庭未成年子女数量	0.010**	−0.042***	−0.033***	−0.019***	−0.013***
	(2.539)	(−6.642)	(−5.771)	(−5.521)	(−4.497)
预防性储蓄			−0.272***		−0.170***
			(−46.004)		(−48.332)
Sebal值		22.10%		39.55%	

续表

变量	OLS	Probit		Tobit	
	预防性储蓄	家庭风险金融市场参与概率		家庭风险金融市场参与深度	
	(1)	(2)	(3)	(4)	(5)
控制变量	是	是	是	是	是
R^2	0.155	0.305	0.457	0.241	0.540
观测数	10 539	10 539	10 539	10 539	10 539

注：与基准回归相同的户主层面、家庭层面、地区层面的控制变量以及截距项均已控制；表中回归结果已转换成边际效应；括号内为经家庭层面聚类调整的 t 值；均已控制省份固定效应

、*分别代表在5%、1%水平上显著

（二）工资性收入机制

表10.5和表10.6为父母亲的工资性总收入以及父母亲各自的工资性收入分别作为中介机制的回归结果。回归结果显示，在控制了其他的影响因素后，表10.5第（1）~（3）列和表10.6第（1）~（3）列分别以母亲的工资性收入、父母亲的工资性总收入和父亲的工资性收入作为被解释变量，然后用家庭未成年子女数量对母亲的工资性收入、父母亲的工资性总收入和父亲的工资性收入进行回归，回归的边际效应系数在1%水平上显著为负。结果表明，相比于未成年子女数量少的家庭，未成年子女数量多的家庭，父母亲各自工资性收入以及父母亲工资性总收入显著降低。分别以家庭风险金融市场参与概率和参与深度为被解释变量，基于模型（10.1）和模型（10.2），在以家庭未成年子女数量为核心解释变量的基础上，分别加入母亲的工资性收入和父母亲的工资性总收入作为中介变量，边际系数绝对值分别从4.2%下降到4.0%、3.7%，1.9%下降到1.8%、1.6%，家庭未成年子女数量的回归系数在1%水平上显著为负，母亲的工资性收入以及父母亲的工资性总收入的回归系数分别在1%和5%的水平上显著为正，说明家庭未成年子女数量增加通过降低父母亲的工资性总收入（主要是母亲的工资性收入）从而降低了家庭风险金融市场参与概率与参与深度，即父母亲的工资性总收入（主要是母亲的工资性收入）是家庭未成年子女数量影响家庭风险金融市场参与概率与参与深度的重要机制，假设10.3得证。

表10.5 工资性收入机制（家庭风险金融市场参与概率）

变量	OLS			Probit			
	母亲的工资性收入	父母亲的工资性总收入	父亲的工资性收入	家庭风险金融市场参与概率			
	(1)	(2)	(3)	(4)	(5)	(6)	(7)
家庭未成年子女数量	−0.582***	−0.540***	−0.382***	−0.042***	−0.040***	−0.037***	−0.042***
	(−8.100)	(−7.114)	(−5.071)	(−6.642)	(−6.345)	(−5.727)	(−6.647)

续表

变量	OLS			Probit			
	母亲的工资性收入	父母亲的工资性总收入	父亲的工资性收入	家庭风险金融市场参与概率			
	(1)	(2)	(3)	(4)	(5)	(6)	(7)
母亲的工资性收入					0.010***		
					(4.918)		
父母亲的工资性总收入						0.002**	
						(2.255)	
父亲的工资性收入							0.001
							(0.871)
Sebal 值					8.54%	9.70%	
控制变量	是	是	是	是	是	是	是
R^2	0.200	0.233	0.232	0.305	0.2663	0.262	0.261
观测数	10 539	10 539	10 539	10 539	10 539	10 539	10 539

注：与基准回归相同的户主层面、家庭层面、地区层面的控制变量以及截距项均已控制，表中回归结果已转换成边际效应，括号内为经家庭层面聚类调整的 t 值；均已控制省份固定效应

、*分别代表在 5%、1%水平上显著

表10.6 工资性收入机制（家庭风险金融市场参与深度）

变量	OLS			Tobit			
	母亲的工资性收入	父母亲的工资性总收入	父亲的工资性收入	家庭风险金融市场参与深度			
	(1)	(2)	(3)	(4)	(5)	(6)	(7)
家庭未成年子女数量	−0.582***	−0.540***	−0.382***	−0.019***	−0.018***	−0.016***	−0.019***
	(−8.100)	(−7.114)	(−5.071)	(−5.521)	(−5.222)	(−4.584)	(−5.573)
母亲的工资性收入					0.005***		
					(4.792)		
父母亲的工资性总收入						0.001**	
						(2.490)	
父亲的工资性收入							0.001
							(1.380)
Sebal 值					10.81%	11.20%	
控制变量	是	是	是	是	是	是	是
R^2	0.200	0.233	0.232	0.241	0.220	0.217	0.215
观测数	10 539	10 539	10 539	10 539	10 539	10 539	10 539

注：与基准回归相同的户主层面、家庭层面、地区层面的控制变量以及截距项均已控制，表中回归结果已转换成边际效应，括号内为经家庭层面聚类调整的 t 值；均已控制省份固定效应

、*分别代表在 5%、1%水平上显著

在分别以家庭风险金融市场参与概率和参与深度为被解释变量时，基于模型（10.1）和模型（10.2），在以家庭未成年子女数量为核心解释变量的基础上加入父亲的工资性收入这个中介变量，边际系数绝对值没有下降，说明没有证据表明父亲的工资性收入是家庭未成年子女数量影响家庭风险金融市场参与概率与参与深度的重要机制。

本章参考 Baron 和 Kenny（1986），通过百分位 Bootstrap 方法①验证中介效应。未成年子女数量对家庭风险金融市场参与概率和参与深度的中介效应分析结果如表 10.7 所示。结果显示，在用预防性储蓄和母亲的工资性收入两个变量作为机制探究家庭未成年子女数量对家庭风险金融市场参与概率和参与深度的影响时，95%的置信区间分别为[−0.026, −0.013]、[−0.031, −0.015]、[−0.011, −0.003]和[−0.014, −0.006]，均不包括 0，预防性储蓄和母亲的工资性收入的中介效应都很显著。因此，预防性储蓄和母亲的工资性收入是家庭未成年子女数量影响家庭风险金融市场参与概率及参与深度的两个重要机制。不仅如此，在家庭未成年子女数量对家庭风险金融市场参与概率和参与深度的影响机制中，相比于母亲的工资性收入，预防性储蓄的中介机制影响更大，分别占总效应的 22.10%和 39.55%，母亲的工资性收入分别占总效应的 8.54%和 10.81%。

表 10.7　家庭未成年子女数量对家庭金融风险市场和股票市场参与的中介效应分析

变量	效应类型	标准误	P	95%置信区间		占总效应比例
				下限	上限	
家庭未成年子女数量与家庭风险金融市场参与概率	预防性储蓄	0.004	0.000	−0.026	−0.013	22.10%
	母亲的工资性收入	0.004	0.000	−0.031	−0.015	8.54%
家庭未成年子女数量与家庭风险金融市场参与深度	预防性储蓄	0.002	0.000	−0.011	−0.003	39.55%
	母亲的工资性收入	0.002	0.000	−0.014	−0.006	10.81%

三、家庭未成年子女数量影响家庭风险金融市场参与的异质性分析

（一）基于地区分组的异质性分析

不同地区的经济发展程度有差异，育儿成本和生育观念也有区别（李子联，

---

① Bootstrap 方法的核心思想在于通过计算机再抽样来构造自助样本和 Bootstrap 分布，Bootstrap 分布既包含了总体数据的信息，也包含了统计量抽样分布的信息，基于自助样本，它不断计算估计值，并最终得到相对可靠的结果。相比于一般的统计方法，Bootstrap 方法的优点在于不需要对总体分布作任何假设，如样本不服从正态分布和样本容量 n 很小等。在一些分布假设太牵强或计算公式太难推导的情况下，Bootstrap 方法就为我们提供了一种有效解决问题的方法。

2016),因此家庭未成年子女数量对家庭风险金融市场参与的影响可能存在区域异质性。本章将样本按照家庭所在区域,分为东部、中部、西部地区三组,分别探究家庭未成年子女数量对家庭风险金融市场参与的影响在不同地区之间的异质性,如表10.8所示,回归结果已转换成边际效应。

表 10.8 异质性:东部、中部、西部

变量	Probit			Tobit		
	家庭风险金融市场参与概率			家庭风险金融市场参与深度		
	(1)	(2)	(3)	(4)	(5)	(6)
	东部	中部	西部	东部	中部	西部
家庭未成年子女数量	−0.055***	−0.026***	−0.039***	−0.027***	−0.010*	−0.015***
	(−5.227)	(−2.611)	(−3.481)	(−4.647)	(−1.889)	(−2.828)
控制变量	是	是	是	是	是	是
R^2	0.250	0.198	0.206	0.205	0.169	0.179
观测值	5003	3238	2298	5003	3238	2298

注:与基准回归相同的户主层面、家庭层面、地区层面的控制变量以及截距项均已控制,表中回归结果已转换成边际效应,括号内为经家庭层面聚类调整的 t 值;均已控制省份固定效应

*、***分别代表在10%、1%水平上显著

实证结果显示,在东部、中部、西部地区,家庭未成年子女数量对家庭风险金融市场参与概率和参与深度均有显著负向作用,并且相对于中部、西部地区家庭而言,东部地区家庭这种负向作用更强。原因可能是东部地区的房价、消费水平和育儿成本更高,家庭未成年子女数量增加使家庭预防性储蓄动机更强(王军和詹韵秋,2021);东部地区家庭更加重视子女的质量,而家庭未成年子女数量增加使母亲的照料需求增加得更多,母亲的工资性收入减少得更多(段志民,2016),从而东部地区家庭未成年子女数量增加对家庭风险金融市场参与概率和参与深度的抑制作用更强;而家庭未成年子女数量对家庭风险金融市场参与的抑制作用在西部地区家庭大于中部地区家庭,可能是因为西部地区家庭收入和社会保障相对有限,随着家庭未成年子女数量的增加,家庭预期以后未成年子女数量增加而导致的消费性支出会显著提高(王军和詹韵秋,2021),在维持家庭正常性消费支出后没有"闲钱"用于风险金融资产投资。因此,相比中部地区,家庭未成年子女数量增加对家庭风险金融市场参与概率和参与深度的抑制作用在西部地区更加明显。

(二)基于城镇农村分组的异质性分析

城镇、农村的收入和社会保障水平不同,育儿成本和生育观念有所差异,家

庭风险金融市场参与概率和参与深度可能也有所不同,因此在城镇和农村,家庭未成年子女数量对家庭风险金融市场参与概率和参与深度的影响可能存在异质性。本章根据户口所在地将样本家庭分为城镇和农村两组,验证家庭未成年子女数量对家庭风险金融市场参与概率和参与深度的影响存在的异质性。实证结果如表 10.9 所示,回归结果已转换成边际效应。

表 10.9 异质性:城镇农村

变量	Probit		Tobit	
	家庭风险金融市场参与概率		家庭风险金融市场参与深度	
	(1)	(2)	(3)	(4)
	城镇	农村	城镇	农村
家庭未成年子女数量	−0.054***	−0.016***	−0.031***	−0.004**
	(−3.274)	(−3.489)	(−3.145)	(−2.133)
控制变量	是	是	是	是
R^2	0.203	0.219	0.194	0.179
观测值	4309	6166	4309	6166

注:与基准回归相同的户主层面、家庭层面、地区层面的控制变量以及截距项已控制,表中回归结果已转换成边际效应,括号内为经家庭层面聚类调整的 t 值;均已控制省份固定效应

、*分别代表在 5%、1%水平上显著

实证结果显示,在城镇和农村地区,家庭未成年子女数量对家庭风险金融市场参与概率和参与深度均有显著负向作用,并且相对于农村地区家庭而言,城镇地区家庭负向作用更强。原因可能是相对于农村地区家庭而言,城镇地区家庭的消费水平更高,导致育儿成本更高,家庭未成年子女数量增加使家庭预防性储蓄动机更强;除此之外,城镇地区家庭可能更加关注未成年子女的教育质量,而家庭未成年子女数量增加使母亲照料需求增加得更多,母亲的工资性收入减少得更多,因此城镇地区家庭未成年子女数量增加对家庭风险金融市场参与概率和参与深度的抑制作用更强。

(三)基于工作单位性质分组的异质性分析

当今社会"考公""考编"的人数剧增,体制内的工作成为"金饭碗",出现这种现象的原因在于,与体制外的工作相比,体制内的员工工作和收入相对稳定,女性因生育子女而带来的工作丢失的可能性很小,对风险金融资产的需求较高(Franke et al.,2004)。因而家庭户主及其配偶是否在体制内工作对家庭未成年子女数量影响家庭风险金融市场参与可能存在异质性。参考邹红等(2018),本章将父母至少有一方工作单位是"政府部门、国有企业和事业单位"的家庭设定

为"体制内"组,其余工作单位的家庭为"体制外"组,异质性回归结果如表10.10所示。

表 10.10　异质性:是否体制内工作

变量	Probit		Tobit	
	家庭风险金融市场参与概率		家庭风险金融市场参与深度	
	(1)	(2)	(3)	(4)
	体制内	体制外	体制内	体制外
家庭未成年子女数量	−0.041	−0.038***	−0.021	−0.029***
	(−1.346)	(−6.348)	(−0.702)	(−4.567)
控制变量	是	是	是	是
R^2	0.198	0.226	0.151	0.212
观测值	1727	8734	1727	8734

注:与基准回归相同的户主层面、家庭层面、地区层面的控制变量以及截距项均已控制,表中回归结果已转换成边际效应,括号内为经家庭层面聚类调整的 t 值;均已控制省份固定效应

***代表在1%水平上显著

工作单位性质的异质性回归结果表明,与体制内家庭相比,家庭未成年子女数量对体制外家庭风险金融市场参与产生了更显著的抑制作用。与体制内的工作相比,体制外的员工工作不稳定,收入波动比较大,风险厌恶较强,预防性储蓄动机较强,同时女性因生育子女而带来的工作丢失的可能性更大(邹红等,2018)。因此,当家庭未成年子女数量增加时,体制外家庭母亲的工资性收入减少得较多,显著降低体制外家庭风险金融市场参与概率和参与深度。

(四)基于是否存在隔代抚养分组的异质性分析

祖辈帮助父辈隔代抚养孙辈在中国传统家庭抚育过程中起着重要作用,家庭中的祖辈能帮助年轻父母照顾未成年子女,减少了父母养育未成年子女需要投入的时间,由此减弱了家庭未成年子女数量增加对母亲参与劳动力市场的负向冲击,家庭的经济负担得到一定程度的减轻。因而家庭是否存在隔代抚养现象对未成年子女数量影响家庭风险金融市场参与可能存在异质性。参考 García-Morán 和 Kuehn(2017),本章根据家庭成员中是否存在隔代抚养现象(家庭是否有60岁以上的老年人同住),将样本划分为"家庭存在隔代抚养"和"家庭不存在隔代抚养"两组,家庭是否存在隔代抚养的异质性分析结果如表10.11所示。

表 10.11 异质性：家庭是否存在隔代抚养

变量	Probit		Tobit	
	家庭风险金融市场参与概率		家庭风险金融市场参与深度	
	(1)	(2)	(3)	(4)
	存在隔代抚养	不存在隔代抚养	存在隔代抚养	不存在隔代抚养
家庭未成年子女数量	−0.006	−0.053***	−0.001	−0.041***
	(−0.557)	(−7.146)	(−0.094)	(−5.158)
控制变量	是	是	是	是
R^2	0.275	0.262	0.245	0.215
观测值	1751	8739	1719	8739

注：与基准回归相同的户主层面、家庭层面、地区层面的控制变量以及截距项已控制，表中回归结果已转换成边际效应，括号内为经家庭层面聚类调整的 t 值；均已控制省份固定效应

***代表在1%水平上显著

回归结果表明，对于存在隔代抚养的家庭，家庭未成年子女数量的增加对家庭风险金融市场参与的抑制作用不显著；而对于不存在隔代抚养的家庭，家庭未成年子女数量对家庭风险金融市场参与的抑制作用显著。这可能是由于，当家庭存在隔代抚养时，家庭的未成年子女有老人帮着照顾，从而减少了父母照顾子女须花费的时间，家庭中母亲的工资性收入受影响较小，预防性储蓄动机相对较弱，家庭未成年子女数量的增加对家庭风险金融市场参与的抑制作用不显著。对于不存在隔代抚养的家庭，父母需要牺牲个人工作时间和精力照料未成年子女（主要是牺牲母亲的工作时间和精力），母亲工作时间减少得比较多，从而母亲的工资性收入减少较多，因此，对于不存在隔代抚养的家庭，家庭未成年子女数量对家庭风险金融市场参与的抑制作用显著。

四、内生性处理与稳健性检验

（一）内生性处理

1. 基于 IV 的内生性处理

家庭未成年子女数量对家庭风险金融市场参与产生影响的同时，风险金融市场参与概率和参与深度比较高的家庭可能财产性收入比较高，因而更有经济条件生育更多的子女（靳永爱，2016），即家庭未成年子女数量与家庭风险金融市场参与之间可能存在反向因果问题。此外，还可能存在同时影响家庭未成年子女数量和家庭风险金融市场参与的遗漏变量，引起内生性偏差。因此，本章使用 IV 回归缓解内生性问题。

在当今的中国社会，家庭可能并非随机选择居住社会，而是考虑到自己的经济状况，优先选择交通更加便利、教育和医疗资源更好的居住社区，这将使社区居住出现群分效应（Liu et al.，2014），即具有相似经济状况的家庭聚集在同一社区（Manski，1993）。而家庭生育的未成年子女数量与家庭经济状况已经出现明显的正相关性（靳永爱等，2016），因此，同一社区家庭的子女数量具有一定的一致性[①]，为缓解遗漏变量和反向因果导致的内生性问题，本章参考尹志超等（2020b）的做法，选取同一社区其他家庭的平均未成年子女数量作为本家庭未成年子女数量的IV，通过两阶段IV Probit模型和IV Tobit模型进行估计。同一社区其他家庭的平均未成年子女数量与该家庭的未成年子女数量具有相关性，而同一社区其他家庭的平均未成年子女数量与该家庭的风险金融市场参与无关，近乎外生，所以同一社区其他家庭的平均未成年子女数量通过影响该家庭的未成年子女数量进而影响该家庭的风险金融市场参与概率和深度。DWH内生性检验的结果显示（表10.12），家庭未成年子女数量对家庭风险金融市场参与概率和参与深度的实证结果存在内生性，本章使用IV缓解内生性问题。IV两阶段估计结果如表10.12所示，第一阶段估计的F值为31.75，该结果大于临界值16.38（10%偏误水平）（Stock and Yogo，2005），同时IV的t值为15.16，因而不存在弱IV问题，说明本章所选取的IV有效。在IV估计结果中，家庭未成年子女数量对家庭风险金融市场参与概率和参与深度有显著抑制作用，与基准回归结果的影响方向相同，而回归系数变大，说明由于模型的内生性问题低估了家庭未成年子女数量增加对家庭风险金融市场参与概率和参与深度的抑制作用。

表10.12 IV估计

变量	IV Probit		IV Tobit	
	(1)	(2)	(3)	(4)
	家庭风险金融市场参与概率	家庭股票市场参与概率	家庭风险金融市场参与深度	家庭股票市场参与深度
Panel A：IV估计结果				
家庭未成年子女数量	−0.245***	−0.230***	−0.147***	−0.128***
	(−7.682)	(−6.684)	(−7.251)	(−6.538)
工具变量t值	15.16	15.16	15.16	15.16
DWH-F值	32.24	20.02	24.03	9.57
P值	0.000	0.000	0.000	0.000

[①] Akerlof（1980）发现在个体间的社会交往中，个体行为与同群体中其他个体的行为趋同，并定义为跟风效应或从众效应，家庭也会模仿群体中其他家庭的生育行为而产生跟风效应。

续表

变量	IV Probit		IV Tobit	
	(1)	(2)	(3)	(4)
	家庭风险金融市场参与概率	家庭股票市场参与概率	家庭风险金融市场参与深度	家庭股票市场参与深度
Panel B：IV 第一阶段估计结果				
同一社区其他家庭的平均未成年子女数量	0.471***	0.471***	0.471***	0.471***
	(15.033)	(15.033)	(15.033)	(15.033)
一阶段 F 值	31.75	31.75	31.75	31.75
控制变量	是	是	是	是
R^2	0.264	0.275	0.219	0.231
观测值	10 539	10 539	10 539	10 539

注：与基准回归相同的户主层面、家庭层面、地区层面的控制变量以及截距项在 Panel B 中均已控制，表中回归结果已转换成边际效应，括号内为经家庭层面聚类调整的 t 值

***代表在 1%水平上显著

如表 10.12 的第（1）列和第（2）列所示，在使用 IV 缓解内生性后，家庭未成年子女数量对家庭风险金融市场和股票市场的参与概率有显著负向作用，回归系数分别为–24.5%和–23.0%，且在 1%水平上显著，表明家庭未成年子女数量每增加一个，家庭风险金融市场和股票市场的参与概率分别降低 24.5%和 23.0%。如表 10.12 的第（3）列和第（4）列所示，在使用 IV 缓解内生性后，家庭未成年子女数量对家庭风险金融市场和股票市场的参与深度有显著负向作用，回归系数分别为–14.7%和–12.8%，且在 1%水平上显著，表明家庭未成年子女数量每增加一个，家庭风险金融市场和股票市场的参与深度分别降低 14.7%和 12.8%。与表 10.3 基准回归结果相比，使用 IV 后进行实证回归，如表 10.12 所示，家庭未成年子女数量对家庭股票市场参与和风险金融市场参与的影响没有明显的方向及显著性的变化，仍在经济意义和统计意义上显著，表明本章结果具有一定的稳健性。家庭未成年子女数量是解释中国家庭风险金融市场"有限参与"的重要因素，即家庭未成年子女数量增加显著抑制家庭风险金融市场参与，假设 10.1 得证。

2. 基于 Heckman 两阶段模型的内生性讨论

家庭生育决策导致家庭未成年子女数量存在自选择问题，为缓解自选择偏差问题，参考吴卫星等（2015）的研究方法，本章将使用 Heckman 两阶段模型对本章的实证结果进行检验。Heckman 两阶段模型有两个步骤：第一步，本章选择户主风险规避、户主风险偏好、家庭收入减去风险性收入、家庭净资产、家庭是否有负债、家庭是否拥有自有住房和同一社区其他家庭的平均未成年子女数量等因素对家庭是否生育 1 个以上孩子的内生决策问题进行修正并得到逆米尔斯比率

(inverse Mills ratio) λ；第二步将 λ 作为控制变量加入本章的回归方程，得到无偏估计结果。

第一步的 OLS 模型设定如式（10.4）和式（10.5）所示。risk_may$_i$ 是二值因变量，当家庭参与风险金融市场时 risk_may$_i$ 赋值为 1，否则赋值为 0；潜变量 risk_may$_i^*$ 影响 risk_may$_i$ 的取值；Child_quan 表示家庭未成年子女数量；η_i 表示影响家庭未成年子女数量的自变量；Z_i 表示控制变量；β_1、β_2 表示待估参数；θ_i 表示随机扰动项，并且服从标准正态分布。

$$\text{risk\_may}_i = 1, \quad \text{risk\_may}_i^* \geq 0 \tag{10.4}$$

$$\text{Child\_quan}_i = \beta_1 \eta_i + \beta_2 Z_i + \theta_i \tag{10.5}$$

第二步的方程如式（10.6）和式（10.7）所示，将 λ 作为控制变量加入式（10.7）的回归方程，式（10.6）表示样本发生了自选择，risk_dep$_i$ 表示样本中家庭金融资产中风险金融资产占比的观测值。式（10.7）中 W_i 表示控制变量矩阵；λ_i 表示逆米尔斯比率；δ_i 表示扰动项，服从正态分布；γ_1、γ_2、γ_3 表示待估参数。

$$\text{risk\_dep}_i = \begin{cases} \text{不可观测}, & \text{risk\_may}_i = 0 \\ \text{可观测}, & \text{risk\_may}_i = 1 \end{cases} \tag{10.6}$$

$$\text{risk\_dep}_i = \gamma_1 \text{Child\_quan} + \gamma_2 W_i + \gamma_3 \lambda_i + \delta_i \tag{10.7}$$

当回归模型（10.7）中待估参数 γ_3 不等于零时，表明样本存在自选择问题，本章通过 Heckman 两阶段模型计算得到无偏估计结果。如表 10.13 所示，λ 的估计系数在 1% 置信水平上显著不等于 0，说明样本存在选择偏误，证明了使用 Heckman 两阶段模型处理样本存在的选择偏误是合理的。Heckman 两阶段模型估计结果显示，本章基准实证结果具有一定的稳健性，即家庭未成年子女数量增加显著降低家庭风险金融市场参与概率和参与深度。

表 10.13 Heckman 两阶段模型估计结果

变量	OLS	Probit	
	(1)	(2)	(3)
	家庭未成年子女数量	家庭风险金融市场参与概率	家庭风险金融市场参与深度
户主风险规避	0.024*	−0.044***	−0.154***
	(1.710)	(−6.505)	(−5.866)
户主风险偏好	0.025	0.058***	0.213***
	(1.186)	(6.665)	(6.838)
家庭收入减去风险性收入	−0.000	0.002***	0.002**
	(−0.637)	(4.776)	(2.032)
家庭净资产	−0.000***	0.000***	0.001***
	(−3.595)	(11.507)	(12.762)

续表

变量	OLS	Probit	
	(1)	(2)	(3)
	家庭未成年子女数量	家庭风险金融市场参与概率	家庭风险金融市场参与深度
家庭是否有负债	0.001	0.004	−0.005
	(0.110)	(0.637)	(−0.199)
家庭是否拥有自有住房	−0.054***	−0.030***	−0.103***
	(−3.200)	(−3.603)	(−3.147)
家庭成员健康程度	0.042***	−0.004	−0.039*
	(3.913)	(−0.669)	(−1.735)
家庭是否经营工商业		−0.001	0.007
		(−0.084)	(0.253)
户主性别		−0.024***	−0.106***
		(−3.450)	(−4.177)
户主年龄		0.006**	0.028***
		(2.215)	(2.852)
户主年龄的平方		−0.006**	−0.028***
		(−2.135)	(−2.615)
户主受教育程度		0.035***	0.139***
		(17.983)	(18.325)
户主婚姻状况		0.019	0.104*
		(1.229)	(1.713)
户主金融素养		0.075***	0.236***
		(9.680)	(8.594)
同一社区其他家庭的平均未成年子女数量	0.527***		
	(16.904)		
常数项		−0.071**	−0.213*
		(−2.505)	(−1.897)
λ		0.607***	2.332***
		(6.740)	(6.579)
R^2	0.595	0.334	0.283
观测值	10 539	10 539	10 539

注：表中回归结果已转换成边际效应，括号内为经家庭层面聚类调整的 t 值

*、**、***分别代表在 10%、5%以及 1%水平上显著

3. 倾向评分匹配法

家庭生育决策导致家庭未成年子女数量存在自选择问题，为缓解自选择偏差问题，虽然前文运用 Heckman 两阶段模型缓解了自选择导致的内生性问题，但为了进一步巩固前述实证结果的可靠性，本章使用倾向评分匹配法对回归结果的稳健性再次予以检验。倾向评分匹配法通过最近邻匹配、半径匹配和核匹配三种匹配方法使具有不同未成年子女数量①的家庭之间不会存在显著差异，从而使家庭生育决策导致的自选择问题得到缓解，本章使用基准回归中所有的控制变量作为匹配变量进行实证分析。如表 10.14 所示，三种倾向评分匹配法的估计结果与本章表 10.3 的基准回归结果保持一致，这表明家庭未成年子女数量增加显著降低家庭风险金融市场和股票市场的参与概率和参与深度，本章实证结果稳健。

表 10.14 倾向评分匹配法

变量	最近邻匹配		半径匹配		核匹配	
	ATT	t 值	ATT	t 值	ATT	t 值
家庭风险金融市场参与概率	−0.036	−3.51	−0.137	−9.86	−0.037	−4.71
家庭股票市场参与概率	−0.030	−3.62	−0.090	−7.91	−0.017	−2.73
家庭风险金融市场参与深度	−0.008	−1.65	−0.056	−7.56	−0.010	−2.42
家庭股票市场参与深度	−0.007	−1.83	−0.035	−6.06	−0.006	−1.89

（二）稳健性检验

1. 替换被解释变量

用家庭股票市场的参与概率和参与深度替换家庭风险金融市场的参与概率和参与深度，然后使用 Probit 模型和 Tobit 模型分别考查家庭未成年子女数量对家庭股票市场的参与概率和参与深度的影响，回归结果如表 10.15 所示，边际系数显著为负，表明家庭未成年子女数量增加显著降低家庭股票市场的参与概率和参与深度，在使用 IV 缓解内生性后，家庭未成年子女数量增加依然显著降低家庭股票市场的参与概率和参与深度。以上分析表明，上述实证结果具有一定的稳健性。

---

① 在进行倾向评分匹配时，这里将样本分为两组，衡量标准是家庭未成年子女数量是否大于1，家庭未成年子女数量等于1的为控制组，大于1的为实验组。

表 10.15 替换被解释变量

变量	家庭股票市场参与概率		家庭股票市场参与深度	
	(1)	(2)	(3)	(4)
	Probit	IV Probit	Tobit	IV Tobit
家庭未成年子女数量	−0.040***	−0.230***	−0.061***	−0.128***
	(−6.739)	(−6.684)	(−11.529)	(−6.538)
一阶段 F 值		31.75		31.75
工具变量 t 值		15.16		15.16
DWH-F 值		20.02		9.57
P 值		0.000		0.000
控制变量	是	是	是	是
R^2	0.276	0.275	0.232	0.232
观测值	10 539	10 539	10 539	10 539

注：与基准回归相同的户主层面、家庭层面、地区层面的控制变量以及截距项均已控制，表中回归结果已转换成边际效应，括号内为经家庭层面聚类调整的 t 值；均已控制省份固定效应
***代表在1%水平上显著

2. 替换样本

本章另采用 2017 年、2013 年和 2011 年的 CHFS 数据来探究结果的稳健性。同时，用同一社区其他家庭的平均未成年子女数量作为 IV 来解决内生性问题，估计结果如表 10.16～表 10.18 所示，家庭未成年子女数量增加依然显著降低家庭风险金融市场和股票市场的参与概率和参与深度，这表明本章的实证结果具有一定的稳健性。

表 10.16 样本数据替换为 2017 年的 CHFS 数据

变量	家庭风险金融市场参与概率		家庭股票市场参与概率		家庭风险金融市场参与深度		家庭股票市场参与深度	
	(1)	(2)	(3)	(4)	(5)	(6)	(7)	(8)
	Probit	IV Probit	Probit	IV Probit	Probit	IV Probit	Probit	IV Probit
家庭未成年子女数量	−0.016**	−0.052**	−0.018**	−0.029**	−0.014**	−0.035**	−0.016**	−0.028**
	(−2.371)	(−5.293)	(−3.725)	(−3.700)	(−3.355)	(−3.767)	(−2.943)	(−3.708)
一阶段 F 值		260.58		260.58		260.58		260.58

续表

变量	家庭风险金融市场参与概率		家庭股票市场参与概率		家庭风险金融市场参与深度		家庭股票市场参与深度	
	(1)	(2)	(3)	(4)	(5)	(6)	(7)	(8)
	Probit	IV Probit	Probit	IV Probit	Probit	IV Probit	Probit	IV Probit
工具变量 t 值		−2.07		−2.07		−2.07		−2.07
DWH-F 值		40.57		20.94		21.17		18.15
P 值		0.039		0.039		0.039		0.039
控制变量	是	是	是	是	是	是	是	是
R^2	0.245	0.245	0.275	0.272	0.212	0.258	0.259	0.211
观测值	10 335	10 335	10 335	10 335	10 335	10 335	10 335	10 335

注：与基准回归相同的户主层面、家庭层面、地区层面的控制变量以及截距项均已控制，表中回归结果已转换成边际效应，括号内为经家庭层面聚类调整的 t 值；均已控制省份固定效应

**代表在 5%水平上显著

表10.17　样本数据替换为 2013 年的 CHFS 数据

变量	家庭风险金融市场参与概率		家庭股票市场参与概率		家庭风险金融市场参与深度		家庭股票市场参与深度	
	(1)	(2)	(3)	(4)	(5)	(6)	(7)	(8)
	Probit	IV Probit	Probit	IV Probit	Tobit	IV Tobit	Tobit	IV Tobit
家庭未成年子女数量	−0.041**	−0.261***	−0.033**	−0.280**	−0.031**	−0.195**	−0.028**	−0.225***
	(−5.792)	(−8.382)	(−5.632)	(−8.161)	(−5.928)	(−8.744)	(−5.284)	(−8.310)
一阶段 F 值		38.33		38.33		38.33		38.33
工具变量 t 值		17.63		17.63		17.63		17.63
DWH-F 值		53.29		56.83		36.21		31.69
P 值		0.000		0.000		0.000		0.000
控制变量	是	是	是	是	是	是	是	是
R^2	0.251	0.252	0.271	0.273	0.205	0.207	0.220	0.222
观测值	10 527	10 527	10 527	10 527	10 527	10 527	10 527	10 527

注：与基准回归相同的户主层面、家庭层面、地区层面的控制变量以及截距项均已控制，表中回归结果已转换成边际效应，括号内为经家庭层面聚类调整的 t 值

、*分别代表在 5%、1%水平上显著

表 10.18　样本数据更换为 2011 年的 CHFS 数据

变量	家庭风险金融市场参与概率		家庭股票市场参与概率		家庭风险金融市场参与深度		家庭股票市场参与深度	
	(1)	(2)	(3)	(4)	(5)	(6)	(7)	(8)
	Probit	IV Probit	Probit	IV Probit	Tobit	IV Tobit	Tobit	IV Tobit
家庭未成年子女数量	−0.032*	−0.265**	−0.042**	−0.307**	−0.029**	−0.149**	−0.023**	−0.173***
	(−2.409)	(−3.965)	(−2.789)	(−4.327)	(−3.120)	(−4.148)	(−2.439)	(−4.395)
一阶段 F 值		16.20		16.20		16.20		16.20
工具变量 t 值		10.99		10.99		10.99		10.99
DWH-F 值		11.00		13.63		9.16		9.98
P 值		0.000		0.000		0.000		0.000
控制变量	是	是	是	是	是	是	是	是
R^2	0.242	0.243	0.271	0.273	0.235	0.237	0.241	0.243
观测值	2950	2950	2950	2950	2950	2950	2950	2950

注：与基准回归相同的户主层面、家庭层面、地区层面的控制变量以及截距项均已控制，表中回归结果已转换成边际效应，括号内为经家庭层面聚类调整的 t 值

*、**、***分别代表在 10%、5%、1%水平上显著

五、结论与政策建议

基于 2015 年 CHFS 数据，本章使用 Probit 和 Tobit 模型研究了家庭未成年子女数量对家庭风险金融市场参与概率和参与深度的影响。实证回归结果显示，家庭未成年子女数量增加显著降低家庭风险金融市场参与概率和参与深度，在此基础上，本章进一步使用中介效应模型探究家庭未成年子女数量对家庭风险金融市场参与概率和参与深度的影响机制，结果表明，家庭未成年子女数量通过预防性储蓄和母亲的工资性收入的机制作用对家庭风险金融市场参与概率和参与深度产生影响，两个机制都显著且预防性储蓄的机制效应更大。并且家庭未成年子女数量对家庭风险金融市场参与概率和参与深度的抑制作用在城镇地区、东部地区、户主及其配偶在体制外工作、不存在隔代抚养的家庭中尤为明显。在使用 IV 缓解了反向因果问题和遗漏变量导致的内生性问题，以及使用 Heckman 两阶段模型和倾向评分匹配法缓解了样本自选择导致的内生性以后，实证结果依然稳健。在替换被解释变量和更换样本后，实证结果也依然稳健。

考虑到中国人口出生率和人口增长率持续低迷，人口老龄化加剧，同时青壮年劳动力急剧减少的现状，颁布一系列促进家庭生育的政策能够有效地缓解因人口结构变化给国家带来的不利影响。但与此同时，国家应该考虑到未成年子女数量的增加会给家庭风险金融市场参与带来负向效应。基于以上研究结论，本章提

出以下建议。

首先，家庭未成年子女数量通过预防性储蓄和母亲的工资性收入的机制作用对家庭风险金融市场参与概率和参与深度产生负向影响，所以国家在实施一系列促进家庭生育政策的同时，应针对未成年子女数量增加的家庭给予更多的家庭减税和其他补贴，与促进家庭生育政策配套的免费设施及服务也要尽快落实，从而缓解家庭因母亲的工资性收入减少给家庭带来的负面影响，降低家庭的预防性储蓄，进而缓解家庭未成年子女数量增加对家庭风险金融市场参与的抑制作用。

其次，基于预防性储蓄机制分析，需要进一步促进教育公平，缩小城乡地区间的教育资源和医疗资源的差距，有效降低家庭育儿成本。例如，推进学区房改革，落实中小学托管和课后作业辅导的责任，在农村以及西部地区兴建好的公立医院。从而缓解因家庭未成年子女数量增加而带来的较强的预防性储蓄动机，促进家庭风险金融市场参与，从而使投资者享受金融市场发展带来的红利，增强家庭的幸福感。另外，基于母亲的工资性收入机制分析，未成年子女数量多的家庭母亲的工资性收入减少得较多，显著抑制家庭风险金融市场参与。因此，为缓解家庭因母亲的工资性收入减少带来的不利影响，应进一步加快女性的劳动力市场改革，提高女性工作的稳定性，避免女性因生育而产生收入减少的情况。例如，政府可提高女性生育保险的普及率、延长产休假和育儿假等假期。同时，政府应该进一步加快个人和家庭信息收集工作，逐步建立和完善微观征信系统，并依此增加银行和保险等金融机构对未成年子女数量较多家庭的低息贷款，以缓解家庭未成年子女数量增加对母亲的工资性收入的负效应。

最后，家庭未成年子女数量增加对家庭风险金融市场参与的抑制作用在城镇地区、东部地区、户主及其配偶的工作在体制外、不存在隔代抚养的家庭中尤为明显，因此，国家在落实与促进家庭生育政策配套的免费设施及优惠服务时，可重点倾向于城镇地区、东部地区、户主及其配偶的工作在体制外、不存在隔代抚养的家庭，从而促使家庭更多参与风险投资，进而有利于微观层面上居民家庭金融资产组合实现帕累托改进，也使宏观层面上的国家金融市场得到更有效的发展。

第十一章 户主外地生活经历与家庭风险金融资产投资[①]

第一节 问题的提出与研究假设

一、问题的提出

随着经济体制改革和金融开放的深入推进,以股票市场为代表的中国资本市场取得了较大发展。根据上海证券交易所和深圳证券交易所(以下简称沪深交易所)的数据统计,2019年我国沪深交易所股票总市值合计59.29万亿元,位居世界第二。但是根据中国人民银行公布的数据,我国2019年社会融资规模增量累计25.58万亿元,其中,企业债券净融资为3.24万亿元,而非金融企业境内股票融资仅有0.35万亿元,两者之和与社会融资规模之比只有14.03%,可以看出我国目前的直接融资占比仍然非常低。我国的直接融资占比低有很多原因,从需求角度而言,与我国居民家庭的金融风险承担有关,徐舒和路晓蒙(2019)得出结论认为中国家庭住房资产占比很高,并且在低收益的金融资产上配置过多,高风险金融资产配置较少并且配置不够多样化,其中,不承担任何金融风险的家庭占比为46.2%。现代投资组合理论认为所有家庭均应该参与风险金融市场投资并持有一定比例[②]的风险金融资产(Merton,1969;Samuelson,1969),Haliassos和Bertaut(1995)认为在一定的假设条件[③]下只要股权溢价[④](equity premium)为正,那么家庭就应该持有股票资产。然而众多经验研究却发现,现实情况与经典风险金融资产配置模型并不完全一致,许多家庭并不愿意承担金融风险从而完全不持有以股票为代表的风险金融资产,这一现象被称为"股票市场有限参与之谜"或"不

[①] 本章内容是《户主外地生活经历与家庭风险金融资产投资》(杨碧云、杨雨佳、易行健等,《北京工商大学学报(社会科学版)》2022年第37卷第4期72~86页)的扩展修订稿。

[②] 风险金融资产的投资比例由投资者的风险偏好与风险金融资产的夏普比例共同决定(Merton,1969;Samuelson,1969)。

[③] 这两个假设条件如下:期望效应假设;非股票收入与股票收益不相关。

[④] Mehra和Prescott(1985)通过对美国1889~1978年的相关历史数据分析发现,股票的收益率减去无风险收益率得到的风险溢价接近6.2%,在期望效应函数的框架内要解释股权风险溢价需要很高的相对风险规避系数,这被称为"股权溢价之谜"。

参与股票市场之谜"（Guiso and Sodini，2013；Badarinza et al.，2016）。对于"股票市场有限参与之谜"国外学者主要从参与成本、市场摩擦、背景风险和居民特质等角度加以解释（Guiso and Sodini，2013），对于中国的"股票市场有限参与之谜"或扩展到"风险金融市场有限参与之谜"的问题国内外也进行了较多的研究，主要从市场摩擦及参与成本、背景风险、居民特质等角度进行研究（吕学梁和吴卫星，2017；吴卫星等，2014；Guiso et al.，2008），此外也有部分文献从经历的角度研究风险金融市场有限参与的问题，Knüpfer等（2017a）、周广肃等（2020）分别从萧条期间的劳动力市场经历、农村成长经历、上山下乡经历的角度研究了家庭风险金融资产投资问题，但是很少有研究从外地生活经历的角度探究其对家庭风险金融资产投资的影响及其背后的机制。

中国改革开放以来，伴随着社会经济的迅速发展，流动人口也快速增加。根据国家统计局公布的第七次全国人口普查数据，我国人户分离人口有49 276万人，其中，流动人口为37 582万人，与2010年相比，人户分离人口增长88.52%，流动人口增长69.73%。我国人口流动的趋势日益明显，流动人口规模进一步扩大。但是由于户籍制度的存在、就业市场不完善、保险体系不健全等原因，我国劳动力与人才流动目前还是存在较多障碍。为深入贯彻落实党的十九大精神，促进劳动力和人才社会性流动体制机制改革，2019年12月中共中央办公厅与国务院办公厅印发《关于促进劳动力和人才社会性流动体制机制改革的意见》，2020年3月30日发布了《中共中央 国务院关于构建更加完善的要素市场化配置体制机制的意见》。行为经济学的相关研究表明过去的经历会对个体的决策与行为产生影响（Hoff and Stiglitz，2016），那么人口流动是否会对家庭的风险金融资产投资产生影响呢？在有关外地生活经历的国内文献中，研究对象主要是国外留学群体和外出务工的农村劳动力（刘青等，2013；周广肃等，2017；徐超等，2017；尹志超等，2020b），而且很少涉及家庭风险金融资产投资。然而，伴随着人口流动性的增大，外出学习、工作与生活经历均可能对家庭的风险金融资产投资产生影响。

因此，本章基于2017年中国家庭金融调查数据具体研究了户主的外地生活经历（包括外地工作经历和外地学习经历）对家庭风险金融资产投资的影响及其机制。本章的主要贡献如下：①基于目前国内风险金融市场有限参与和人口流动性逐步增大的客观事实，以及国内有关外地生活经历与家庭风险金融资产投资的研究文献较少的现状，利用中国家庭金融调查数据深入探讨户主的外地生活经历对家庭风险金融资产投资的影响；②从互联网使用、社会互动、信息渠道的角度解释了为什么外地生活经历对风险金融市场的参与概率和参与程度均产生显著的正向影响；③根据户主是否有社会医疗保险、家庭是否面临借贷约束等进行异质性分析，户主的外地生活经历对风险金融资产投资的促进作用仅在户主有社会医疗保险、家庭没有借贷约束的样本中显著。

二、文献综述与研究假设

行为经济学的相关研究表明，过去的社会经历会对个体的偏好和认知产生持久的影响，从而影响个体的决策与行为（Hoff and Stiglitz，2016）。相关文献认为外地学习和生活经历对个体的认知与行为产生了重要影响，如 Carlson 和 Widaman（1988）研究发现，出国留学群体的国际政治关注度、跨文化兴趣和文化世界主义的水平高于对照组；与没有此类经历的学生相比，在大三之前具有在欧洲生活/旅行经历的学生往往表现出更高的政治关注度和跨文化兴趣。刘青等（2013）研究发现相较于本土人才，有留学经历或海外进修经历的企业主更加具有国际视野、更加注重研究开发投入，其中，留学人才更具有员工培训和市场调研意识。一些文献发现外地工作经历会对个体的创业行为产生显著影响，如周广肃等（2017）基于 2007 年中国家庭收入调查（Chinese Household Income Project Survey，CHIPS）的农村数据进行实证分析，并通过以村庄层面的早期农民工数量作为工具变量、按外出务工时间进行分组回归、剔除因主观因素返乡的农民工样本等方法尝试解决内生性问题，研究发现，与没有外出务工经历的农村居民相比，返乡农民工创业的概率更高。徐超等（2017）以除本人外本村有过外出务工经历的人口占比作为工具变量[①]，同样发现有外出务工经历的农民进行自主创业的概率更高。此外，外国留学经历与外地工作经历还会对个体的收入、消费与储蓄行为产生显著影响，如许家云等（2014）利用 Heckman 两阶段法进行实证分析，研究发现海外留学经历在中国会显著提高个人的工资收入。周建和杨秀祯（2009）指出近年来随着我国农民工大量出现以及电视、手机、网络等信息技术工具的普及，我国农村居民的消费习惯发生了巨大变化；城镇的示范性作用促进了农村消费水平的提高，而且农民工会对城镇居民较高的生活水平产生比较强烈的羡慕感，从而因为攀比效应进行不切实际的超前消费。岳希明和罗楚亮（2010）以家庭人均总消费和人均食品消费作为衡量贫困的福利指标，并以本村人口外出比例作为家庭是否为外出户、家庭外出劳动力数量的工具变量，研究发现农村劳动力外出打工提高了外出户的人均总消费和人均食品消费，从而显著降低了其贫困程度，而且随着外出时间越长，家庭的贫困发生率与加权贫困距下降得越显著。尹志超等（2020b）基于中国家庭追踪调查数据进行了实证研究，并通过以同一社区同一收入群体其他家庭的劳动力流动比例作为工具变量，以及处理效应模型与倾向评分匹配等尝试解决内生性问题，发现流动人口家庭为了应对收入波动、失业、医疗与健康等不确

---

① 该文首先通过在方程中引入本村创业人口占比变量，剔除了"工具变量通过影响其他人的创业行为，间接影响了考查对象选择创业的可能性"这一情况的影响；然后借鉴 Acemoglu 等（2003）、方颖和赵扬（2011）的方法进行了排他性检验，验证了"工具变量对农民自主创业的影响应只通过作用于个体外出务工经历方可实现"。

定性风险而积极进行预防性储蓄；农村家庭的人力资本投资和保险参与能有效降低劳动力流动对家庭储蓄率的影响。

目前国内外已有的相关研究发现外地学习经历和外地工作经历会对个体的认知、创业行为、消费与储蓄行为等产生显著影响，但是极少有研究从外地工作、学习与生活经历的角度去探究居民家庭的风险金融资产投资行为。户主作为家庭的主要决策者，其在外地工作、学习或生活一段时间后，这种经历会对他的认知与投资决策产生深刻的影响，进而会影响整个家庭的风险金融资产投资行为。基于上述文献回顾与分析，本章提出如下假设。

假设 11.1：户主的外地生活经历会显著促进家庭风险金融资产投资。

此外，也有一些文献认为外地学习经历和外地工作经历会显著提升个体的技能与能力。Kang（2014）、Amendola 和 Restaino（2017）认为留学经历有利于接触新文化、提高技能和能力、学习外语或增长知识。徐丹等（2019）研究发现，为期三个月以内的短期海外学习项目或旅行经历会对学生了解全球问题复杂性的能力、在全球背景下运用学科知识的能力、外语语言和文化能力、与来自其他文化背景的人合作的能力等均产生显著的正向影响。石智雷和杨云彦（2011）利用2010 年湖北恩施的专门针对回流劳动力的农户抽样调查数据进行研究，发现外出务工经历促进了农村劳动力的能力发展，具体体现在劳动力回流农村后的就业选择扩大、职业转换、农业生产效率提高、学习能力提高并积极采用新技术。这种学习能力的提高促进了互联网的使用与普及（刘宏和马文瀚，2017），户主在外地工作、学习和生活一段时间后，见识增加，其对新鲜事物的态度也随之潜移默化，再加上其学习能力的提高，从而使该户主使用互联网的可能性提高。随着互联网的不断发展与普及，互联网的使用对家庭的金融决策与行为产生了重要影响。已有研究表明家庭成员的外地生活经历会通过提高家庭使用互联网的概率进而显著促进家庭的总消费，互联网使用增加了家庭消费产品与服务的渠道，降低了交易成本，并通过网购使消费变得更加便捷，进而促进了家庭消费（张永丽和徐腊梅，2019）。刘宏和马文瀚（2017）研究发现互联网线上社会互动显著促进了家庭的证券投资参与，线上社会互动主要通过信息获取和社会性学习机制对家庭的证券投资参与发挥促进作用。周广肃和梁琪（2018）基于 2010 年和 2014 年的中国家庭追踪调查面板数据研究发现，互联网使用会通过降低股票的交易成本、降低家庭对实体金融机构的依赖、增强社会互动等降低金融市场的摩擦进而显著促进家庭的风险金融资产投资；通过异质性分析发现互联网使用对家庭风险金融资产投资的促进作用主要存在于非农户籍家庭。基于上述文献回顾与分析，本章提出如下假设。

假设 11.2：户主的外地生活经历会通过提高户主使用互联网的可能性进而显著促进家庭风险金融资产投资。

外地学习经历与外地工作经历还会对个体的社会互动产生重要影响，如石智雷和杨云彦（2011）认为外出务工有助于农村劳动力扩展社会网络，形成链接城乡信息流、物质流的社会纽带，从而改善农村劳动力的社会资本，为回流者在农村的发展带来更多的机会和更高的投资收益。徐超等（2017）从社会网络关系的角度探究了外出务工经历对返乡农民工创业的影响机制，研究发现外出务工经历有利于扩展农民工的社会网络关系，为其获取创业资源提供帮助，进而促进农民自主创业。彭积春等（2018）基于2014年中国家庭追踪调查数据，并利用双变量Probit模型、Tobit模型以及倾向评分匹配方法进行研究，发现外出务工经历有助于积累人力资本、技术以及外部社会网络，从而形成农户的隐性担保，使农户更容易获得非正规信贷。社会互动与人际沟通所传递的信息会对投资者决策产生非常重要的影响（Shiller and Pound，1989），已有研究表明社会互动会显著促进居民家庭的风险金融资产投资。Hong等（2004）通过构建模型和实证检验发现，与缺乏社会互动的家庭相比，当控制了财富、种族、教育和风险承受能力时，与邻居互动或参加教堂活动的家庭更有可能在股票市场上进行投资。李涛（2006a）用春节期间以各种形式给亲属、朋友和认识的人拜年的总人数以及居民对自己社会人际交往程度的主观评价作为社会互动的代理变量进行实证分析，发现积极的社会互动促进了居民的股票市场参与。郭士祺和梁平汉（2014）以社区拒访情况、红白喜事支出、通信支出作为社会互动的三个代理变量，研究发现社会互动会通过传递股票市场信息进而显著促进家庭的股票市场参与。户主在外地工作、学习和生活会接触到不同的人与新事物，这种经历有利于扩展社会网络，使该户主的社会互动增强，从而使该家庭的通信支出也会随着与外界的联系增加而增加。基于上述文献回顾与分析，本章提出如下假设。

假设11.3：户主的外地生活经历会通过增强家庭的社会互动进而显著促进家庭风险金融资产投资。

信息的获取对于家庭金融决策而言具有重要意义（Hong et al.，2004），一些文献研究发现外地学习经历和外地工作经历会显著影响个体的人力资本积累与金融知识水平。de Vreyer等（2010）利用2001年和2002年7个西非国家的城市家庭调查数据进行实证分析，并以社区内除该工人家庭以外的返乡移民占比、该工人15岁时父亲的职业作为工具变量[①]尝试解决内生性问题，研究发现从经济合作与发展组织国家返乡的移民的受教育程度、积极性、富裕程度要显著高于非移民。Wahba和Zenou（2012）基于1998年埃及劳动力市场调查数据进行实证分析，并

---

① 该文同时展示了两步法和最大似然估计的结果，发现两种估计方法得到了渐近等效结果，认为模型设定无误。根据工具变量法和过度识别检验的结果，该文认为研究结果保持稳健性，不会受遗漏变量偏误的影响。

通过剔除部分样本、使用双变量Probit模型以及用个体28岁时的实际国际油价[①]作为工具变量尝试解决潜在的内生性问题,研究发现与非移民相比,海外归国者更有可能成为企业家,迁移期间积累的人力资本和储蓄对海外归国者成为企业家至关重要。石智雷和杨云彦(2011)具体分析了外出务工经历对农村劳动力能力发展产生影响的途径,并指出能力发展主要通过人力资本、社会资本、经济资本和视野态度的改善等来实现。人力资本投资和金融知识的增加会提升个体搜集信息与分析信息的能力,拓宽个体获取经济金融相关信息的渠道,为家庭的金融决策提供依据,从而显著促进家庭的风险金融资产投资。在有关信息获取影响家庭投资决策的研究中,Hong等(2004)指出人们通过与邻居或熟人的互动获得大量信息进而促进股票市场参与。徐浩峰和侯宇(2012)研究发现当控制了过度自信的因素后,散户的交易与信息披露透明程度呈正相关关系。徐巍和陈冬华(2016)从交易量的角度考查了微博信息披露对不同类型投资者的影响,研究发现微博信息披露只对非大笔交易存在显著的正向影响,作者认为这是因为微博信息披露具有低成本、非重大的特点,与机构投资者相比其对个人投资者的交易行为影响更大。李晓鑫与曹红辉(2016)从理论和实证方面分析了信息披露与投资经验对众筹投资者羊群行为的影响,研究发现直接信息的披露和投资经验的积累是减少投资者非理性羊群行为、促进合理投资的有效途径。基于上述文献回顾与分析,本章提出如下假设。

假设11.4:户主的外地生活经历会通过拓宽户主获取经济金融相关信息的渠道进而显著促进家庭风险金融资产投资。

第二节 户主外地生活经历影响家庭风险金融资产投资的实证设计

一、数据来源与处理

本章使用的数据来自2017年的西南财经大学中国家庭金融调查与研究中心在全国范围内开展的CHFS。其中,2017年调查样本覆盖我国29个省(自治区、直辖市),355个县(区、县级市),1428个村(居)委会,样本规模为40 011户。由于CHFS数据库中只有2015年和2017年有外地生活经历的相关数据,而且2015年的统计口径与2017年的不一致[②],因此本章仅使用2017年的横截面数据。在

---

① 因为在这篇论文的样本中,移民的平均年龄为28岁,而且大多数埃及移民是迁移到海湾国家,那里对输入劳动力的需求与石油价格高度相关。

② 2015年的CHFS数据库中只有"去户籍省(自治区、直辖市)以外的其他地方工作的经历"数据,而2017年CHFS数据库统计的则是"去户籍省(自治区、直辖市)以外的其他地方生活或者工作的经历"。

数据处理方面，本章剔除了家庭总收入小于0、家庭人口规模大于10人以及关键变量存在缺失值①的样本。考虑到风险金融资产投资问题的特殊性②，本章还剔除了户主年龄小于18岁或大于80岁、外地生活经历时长存在异常值的样本。此外，本章还对家庭收入和家庭净资产进行了万分之五的双边缩尾处理。本章使用的最终数据样本包括31 516户家庭。

二、变量选取与说明

（一）被解释变量：家庭风险金融资产投资

CHFS定义的家庭金融资产包括：活期存款、定期存款、股票、基金、理财产品、债券、衍生品、非人民币资产、黄金、现金、借出款等。本章参照尹志超等（2014）的衡量口径，将股票、基金、金融债券、公司（企业）债券、金融衍生品、金融理财产品、黄金、非人民币资产划分为风险金融资产。本章选取了以下被解释变量：风险金融市场参与概率，以"是否参与风险金融市场"的虚拟变量表示；风险金融资产占比，以"风险金融资产占家庭金融资产的比重"表示，同时用此变量表示风险金融市场的参与程度。同时，本章还设置了股票市场参与概率和股票资产占比变量用于稳健性检验。

（二）关注解释变量：户主外地生活经历

本章的核心解释变量为户主外地生活经历（包括外地工作经历和外地学习经历），共有两个代理变量。一是"户主是否有外地生活经历"的虚拟变量，当该家庭的户主有外地生活经历时，对变量赋值为1，否则对变量赋值为0。具体包括两种情况：①户口所在地级市与常住地级市不一致时，现在仍居住在外地；②户口所在地级市与常住地级市一致时，在户口所在省（自治区、直辖市）以外其他地方有半年以上生活或者工作的经历。二是"户主的外地生活经历时长"变量，单位为年。

（三）机制变量

本章主要考虑如下三个机制变量，其具体衡量方法如下：①互联网使用，本章参考周广肃和梁琪（2018）的做法，以"户主是否使用互联网"作为互联网使

---

① 剔除存在缺失值的变量包括户主是否有外地生活经历、户主的外地生活经历时长、家庭收入、家庭净资产等。

② 根据《中华人民共和国证券法》和沪深交易所的相关规定，境内一般自然人投资者开立证券账户须年满十八周岁。

用情况的代理变量,具体根据问卷中"您使用过互联网吗?(若受访者上过网或会使用一些 APP 等,认为其使用过互联网)"这一问题构建虚拟变量,当户主回答使用过互联网时,对变量赋值为 1,否则对变量赋值为 0;②社会互动,本章参考郭士祺和梁平汉(2014)的做法,以"通信支出"作为社会互动的代理变量,具体根据问卷中"您家去年平均每个月使用电话、手机等通信费、有线电视费、上网费共有多少?"这一问题,计算得到家庭的年通信支出(单位:元),并取对数①作为回归模型中的机制变量;③信息渠道,本章以"户主关注财经类新闻的渠道数量"作为信息渠道机制的代理变量,具体包括财经类 APP、互联网与手机等网页浏览、电视报纸等传统媒介、参加财经类名人讲座、课程培训或论坛等其他渠道。

(四)控制变量

为缓解遗漏变量导致的内生性问题,本章在模型中加入尽可能多的控制变量。参照尹志超等(2014)的做法,本章主要控制以下变量:①家庭层面,收入②、净资产③、人口规模、少儿占比、老年人占比、是否拥有房产、是否从事工商业经营项目、是否为农村家庭④;②户主个人层面,年龄、年龄的平方、性别、婚姻状况、风险态度(风险厌恶和风险偏好)、健康状况、受教育程度、金融知识⑤等。其中风险态度以风险中性为基准组,设置风险厌恶和风险偏好两个虚拟变量。

三、描述性统计

全样本的描述性统计如表 11.1 所示,在 31 516 个家庭样本中,我国居民家庭的风险金融市场参与概率均值为 14%,风险金融资产占比均值为 7%,而股票市场参与概率均值为 10%,股票资产占比均值为 4%,说明我国居民家庭在风险金融资产投资方面存在"有限参与"的现象。从均值意义来看,户主有外地生活经历的家庭比重为 27%,平均每个家庭的户主其外地生活经历时长为 2.36 年,说明我国在劳动力与人才流动方面还存在较大的提升空间。此外,使用互联网的家庭占

---

① 由于部分家庭的年通信支出为 0,因此本章将所有样本家庭的年通信支出加上数值 1 后再取对数。

② 为了避免投资风险金融资产获得的收入与风险金融资产投资之间的反向因果问题,本章参照尹志超等(2015c)的做法,使用 CHFS 数据库中的家庭总收入减去投资性收入,并取对数作为"收入"控制变量。

③ 将净资产取对数作为控制变量。

④ 本章直接将 2017 年 CHFS 数据库中的 rural(农村的)变量设置为"农村家庭"虚拟变量。

⑤ 本章参照尹志超等(2014)的衡量方法,根据 2015 年和 2017 年 CHFS 问卷中个人对利率问题、通货膨胀问题、投资风险问题的回答情况构建金融知识变量,当受访者每答对一个问题时计 1 分,然后对该个体的金融知识得分进行加总。由于 2017 年的 CHFS 数据库中只有新受访户的数据,本章将 2015 年和 2017 年的金融知识变量进行合并。

比达到了52%，而信息渠道均值为0.44，社会互动变量均值为0.25万元。

表11.1 全样本的描述性统计

变量	样本量	均值	标准差	最小值	最大值
风险金融市场参与概率	31 516	0.14	0.35	0	1
风险金融资产占比	31 516	0.07	0.21	0	1
股票市场参与概率	31 516	0.10	0.30	0	1
股票资产占比	31 516	0.04	0.15	0	1
户主是否有外地生活经历	31 516	0.27	0.44	0	1
户主的外地生活经历时长	31 516	2.36	6.27	0	68
使用互联网	31 516	0.52	0.50	0	1
信息渠道	31 516	0.44	0.73	0	4
社会互动	31 516	0.25	0.31	0	12.00
收入	31 516	9.54	16.68	0	497.00
净资产	31 516	117.46	221.76	0.02	2 993.50
人口规模	31 516	3.20	1.49	1	10
少儿占比	31 516	0.10	0.16	0	0.80
老年人占比	31 516	0.31	0.39	0	1
是否拥有房产	31 516	0.91	0.29	0	1
是否从事工商业经营项目	31 516	0.15	0.36	0	1
是否为农村家庭	31 516	0.28	0.45	0	1
年龄	31 516	54.52	13.15	19	80
性别	31 516	0.80	0.40	0	1
婚姻状况	31 516	0.87	0.34	0	1
风险厌恶	31 516	0.65	0.48	0	1
风险偏好	31 516	0.10	0.30	0	1
健康状况	31 516	0.84	0.37	0	1
受教育程度	31 516	9.81	4.00	0	22
金融知识	31 516	0.48	0.62	0	3

四、模型设定

（一）Probit 模型

由于风险金融市场参与概率是虚拟变量，需要使用二值选择模型，本章通过 Probit 模型来分析户主外地生活经历对风险金融市场参与概率的影响。

$$\Pr(\text{risk}_{ij} = 1) = \Phi(\beta_0 + \beta_1 \text{move}_{ij} + \beta_2 X_{ij} + \beta_3 \text{City}_j) \tag{11.1}$$

其中，被解释变量 risk_{ij} 表示第 j 省（自治区、直辖市）i 家庭是否参与风险金融市场的虚拟变量；关注的解释变量 move_{ij} 是衡量户主外地生活经历的相关变量，具体包括户主是否有外地生活经历的虚拟变量、户主的外地生活经历时长；X_{ij} 表示家庭层面以及户主个人层面的相关控制变量；City_j 表示地级市虚拟变量，用来控制地级市层面的经济特征。此外，我们使用区县层面的聚类稳健标准误，以克服扰动项可能存在的相关性问题。

（二）Tobit 模型

中国家庭金融调查数据中的家庭风险金融资产占比为非负数值，故观测数据显示出截断的特征。本章通过 Tobit 模型来探究户主外地生活经历对家庭风险金融资产占比的影响。

$$\begin{aligned}\text{risk\_share}_{ij}^* &= \beta_0 + \beta_1 \text{move}_{ij} + \beta_2 X_{ij} + \beta_3 \text{City}_j + \mu_{ij} \\ \text{risk\_share}_{ij} &= \max(0, \text{risk\_share}_{ij}^*)\end{aligned} \tag{11.2}$$

其中，risk_share_{ij} 表示家庭风险金融资产占比的观测值；risk_share_{ij}^* 表示不可观测的家庭风险金融资产占比的潜变量；move_{ij} 表示衡量户主外地生活经历的相关变量；X_{ij} 表示家庭层面以及户主个人层面的相关控制变量；City_j 表示地级市虚拟变量，用来控制地级市层面的经济特征；μ_{ij} 表示扰动项。此外，我们也列出了区县层面的聚类稳健标准误。

第三节 户主外地生活经历影响家庭风险金融资产投资的实证分析

一、户主外地生活经历影响家庭风险金融资产投资的基准回归

（一）户主是否有外地生活经历对家庭风险金融资产投资的影响

本章在基准回归中以户主是否有外地生活经历、户主的外地生活经历时长作为关注解释变量，分别在 Probit 模型和 Tobit 模型中逐步加入家庭控制变量和户主控制变量，考查户主的外地生活经历对家庭风险金融资产投资行为的影响。表 11.2 中第（1）～（3）列为 Probit 模型估计结果，被解释变量为风险金融市场参与概率；第（4）～（6）列为 Tobit 模型估计结果，被解释变量为风险金融资产占比。由回归结果可知，随着逐步加入家庭控制变量和户主控制变量，户主有外

地生活经历对该家庭的风险金融市场参与概率和风险金融资产占比的影响均在1%的显著性水平下显著为正，说明在所有其他因素保持不变的情况下，户主有外地生活经历会显著促进家庭的风险金融资产投资。根据表11.2第（3）列和第（6）列的边际效应可知，与没有外地生活经历的家庭相比，户主有外地生活经历的家庭其参与风险金融市场的概率会提高1.64%，风险金融资产占比会增加0.66%。此外，大部分控制变量均显著地影响了家庭风险金融资产投资。其中，收入和净资产都与风险金融市场参与概率和风险金融资产占比显著正相关；而家庭控制变量中的人口规模、是否拥有房产、是否从事工商业经营项目、是否为农村家庭等对风险金融市场参与概率和风险金融资产占比的影响均显著为负。从户主的特征变量可以看出，年龄对风险金融市场参与概率和风险金融资产占比的影响均呈现出先升后降的倒"U"形关系，性别、风险厌恶对风险金融市场参与概率和风险金融资产占比均具有显著的负向影响，而风险偏好、受教育程度、金融知识等对风险金融市场参与概率和风险金融资产占比具有显著的正向影响。

表11.2 基准分析：是否有外地生活经历对家庭风险金融资产投资的影响

变量	风险金融市场参与概率（Probit）			风险金融资产占比（Tobit）		
	(1)	(2)	(3)	(4)	(5)	(6)
户主是否有外地生活经历	0.040 9***	0.021 4***	0.016 4***	0.021 1***	0.008 6***	0.006 6***
	(0.006 1)	(0.004 6)	(0.004 1)	(0.003 9)	(0.002 4)	(0.002 1)
收入		0.031 7***	0.018 7***		0.015 9***	0.009 3***
		(0.002 8)	(0.002 3)		(0.001 4)	(0.001 2)
净资产		0.071 4***	0.056 0***		0.036 0***	0.027 9***
		(0.002 6)	(0.002 3)		(0.001 4)	(0.001 3)
人口规模		−0.016 0***	−0.009 0***		−0.008 4***	−0.005 3***
		(0.002 0)	(0.002 0)		(0.001 0)	(0.001 0)
少儿占比		0.017 2	0.008 0		0.006 0	0.005 0
		(0.014 4)	(0.014 5)		(0.007 2)	(0.006 9)
老年人占比		−0.022 4***	0.012 8		−0.001 2	0.012 9***
		(0.005 7)	(0.007 9)		(0.002 9)	(0.003 8)
是否拥有房产		−0.128 5***	−0.109 5***		−0.061 9***	−0.052 6***
		(0.009 1)	(0.008 1)		(0.004 4)	(0.003 9)
是否从事工商业经营项目		−0.038 0***	−0.019 3***		−0.024 0***	−0.013 7***
		(0.005 8)	(0.005 6)		(0.002 8)	(0.002 7)
是否为农村家庭		−0.122 9***	−0.090 0***		−0.060 9***	−0.044 8***
		(0.009 9)	(0.009 1)		(0.004 8)	(0.004 4)

续表

变量	风险金融市场参与概率（Probit）			风险金融资产占比（Tobit）		
	(1)	(2)	(3)	(4)	(5)	(6)
年龄			0.009 9***			0.005 2***
			(0.001 2)			(0.000 6)
年龄的平方			−0.008 4***			−0.004 3***
			(0.001 1)			(0.000 5)
性别			−0.011 1**			−0.006 4***
			(0.004 3)			(0.002 0)
婚姻状况			0.009 6			0.005 5*
			(0.007 0)			(0.003 3)
风险厌恶			−0.029 8***			−0.014 7***
			(0.004 1)			(0.002 1)
风险偏好			0.054 0***			0.026 0***
			(0.005 7)			(0.002 8)
健康状况			0.008 9			0.003 9
			(0.006 3)			(0.002 9)
受教育程度			0.012 3***			0.005 8***
			(0.000 7)			(0.000 4)
金融知识			0.032 9***			0.014 2***
			(0.002 9)			(0.001 5)
地级市固定效应	是	是	是	是	是	是
观测数	30 152	30 152	30 152	31 516	31 516	31 516

注：该表格展示的是边际效应，括号内为区县层面的聚类稳健标准误；均已控制地级市固定效应

*、**、*** 分别表示 10%、5%、1%的显著性水平

（二）户主的外地生活经历时长对家庭风险金融资产投资的影响

如表 11.3 所示，第（1）～（3）列为 Probit 模型的估计结果，第（4）～（6）列为 Tobit 模型的估计结果。随着逐步加入家庭控制变量和户主控制变量，户主的外地生活经历时长对该家庭的风险金融市场参与概率和风险金融资产占比的影响均在1%的水平下显著为正，说明当一个家庭的户主在外地工作、学习和生活的时间越长时，该家庭参与风险金融市场的可能性就越高，且对风险金融资产的投资比例也越高。根据表 11.3 第（3）列和第（6）列的边际效应可知，户主的外地生活经历时长每增加 1%，该家庭参与风险金融市场的概率会提高 0.08%，风险金融资产占比会增加 0.04%。

表 11.3 基准分析：户主的外地生活经历时长

变量	风险金融市场参与概率（Probit）			风险金融资产占比（Tobit）		
	(1)	(2)	(3)	(4)	(5)	(6)
户主的外地生活经历时长	0.001 6***	0.001 0***	0.000 8***	0.000 9***	0.000 5***	0.000 4***
	(0.000 4)	(0.000 3)	(0.000 3)	(0.000 2)	(0.000 1)	(0.000 1)
家庭控制变量		是	是		是	是
户主控制变量			是			是
地级市固定效应	是	是	是	是	是	是
观测数	30 152	30 152	30 152	31 516	31 516	31 516

注：该表格展示的是边际效应，括号内为区县层面的聚类稳健标准误；控制变量与基准回归相同，且均已控制地级市固定效应

***代表在1%水平上显著

二、内生性处理与稳健性检验

（一）内生性处理

以户主是否有外地生活经历、户主的外地生活经历时长作为关注的解释变量可能会存在内生性问题。其一，去外地工作、学习和生活是自我选择行为，依赖自身特定的、不可观察的偏好，所以一些难以衡量的个体异质性（如人格特征、个人能力等）可能会同时影响家庭风险金融资产投资与外地工作、学习和生活决策，从而产生遗漏变量问题。其二，户主是否有外地生活经历、户主的外地生活经历时长可能存在衡量偏误。在这些情况下，估计结果可能是有偏的，因此本章采用工具变量法和最大似然估计以及剔除未返乡的子样本等方法尝试解决可能存在的内生性问题。

1. IV 估计

本章参考 Rozelle 等（1999）、de Vreyer 等（2010）、尹志超等（2020b）的做法，以社区外出生活氛围作为IV，具体包括社区内除该家庭以外的外地生活经历人数占比、社区内除该家庭以外的平均外地生活经历时长两个变量。本章所选的IV 基本满足相关性和外生性两个条件：一方面，社区中具有相似特征（如种族、教育程度、土地禀赋等）的群体成员之间存在相互影响（Araujo et al., 2010），社区内除该家庭以外的外地生活经历人数占比、社区内除该家庭以外的平均外地生活经历时长反映了整个社区的外出生活氛围，与单个家庭的外地工作、学习和生活决策密切相关，一般而言，社区中其他家庭的外地生活经历人数较多，外地生

活经历时长较长，那么受其他家庭的影响，本家庭户主也会选择去外地工作、学习和生活，并且其外地生活经历时长也会较长；另一方面，其他家庭的外地生活经历对于本家庭的风险金融资产投资行为而言是外生的，与影响家庭风险金融资产投资的不可观测因素无关。综上所述，选用这两个变量作为本章的 IV 具备理论可行性。

IV 回归结果如表 11.4 所示，Panel A 分别为以社区内除该家庭以外的外地生活经历人数占比、社区内除该家庭以外的平均外地生活经历时长作为 IV 的最大似然估计[①]结果，其中第（1）列和第（2）列为 IV Probit 模型估计结果，第（3）列和第（4）列为 IV Tobit 模型估计结果。由 Wald 检验的结果可知，四个模型均强烈拒绝不存在内生性的原假设，说明原模型存在内生性问题。在使用 IV 后，户主是否有外地生活经历、户主的外地生活经历时长对风险金融市场参与概率和风险金融资产占比的影响依然显著为正，与基准分析结果一致。而且相对于基准分析的边际效应，使用 IV 后，户主是否有外地生活经历、户主的外地生活经历时长的边际效应均有所增大。这可能是由于社区外出生活氛围对人们选择去外地工作、学习和生活的促进作用不是均质的，存在局部平均处理效应[②]。能力强（如交际能力、适应新环境的能力）、对新鲜事物接受程度高的人，更倾向于去外地工作、学习和生活，并且从外地工作、学习和生活经历中获得的收益更大，因此这类人去外地生活的可能性更容易受到社区外出生活氛围的影响。此处用 IV Probit 模型和 IV Tobit 模型估计出来的边际效应体现的是局部平均处理效应，是一个加权平均值，其中"能力强、对新鲜事物接受程度高"的家庭会占更大的权重，而不是基于样本的平均处理效应，因此 IV 估计得到的边际效应与基准回归的边际效应相比有所增大。Panel B 为 IV 第一阶段的估计结果，社区内除该家庭以外的外地生活经历人数占比、社区内除该家庭以外的平均外地生活经历时长与原内生解释变量显著正相关，而且根据弱 IV 检验的结果可知，第一阶段的 F 统计量均大于 10，说明这两个工具变量均不是弱 IV（Stock and Yogo，2005），满足了相关性的条件。

[①] 为了进一步检验研究结论的稳健性，本章还采用了有限信息最大似然估计以缓解可能存在的弱 IV 问题，结果显示基准分析的结论具有稳健性。一方面，由于本章在大样本的情况下，有限信息最大似然估计与两阶段最小二乘法是渐近等价的；另一方面，由于本章在每个方程中只有一个 IV，在恰好识别的情况下，广义矩估计等价于两阶段最小二乘法，因此本章使用最大似然估计为最佳（Rivers and Vuong，1988；陈强，2014）。

[②] Angrist 等（1996）、陈强（2014）分别对"局部平均处理效应"与"平均处理效应"进行了详细的讨论。

表 11.4 IV 回归：社区外出生活氛围

变量	风险金融市场参与概率（IV Probit）		风险金融资产占比（IV Tobit）	
	(1)	(2)	(3)	(4)
Panel A：最大似然估计结果				
户主是否有外地生活经历	0.7361***		0.0636***	
	(0.1833)		(0.0177)	
户主的外地生活经历时长		0.0295**		0.0032**
		(0.0142)		(0.0012)
家庭控制变量	是	是	是	是
户主控制变量	是	是	是	是
地级市固定效应	是	是	是	是
观测数	30 152	30 152	31 516	31 516
Wald 检验	11.27	3.01	10.81	5.24
（P 值）	(0.0008)	(0.0825)	(0.0010)	(0.0221)
Panel B：IV 第一阶段估计结果				
社区外出生活氛围	0.6220***	0.2495***	0.6127***	0.2451***
	(0.0248)	(0.0135)	(0.0250)	(0.0136)
第一阶段 F 统计量	598.735	322.424	598.735	322.424

注：该表格展示的是边际效应，括号内为区县层面的聚类稳健标准误；控制变量与基准回归相同，且均已控制地级市固定效应

、* 分别代表在 5%、1%水平上显著

2. 剔除内生性严重的子样本

部分户主可能由于个人能力（如交际能力、适应新环境的能力等）较强、对新鲜事物接受程度高，能够在新的城市长期立足，因此更倾向于选择去外地工作、学习和生活，而且在外地生活了一段时间后会继续留在外地，这些难以衡量的个体异质性可能会内生地导致户主选择去外地生活，并使其外地生活时间增长，而且能力强、对新鲜事物接受程度高的户主同时也更有可能参与风险金融市场并投资较大比例，从而产生遗漏变量问题。本章参考周广肃等（2017）的做法，剔除了户主还未从外地返回家乡的样本，并基于 Probit 模型和 Tobit 模型重新检验了户主是否有外地生活经历、户主的外地生活经历时长对家庭风险金融资产投资的影响，尝试从一定程度上缓解本章的内生性。剔除未返乡样本后的子样本估计如表 11.5 所示，第（1）列和第（2）列为 Probit 模型估计结果，第（3）列和第（4）列为 Tobit 模型估计结果。由回归结果可知，在剔除了未返乡的子样本后，户主是否有外地生活经历、户主的外地生活经历时长对其风险金融市场参与概率和风险金融资产占比仍具有显著的正向影响，与基准分析一致。

表 11.5 剔除未返乡样本后的子样本估计

变量	风险金融市场参与概率（Probit）		风险金融资产占比（Tobit）	
	(1)	(2)	(3)	(4)
户主是否有外地生活经历	0.026 4***		0.010 7***	
	(0.004 3)		(0.002 1)	
户主的外地生活经历时长		0.001 4***		0.000 6***
		(0.000 3)		(0.000 1)
家庭控制变量	是	是	是	是
户主控制变量	是	是	是	是
地级市固定效应	是	是	是	是
观测数	27 562	27 562	28 884	28 884

注：该表格展示的是边际效应，括号内为区县层面的聚类稳健标准误；控制变量与基准回归相同，且均已控制地级市固定效应
***代表在1%水平上显著

（二）稳健性检验

股票是目前我国居民家庭风险金融资产投资中的最主要的一项资产，因此本章使用"股票市场参与概率"和"股票资产占比"替换原有的被解释变量，并以社区内除该家庭以外的外地生活经历人数占比、社区内除该家庭以外的平均外地生活经历时长作为 IV 进行最大似然估计。稳健性检验结果如表11.6所示，在替换了被解释变量后，户主是否有外地生活经历、户主的外地生活经历时长均对家庭的股票市场参与概率和股票资产占比产生了显著的正向影响，与基准分析一致。

表 11.6 稳健性检验：股票资产投资

变量	股票市场参与概率（IV Probit）		股票资产占比（IV Tobit）	
	(1)	(2)	(3)	(4)
户主是否有外地生活经历	0.746 0***		0.046 5***	
	(0.191 4)		(0.014 4)	
户主的外地生活经历时长		0.035 7**		0.002 6***
		(0.014 2)		(0.000 9)
家庭控制变量	是	是	是	是
户主控制变量	是	是	是	是
地级市固定效应	是	是	是	是
观测数	28 549	28 549	31 516	31 516

注：该表格展示的是边际效应，括号内为区县层面的聚类稳健标准误；控制变量与基准回归相同，且均已控制地级市固定效应
、*分别代表在5%、1%水平上显著

三、户主外地生活经历影响家庭风险金融资产投资的机制分析

(一)影响机制:互联网使用

本章从互联网使用、社会互动、信息渠道三个角度来具体探究户主外地生活经历对家庭风险金融资产投资产生正向影响的机制,参考 Judd 和 Kenny(1981)、Baron 和 Kenny(1986)的做法,本章分两个阶段检验户主使用互联网的中介效应。考虑到互联网使用对户主的外地生活经历回归的 Probit 模型中可能存在遗漏变量问题和衡量偏误,本章首先用"互联网使用"虚拟变量分别对户主是否有外地生活经历、户主的外地生活经历时长进行以社区内除该家庭以外的外地生活经历人数占比、社区内除该家庭以外的平均外地生活经历时长作为 IV 进行 Probit 模型回归,其结果如表 11.7 第(1)列和第(2)列所示。当控制了家庭特征变量、户主特征变量以及地级市固定效应时,户主是否有外地生活经历、户主的外地生活经历时长均对互联网使用产生显著的正向影响。其次本章在控制关注解释变量的情况下,用被解释变量对互联网使用虚拟变量分别进行 IV Probit 模型和 IV Tobit 模型回归,结果如表 11.7 第(3)~(6)列所示。当控制了户主是否有外地生活经历、户主的外地生活经历时长时,互联网使用对家庭的风险金融市场参与概率和风险金融资产占比产生显著的正向影响。该回归结果表明互联网使用的中介效应显著,即验证了假设 11.2 的成立。

表 11.7 影响机制:互联网使用

变量	互联网使用 (IV Probit)		风险金融市场参与概率 (IV Probit)		风险金融资产占比 (IV Tobit)	
	(1)	(2)	(3)	(4)	(5)	(6)
户主是否有外地生活经历	0.725 1*** (0.150 0)		0.646 1*** (0.183 9)		0.053 1*** (0.016 6)	
户主的外地生活经历时长		0.041 3*** (0.011 2)		0.023 6* (0.014 0)		0.002 6** (0.001 1)
互联网使用			0.574 8*** (0.039 4)	0.611 4*** (0.034 9)	0.045 0*** (0.002 8)	0.045 9*** (0.002 6)
家庭控制变量	是	是	是	是	是	是
户主控制变量	是	是	是	是	是	是
地级市固定效应	是	是	是	是	是	是
观测数	31 516	31 516	30 152	30 152	31 516	31 516

注:该表格展示的是边际效应,括号内为区县层面的聚类稳健标准误;控制变量与基准回归相同,且均已控制地级市固定效应

*、**、*** 分别代表在 10%、5%、1%水平上显著

户主在外地工作、学习和生活一段时间后，见识增加，学习能力也得到提升，从而使该户主使用互联网的可能性也随之提高。互联网使用增加了家庭获取经济金融相关信息的渠道，降低了金融市场交易成本，并通过互联网金融为家庭提供更加完善的金融服务，进而促进了家庭的风险金融资产投资。

（二）影响机制：社会互动

类似地，本章分两个阶段检验家庭社会互动的中介效应。考虑到户主的外地生活经历和家庭社会互动之间可能存在反向因果关系，且原模型可能存在遗漏变量问题和衡量偏误，本章在表 11.8 的第（1）列和第（2）列展示了以社区内除该家庭以外的外地生活经历人数占比、社区内除该家庭以外的平均外地生活经历时长作为 IV 的 2 SLS（two stage least squares，两阶段最小二乘法）估计结果。当控制了家庭特征变量、户主特征变量以及地级市固定效应时，户主是否有外地生活经历对社会互动产生显著的正向影响。表 11.8 的第（3）～（6）列为 IV Probit 模型和 IV Tobit 模型估计结果，当控制了户主是否有外地生活经历、户主的外地生活经历时长时，社会互动对家庭的风险金融市场参与概率和风险金融资产占比产生显著的正向影响。该回归结果表明户主的外地生活经历会通过增加家庭的通信支出、增强家庭的社会互动进而显著促进家庭的风险金融资产投资，即验证了假设 11.3 的成立。

表 11.8 影响机制：社会互动

变量	社会互动（2 SLS）		风险金融市场参与概率（IV Probit）		风险金融资产占比（IV Tobit）	
	(1)	(2)	(3)	(4)	(5)	(6)
户主是否有外地生活经历	0.208 1** (0.096 4)		0.722 3*** (0.184 0)		0.062 7*** (0.017 6)	
户主的外地生活经历时长		0.011 6 (0.007 2)		0.028 5** (0.014 2)		0.003 1** (0.001 2)
社会互动			0.046 0*** (0.013 7)	0.053 0*** (0.013 7)	0.002 5** (0.001 1)	0.002 9*** (0.001 1)
家庭控制变量	是	是	是	是	是	是
户主控制变量	是	是	是	是	是	是
地级市固定效应	是	是	是	是	是	是
观测数	31 516	31 516	30 152	30 152	31 516	31 516

注：该表格展示的是边际效应，括号内为区县层面的聚类稳健标准误；控制变量与基准回归相同，且均已控制地级市固定效应

、* 分别代表在 5%、1%水平上显著

（三）影响机制：信息渠道

本章分两个阶段检验信息渠道的中介效应。考虑到一些难以衡量的个体异质性可能会同时影响户主的外地生活决策和户主关注财经类新闻的渠道，从而产生遗漏变量问题，本章首先用信息渠道分别对户主是否有外地生活经历、户主的外地生活经历时长进行以社区内除该家庭以外的外地生活经历人数占比、社区内除该家庭以外的平均外地生活经历时长作为工具变量的 2 SLS 估计。如表 11.9 所示，第（1）列和第（2）列为 2 SLS 估计结果，当控制了家庭特征变量、户主特征变量以及地级市固定效应时，户主是否有外地生活经历、户主的外地生活经历时长均对信息渠道产生显著的正向影响，说明与没有外地生活经历的家庭相比，当一个家庭的户主去外地工作、学习和生活了一段时间后，该户主关注财经类新闻的渠道数量也会显著增加，并且随着该家庭户主在外地生活的时间越长，其关注财经类新闻的渠道数量也会越多。如表 11.9 的第（3）～（6）列所示，当控制了户主是否有外地生活经历、户主的外地生活经历时长时，信息渠道对家庭的风险金融市场参与概率和风险金融资产占比产生显著的正向影响。该回归结果表明户主的外地生活经历会通过拓宽户主获取经济金融相关信息的渠道进而显著促进家庭的风险金融资产投资，即验证了假设 11.4 的成立。

表 11.9 影响机制：信息渠道

变量	信息渠道（2 SLS）		风险金融市场参与概率（IV Probit）		风险金融资产占比（IV Tobit）	
	(1)	(2)	(3)	(4)	(5)	(6)
户主是否有外地生活经历	0.184 4***		0.692 0***		0.057 7***	
	(0.071 1)		(0.183 7)		(0.016 9)	
户主的外地生活经历时长		0.017 9***		0.023 1		0.002 5**
		(0.005 1)		(0.014 2)		(0.001 1)
信息渠道			0.328 5***	0.347 7***	0.023 1***	0.023 3***
			(0.018 2)	(0.016 7)	(0.001 1)	(0.001 1)
家庭控制变量	是	是	是	是	是	是
户主控制变量	是	是	是	是	是	是
地级市固定效应	是	是	是	是	是	是
观测数	31 516	31 516	30 152	30 152	31 516	31 516

注：该表格展示的是边际效应，括号内为区县层面的聚类稳健标准误；控制变量与基准回归相同，且均已控制地级市固定效应

、* 分别代表在 5%、1%水平上显著

四、户主外地生活经历影响家庭风险金融资产投资的异质性分析

(一)是否有社会医疗保险的异质性

相关研究表明拥有医疗保险会显著促进家庭的风险金融资产投资(何兴强和李涛,2009;易行健等,2019)。本章根据 2017 年的 CHFS 问卷,将回答有城镇职工基本医疗保险、城镇居民基本医疗保险、新型农村合作医疗、城镇居民基本医疗保险、公费医疗等五种情况定义为有社会医疗保险。然后根据户主是否有社会医疗保险进行分组回归,结果如表 11.10 所示,户主是否有外地生活经历、户主的外地生活经历时长对家庭的风险金融市场参与概率和风险金融资产占比的促进作用只在户主有社会医疗保险的家庭样本中显著,而在户主没有社会医疗保险的家庭中不显著。我们认为这可能是因为受到户籍制度的限制,流动人口在外地获得的社会保障相对有限,因此流动人口家庭将面临更高的收入波动、健康和医疗等不确定性风险,有社会医疗保险的家庭可以在较大程度上降低家庭成员未来面临的健康风险,缓解家庭因为重症疾病而造成的收入与财富冲击。

表 11.10 异质性分析:是否有社会医疗保险

变量	风险金融市场参与概率(IV Probit)		风险金融资产占比(IV Tobit)	
	(1)	(2)	(3)	(4)
	有社会医疗保险	无社会医疗保险	有社会医疗保险	无社会医疗保险
Panel A:户主是否有外地生活经历				
户主是否有外地生活经历	0.806 5***	−0.243 6	0.069 6***	−0.004 9
	(0.181 2)	(0.445 8)	(0.017 9)	(0.000 0)
家庭控制变量	是	是	是	是
户主控制变量	是	是	是	是
地级市固定效应	是	是	是	是
观测数	28 280	1 359	29 591	1 925
Panel B:户主的外地生活经历时长				
户主的外地生活经历时长	0.032 6**	0.002 7	0.003 5***	0.000 5
	(0.014 6)	(0.030 2)	(0.001 3)	(0.000 0)
家庭控制变量	是	是	是	是
户主控制变量	是	是	是	是
地级市固定效应	是	是	是	是
观测数	28 280	1 359	29 591	1 925

注:该表格展示的是边际效应,括号内为区县层面的聚类稳健标准误;控制变量与基准回归相同,且均已控制地级市固定效应

、* 分别代表在 5%、1%水平上显著

（二）是否面临借贷约束的异质性

已有研究表明借贷约束的存在会抑制居民家庭的风险金融资产投资（Guiso 等，1996；吕学梁和吴卫星，2017）。本章参考 Jappelli 等（1998）、尹志超和张号栋（2018）的做法，将借贷约束定义为"需要资金，但没有从银行/信用社等正规融资渠道借入所需资金"，并根据 CHFS 2017 问卷构建家庭是否面临借贷约束的虚拟变量，然后根据家庭是否面临借贷约束进行分组回归，如表 11.11 所示。IV Probit 模型和 IV Tobit 模型的估计结果表明户主是否有外地生活经历、户主的外地生活经历时长对家庭的风险金融市场参与概率和风险金融资产占比的促进作用只在没有面临借贷约束的家庭样本中显著，而在面临借贷约束的家庭中并不显著。这可能是因为以下两点原因：其一，由于家庭面临借贷约束，所以即使该家庭户主在外地工作、学习和生活一段时间以后技能与能力得到提升，对家庭的人力资本投资增加，社会互动增强，进而想要参与风险金融资产投资，但是在该家庭有限的财富水平下其无法利用贷款来实现其期望的投资；其二，借贷约束的存在使家庭承受风险的能力显著下降，当家庭遭遇不利的突发事件冲击时，无法利用贷款来缓解面临的不利冲击，从而使面临借贷约束的家庭户主的外地生活经历对家庭风险金融资产投资的影响并不显著。

表 11.11 异质性分析：是否面临借贷约束

变量	风险金融市场参与概率（IV Probit）		风险金融资产占比（IV Tobit）	
	(1)	(2)	(3)	(4)
	面临借贷约束	无借贷约束	面临借贷约束	无借贷约束
Panel A：户主是否有外地生活经历				
户主是否有外地生活经历	−0.404 4 (0.392 6)	0.853 7*** (0.190 0)	0.000 7 (0.000 0)	0.069 7*** (0.018 9)
家庭控制变量	是	是	是	是
户主控制变量	是	是	是	是
地级市固定效应	是	是	是	是
观测数	3 277	25 521	4 710	26 806
Panel B：户主的外地生活经历时长				
户主的外地生活经历时长	−0.031 2 (0.023 3)	0.036 6** (0.015 7)	0.000 0 (0.000 0)	0.003 5** (0.001 4)
家庭控制变量	是	是	是	是
户主控制变量	是	是	是	是
地级市固定效应	是	是	是	是
观测数	3 277	25 521	4 710	26 806

注：该表格展示的是边际效应，括号内为区县层面的聚类稳健标准误；控制变量与基准回归相同，且均已控制地级市固定效应

、* 分别代表在 5%、1% 水平上显著

五、结论与政策建议

本章以户主是否有外地生活经历、户主的外地生活经历时长作为关注解释变量,并基于 2017 年 CHFS 数据进行实证分析,研究得出以下结论。

(1)户主有外地生活经历、户主的外地生活经历时长均对家庭风险金融市场参与概率和风险金融资产占比产生显著的正向影响。通过 IV 法、最大似然估计、剔除未返乡的子样本以及替换被解释变量等方法进行内生性讨论与稳健性检验,发现基准分析的结果仍然具有稳健性。

(2)采用中介效应检验程序具体探究了户主的外地生活经历对家庭风险金融资产投资的影响机制,发现户主的外地生活经历会通过提高户主使用互联网的可能性、增强家庭的社会互动、拓宽户主获取经济金融相关信息的渠道进而显著促进家庭风险金融资产投资。此外,本章通过异质性分析发现,户主的外地生活经历对家庭风险金融资产投资的促进作用仅在户主有社会医疗保险、家庭没有借贷约束的样本中显著。

基于以上研究结论,本章从四个方面提出政策建议:第一,户主的外地生活经历会显著促进家庭风险金融资产投资,因此银行或其他非银行金融机构在协助客户进行财富管理时,应该考虑到客户的生活经历情况以及人力资本投资与社会互动等情况,并根据客户的多维特征更好地设计金融产品,提高财富管理的服务质量;第二,破除妨碍劳动力、人才社会性流动的体制机制弊端,促进劳动力和人才社会性流动体制机制改革,畅通人才有序流动渠道,同时加快实施就业优先政策创造流动机会,鼓励创新创业,增加就业岗位,拓宽就业渠道;第三,建立健全外来人员的权益保障机制,加快推进户籍制度改革,同时加快普及社会医疗保险,切实解决外来工作或学习人员的住房、医疗、子女教育、保险等问题,降低区域间人口流动所面临的收入波动、失业、健康与医疗等不确定性风险;第四,加快推进信息化建设与信息技术工具的普及,鼓励居民家庭利用互联网购买金融产品,同时大力发展数字普惠金融,降低家庭面临的信贷约束,积极引导居民家庭合理利用贷款进行风险金融资产投资。

第十二章　研究结论总结与政策建议

第一节　本书的主要研究结论总结

一、家庭消费决策篇中的主要研究结论

（一）关于收入风险对居民消费的影响研究的主要结论

在基于普惠金融视角对收入风险如何影响居民消费的研究部分，本书利用2015年中国家庭金融调查数据，构建了家庭层面的普惠金融指数，分析了普惠金融在缓解收入风险对居民消费抑制作用上的经济效应。我们发现，普惠金融能够显著地缓解收入风险对居民消费的抑制作用，并且在对分项消费的影响中，收入风险对家庭的食品、衣着、居住、日用品以及文教娱乐支出均存在显著的抑制作用，同时普惠金融的缓解效应也在上述五种消费中都显著存在，且普惠金融的缓解效果在衣着和文教娱乐中更大，这表明普惠金融不仅能够直接改善居民家庭的消费结构，还能通过缓解收入风险对层级较高的消费的抑制作用来实现消费升级。机制分析表明，普惠金融缓解收入风险对居民消费的抑制作用主要通过降低家庭的流动性约束、提高家庭风险管理能力以及扩大家庭社会网络三个机制来实现。进一步通过异质性分析发现，普惠金融的缓解效应在户主金融素养较高、社会信任水平较高的样本家庭中更大；同时普惠金融的缓解效应体现出较强的"普惠性"，即相对于发达地区以及高收入家庭，普惠金融的缓解效应在欠发达地区以及低收入家庭中更大。

（二）关于收入不平等对居民消费的影响研究的主要结论

在基于普惠金融视角对收入不平等如何影响居民消费的研究部分，本书利用2019年中国家庭金融调查的数据，探究了收入不平等、普惠金融及其交互作用对居民消费的影响。研究发现，收入不平等显著抑制居民消费，而普惠金融能够显著缓解收入不平等对居民消费的抑制作用。机制分析表明收入不平等通过加重居民流动性约束和降低社会资本水平两个机制影响居民消费，普惠金融通过改善收入不平等导致的居民流动性约束加剧和重构社会关系网络以提高居民社会资本，进而充当收入不平等负向影响消费的缓冲剂。进一步的异质性分析表明，普惠金

融的缓解作用在户主受教育水平较低、家庭收入水平较低以及区域正规金融发展程度较低的群体中较大，其主要原因是普惠金融对该部分家庭的流动性约束缓解作用和社会网络形成与发展的影响作用更强。

（三）关于机会不平等影响居民消费的机制与效应研究的主要结论

在构建新发展格局和实现共同富裕目标的背景下，近年来我国学者主要从收入不平等的角度研究中国居民家庭消费储蓄之谜。基于现有的不同理论，由于收入不平等中既包含了因为个人能力和努力程度的差异产生的合理收入差距，也包含了因为个人通过努力无法改变的外部环境因素差异形成的机会不平等导致的不合理收入差距，收入不平等对居民消费的影响也因此而产生两个相反方向的影响，这意味着收入不平等的影响要进一步从机会不平等的不同维度深入分析。基于此，本书考查了不受个人控制的外部因素导致的收入不平等，即机会不平等对中国居民消费的影响及其影响机制。本书使用中国家庭追踪调查 2010～2018 年五轮数据进行实证研究发现，机会不平等显著抑制了居民家庭的消费支出；机制分析的结果表明，机会不平等主要通过抑制居民社会网络、增强居民家庭的流动性约束和增强经济地位渴求三个机制抑制居民家庭消费；在异质性分析中，发现机会不平等显著抑制了普通消费支出，对高层次消费支出影响不显著，这表明机会不平等扩大并没有削弱居民的经济地位渴求动机；且机会不平等对受教育程度更低的家庭、农村户口家庭和体制外家庭消费的抑制作用更大。进一步研究发现，政府民生性财政支出和数字普惠金融发展能有效缓解机会不平等对居民家庭消费的抑制作用。

（四）关于创业行为影响居民消费的机制与效应研究的主要结论

在"大众创业、万众创新"的时代背景下，创新创业成为我国经济发展的持续动能。不仅在宏观层面上为经济增长持续发力，同时还在微观层面上解决居民就业等问题，尤其是支持毕业大学生和农民工就业。通过鼓励大众创业，既能够缓解就业压力，稳定居民收入，又能够为经济增长增加活力，最终实现经济平稳健康的发展。

本书通过利用中国家庭金融调查微观数据研究了家庭创业行为的微观经济效应，实证结果表明，创业行为能够显著地提高居民消费；并且创业行为对不同类型居民消费的促进作用也存在差异，首先对享受型消费的促进作用最大，其次为发展型消费，最后为生存型消费，说明创业行为在改善居民消费结构，促进居民消费升级上发挥了重要作用；另外，主动型创业相对于生存型创业对居民消费的促进作用更大，而雇主型创业相对于自雇型创业对居民消费的促进作用更大。通过机制分析发现，增加居民收入以及扩大家庭社会网络是创业行为提高居民消费的两个重要渠道。异质性分析表明,在政府财政支出占比较高以及金融发展水平较高的地区,创业行为对居民消费的促进作用更大;并且相对于高收入以及非贫困户家庭,创业行为在改善低收入以及贫困户家庭的消费水平上发挥了更大的作用。

二、家庭保险资产配置篇中的主要研究结论

(一)关于商业保险与家庭金融风险承担研究的主要结论

在关于商业保险与家庭金融风险承担的研究部分,本书基于2015年、2017年和2019年中国家庭金融调查数据构建平衡面板数据实证分析了商业保险保费支出对居民家庭金融风险承担的促进作用,以及数字经济通过降低不确定性和财务脆弱性对其产生的调节效应。主要结论如下:第一,商业保险保费支出对居民家庭持有风险金融资产的可能性和风险金融资产占总金融资产比重具有明确促进作用;第二,在机制分析和调节效应分析发现,数字经济的发展可以通过缓解居民家庭因不确定性引发的预防性储蓄动机和降低家庭在面临不利冲击时陷入财务脆弱的可能性,从而增强商业保险参与对家庭金融风险承担的促进作用;第三,研究发现数字经济关于商业保险促进家庭金融风险承担的调节作用在不同类别家庭中存在明显的异质性,数字经济的调节效应在金融素养和受教育水平较低、背景风险较高和社会资本水平较低的家庭中更为显著。

(二)关于互联网使用与家庭商业保险购买研究的主要结论

为了研究家庭商业保险参与的影响因素,本书主要关注了互联网使用对家庭商业保险参与的影响。本书该部分基于中国家庭追踪调查2014年和2016年的面板数据,实证分析了互联网使用对家庭商业保险参与行为的影响。主要结论如下。互联网使用能够显著地提高家庭购买商业保险的概率以及购买商业保险的支出。另外,家庭收入的增加、家庭净资产的累积和教育水平的提高都会推动家庭居民购买商业保险。异质性分析表明,互联网使用对家庭商业保险的促进效果主要存在于低收入、低教育以及农村地区的家庭群体中,表现出互联网对家庭商业保险购买的促进效果在那些原本比较缺乏保险意识或者购买可能性比较低的家庭中更加明显,这对商业保险的推广和普及以及提高我国的保险密度将会起到重要的作用。互联网使用对家庭商业保险购买的影响机制分析表明,互联网使用主要通过减少交易成本,以及提高居民的保险可得性来提高家庭商业保险参与的概率,但是互联网使用并没有通过提高人们的社交互动水平从而影响家庭商业保险参与的决策。

三、家庭风险资产配置篇中的主要研究结论

（一）关于家庭人口结构与家庭风险金融市场参与的主要结论

家庭风险资产配置受诸多因素的影响，近年来生育政策的改变导致我国家庭人口结构发生较大变化，本书主要关注了家庭人口结构对家庭风险金融市场参与的影响。基于2015年中国家庭金融调查数据，本书使用Probit和Tobit模型研究了家庭未成年子女数量对家庭风险金融市场的参与概率和参与深度的影响。实证回归结果显示，家庭未成年子女数量增加显著降低家庭风险金融市场的参与概率和参与深度；机制研究的结果表明，家庭未成年子女数量通过预防性储蓄和母亲的工资性收入的机制作用对家庭风险金融市场的参与概率和参与深度产生影响，两个机制都显著且预防性储蓄的机制效应更大。异质性分析所得结论认为，家庭未成年子女数量对家庭风险金融市场的参与概率和参与深度的抑制作用在城镇地区、东部地区、户主及其配偶在体制外工作、不存在隔代抚养的家庭尤为明显。

（二）关于户主外地生活经历与家庭风险金融资产投资研究的主要结论

中国自改革开放以来，农民工进城务工已成为中国人口流动的主要原因；随着城镇化和城市化的不断发展和深入，以及高考扩招等原因带来的外出务工和外出求学人口大幅度增加，导致我国人口流动规模扩大，流动速度加快。本书基于人口流动背景，从户主外地生活经历出发，考查其对家庭风险金融资产投资的影响。本书基于2017年中国家庭金融调查数据进行实证研究发现，户主有外地生活经历、户主的外地生活经历时长均对家庭的风险金融市场参与概率和风险金融资产占比产生显著的正向影响。在考查外地生活经历对家庭风险金融资产投资的影响机制后发现，户主的外地生活经历会通过提高户主使用互联网的可能性、增强家庭的社会互动、拓宽户主获取经济金融相关信息的渠道进而显著促进家庭的风险金融资产投资。此外，进一步的异质性分析表明，户主的外地生活经历对家庭风险金融资产投资的促进作用仅在户主有社会医疗保险、家庭没有借贷约束的样本中显著。

第二节 本书的主要政策建议

一、大力推进数字普惠金融的发展，缓解收入风险、收入不平等和机会不平等对居民消费的抑制作用，促进居民消费的增长和升级

普惠金融能够缓解收入风险和机会不平等对居民消费的抑制作用，在减缓居

民流动性约束、降低金融排斥、增加居民社会经济互动、促进社会资本积累等方面发挥重要作用，这意味着普惠金融在居民家庭应对收入风险冲击、收入与机会不平等、平滑居民消费上具有积极作用，因此我们要完善普惠金融体系，持续推进普惠金融发展，加强金融服务包容性，降低金融服务门槛和服务交易成本，提升金融服务覆盖率。

普惠金融的缓解效应在欠发达地区以及低收入家庭影响更大，因此政府需要积极引导各类普惠金融服务主体借助互联网等现代信息技术手段，降低金融交易成本，延伸服务半径，继续大幅度提高金融服务的覆盖率与可及性，加大对欠发达地区居民与中低收入群体的金融支持。要进一步依托互联网科技平台建设来推进扩大普惠金融服务的广度和深度，借助数字普惠金融拓展数字保险、数字信贷、储蓄、支付、投资等多方面金融服务的发展，缓解传统金融发展中形成的不平衡发展现象。

机会不平等降低了居民从非正规金融渠道（民间社会网络）和正规金融渠道（银行）中抵御收入风险、实现消费平滑的能力。因此，大力推进数字普惠金融的发展，能发挥数字普惠金融便利、低成本和信用化的特点，为弱势群体提供金融服务支持，破除居民流动性约束和降低金融排斥，缓解机会不平等对居民消费的抑制作用。

二、充分发挥民生性财政的积极作用，推进基本公共服务均等化，提高社会保障水平

政府努力推进公共财政建设，稳步提升民生性财政支出占比，提高基本公共服务的覆盖范围和保障水平，确保基础教育、医疗、住房和社会保障等基本公共服务对全体公民的公平可得性，通过发挥社会保障的托底作用，让居民愿消费、敢消费，创造更好的消费环境。加大社会保障体系覆盖广度和深度，进一步向低收入群体和农村家庭倾斜，推动优质医疗资源扩容下沉和区域均衡布局，加强住房保障体系建设和养老服务保障。

机会不平等是阻碍居民消费的重要内因，要阻断环境通过性别、户籍等歧视性因素和家庭背景因素形成的机会不平等，促进发展成果共享。首先，政府应提供公平的、多样化的教育机会，同时发挥职业技能培训的作用，提升弱势群体的就业竞争力，降低家庭背景与子代收入的相关性。其次，需要积极构建机会均等、公平公正的就业环境，消除就业市场的歧视和限制。再次，继续加大城乡户籍改革力度，打破城乡户籍收入分配壁垒从而有效削减机会不平等。最后，由于政府和市场关系与机会不平等存在负向关系，表明政府要进一步深化市场化体制改革，要深化简政放权，充分发挥市场在资源配置中的决定性作用，同时也要完善公平

竞争等经济基础制度，以更好发挥政府作用，推动有效市场和有为政府更好结合。

三、开展金融教育普及工作，全面提高居民金融素养，提高居民家庭资产配置能力

居民个人和家庭金融市场参与与居民金融素养息息相关，普惠金融发展及其对各类消费抑制因素的缓解作用也都受到个体金融素养高低以及社会信任水平高低的限制，因此国家在推进普惠金融发展的同时，需要加强居民的金融知识普及教育以及增强整体的社会信任度。推进义务教育优质均衡发展和城乡一体化，进一步普及金融经济培训教育，借助信息技术发展搭建多元化多层次金融教育平台，全面提高居民金融素养，可切实降低金融素养不足导致的金融排斥。

具体来说，在提高居民金融素养方面，首先，可以广泛利用电视广播、数字媒体等渠道进行大力宣传，针对基础金融知识进行反复教育；其次，鼓励中小学开展相关金融知识竞赛活动，提高未成年人对金融知识的兴趣，也可通过"名人效应"开展公益金融教育综艺活动，让金融知识走进寻常百姓家；最后，弱势群体往往普遍缺乏金融知识，因此可以组织高校金融专业志愿者，走访社区、农村家庭等，为他们开展周期性的系列讲座，树立正确的金融观。另外，在提高个体社会信任水平上，最重要的就是要建立起一个互相信任的机制与平台，逐步完善社会征信体系。此外，在当下个人信息电子化后，政府应该加大对私人信息的保护力度，防止个人信息外泄，进而保障个体权益，有利于增强社会信任；同时，政府也要提高政务信息的公开性，让老百姓更多地了解国家大事，提高政府的透明度，这也有利于增强个体社会信任。

四、多渠道增加居民家庭收入，改善居民家庭创业环境

居民家庭收入包括劳动性收入、财产性收入、经营性收入和转移性收入。劳动性收入来自居民家庭成员的就业，财产性收入依赖于居民家庭的资产配置，经营性收入与居民家庭的创业有关，创业在提高居民消费、促进居民消费升级上具有正向作用，因此要继续鼓励居民响应"大众创业、万众创新"的口号，通过加大政府财政投入，设立居民创业引导基金，解决居民创业在资金约束上的问题，另外，政府也要有针对性地对企业实行"减税降费"的政策，让企业轻装上阵，激发居民创业的积极性；同时鼓励银行放贷，利用金融科技强化银行的信用风险识别机制，有利于银行进一步扩宽对中小企业的放贷范围。创业能够在更大程度上提高低收入家庭的消费水平，因此要鼓励地方政府有组织地针对低收入家庭进行相关创业知识培训，并给予优惠政策以激发居民的创业活力，从而有利于扩大我国中等收入群体，带动内需增长。引导社会资金向初创企业流动，缓解创业风

险，增强失业保险补助力度，开展多渠道灵活就业等方式，多维度降低居民家庭面临的劳动性收入风险，切实提高家庭抗风险能力和增收能力。

五、完善商业保险市场，提高居民商业保险参与，增强居民家庭的财务安全

商业保险参与和数字经济发展对降低居民家庭不确定性与财务脆弱性以及推动我国居民参与风险金融资产投资具有重要作用。政府应进一步推进保险业供给侧结构性改革，促进保险与保障紧密衔接，鼓励开发多样化的商业保险产品，不断推进商业保险产品的创新与发展，并充分考虑不同类别家庭对保险的异质性需求，为居民家庭提供更加个性化、多层次的商业保险产品供给和服务。为了进一步有效强化商业保险对居民金融风险承担的增强作用，本书建议推进并落实如下政策。持续推动数字经济建设，完善数字基础设施，结合数字化手段将金融业务向线上转移，延伸金融服务可及半径，进一步覆盖更多长尾群体，增强居民家庭金融可及性。各保险公司应当充分利用互联网平台，针对消费者不同的需求提供合适的保险产品。政府在推动互联网基础设施建设的同时，应该重点着力于农村地区以及低收入群体的互联网普及，更大地发挥互联网对家庭商业保险购买的促进作用。加强对互联网保险相关网站的监管力度，确保各类保险信息能够准确和及时地披露，鼓励保险产品的创新，开通更多的消费者反馈渠道，严厉打击虚假信息和网络保险欺诈，切实保护居民投资者的合法权益。

六、进一步调整生育政策和相关人口补贴政策，增强居民家庭生育意愿

考虑到中国人口出生率和人口增长率持续低迷，人口老龄化加剧，同时青壮年劳动力急剧减少的现状下，颁布一系列促进家庭生育的政策能够有效地缓解因人口红利消失给国家带来的不利影响。但与此同时，国家应该考虑到未成年子女数量的增加会给家庭风险金融资产配置带来负向效应。基于以上研究结论，提出以下建议：国家在全面实施"三胎"政策等一系列促进家庭生育政策的同时，针对未成年子女数量增加的家庭给予更多的家庭减税和其他补贴，与促进家庭生育政策配套的免费设施及服务也要尽快落实，从而缓解家庭因母亲工资收入减少给家庭带来的负面影响，降低家庭的预防性储蓄，进而缓解未成年子女数量增加对家庭风险金融资产投资的抑制作用。为减少多子女家庭的财务负担，降低其预防性储蓄动机，需要进一步促进教育公平，缩小城乡地区间的教育资源和医疗资源差距，有效降低家庭育儿成本。为缓解因生育行为导致母亲工资收入减少给家庭带来的不利影响，应进一步加快女性的劳动力市场改革，增加女性工作的稳定性，避免女性因生育而导致收入减少的情况。例如，政府可提高女性生育保险的普及率、延长产休假和育儿假等假期。同时，政府应该进一步加快个人和家庭信息收集工作，逐步建立和完善微观征信系统，并依此增加银行和保险等金融机构对未

成年子女数量较多家庭的低息贷款，以减轻生育增加给家庭带来的财务负担。由于未成年子女数量增加对家庭风险金融资产投资的抑制作用在城镇地区、东部地区、工作在体制外、不存在隔代抚养的家庭尤为明显，因此，国家在落实与促进家庭生育政策配套的免费设施及优惠服务时，可重点倾向于城镇地区、东部地区、户主及其配偶的工作在体制外、不存在隔代抚养的家庭，从而促使家庭更多参与风险投资，进而有利于微观层面上居民家庭金融资产组合实现帕累托改进，也使宏观层面上的国家金融市场得到更有效的发展。

七、促进劳动力和人才社会性流动体制机制改革，完善劳动力的全国统一大市场

政策层面，须破除妨碍劳动力、人才社会性流动的体制机制弊端，促进劳动力和人才社会性流动体制机制改革，畅通人才有序流动渠道，同时加快实施就业优先政策创造流动机会，鼓励创新创业，增加就业岗位，拓宽就业渠道。建立健全外来人员的权益保障机制，加快推进户籍制度改革，同时加快普及社会医疗保险，切实解决外来工作或学习人员的住房、医疗、子女教育、保险等问题，降低区域间人口流动面临的收入波动、失业、健康与医疗等不确定性风险。加快推进信息化建设与信息技术工具的普及，鼓励居民家庭利用互联网购买金融产品，同时大力发展数字普惠金融，降低家庭面临的信贷约束，积极引导居民家庭合理利用贷款进行风险金融资产投资。户主的外地生活经历会显著促进家庭的风险金融资产投资，因此银行或其他非银行金融机构在协助客户进行资产财富管理时，应该考虑到客户的生活经历情况以及人力资本投资与社会互动等情况，并根据客户的多维特征更好地设计金融产品，提高财富管理的服务质量。

参 考 文 献

安体富. 2008. 民生财政: 我国财政支出结构调整的历史性转折[J]. 地方财政研究, (5): 4-8.

边燕杰. 2004. 城市居民社会资本的来源及作用: 网络观点与调查发现[J]. 中国社会科学, (3): 136-146, 208.

陈斌开. 2012. 收入分配与中国居民消费: 理论和基于中国的实证研究[J]. 南开经济研究, (1): 33-49.

陈斌开, 陆铭, 钟宁桦. 2010. 户籍制约下的居民消费[J]. 经济研究, 45(S1): 62-71.

陈东, 黄旭锋. 2015. 机会不平等在多大程度上影响了收入不平等?——基于代际转移的视角[J]. 经济评论, (1): 3-16.

陈强. 2014. 高级计量经济学及 Stata 应用[M]. 2 版. 北京: 高等教育出版社.

陈旭东, 刘畅. 2019. 财政支出差异性对创业活动的激励效应分析: 基于中国省级动态面板数据的 GMM 估计[J]. 科技进步与对策, 36(4): 25-32.

陈晓东, 张卫东. 2017. 机会不平等如何作用于社会公平感: 基于 CGSS 数据的实证分析[J]. 华中科技大学学报(社会科学版), 31(2): 35-44.

陈晓东, 张卫东. 2018. 机会不平等与社会流动预期研究: 基于 CGSS 数据的经验分析[J]. 财经研究, 44(5): 48-60.

陈选娟, 林宏妹. 2021. 住房公积金与家庭风险金融资产投资: 基于 2013 年 CHFS 的实证研究[J]. 金融研究, (4): 92-110.

陈燕凤, 夏庆杰, 王小林. 2021. 中国经济奇迹背景下的农村贫困变迁: 基于 1995—2013 年 CHIP 数据[J]. 社会科学辑刊, (1): 129-138.

陈颐. 2017. 儒家文化、社会信任与普惠金融[J]. 财贸经济, 38(4): 5-20.

陈永伟, 史宇鹏, 权五燮. 2015. 住房财富、金融市场参与和家庭资产组合选择: 来自中国城市的证据[J]. 金融研究, (4): 1-18.

程令国, 张晔. 2011. 早年的饥荒经历影响了人们的储蓄行为吗?——对我国居民高储蓄率的一个新解释[J]. 经济研究, 46(8): 119-132.

董克用, 张栋. 2017. 高峰还是高原?——中国人口老龄化形态及其对养老金体系影响的再思考[J]. 人口与经济, (4): 43-53.

独旭, 张海峰. 2018. 子女数量对家庭经济决策的影响[J]. 武汉大学学报(哲学社会科学版), 71(5): 175-184.

段志民. 2016. 子女数量对家庭收入的影响[J]. 统计研究, 33(10): 83-92.

樊纲, 王小鲁, 张立文, 等. 2003. 中国各地区市场化相对进程报告[J]. 经济研究, (3): 9-18, 89.

樊纲治, 王宏扬. 2015. 家庭人口结构与家庭商业人身保险需求: 基于中国家庭金融调查(CHFS)数据的实证研究[J]. 金融研究, (7): 170-189.

樊潇彦, 袁志刚, 万广华. 2007. 收入风险对居民耐用品消费的影响[J]. 经济研究, (4): 124-136.

方福前. 2009. 中国居民消费需求不足原因研究: 基于中国城乡分省数据[J]. 中国社会科学, (2): 68-82, 205-206.

方福前. 2021. 中国居民消费潜力及增长点分析: 基于2035年基本实现社会主义现代化的目标[J]. 经济学动态, (2): 50-64.

方迎风, 邹薇. 2013. 能力投资、健康冲击与贫困脆弱性[J]. 经济学动态, (7): 36-50.

方颖, 赵扬. 2011. 寻找制度的工具变量: 估计产权保护对中国经济增长的贡献[J]. 经济研究, 46(5): 138-148.

冯明. 2023. 国民经济核算视角下中国居民消费率的因素分解研究: 对"消费能力说"和"消费意愿说"的定量考察[J]. 数量经济技术经济研究, 40(5): 180-201.

傅秋子, 黄益平. 2018. 数字金融对农村金融需求的异质性影响: 来自中国家庭金融调查与北京大学数字普惠金融指数的证据[J]. 金融研究, (11): 68-84.

甘犁, 尹志超, 贾男, 等. 2012. 中国家庭金融调查报告·2012[M]. 成都: 西南财经大学出版社.

甘犁, 赵乃宝, 孙永智. 2018. 收入不平等、流动性约束与中国家庭储蓄率[J]. 经济研究, 53(12): 34-50.

葛永波, 翟坤, 赵国庆. 2021. 机会不平等如何影响家庭财富不平等: 来自CHFS数据的经验分析[J]. 东岳论丛, 42(5): 23-32, 191.

龚晶. 2011. 社会排斥与商业人身保险: 农村社会保障制度改革的另一种视角[J]. 农村经济, (5): 91-93.

苟文均, 袁鹰, 漆鑫. 2016. 债务杠杆与系统性风险传染机制: 基于CCA模型的分析[J]. 金融研究, (3): 74-91.

郭峰, 工靖一, 工芳, 等. 2020. 测度中国数字普惠金融发展: 指数编制与空间特征[J]. 经济学(季刊), 19(4): 1401-1418.

郭峰, 王瑶佩. 2020. 传统金融基础、知识门槛与数字金融下乡[J]. 财经研究, 46(1): 19-33.

郭士祺, 梁平汉. 2014. 社会互动、信息渠道与家庭股市参与: 基于2011年中国家庭金融调查的实证研究[J]. 经济研究, 49(S1): 116-131.

郭晓丹. 2010. 我国财政投入改善创业环境的调查与思考[J]. 财政研究, (3): 46-49.

杭斌. 2009. 习惯形成下的农户缓冲储备行为[J]. 经济研究, 44(1): 96-105.

何翠香, 晏冰. 2015. 社会网络、融资渠道与家庭创业: 基于中国家庭金融调查数据的研究[J]. 南方金融, (11): 30-37.

何立新, 潘春阳. 2011. 破解中国的"Easterlin悖论": 收入差距、机会不均与居民幸福感[J]. 管理世界, (8): 11-22, 187.

何兴强, 李涛. 2009. 社会互动、社会资本和商业保险购买[J]. 金融研究, (2): 116-132.

何兴强, 史卫. 2014. 健康风险与城镇居民家庭消费[J]. 经济研究, 49(5): 34-48.

何兴强, 史卫, 周开国. 2009. 背景风险与居民风险金融资产投资[J]. 经济研究, 44(12): 119-130.

何宗樾, 宋旭光. 2020. 数字金融发展如何影响居民消费[J]. 财贸经济, 41(8): 65-79.

贺建风, 吴慧. 2017. 财务舵主个人特征对家庭金融市场参与的影响[J]. 金融经济学研究, 32(4): 82-93.

洪源, 杨司键, 秦玉奇. 2014. 民生财政能否有效缩小城乡居民收入差距?[J]. 数量经济技术经济研究, 31(7): 3-20.

胡鞍钢, 王蔚, 周绍杰, 等. 2016. 中国开创"新经济": 从缩小"数字鸿沟"到收获"数字红利"[J]. 国家行政学院学报, (3): 4-13, 2.

胡金焱, 张博. 2014. 社会网络、民间融资与家庭创业: 基于中国城乡差异的实证分析[J]. 金融研究, (10): 148-163.

黄益平, 黄卓. 2018. 中国的数字金融发展:现在与未来[J]. 经济学(季刊), 17(4): 1489-1502.

黄益平, 陶坤玉. 2019. 中国的数字金融革命:发展、影响与监管启示[J]. 国际经济评论, (6): 24-35, 5.

黄宇虹, 樊纲治. 2017. 土地经营权流转与农业家庭负债状况[J]. 金融研究, (12): 95-110.

黄毓慧, 邓颖璐. 2013. 家庭保险资产持有影响因素分析[J]. 保险研究, (11): 12-23.

黄祖辉, 金铃, 陈志钢, 等. 2011. 经济转型时期农户的预防性储蓄强度:来自浙江省的证据[J]. 管理世界, (5): 81-92.

霍兰. 2015. 私人财富管理(实践篇)[M]. 翟立宏, 蔡栋梁, 盛方富译. 北京: 机械工业出版社.

霍兰 M, 约翰逊 R, 罗宾逊 R. 2017. 价值投资策略[M]. 贾素清, 马彦蕾译. 太原: 山西人民出版社.

纪园园, 宁磊. 2018. 相对收入假说下的收入差距对消费影响的研究[J]. 数量经济技术经济研究, 35(4): 97-114.

江静琳, 王正位, 廖理. 2018. 农村成长经历和股票市场参与[J]. 经济研究, 53(8): 84-99.

江艇. 2022. 因果推断经验研究中的中介效应与调节效应[J]. 中国工业经济, (5): 100-120.

焦瑾璞, 黄亭亭, 汪天都, 等. 2015. 中国普惠金融发展进程及实证研究[J]. 上海金融, (4): 12-22.

金烨, 李宏彬, 吴斌珍. 2011. 收入差距与社会地位寻求: 一个高储蓄率的原因[J]. 经济学(季刊), 10(3): 887-912.

靳永爱. 2016. 生育政策调整对生育意愿的影响研究[J]. 人口研究, 40(6): 23-37.

靳永爱, 赵梦晗, 宋健. 2016. 生育政策调整对家庭生育意愿的影响研究[J]. 人口与经济, (5): 1-9.

景鹏, 郑伟, 贾若, 等. 2019. 保险机制能否助推脱贫并守住脱贫成果?——基于资产积累模型的分析[J]. 经济科学, (2): 104-116.

蓝嘉俊, 杜鹏程, 吴泓苇. 2018. 家庭人口结构与风险资产选择: 基于2013年CHFS的实证研究[J]. 国际金融研究, (11): 87-96.

雷根强, 蔡翔. 2012. 初次分配扭曲、财政支出城市偏向与城乡收入差距: 来自中国省级面板数据的经验证据[J]. 数量经济技术经济研究, 29(3): 76-89.

雷欣, 程可, 陈继勇. 2017. 收入不平等与经济增长关系的再检验[J]. 世界经济, 40(3): 26-51.

李波, 朱太辉. 2020. 债务杠杆、金融素养与家庭金融脆弱性: 基于中国家庭追踪调查 CFPS 2014 的实证分析[J]. 国际金融研究, (7): 25-34.

李丁, 丁俊菘, 马双. 2019. 社会互动对家庭商业保险参与的影响: 来自中国家庭金融调查(CHFS)数据的实证分析[J]. 金融研究, (7): 96-114.

李宏彬, 李杏, 姚先国, 等. 2009. 企业家的创业与创新精神对中国经济增长的影响[J]. 经济研究, 44(10): 99-108.

李家山, 易行健, 杨碧云, 等. 2023. 财富不平等会阻碍金融助推共享发展的实现吗: 基于金融排斥视角的实证检验[J]. 财经科学, (3): 1-14.

李建军, 李俊成. 2020. 普惠金融与创业: "授人以鱼"还是"授人以渔"?[J]. 金融研究, (1): 69-87.

李建伟, 周灵灵. 2018. 中国人口政策与人口结构及其未来发展趋势[J]. 经济学动态, (12): 17-36.

李江一. 2018. "房奴效应"导致居民消费低迷了吗?[J]. 经济学(季刊), 17(1): 405-430.

李磊, 郑妍妍, 刘鹏程. 2014. 金融发展、职业选择与企业家精神: 来自微观调查的证据[J]. 金融研究, (6): 193-206.

李力行, 周广肃. 2015. 家庭借贷约束、公共教育支出与社会流动性[J]. 经济学(季刊), 15(1): 65-82.

李萍, 刘灿. 1999. 论中国劳动力市场的体制性分割[J]. 经济学家, (6): 18-22.

李实. 2021. 共同富裕的目标和实现路径选择[J]. 经济研究, 56(11): 4-13.

李树, 于文超. 2020. 幸福的社会网络效应: 基于中国居民消费的经验研究[J]. 经济研究, 55(6): 172-188.

李涛. 2006a. 社会互动、信任与股市参与[J]. 经济研究, (1): 34-45.

李涛. 2006b. 社会互动与投资选择[J]. 经济研究, (8): 45-57.

李涛, 张文韬. 2015. 人格特征与股票投资[J]. 经济研究, 50(6): 103-116.

李晓, 吴雨, 李洁. 2021. 数字金融发展与家庭商业保险参与[J]. 统计研究, 38(5): 29-41.

李晓华. 2019. 数字经济新特征与数字经济新动能的形成机制[J]. 改革, (11): 40-51.

李晓鑫, 曹红辉. 2016. 信息披露、投资经验与羊群行为: 基于众筹投资的研究[J]. 财贸经济, 37(10): 72-86.

李莹, 吕光明. 2016. 机会不平等在多大程度上引致了我国城镇收入不平等[J]. 统计研究, 33(8): 63-72.

李子联. 2016. 收入与生育:中国生育率变动的解释[J]. 经济学动态, (5): 37-48.

林靖, 周铭山, 董志勇. 2017. 社会保险与家庭金融风险资产投资[J]. 管理科学学报, 20(2): 94-107.

林毅夫. 2011. 新结构经济学: 重构发展经济学的框架[J]. 经济学(季刊), 10(1): 1-32.

刘宏, 马文瀚. 2017. 互联网时代社会互动与家庭的资本市场参与行为[J]. 国际金融研究, (3): 55-66.

刘宏, 王俊. 2012. 中国居民医疗保险购买行为研究: 基于商业健康保险的角度[J].经济学(季刊), 11(4): 1525-1548.

刘丽丽, 宁光杰, 陈建. 2021. 农民工的就业选择与消费差异:理论解释及经验证据[J].财经论丛, (6): 3-13.

刘青, 张超, 吕若思, 等. 2013. "海归"创业经营业绩是否更优:来自中国民营企业的证据[J]. 世界经济, 36(12): 70-89.

刘雪颖, 王亚柯. 2021. 商业健康保险对家庭风险金融资产投资的影响研究[J]. 财贸研究, 32(5):

49-61.

刘子宁, 郑伟, 贾若, 等. 2019. 医疗保险、健康异质性与精准脱贫: 基于贫困脆弱性的分析[J]. 金融研究, (5): 56-75.

卢亚娟, 何朴真. 2022. 人口老龄化、金融素养与家庭金融资产配置[J]. 经济问题, (12): 63-72.

卢亚娟, 张菁晶. 2018. 农村家庭金融资产选择行为的影响因素研究: 基于CHFS微观数据的分析[J]. 管理世界, 34(5): 98-106.

陆铭, 张爽, 佐藤宏. 2010. 市场化进程中社会资本还能够充当保险机制吗?——中国农村家庭灾后消费的经验研究[J]. 世界经济文汇, (1): 16-38.

路晓蒙, 李阳, 甘犁, 等. 2017. 中国家庭金融投资组合的风险: 过于保守还是过于冒进?[J]. 管理世界, (12): 92-108.

罗楚亮. 2004. 经济转轨、不确定性与城镇居民消费行为[J]. 经济研究, (4): 100-106.

罗楚亮, 李实, 岳希明. 2021. 中国居民收入差距变动分析(2013—2018)[J]. 中国社会科学, (1): 33-54, 204-205.

罗明忠, 邹佳瑜. 2011. 影响农民创业因素的研究述评[J]. 经济学动态, (8): 133-136.

罗艳君. 2013. 互联网保险的发展与监管[J]. 中国金融, (24): 49-50.

吕学梁, 吴卫星. 2017. 借贷约束对于中国家庭投资组合影响的实证分析[J]. 科学决策, (6): 55-76.

马光荣, 杨恩艳. 2011. 社会网络、非正规金融与创业[J]. 经济研究, 46(3): 83-94.

马光荣, 周广肃. 2014. 新型农村养老保险对家庭储蓄的影响: 基于CFPS数据的研究[J]. 经济研究, 49(11): 116-129.

马良, 蔡晓陈. 2018. 创业与主观幸福感: 基于中国综合社会调查(CGSS)数据[J]. 浙江社会科学, (6): 41-51, 156.

马小勇, 白永秀. 2009. 中国农户的收入风险应对机制与消费波动: 来自陕西的经验证据[J]. 经济学(季刊), 8(4): 1221-1238.

孟亦佳. 2014. 认知能力与家庭资产选择[J]. 经济研究, 49(S1): 132-142.

南永清, 贺鹏皓, 周勤. 2020. 商业保险对居民消费影响研究: 基于中国省级面板数据的经验证据[J]. 保险研究, (3): 23-40.

宁光杰. 2012. 自我雇佣还是成为工资获得者?——中国农村外出劳动力的就业选择和收入差异[J]. 管理世界, (7): 54-66.

宁光杰, 雒蕾, 齐伟. 2016. 我国转型期居民财产性收入不平等成因分析[J]. 经济研究, 51(4): 116-128, 187.

彭积春, 谭燕芝, 张子豪. 2018. 外出务工经历对农户正规与非正规信贷的影响: 基于中国家庭追踪调查2014农户微观数据的实证分析[J]. 经济经纬, 35(2): 27-34.

彭艳玲, 周红利, 苏岚岚. 2022. 数字经济参与增进了农民社会阶层认同吗?——基于宁、渝、川三省份调查数据的实证[J]. 中国农村经济, (10): 59-81.

朴明根, 雷定安. 2002. 论保险市场信息不对称[J]. 保险研究, (6): 30-31.

戚聿东, 褚席. 2021a. 数字经济发展、经济结构转型与跨越中等收入陷阱[J]. 财经研究, 47(7): 18-32, 168.

戚聿东, 褚席. 2021b. 数字生活的就业效应: 内在机制与微观证据[J]. 财贸经济, 42(4): 98-114.

秦芳, 王文春, 何金财. 2016. 金融知识对商业保险参与的影响: 来自中国家庭金融调查(CHFS)数据的实证分析[J]. 金融研究, (10): 143-158.

秦云, 郑伟. 2017. 年金谜题的成因及对策研究评述[J]. 经济学动态, (5): 133-141.

单德朋, 余港. 2020. 农户创业与贫困减缓[J]. 财贸研究, 31(4): 52-62.

申广军, 张川川. 2016. 收入差距、社会分化与社会信任[J]. 经济社会体制比较, (1): 121-136.

沈坤荣, 谢勇. 2012. 不确定性与中国城镇居民储蓄率的实证研究[J]. 金融研究, (3): 1-13.

沈悦, 余若涵. 2021. 健康状况影响家庭风险金融投资参与了吗?——传导机制检验及异质性探索[J]. 中央财经大学学报, (8): 26-39.

石明明, 江舟, 周小焱. 2019. 消费升级还是消费降级[J]. 中国工业经济, (7): 42-60.

石智雷, 杨云彦. 2011. 外出务工对农村劳动力能力发展的影响及政策含义[J]. 管理世界, (12): 40-54.

宋全云, 吴雨, 尹志超. 2017. 金融知识视角下的家庭信贷行为研究[J]. 金融研究, (6): 95-110.

宋全云, 肖静娜, 尹志超. 2019. 金融知识视角下中国居民消费问题研究[J]. 经济评论, (1): 133-147.

苏冬蔚, 叶菁菁. 2021. 收入不平等对家庭消费升级的影响: 基于机会不平等与努力不平等的视角[J]. 湘潭大学学报(哲学社会科学版), 45(2): 74-82.

孙涛, 黄少安. 2010. 非正规制度影响下中国居民储蓄、消费和代际支持的实证研究: 兼论儒家文化背景下养老制度安排的选择[J]. 经济研究, 45(S1): 51-61.

孙武军, 高雅. 2018. 金融知识、流动性约束与家庭商业保险需求[J]. 金融学季刊, (2): 53-75.

孙永苑, 杜在超, 张林, 等. 2016. 关系、正规与非正规信贷[J]. 经济学(季刊), 15(2): 597-626.

孙玉环, 张汀昱, 王雪妮, 等. 2021. 中国数字普惠金融发展的现状、问题及前景[J]. 数量经济技术经济研究, 38(2): 43-59.

唐金成, 韦红鲜. 2014. 中国互联网保险发展研究[J]. 南方金融, (5): 84-88.

唐琦, 夏庆杰, 李实. 2018. 中国城市居民家庭的消费结构分析: 1995—2013[J]. 经济研究, 53(2): 35-49.

田丰, 徐建炜, 杨盼盼, 等. 2012. 全球失衡的内在根源: 一个文献综述[J]. 世界经济, 35(10): 143-160.

万广华. 2009. 不平等的度量与分解[J]. 经济学(季刊), 8(1): 347-368.

万广华, 张彤进. 2021. 机会不平等与中国居民主观幸福感[J]. 世界经济, 44(5): 203-228.

万广华, 张茵, 牛建高. 2001. 流动性约束、不确定性与中国居民消费[J]. 经济研究, (11): 35-44, 94.

汪伟, 杨嘉豪, 吴坤, 等. 2020. 二孩政策对家庭二孩生育与消费的影响研究: 基于CFPS数据的考察[J]. 财经研究, 46(12): 79-93.

王春超, 冯大威. 2018. 中国城镇创业行为与收入溢价[J]. 经济学动态, (4): 28-42.

王弟海, 龚六堂. 2007. 增长经济中的消费和储蓄: 兼论中国高储蓄率的原因[J]. 金融研究, (12): 1-16.

王貂, 徐舒, 杨汝岱. 2021. 消费保险视角下农村扶贫政策的福利效应分析[J]. 中国工业经济,

(2): 61-79.

王宏扬. 2017. 中国家庭商业人身保险需求现状及其影响因素: 基于中国家庭金融调查的实证研究[J]. 金融论坛, 22(3): 51-65.

王军, 詹韵秋. 2021. 子女数量与家庭消费行为: 影响效应及作用机制[J]. 财贸研究, 32(1): 1-13.

王稳, 孙晓珂. 2020. 医疗保险、健康资本与家庭金融资产配置研究[J]. 保险研究, (1): 87-101.

王小鲁, 樊纲, 刘鹏. 2009. 中国经济增长方式转换和增长可持续性[J]. 经济研究, 44(1): 4-16.

王勋, 王雪. 2022. 数字普惠金融与消费风险平滑: 中国家庭的微观证据[J]. 经济学(季刊), 22(5): 1679-1698.

王询, 岳园园, 朱晨. 2018. 非认知能力与创业: 来自中国家庭追踪调查的经验分析[J]. 财经论丛, (11): 13-21.

王亚杰, 陈军. 2005. 信贷市场信息不对称与信息量和信息供求的关系[J]. 西北农林科技大学学报(社会科学版), (3): 40-43.

王瑶佩, 郭峰. 2019. 区域数字金融发展与农户数字金融参与:渠道机制与异质性[J]. 金融经济学研究, 34(2): 84-95.

王毅杰, 童星. 2004. 流动农民社会支持网探析[J]. 社会学研究, (2): 42-48.

王颖, 陆磊. 2012. 普惠制金融体系与金融稳定[J]. 金融发展研究, (1): 4-10.

王子城. 2016. 人口抚养负担、金融市场参与和家庭资产配置[J]. 金融与经济, (6): 21-27, 74.

韦韡, 蔡运坤, 陈晓璇. 2023. 基本公共服务供给如何影响中国居民消费?——基于机会不平等视角[J]. 消费经济, 39(1): 33-45.

魏华林, 杨霞. 2007. 家庭金融资产与保险消费需求相关问题研究[J]. 金融研究, (10): 70-81.

温忠麟, 叶宝娟. 2014. 中介效应分析:方法和模型发展[J]. 心理科学进展, 22(5): 731-745.

吴本健, 石雪, 肖时花. 2022. 数字普惠金融发展能否缓解农村多维相对贫困[J]. 华南师范大学学报(社会科学版), (3): 26-41, 205.

吴洪, 徐斌, 李洁. 2017. 社会养老保险与家庭金融资产投资: 基于家庭微观调查数据的实证分析[J]. 财经科学, (4): 39-51.

吴卫星, 丘艳春, 张琳琬. 2015. 中国居民家庭投资组合有效性: 基于夏普率的研究[J]. 世界经济, 38(1): 154-172.

吴卫星, 沈涛, 蒋涛. 2014. 房产挤出了家庭配置的风险金融资产吗?——基于微观调查数据的实证分析[J]. 科学决策, (11): 52-69.

吴卫星, 谭浩. 2017. 夹心层家庭结构和家庭资产选择: 基于城镇家庭微观数据的实证研究[J]. 北京工商大学学报(社会科学版), 32(3): 1-12.

吴卫星, 王睿, 赵梦露. 2022. 劳动合同、保险覆盖与家庭金融市场参与: 基于微观调查数据的实证分析[J]. 财经问题研究, (4): 83-91.

吴卫星, 吴锟, 张旭阳. 2018. 金融素养与家庭资产组合有效性[J]. 国际金融研究, (5): 66-75.

吴文生, 李硕, 谭常春, 等. 2022. 中国家庭风险资产配置的理论与实证: 基于信息不确定性视角下的研究[J]. 系统工程理论与实践, 42(1): 60-75.

吴雨, 李成顺, 李晓, 等. 2020. 数字金融发展对传统私人借贷市场的影响及机制研究[J].管理世界, 36(10): 53-64, 138, 65.

吴愈晓, 王鹏, 黄超. 2015. 家庭庇护、体制庇护与工作家庭冲突: 中国城镇女性的就业状态与主观幸福感[J]. 社会学研究, 30(6): 122-144, 244-245.

伍再华, 叶菁菁, 郭新华. 2017. 收入不平等、社会保障支出与家庭借贷行为: 基于 CFPS 数据的经验分析[J]. 财经科学, (12): 55-68.

肖忠意, 李瑞琴, 陈志英, 等. 2018. 创新创业制度环境、创业行为与家庭资产选择[J]. 世界经济文汇, (4): 20-35.

谢平, 邹传伟, 刘海二. 2012. 互联网金融模式研究[J]. 新金融评论, (1): 3-52.

谢绚丽, 沈艳, 张皓星, 等. 2018. 数字金融能促进创业吗?——来自中国的证据[J]. 经济学(季刊), 17(4): 1557-1580.

徐超, 吴玲萍, 孙文平. 2017. 外出务工经历、社会资本与返乡农民工创业: 来自 CHIPS 数据的证据[J]. 财经研究, 43(12): 30-44.

徐丹, 蒋婷, 刘声涛. 2019. 研究型大学本科生国际化经历与全球及跨文化能力关系研究[J]. 大学教育科学, (5): 48-57, 124.

徐浩峰, 侯宇. 2012. 信息透明度与散户的交易选择: 基于深圳交易所上市公司的实证研究[J]. 金融研究, (3): 180-190, 192, 191.

徐佳, 韦欣. 2021. 中国城镇创业与非创业家庭消费差异分析: 基于微观调查数据的实证[J]. 数量经济技术经济研究, 38(1): 43-60.

徐敬惠, 李鹏. 2020. 商业保险在中国家庭资产配置中的结构特征及驱动因素研究[J]. 保险研究, (8): 15-29.

徐升艳, 赵刚, 夏海勇. 2013. 人口抚养比对国民储蓄的长期动态影响研究[J]. 人口与经济, (3): 3-11.

徐舒, 路晓蒙. 2019. 家庭财富管理蕴藏较大风险 打破不合理配置才能保值增值[EB/OL]. http://finance.youth.cn/finance_cyxfgsxw/201901/t20190121_11850469.htm[2024-12-12].

徐巍, 陈冬华. 2016. 自媒体披露的信息作用: 来自新浪微博的实证证据[J]. 金融研究, (3): 157-173.

徐为山, 吴坚隽. 2006. 经济增长对保险需求的引致效应: 基于面板数据的分析[J]. 财经研究, (2): 127-137.

徐文芳. 2009. 我国农村商业养老保险存在的问题与对策探析: 基于完善社会保障体系的视角[J]. 保险研究, (8): 71-76.

许家云, 刘廷华, 李平. 2014. 海外留学经历是否提高了个人收入?[J]. 经济科学, (1): 90-101.

许宪春, 常子豪, 唐雅. 2020. 从统计数据看新冠肺炎疫情对中国经济的影响[J]. 经济学动态, (5): 41-51.

许志伟, 刘建丰. 2019. 收入不确定性、资产配置与货币政策选择[J]. 经济研究, 54(5): 30-46.

薛红志, 张玉利, 杨俊. 2003. 机会拉动与贫穷推动型企业家精神比较研究[J]. 外国经济与管理, (6): 2-8.

杨汝岱, 陈斌开. 2009. 高等教育改革、预防性储蓄与居民消费行为[J]. 经济研究, 44(8): 113-124.

杨汝岱, 朱诗娥. 2007. 公平与效率不可兼得吗?——基于居民边际消费倾向的研究[J].经济研究, (12): 46-58.

杨伟明, 粟麟, 孙瑞立, 等. 2021. 数字金融是否促进了消费升级?——基于面板数据的证据[J]. 国际金融研究, (4): 13-22.

姚健, 臧旭恒. 2021. 普惠金融、流动性约束与家庭消费[J]. 财经理论与实践, 42(4): 2-9.

叶德珠, 潘爽, 黄成宇. 2018. 儒家文化与储蓄: 基于中国省际面板数据的实证分析[J]. 南方金融, (9): 24-32.

叶静怡, 武玲蔚. 2014. 社会资本与进城务工人员工资水平: 资源测量与因果识别[J].经济学(季刊), 13(4): 1303-1322.

易行健, 李家山, 万广华, 等. 2023. 财富差距的居民消费抑制效应: 机制探讨与经验证据[J]. 数量经济技术经济研究, 40(6): 27-47.

易行健, 王俊海, 易君健. 2008. 预防性储蓄动机强度的时序变化与地区差异: 基于中国农村居民的实证研究[J]. 经济研究, (2): 119-131.

易行健, 张波, 杨汝岱, 等. 2012. 家庭社会网络与农户储蓄行为: 基于中国农村的实证研究[J]. 管理世界, (5): 43-51, 187.

易行健, 周聪, 来特, 等. 2019. 商业医疗保险与家庭风险金融资产投资: 来自CHFS数据的证据[J]. 经济科学, (5): 104-116.

易行健, 周聪, 杨碧云. 2016. 户主兄弟姐妹个数对家庭股票投资行为的影响研究: 基于中国住户调查数据的实证检验[J]. 投资研究, 35(12): 48-64.

易行健, 周利, 张浩. 2020. 城镇化为何没有推动居民消费倾向的提升?——基于半城镇化率视角的解释[J]. 经济学动态, (8): 119-130.

易行健, 周利. 2018. 数字普惠金融发展是否显著影响了居民消费: 来自中国家庭的微观证据[J]. 金融研究, (11): 47-67.

易行健等. 2018. 中国居民消费储蓄行为研究: 宏观证据与国际比较[M]. 北京: 人民出版社.

尹志超, 仇化. 2019. 金融知识对互联网金融参与重要吗[J]. 财贸经济, 40(6): 70-84.

尹志超, 仇化, 潘学峰. 2021a. 住房财富对中国城镇家庭消费的影响[J]. 金融研究, (2): 114-132.

尹志超, 李青蔚, 张诚. 2021b. 收入不平等对家庭杠杆率的影响[J]. 财贸经济, 42(1): 77-91.

尹志超, 刘泰星, 王晓全. 2020a. 农村收入差距抑制了农户创业吗?——基于流动性约束与人力资本投资视角的实证分析[J]. 中国农村经济, (5): 76-95.

尹志超, 刘泰星, 张诚. 2020b. 农村劳动力流动对家庭储蓄率的影响[J]. 中国工业经济, (1): 24-42.

尹志超, 潘北啸. 2020. 信任视角下的家庭借贷行为研究[J]. 金融论坛, 25(4): 15-26, 80.

尹志超, 彭嫦燕, 里昂安吉拉. 2019. 中国家庭普惠金融的发展及影响[J]. 管理世界, 35(2): 74-87.

尹志超, 宋鹏, 黄倩. 2015a. 信贷约束与家庭资产选择: 基于中国家庭金融调查数据的实证研究[J]. 投资研究, 34(1): 4-24.

尹志超, 宋全云, 吴雨, 等. 2015b. 金融知识、创业决策和创业动机[J]. 管理世界, (1): 87-98.

尹志超, 宋全云, 吴雨. 2014. 金融知识、投资经验与家庭资产选择[J]. 经济研究, 49(4): 62-75.

尹志超, 文小梅, 栗传政. 2023. 普惠金融、收入差距与共同富裕[J]. 数量经济技术经济研究, 40(1): 109-127.

尹志超, 吴雨, 甘犁. 2015c. 金融可得性、金融市场参与和家庭资产选择[J]. 经济研究, 50(3): 87-99.

尹志超, 吴子硕, 蒋佳伶. 2022. 移动支付对中国家庭储蓄率的影响[J]. 金融研究, (9): 57-74.

尹志超, 严雨, 蒋佳伶. 2021c. 收入波动、社会网络与家庭商业保险需求[J]. 财经问题研究, (8): 52-61.

尹志超, 严雨. 2020. 保险对中国家庭储蓄率的影响[J]. 经济科学, (5): 99-110.

尹志超, 张栋浩. 2020. 金融普惠、家庭贫困及脆弱性[J]. 经济学(季刊), 20(5): 153-172.

尹志超, 张号栋. 2018. 金融可及性、互联网金融和家庭信贷约束: 基于CHFS数据的实证研究[J]. 金融研究, (11): 188-206.

於嘉, 谢宇. 2014. 生育对我国女性工资率的影响[J]. 人口研究, 38(1): 18-29.

袁志刚, 朱国林. 2002. 消费理论中的收入分配与总消费: 及对中国消费不振的分析[J]. 中国社会科学, (2): 69-76.

岳希明, 罗楚亮. 2010. 农村劳动力外出打工与缓解贫困[J]. 世界经济, 33(11): 84-98.

张川川. 2011. 子女数量对已婚女性劳动供给和工资的影响[J]. 人口与经济, (5): 29-35.

张栋浩, 樊纲治, 王鹏. 2020. 房价预期、房价风险与中国家庭股市投资: 基于宏微观数据的实证研究[J]. 福建论坛(人文社会科学版), (1): 155-166.

张栋浩, 蒋佳融. 2021. 普惠保险如何作用于农村反贫困长效机制建设?——基于贫困脆弱性的研究[J]. 保险研究, (4): 24-42.

张栋浩, 王栋, 杜在超. 2020. 金融普惠、收入阶层与中国家庭消费[J]. 财经科学, (6): 1-15.

张恩碧, 董明, 邢义庆. 2012. 城市满巢期核心家庭子女对家庭消费决策影响力分析: 基于山东烟台的消费调查[J]. 消费经济, 28(4): 81-85.

张号栋, 尹志超. 2016. 金融知识和中国家庭的金融排斥: 基于CHFS数据的实证研究[J]. 金融研究, (7): 80-95.

张龙耀, 张海宁. 2013. 金融约束与家庭创业: 中国的城乡差异[J]. 金融研究, (9): 123-135.

张楠, 寇璇, 刘蓉. 2021. 财政工具的农村减贫效应与效率: 基于三条相对贫困线的分析[J]. 中国农村经济, (1): 49-71.

张爽, 陆铭, 章元. 2007. 社会资本的作用随市场化进程减弱还是加强?——来自中国农村贫困的实证研究[J]. 经济学(季刊), (2): 539-560.

张彤进, 万广华. 2019. 家庭金融市场参与能改善教育的代际流动性吗?[J]. 经济评论, (3): 74-88.

张维迎, 柯荣住. 2002. 信任及其解释: 来自中国的跨省调查分析[J]. 经济研究, (10): 59-70, 96.

张勋, 万广华, 张佳佳, 等. 2019. 数字经济、普惠金融与包容性增长[J]. 经济研究, 54(8): 71-86.

张勋, 杨桐, 汪晨, 等. 2020. 数字金融发展与居民消费增长: 理论与中国实践[J]. 管理世界, 36(11): 48-63.

张雅淋, 孙聪, 姚玲珍. 2019. 越负债, 越消费?——住房债务与一般债务对家庭消费的影响[J]. 经济管理, 41(12): 40-56.

张雅淋, 姚玲珍. 2020. 家庭负债与消费相对剥夺: 基于住房负债与非住房负债的视角[J]. 财经研究, 46(8): 64-79.

张永丽, 徐腊梅. 2019. 中国农村贫困性质的转变及 2020 年后反贫困政策方向[J]. 西北师大学报(社会科学版), 56(5): 129-136.

章元, 黄露露. 2022. 社会网络、风险分担与家庭储蓄率: 来自中国城镇居民的证据[J]. 经济学(季刊), 22(1): 87-108.

赵建国, 周德水. 2021. 自我雇佣对农民工健康的影响[J]. 世界经济, 44(3): 184-204.

赵人伟, 李实. 1997. 中国居民收入差距的扩大及其原因[J]. 经济研究, (9): 19-28.

赵涛, 张智, 梁上坤. 2020. 数字经济、创业活跃度与高质量发展: 来自中国城市的经验证据[J]. 管理世界, 36(10): 65-76.

郑秀峰, 朱一鸣. 2019. 普惠金融、经济机会与减贫增收[J]. 世界经济文汇, (1): 101-120.

周方召, 刘文革. 2013. 宏观视角下的企业家精神差异化配置与经济增长: 一个文献述评[J]. 金融研究, (12): 127-139.

周广肃, 边晓宇, 吴清军. 2020. 上山下乡经历与家庭风险金融资产投资: 基于断点回归的证据[J]. 金融研究, (1): 150-170.

周广肃, 丁相元. 2023. 数字金融、流动性约束与共同富裕: 基于代际流动视角[J]. 数量经济技术经济研究, 40(4): 160-179.

周广肃, 樊纲, 李力行. 2018. 收入差距、物质渴求与家庭风险金融资产投资[J]. 世界经济, 41(4): 53-74.

周广肃, 樊纲, 申广军. 2014. 收入差距、社会资本与健康水平: 基于中国家庭追踪调查(CFPS)的实证分析[J]. 管理世界, (7): 12-21, 51, 187.

周广肃, 樊纲. 2018. 互联网使用与家庭创业选择: 来自 CFPS 数据的验证[J]. 经济评论, (5): 134-147.

周广肃, 梁琪. 2018. 互联网使用、市场摩擦与家庭风险金融资产投资[J]. 金融研究, (1): 84-101.

周广肃, 谭华清, 李力行. 2017. 外出务工经历有益于返乡农民工创业吗?[J]. 经济学(季刊), 16(2): 793-814.

周广肃, 王雅琦. 2019. 住房价格、房屋购买与中国家庭杠杆率[J]. 金融研究, (6): 1-19.

周建, 杨秀祯. 2009. 我国农村消费行为变迁及城乡联动机制研究[J]. 经济研究, 44(1): 83-95, 105.

周利, 冯大威, 易行健. 2020. 数字普惠金融与城乡收入差距: "数字红利"还是"数字鸿沟"[J]. 经济学家, (5): 99-108.

周钦, 袁燕, 臧文斌. 2015. 医疗保险对中国城市和农村家庭资产选择的影响研究[J]. 经济学(季刊), 14(3): 931-960.

周烁, 金星晔, 伏霖, 等. 2020. 幸福经济学视角下的居民创业行为:来自中国的经验发现[J]. 世界经济, 43(3): 26-45.

周晔馨. 2012. 社会资本是穷人的资本吗?——基于中国农户收入的经验证据[J]. 管理世界, (7): 83-95.

朱光伟, 杜在超, 张林. 2014. 关系、股市参与和股市回报[J]. 经济研究, 49(11): 87-101.

宗庆庆, 刘冲, 周亚虹. 2015. 社会养老保险与我国居民家庭风险金融资产投资: 来自中国家庭金融调查(CHFS)的证据[J]. 金融研究, (10): 99-114.

邹红, 彭争呈, 栾炳江. 2018. 隔代照料与女性劳动供给: 兼析照料视角下全面二孩与延迟退休悖论[J]. 经济学动态, (7): 37-52.

邹宇春, 敖丹. 2011. 自雇者与受雇者的社会资本差异研究[J]. 社会学研究, 26(5): 198-224, 245-246.

Aaberge R, Mogstad M, Peragine V. 2011. Measuring long-term inequality of opportunity[J]. Journal of Public Economics, 95(3/4): 193-204.

Acemoglu D, Johnson S, Robinson J A. 2001. The colonial origins of comparative development: an empirical investigation[J]. American Economic Review, 91(5): 1369-1401.

Acemoglu D, Johnson S, Robinson J, et al. 2003. Institutional causes, macroeconomic symptoms: volatility, crises and growth[J]. Journal of Monetary Economics, 50(1): 49-123.

Acemoglu D, Naidu S, Restrepo P, et al. 2019. Democracy does cause growth[J]. Journal of Political Economy, 127(1): 47-100.

Addoum J M. 2017. Household portfolio choice and retirement[J]. The Review of Economics and Statistics, 99(5): 870-883.

Addoum J M, Kung H, Morales G. 2017. Limited marital commitment and household portfolios [EB/OL]. https://www.aeaweb.org/conference/2018/preliminary/paper/FNQ8BHar[2024-12-10].

Adetunji O M, David-West O. 2019. The relative impact of income and financial literacy on financial inclusion in Nigeria[J]. Journal of International Development, 31(4): 312-335.

Agarwal S, Driscoll J C, Gabaix X, et al. 2009. The age of reason: financial decisions over the life cycle and implications for regulation[J]. Brookings Papers on Economic Activity, 2009(2): 51-117.

Agarwal S, Mazumder B. 2013. Cognitive abilities and household financial decision making[J].American Economic Journal: Applied Economics, 5(1): 193-207.

Agnew J, Balduzzi P, Sundén A. 2003. Portfolio choice and trading in a large 401(k) plan[J]. American Economic Review, 93(1): 193-215.

Akerlof G A. 1980. A theory of social custom, of which unemployment may be one consequence[J]. The Quarterly Journal of Economics, 94(4): 749-775.

Albacete N, Lindner P. 2013. Household vulnerability in Austria: a microeconomic analysis based on the household finance and consumption survey[J]. Financial Stability Report, 25: 57-73.

Alesina A, Giuliano P. 2011. Family ties and political participation[J]. Journal of the European Economic Association, 9(5): 817-839.

Allen F, Demirguc-Kunt A, Klapper L, et al. 2016. The foundations of financial inclusion: understanding ownership and use of formal accounts[J]. Journal of Financial Intermediation, 27: 1-30.

Ambrus A, Mobius M, Szeidl A. 2014. Consumption risk-sharing in social networks[J]. American Economic Review, 104(1): 149-182.

Amendola A, Restaino M. 2017. An evaluation study on students' international mobility experience[J]. Quality & Quantity, 51(2): 525-544.

Ameriks J, Caplin A, Leahy J .2003. Wealth accumulation and the propensity to plan[J]. The Quarterly Journal of Economics, 118(3): 1007-1047.

Ampudia M, van Vlokhoven H, Żochowski D. 2016. Financial fragility of Euro area households[J]. Journal of Financial Stability, 27: 250-262.

Andersen S, Nielsen K M. 2011. Participation constraints in the stock market: evidence from unexpected inheritance due to sudden death[J]. The Review of Financial Studies, 24(5): 1667-1697.

Andrianaivo M, Kpodar K. 2012. Mobile phones, financial inclusion, and growth[J]. Review of Economics and Institutions, 3(2): 30.

Ang A, Bekaert G, Liu J. 2005. Why stocks may disappoint[J]. Journal of Financial Economics, 76(3): 471-508.

Angrist J D, Imbens G W, Rubin D B. 2012. Identification of causal effects using instrumental variables[J]. Journal of the American Statistical Association, 91(434): 444-455.

Araujo C, de Janvry A, Sadoulet E. 2010. Peer effects in employment: results from Mexico's poor rural communities[R]. Berkeley: Department of Agricultural & Resource Economics.

Arrondel L, Calvo-Pardo H, Giannitsarou C, et al. 2022. Informative social interactions[J]. Journal of Economic Behavior & Organization, 203(11): 246-263.

Atasoy H. 2013. The effects of broadband internet expansion on labor market outcomes[J]. ILR Review, 66(2): 315-345.

Atella V, Brunetti M, Maestas N. 2012. Household portfolio choices, health status and health care systems: a cross-country analysis based on share[J]. Journal of Banking & Finance, 36(5): 1320-1335.

Bach L, Calvet L E, Sodini P. 2020. Rich pickings? Risk, return, and skill in household wealth[J]. American Economic Review, 110(9): 2703-2747.

Badarinza C, Campbell J Y, Ramadorai T. 2016. International comparative household finance[J]. Annual Review of Economics, 8(1): 111-144.

Banerjee A V, Newman A F. 1993. Occupational choice and the process of development[J]. Journal of Political Economy, 101(2): 274-298.

Banerjee A, Chandrasekhar A G, Duflo E, et al. 2013. The diffusion of microfinance[J]. Science, 341(6144): 1236498.

Barber B M, Odean T. 2002. Online investors: do the slow die first?[J]. The Review of Financial Studies, 15(2): 455-488.

Barberis N, Huang M, Thaler R H. 2006. Individual preferences, monetary gambles, and stock market participation: a case for narrow framing[J]. American Economic Review, 96(4): 1069-1090.

Barnea A, Cronqvist H, Siegel S. 2010. Nature or nurture: what determines investor behavior?[J]. Journal of Financial Economics, 98(3): 583-604.

Baron R M, Kenny D A. 1986. The moderator-mediator variable distinction in social psychological research: conceptual, strategic, and statistical considerations[J]. Journal of Personality and Social Psychology, 51(6): 1173-1182.

Barro R J, Becker G S. 1989. Fertility choice in a model of economic growth[J]. Econometrica, 57(2): 481-501.

Becker G S, Lewis H G. 1973. On the interaction between the quantity and quality of children[J]. The Journal of Political Economy, 81(2): S279-S288.

Behrman J R, Mitchell O S, Soo C K, et al. 2012. How financial literacy affects household wealth accumulation[J]. The American Economic Review, 102(3): 300-304.

Benartzi S. 2001. Excessive extrapolation and the allocation of 401(k) accounts to company stock[J]. The Journal of Finance, 56(5): 1747-1764.

Benz M. 2009. Entrepreneurship as a non-profit-seeking activity[J]. International Entrepreneurship and Management Journal, 5(1): 23-44.

Berglann H, Moen E R, Røed K, et al. 2011. Entrepreneurship: origins and returns[J]. Labour Economics, 18(2): 180-193.

Berkowitz M K, Qiu J P. 2006. A further look at household portfolio choice and health status[J]. Journal of Banking & Finance, 30(4): 1201-1217.

Bertaut C C, Haliassos M. 2006. Credit cards: facts and theories[M]//Bertola G, Grant C, Disney R. The Economics of Consumer Credit. Cambridge: MIT Press: 181-237.

Bertaut C C, Starr-McCluer M. 2000. Household portfolios in the United States[R]. Washington: Board of Governors of the Federal Reserve System (U.S.).

Bian Y J. 1997. Bringing strong ties back in: indirect ties, network bridges, and job searches in China[J]. American Sociological Review, 62(3): 366-385.

Bianchi M. 2012. Financial development, entrepreneurship, and job satisfaction[J]. The Review of Economics and Statistics, 94(1): 273-286.

Binder M, Coad A. 2013. Life satisfaction and self-employment: a matching approach[J]. Small Business Economics, 40(4): 1009-1033.

Björklund A, Jäntti M, Roemer J E. 2012. Equality of opportunity and the distribution of long-run income in Sweden[J]. Social Choice and Welfare, 39(3): 675-696.

Blume M E, Friend I. 1975. The asset structure of individual portfolios and some implications for utility functions[J]. The Journal of Finance, 30(2): 585-603.

Blundell R, Pistaferri L, Preston I. 2008. Consumption inequality and partial insurance[J]. The American Economic Review, 98(5): 1887-1921.

Bogan V. 2008. Stock market participation and the internet[J]. Journal of Financial and Quantitative Analysis, 43(1): 191-211.

Briggs J, Cesarini D, Lindqvist E, et al. 2021. Windfall gains and stock market participation[J]. Journal of Financial Economics, 139(1): 57-83.

Brown J R, Ivković Z, Smith P A, et al. 2008. Neighbors matter: causal community effects and stock market participation[J]. The Journal of Finance, 63(3): 1509-1531.

Browne M J, Kim K. 1993. An international analysis of life insurance demand[J]. Journal of Risk & Insurance, 60(4): 616.

Browning M, Chiappori P A, Weiss Y. 2014. Economics of the Family[M]. Cambridge: Cambridge University Press.

Bruhn M, Love I. 2014. The real impact of improved access to finance: evidence from Mexico[J]. The Journal of Finance, 69(3): 1347-1376.

Brune L, Giné X, Goldberg J, et al. 2016. Facilitating savings for agriculture: field experimental evidence from Malawi[J]. Economic Development and Cultural Change, 64(2): 187-220.

Brunetti M, Giarda E, Torricelli C. 2016. Is financial fragility a matter of illiquidity? An appraisal for Italian households[J]. Review of Income and Wealth, 62(4): 628-649.

Bruton G D, Ketchen D J, Ireland R D. 2013. Entrepreneurship as a solution to poverty[J]. Journal of Business Venturing, 28(6): 683-689.

Burgess R, Pande R. 2005. Do rural banks matter? Evidence from the Indian social banking experiment[J]. The American Economic Review, 95(3): 780-795.

Burnett J J, Palmer B A. 1984. Examining life insurance ownership through demographic and psychographic characteristics[J]. Journal of Risk & Insurance, 51(3):453-467.

Caballero R J. 1990. Consumption puzzles and precautionary savings[J]. Journal of Monetary Economics, 25(1): 113-136.

Calvet L E, Sodini P. 2014. Twin picks: disentangling the determinants of risk-taking in household portfolios[J]. The Journal of Finance, 69(2): 867-906.

Campanale C. 2011. Learning, ambiguity and life-cycle portfolio allocation[J]. Review of Economic Dynamics, 14(2): 339-367.

Campbell J Y. 2006. Household finance[J]. Journal of Finance, 61(4): 1553-1604.

Campbell J Y, Mankiw N G. 1991. The response of consumption to income: a cross-country investigation[J]. European Economic Review, 35(4): 723-756.

Campbell J Y, Ramadorai T, Ranish B. 2019. Do the rich get richer in the stock market? Evidence from India[J]. American Economic Review: Insights, 1(2): 225-240.

Canner N, Mankiw N G, Weil D N. 1997. An asset allocation puzzle[J]. American Economic Review, 87(1): 181-191.

Cao H H, Wang T, Zhang H H. 2005. Model uncertainty, limited market participation, and asset prices[J]. The Review of Financial Studies, 18(4): 1219-1251.

Carlin B, Olafsson A, Pagel M. 2018. FinTech and consumer well-being in the information age[R]. New York: Think Forward Initiative.

Carlson J S, Widaman K F. 1988. The effects of study abroad during college on attitudes toward other cultures[J]. International Journal of Intercultural Relations, 12(1): 1-17.

Carroll C D, Hall R E, Zeldes S P. 1992. The buffer-stock theory of saving: some macroeconomic evidence[J]. Brookings Papers on Economic Activity, 1992(2): 61-156.

Carroll C D, Rhee B K, Rhee C. 1994. Are there cultural effects on saving? Some cross-sectional evidence[J]. The Quarterly Journal of Economics, 109(3): 685-699.

Carroll C D, Samwick A A. 1997. The nature of precautionary wealth[J]. Journal of Monetary Economics, 40(1): 41-71.

Carroll C D, Samwick A A. 1998. How important is precautionary saving?[J]. Review of Economics and Statistics, 80(3): 410-419.

Carvalho L, Rezai A. 2016. Personal income inequality and aggregate demand[J]. Cambridge Journal of Economics, 40(2): 491-505.

Cesarini D, Johannesson M, Lichtenstein P, et al. 2010. Genetic variation in financial decision-making[J]. The Journal of Finance, 65(5): 1725-1754.

Chamon M D, Prasad E S. 2010. Why are saving rates of urban households in China rising?[J]. American Economic Journal: Macroeconomics, 2(1): 93-130.

Chamon M, Liu K, Prasad E. 2013. Income uncertainty and household savings in China[J]. Journal of Development Economics, 105: 164-177.

Checchi D, Peragine V. 2010. Inequality of opportunity in Italy[J]. The Journal of Economic Inequality, 8(4): 429-450.

Chen F N, Liu G Y, Mair C A. 2011. Intergenerational ties in context: grandparents caring for grandchildren in China[J]. Social Forces; a Scientific Medium of Social Study and Interpretation, 90(2): 571-594.

Chen M K. 2013. The effect of language on economic behavior: evidence from savings rates, health behaviors, and retirement assets[J]. The American Economic Review, 103(2): 690-731.

Chetty R, Szeidl A. 2007. Consumption commitments and risk preferences[J]. The Quarterly Journal of Economics, 122(2): 831-877.

Choi H, Lugauer S, Mark C N. 2014. Precautionary saving of Chinese and U.S. households[R]. Cambridge: National Bureau of Economic Research.

Choi J J, Laibson D, Metrick A. 2002. How does the internet affect trading? Evidence from investor behavior in 401(k) plans[J]. Journal of Financial Economics, 64(3): 397-421.

Choudhury M. 2014. Vulnerability and financial inclusion: the context of Bangladesh[J]. Journal of Politics and Administration, 2(1): 1-13.

Christelis D, Jappelli T, Padula M. 2010. Cognitive abilities and portfolio choice[J]. European Economic Review, 54(1): 18-38.

Chu T, Wen Q. 2017. Can income inequality explain China's saving puzzle?[J]. International Review of Economics and Finance, 52: 222-235.

Cinelli C, Hazlett C. 2020. Making sense of sensitivity: extending omitted variable bias[J]. Journal of the Royal Statistical Society Series B: Statistical Methodology, 82(1): 39-67.

Cloyne J, Huber K, Ilzetzki E, et al. 2019. The effect of house prices on household borrowing: a new approach[J]. The American Economic Review, 109(6): 2104-2136.

Coale A J, Banister J. 1994. Five decades of missing females in China[J]. Demography, 31(3):

459-479.

Cocco J F, Gomes F J, Maenhout P J. 2005. Consumption and portfolio choice over the life cycle[J]. The Review of Financial Studies, 18(2): 491-533.

Cohen P, Hahn R, Hall J, et al. 2016. Using big data to estimate consumer surplus: the case of Uber[R]. Cambridge: National Bureau of Economic Research.

Coleman J S. 1988. Social capital in the creation of human capital[J]. American Journal of Sociology, 94: S95-S120.

Conley T G, Hansen C B, Rossi P E. 2012. Plausibly exogenous[J]. The Review of Economics and Statistics, 94(1): 260-272.

Cronin M J. 1998. Banking and Finance on the Internet[M]. New York: John Wiley & Sons Press.

Cronqvist H, Siegel S. 2014. The genetics of investment biases[J]. Journal of Financial Economics, 113(2): 215-234.

Cronqvist H, Siegel S. 2015. The origins of savings behavior[J]. Journal of Political Economy, 123(1): 123-169.

Cullen J B, Gordon R H. 2007. Taxes and entrepreneurial risk-taking: theory and evidence for the U.S.[J]. Journal of Public Economics, 91(7/8): 1479-1505.

Dave D, Saffer H. 2008. Alcohol demand and risk preference[J]. Journal of Economic Psychology, 29(6): 810-831.

Davidoff T, Brown J R, Diamond P A. 2005. Annuities and individual welfare[J]. The American Economic Review, 95(5): 1573-1590.

de Mel S, McKenzie D, Woodruff C. 2009. Returns to capital in microenterprises: evidence from a field experiment[J]. The Quarterly Journal of Economics, 124(1): 423.

de Vreyer P, Gubert F, Robilliard A S. 2010. Are there returns to migration experience? an empirical analysis using data on return migrants and non-migrants in west Africa[J]. Annals of Economics and Statistics, (97/98): 307.

Deaton A. 1991. Saving and liquidity constraints[J]. Econometrica, 59(5): 1221-1248.

Deaton A. 1992a. Household saving in LDCs: credit markets, insurance and welfare[J]. The Scandinavian Journal of Economics, 94(2): 253-273.

Deaton A. 1992b. Saving and income smoothing in Côte d'Ivoire[J]. Journal of African Economics, 1(1): 1-24.

Deaton A. 2003. Health, inequality, and economic development[J]. Journal of Economic Literature, 41(1): 113-158.

Deaton A, Paxson C. 2000. Growth and saving among individuals and households[J]. The Review of Economics and Statistics, 82(2): 212-225.

Delavande A, Rohwedder S, Willis R. 2008. Preparation for retirement, financial literacy and cognitive resources[R]. Ann Arbor: Michigan Retirement Research Center.

Disney R, Gathergood J. 2013. Financial literacy and consumer credit portfolios[J]. Journal of Banking and Finance, 37(7): 2246-2254.

Duesenberry J S. 1949. Income, saving, and the theory of consumer behavior[M]. Cambridge MA:Harvard University Press.

Duflo E, Saez E. 2002. Participation and investment decisions in a retirement plan: the influence of colleagues' choices[J]. Journal of Public Economics, 85(1): 121-148.

Duflo E, Saez E. 2003. The role of information and social interactions in retirement plan decisions: evidence from a randomized experiment[J]. The Quarterly Journal of Economics, 118(3): 815-842.

Dumm R, Hoyt R. 2003. Insurance distribution channels: markets in transition[J]. Journal of Insurance Regulation, 22(1): 27-48.

Dupas P, Robinson J. 2013. Savings constraints and microenterprise development: evidence from a field experiment in Kenya[J]. American Economic Journal: Applied Economics, 5(1): 163-192.

Durlauf S N, Fafchamps M. 2003. Empirical studies of social capital: a critical survey[J]. Madison: Social Systems Research Institute.

Dynan K E. 1993. How prudent are consumers?[J]. Journal of Political Economy, 101(6): 1104-1113.

Dynan K, Skinner J, Zeldes S. 2004. Do the rich save more?[J]. Journal of Political Economy, 112(2): 397-444.

Easterly W. 2006. An identity crisis? Examining IMF financial programming[J]. World Development, 34(6): 964-980.

Edwards R D. 2008. Health risk and portfolio choice[J]. Journal of Business & Economic Statistics, 26(4): 472-485.

Eggertsson G B, Krugman P. 2012. Debt, deleveraging, and the liquidity trap: a fisher-minsky-Koo approach[J]. Quarterly Journal of Economics, 127(3): 1469-1513.

Ehrbeck T D, Pickens M, Tarazi A M. 2012. Financially inclusive ecosystems: the roles of government today(English)[R]. Washington: World Bank Group.

Eriksson T, Pan J, Qin X Z. 2014. The intergenerational inequality of health in China[J]. China Economic Review, 31: 392-409.

Fafchamps M, Gubert F. 2006. The formation of risk sharing networks[J]. Journal of Development Economics, 83(2): 326-350.

Fasianos A, Raza H, Kinsella S. 2017. Exploring the link between household debt and income inequality: an asymmetric approach[J]. Applied Economics Letters, 24(6): 404-409.

Favilukis J. 2013. Inequality, stock market participation, and the equity premium[J]. Journal of Financial Economics, 107(3): 740-759.

Feng L, Seasholes M S. 2004. Correlated trading and location[J]. Journal of Finance, 59(5): 2117-2144.

Fernández R, Fogli A. 2006. Fertility: the role of culture and family experience[J]. Journal of the European Economic Association, 4(2/3): 552-561.

Ferreira F H G, Gignoux J. 2011. The measurement of inequality of opportunity: theory and an application to Latin America[J]. Review of Income and Wealth, 57(4): 622-657.

Franke G, Stapleton R C, Subrahmanyam M G. 2004. Background risk and the demand for state-contingent claims[J]. Economic Theory, 23(2): 321-335.

French K R, Poterba J M. 1991. Investor diversification and international equity markets[J]. The American Economic Review, 81(2): 222-226.

Friedman M. 1957. Theory of the Consumption Function[M]. Princeton: Princeton University Press.

Fu S h, Liao Y, Zhang J f. 2016. The effect of housing wealth on labor force participation: evidence from China[J]. Journal of Housing Economics, 33: 59-69.

Fulford S L. 2015. How important is variability in consumer credit limits?[J]. Journal of Monetary Economics, 72: 42-63.

García-Morán E, Kuehn Z. 2017. With strings attached: grandparent-provided child care and female labor market outcomes[J]. Review of Economic Dynamics, 23: 80-98.

Gathergood J, Weber J. 2017. Financial literacy: a barrier to home ownership for the young?[J]. Journal of Urban Economics, 99: 62-78.

Gerardi K, Goette L, Meier S. 2013. Numerical ability predicts mortgage default[J]. Proceedings of the National Academy of Sciences of the United States of America, 110(28): 11267-11271.

Goldfarb A, Tucker C. 2019. Digital economics[J]. Journal of Economic Literature, 57(1): 3-43.

Goldman D, Maestas N. 2013. Medical expenditure risk and household portfolio choice.[J]. Journal of Applied Econometrics, 28(4): 527-550.

Gollier C, Pratt J W. 1996. Risk vulnerability and the tempering effect of background risk[J]. Econometrica, 64(5): 1109-1123.

Gomes F J. 2005. Portfolio choice and trading volume with loss-averse investors[J]. The Journal of Business, 78(2): 675-706.

Gomes F, Haliassos M, Ramadorai T. 2021. Household finance[J]. Journal of Economic Literature, 59(3): 919-1000.

Gomes F, Michaelides A. 2005. Optimal life-cycle asset allocation: understanding the empirical evidence[J]. The Journal of Finance, 60(2): 869-904.

Gormley T, Liu H, Zhou G F. 2010. Limited participation and consumption-saving puzzles: a simple explanation and the role of insurance[J]. Journal of Financial Economics, 96(2): 331-344.

Gourinchas P O, Parker J A. 2002. Consumption over the life cycle[J]. Econometrica, 70(1): 47-89.

Greenstein S, McDevitt R C. 2011. The broadband bonus: estimating broadband internet's economic value[J]. Telecommunications Policy, 35(7): 617-632.

Grinblatt M, Keloharju M. 2001. How distance, language, and culture influence stockholdings and trades[J]. The Journal of Finance, 56(3): 1053-1073.

Grinblatt M, Keloharju M, Linnainmaa J. 2011. IQ and stock market participation[J]. The Journal of Finance, 66(6): 2121-2164.

Grinstein-Weiss M, Yeo Y H, Zhan M, et al. 2008. Asset holding and net worth among households with children: differences by household type[J]. Children and Youth Services Review, 30(1): 62-78.

Grohmann A, Klühs T, Menkhoff L. 2018. Does financial literacy improve financial inclusion? Cross country evidence[J]. World Development, 111: 84-96.

Gross D B, Souleles N S. 2002. Do liquidity constraints and interest rates matter for consumer behavior? Evidence from credit card data[J]. The Quarterly Journal of Economics, 117(1): 149-185.

Grossman J L, Taraz A M. 2014. Serving smallholder farmers: recent developments in digital finance(English)[R]. Washington: World Bank Group.

Guin B. 2017. Culture and household saving[R]. Frankfurt: European Central Bank.

Guiso L, Haliassos M, Jappelli T. 1992. Household Portfolios[M]. Cambridge: The MIT Press.

Guiso L, Haliassos M, Jappelli T. 2002. Household Portfolios[M]. Cambridge: The MIT Press.

Guiso L, Jappelli T, Terlizzese D. 1996. Income risk, borrowing constraints, and portfolio choice[J]. The American Economic Review, 86(1): 158-172.

Guiso L, Pozzi A, Tsoy A, et al. 2021. The cost of steering in financial markets: evidence from the mortgage market[J]. Journal of Financial Economics, 143(3): 1209-1226.

Guiso L, Pozzi A, Tsoy A, et al. 2022. The cost of steering in financial markets: evidence from the mortgage market[J]. Journal of Financial Economics, 143(3): 1209-1226.

Guiso L, Sapienza P, Zingales L. 2004. The role of social capital in financial development[J]. American Economic Review, 94(3): 526-556.

Guiso L, Sapienza P, Zingales L. 2006. Does culture affect economic outcomes?[J]. The Journal of Economic Perspectives, 20(2): 23-48.

Guiso L, Sapienza P, Zingales L. 2008. Trusting the stock market[J]. The Journal of Finance, 63(6): 2557-2600.

Guiso L, Sapienza P, Zingales L. 2009. Cultural biases in economic exchange?[J]. The Quarterly Journal of Economics, 124(3): 1095-1131.

Guiso L, Sodini P. 2013. Household finance: an emerging field[M]//Constantinides G, Harris M, Stulz R. Handbook of the Economics of Finance. Amsterdam: North-Holland: 1397-1532.

Gutter M S, Hatcher C B. 2008. Racial differences in the demand for life insurance[J]. The Journal of Risk and Insurance, 75(3): 677-689.

Hackethal A, Haliassos M, Jappelli T. 2012. Financial advisors: a case of babysitters?[J]. Journal of Banking & Finance, 36(2): 509-524.

Haliassos M, Bertaut C C. 1995. Why do so few hold stocks?[J] The Economic Journal, 105(432): 1110-1129.

Haliassos M, Jansson T, Karabulut Y. 2019. Financial literacy externalities[J]. Review of Financial Studies, 33(2): 950-989.

Haliassos M, Jansson T, Karabulut Y. 2020. Financial literacy externalities[J]. The Review of Financial Studies, 33(2): 950-989.

Haliassos M, Michaelides A. 2003. Portfolio choice and liquidity constraints[J]. International Economic Review, 44(1): 143-177.

Hall R E. 1978. Stochastic implications of the life cycle-permanent income hypotheses: theory and evidence[J]. Journal of Political Economy, 86(6): 971-987.

Hammond J D, Houston D B, Melande E R. 1967. Determinants of household life insurance premium expenditures: an empirical investigation[J]. The Journal of Risk and Insurance, 34(3): 397-408.

Harriger-Lin J, Khanna N, Pape A. 2020. Conspicuous consumption and peer-group inequality: the role of preferences[J]. The Journal of Economic Inequality, 18(3): 365-389.

Hayashi F. 1985. The effect of liquidity constraints on consumption: a cross-sectional analysis[J]. The Quarterly Journal of Economics, 100(1): 183-206.

He H, Huang F, Liu Z, et al. 2018. Breaking the "iron rice bowl": evidence of precautionary savings from the Chinese state-owned enterprises reform[J]. Journal of Monetary Economics, 94: 94-113.

Heaton J, Lucas D. 2000. Portfolio choice in the presence of background risk[J]. The Economic Journal, 110(460): 1-26.

Heckman J, Stixrud J, Urzua S. 2006. The effects of cognitive and noncognitive abilities on labor market outcomes and social behavior[J]. Journal of Labor Economics, 24(3): 411-482.

Hoff K, Stiglitz J E. 2016. Striving for balance in economics: towards a theory of the social determination of behavior[J]. Journal of Economic Behavior and Organization, 126: 25-57.

Hong C Y, Lu X M, Pan J. 2020. Fintech adoption and household risk-taking[R]. Helsinki: Bank of Finland Institute for Emerging Economies.

Hong H, Kubik J D, Stein J C. 2004. Social interaction and stock-market participation[J]. The Journal of Finance, 59(1): 137-163.

Hsiao Y J, Tsai W C. 2018. Financial literacy and participation in the derivatives markets[J]. Journal of Banking & Finance, 88: 15-29.

Hubbard R G, Judd K L. 1987. Social security and individual welfare: precautionary saving, borrowing constraints, and the payroll tax[J]. The American Economic Review, 77(4): 630-646.

Hubbard R G, Skinner J, Zeldes S P. 1995. Precautionary saving and social insurance[J]. Journal of Political Economy, 103(2): 360-399.

Huberman G. 2001. Familiarity breeds investment[J]. The Review of Financial Studies, 14(3): 659-680.

Hwang T, Gao S. 2003. The determinants of the demand for life insurance in an emerging economy-the case of China[J]. Managerial Finance, 29(5/6): 82-96.

Imbens G W, Angrist J D. 1994. Identification and estimation of local average treatment effects[J]. Econometrica, 62(2): 467-475.

Inderst R, Ottaviani M. 2009. Misselling through agents[J]. The American Economic Review, 99(3): 883-908.

Inderst R, Ottaviani M. 2012. Financial advice[J]. Journal of Economic Literature, 50(2): 494-512.

Jack W, Suri T. 2014. Risk sharing and transactions costs: evidence from Kenya's mobile money revolution[J]. American Economic Review, 104(1): 183-223.

Jappelli T, Padula M. 2013. Investment in financial literacy and saving decisions[J]. Journal of Banking and Finance, 37(8): 2779-2792.

Jappelli T, Pischke J S, Souleles N S. 1998. Testing for liquidity constraints in Euler equations with complementary data sources[J]. The Review of Economics and Statistics, 80(2): 251-262.

Jiang W. 2017. Have instrumental variables brought us closer to the truth[J]. The Review of Corporate Finance Studies, 6(2): 127-140.

Judd C M, Kenny D A. 1981. Process analysis: estimating mediation in treatment evaluations[J]. Evaluation Review, 5(5): 602-619.

Justiniano A, Primiceri G E, Tambalotti A. 2016. A simple model of subprime borrowers and credit growth[J]. American Economic Review, 106(5): 543-547.

Kang D M. 2014. The effects of study-abroad experiences on EFL learners' willingness to communicate, speaking abilities, and participation in classroom interaction[J]. System, 42: 319-332.

Kaustia M, Knüpfer S. 2012. Peer performance and stock market entry[J]. Journal of Financial Economics, 104(2): 321-338.

Keloharju M, Knüpfer S, Linnainmaa J. 2012. Do investors buy what they know? Product market choices and investment decisions[J]. The Review of Financial Studies, 25(10): 2921-2958.

Keynes J M. 1936. The General Theory of Employment, Interest and Money[M]. New York: Harcourt Brace.

Kimball M S. 1990. Precautionary saving in the small and in the large[J]. Econometrica, 58(1): 53-73.

Kinnan C, Townsend R. 2012. Kinship and financial networks, formal financial access, and risk reduction[J]. The American Economic Review, 102(3): 289-293.

Klapper L, Lusardi A, Panos G A. 2013. Financial literacy and its consequences: Evidence from Russia during the financial crisis[J]. Journal of Banking and Finance, 37(10): 3904-3923.

Kling G, Pesqué-Cela V, Tian L H, et al. 2022. A theory of financial inclusion and income inequality[J]. The European Journal of Finance, 28(1): 137-157.

Knight J, Yueh L. 2008. The role of social capital in the labour market in China[J]. Economics of Transition, 16(3): 389-414.

Knudsen E I, Heckman J J, Cameron J L, et al. 2006. Economic, neurobiological, and behavioral perspectives on building America's future workforce[J]. Proceedings of the National Academy of Sciences of the United States of America, 103(27): 10155-10162.

Knüpfer S, Rantapuska E, Sarvimäki M. 2017a. Formative experiences and portfolio choice: evidence from the Finnish great depression[J]. The Journal of Finance, 72(1): 133-166.

Knüpfer S, Rantapuska E, Sarvimäki M. 2017b. Why does portfolio choice correlate across generations[R]. Helsinki: Bank of Finland.

Korniotis G M, Kumar A. 2011. Do older investors make better investment decisions?[J]. The Review of Economics and Statistics, 93(1): 244-265.

Kovacevic R M, Pflug G C. 2011. Risk minimizing strategies for pension fund portfolios under stochastic interest rates[J]. European Actuarial Journal, 1(2): 333-360.

Krebs T, Krishna P, Maloney W. 2010. Trade policy, income risk, and welfare[J]. The Review of Economics and Statistics, 92(3): 467-481.

Kunreuther H, Linnerooth J, Vaupel J W. 1984. A decision-process perspective on risk and policy analysis[J]. Management Science, 30(4): 475-485.

Kunreuther H, Pauly M. 2006. Rules rather than discretion: lessons from hurricane Katrina[J]. Journal of Risk and Uncertainty, 33(1): 101-116.

Kuznets S. 1942. Uses of national income in peace and war[M]. New York: National Bureau of Economic Research.

Laibson D, Repetto A, Tobacman J. 1998. Self-control and saving for retirement[J]. Brookings Papers on Economic Activity, 29(1): 91-196.

Laibson D, Repetto A, Tobacman J. 2003. A debt puzzle[M]//Aghion P, Frydman R, Stiglitz J E, et al. Knowledge, Information, and Expectations in Modern Economics: In Honor of Edmund S. Phelps. Princeton: Princeton University Press: 228-266.

Lee J J, Sawada Y. 2010. Precautionary saving under liquidity constraints: evidence from rural Pakistan[J]. Journal of Development Economics, 91(1): 77-86.

Lehnert A, Maki D M. 2002. Consumption, debt and portfolio choice: testing the effect of bankruptcy law[R]. Washington: Federal Reserve Board.

Leland H E. 1968. Saving and uncertainty: the precautionary demand for saving[J]. The Quarterly Journal of Economics, 82(3): 465-473.

Lewbel A. 2012. Using heteroscedasticity to identify and estimate mismeasured and endogenous regressor models[J]. Journal of Business & Economic Statistics, 30(1): 67-80.

Lewbel A. 2018. Identification and estimation using heteroscedasticity without instruments: the binary endogenous regressor case[J]. Economics Letters, 165: 10-12.

Li J, Wu Y, Xiao J J. 2020. The impact of digital finance on household consumption: evidence from China[J]. Economic Modelling, 86: 317-326.

Liang P H, Guo S Q. 2015. Social interaction, internet access and stock market participation—an empirical study in China[J]. Journal of Comparative Economics, 43(4): 883-901.

Lindqvist E, Paues F, Vestman R. 2018. The role of cognitive and non-cognitive skills for investment behavior[EB/OL]. https://roinevestman.com/wp-content/uploads/2018/11/LindqvistPauesVestmanJune2018.pdf[2024-10-23].

Liu H, Sun Q, Zhao Z. 2014. Social learning and health insurance enrollment: evidence from China's new cooperative medical scheme[J]. Journal of Economic Behavior & Organization, 97: 84-102.

Lohmann S. 2015. Information technologies and subjective well-being: does the internet raise material aspirations?[J]. Oxford Economic Papers, 67(3): 740-759.

Love D A. 2010. The effects of marital status and children on savings and portfolio choice[J]. The Review of Financial Studies, 23(1): 385-432.

Luc A, Hector C-P, Chryssi G, et al. 2022. Informative social interactions[J]. Journal of Economic Behavior and Organization, 203: 246-263.

Lusardi A, Michaud P C, Mitchell O S. 2017. Optimal financial knowledge and wealth inequality[J]. Journal of Political Economy, 125(2): 431-477.

Maarten C J, van Rooij M, Lusardi A, et al. 2012. Financial literacy, retirement planning and household wealth[J]. Economic Journal, Royal Economic Society, 122(560): 449-478.

Makina D, Malobola M L. 2004. Impact assessment of microfinance programmes, including lessons from Khula Enterprise Finance[J]. Development Southern Africa, 21(5): 799-814.

Malmendier U, Nagel S. 2011. Depression babies: do macroeconomic experiences affect risk taking?[J]. The Quarterly Journal of Economics, 126(1): 373-416.

Malmendier U, Nagel S. 2016. Learning from inflation experiences[J]. The Quarterly Journal of Economics, 131(1): 53-87.

Mankiw N G, Zeldes S P. 1991. The Consumption of stockholders and nonstockholders[J]. Journal of Financial Economics, 29(1): 97-112.

Manski C F. 1993. Identification of endogenous social effects: the reflection problem[J]. Review of Economic Studies, 60(3): 531-542.

Markowitz H. 1952. Portfolio selection[J]. The Journal of Finance, 7(1): 77-91.

Marrero G A, Rodríguez J G. 2013. Inequality of opportunity and growth[J]. Journal of Development Economics, 104: 107-122.

Mehra R, Prescott E C. 1985. The equity premium: a puzzle[J]. Journal of Monetary Economics, 15(2): 145-161.

Meng X, Xue S. 2020. Social networks and mental health outcomes: Chinese rural–urban migrant experience[J]. Journal of Population Economics, 33(1): 155-195.

Merton R C. 1969. Lifetime portfolio selection under uncertainty: the continuous-time case[J]. The Review of Economics and Statistics, 51(3): 247-257.

Mian A, Sufi A. 2011. House prices, home equity–based borrowing, and the US household leverage crisis[J]. American Economic Review, 101(5): 2132-2156.

Mian A, Sufi A, Verner E. 2017. Household debt and business cycles worldwide[J]. The Quarterly Journal of Economic, 132(4): 1755-1817.

Mitchell O S, Smetters K. 2003. The role of company stock in defined contribution plans[M]//Mitchell O S, Smetters K. The Pension Challenge: Risk Transfers and Retirement Income Security. Oxford: Oxford University Press: 33-70.

Modigliani F. 1949. Fluctuations in the saving-income ratio: a problem in economic forecasting[M]//National Bureau of Economic Research. Studies in Income and Wealth. New York: National Bureau of Economic Research, Inc: 369-444.

Modigliani F, Brumberg R. 1954. Utility analysis and the consumption function: an interpretation of cross-section data[M]//Kurihara K K. Post Keynesian Economics. Piscataway: Rutgers University Press.

Modigliani F, Cao S L. 2004. The Chinese saving puzzle and the life-cycle hypothesis[J]. Journal of Economic Literature, 42(1): 145-170.

Mookerjee R, Kalipioni P. 2010. Availability of financial services and income inequality: the evidence from many countries[J]. Emerging Markets Review, 11(4): 404-408.

Mosley P. 2001. Microfinance and poverty in Bolivia[J]. The Journal of Development Studies, 37(4): 101-132.

Nahapiet J, Ghoshal S. 1998. Social capital, intellectual capital, and the organizational advantage[J]. Academy of Management Review, 23(2): 242-266.

Niu G, Wang Q, Li H, et al. 2020. Number of brothers, risk sharing, and stock market participation[J]. Journal of Banking & Finance, 113: 105757.

North D C. 1991. Institutions[J]. Journal of Economic Perspectives, 5(1): 97-112.

Osili U O, Paulson A L. 2008. Institutions and financial development: evidence from international migrants in the United States[J]. The Review of Economics and Statistics, 90(3): 498-517.

Pagel M. 2018. A news-utility theory for inattention and delegation in portfolio choice[J]. Econometrica, 86(2): 491-522.

Painter G, Yang X, Zhong N H. 2022. Housing wealth as precautionary saving: evidence from urban China[J]. Journal of Financial and Quantitative Analysis, 57(2): 761-789.

Pan J, Qin X Z, Liu G G. 2013. The impact of body size on urban employment: evidence from China[J]. China Economic Review, 27: 249-263.

Parise G, Peijnenburg K. 2019. Noncognitive abilities and financial distress: evidence from a representative household panel[J]. The Review of Financial Studies, 32(10): 3884-3919.

Peijnenburg K. 2018. Life-cycle asset allocation with ambiguity aversion and learning[J]. Journal of Financial and Quantitative Analysis, 53(5): 1963-1994.

Pencavel J. 1986. Labor supply of men: a survey[M]//Ashenfelter O, Layard R, Card D. Handbook of Labor Economics. Amsterdam: Elsevier: 3-102.

Pistolesi N. 2009. Inequality of opportunity in the land of opportunities, 1968–2001[J]. The Journal of Economic Inequality, 7(4): 411-433.

Pollak R A. 2005. Bargaining power in marriage: earnings, wage rates and household production[R]. New York: National Bureau of Economic Research.

Putnam R. 1993. The prosperous community: social capital and public life[J]. The American Prospect, 4(13): 35-42.

Putnam R D, Leonardi R, Nanetti R Y. 1992. Making Democracy Work: Civic Traditions in Modern Italy[M]. Princeton: Princeton University Press.

Qiu J P. 2016. Precautionary saving and health insurance: a portfolio choice perspective[J]. Frontiers of Economics in China, 11(2): 232-264.

Rivers D, Vuong Q H. 1988. Limited information estimators and exogeneity tests for simultaneous probit models[J]. Journal of Econometrics, 39(3): 347-366.

Roemer J E. 1993. A pragmatic theory of responsibility for the egalitarian planner[J]. Philosophy &

Public Affairs, 22(2): 146-166.
Roemer J E. 1998. Equality of opportunity[M]. Cambridge: Harvard University Press.
Roemer J E, Trannoy A. 2015. Equality of opportunity[M]//Atkinson A B, Bourguignon F. Handbook of Income Distribution. Amsterdam: Elsevier: 217-300.
Rosen H S, Wu S. 2004. Portfolio choice and health status[J]. Journal of Financial Economics, 72(3): 457-484.
Rosenzweig M, Zhang J S. 2014. Co-residence, life-cycle savings and inter-generational support in urban China[R]. New York: National Bureau of Economic Research.
Rossi A G, Utkus S P. 2021. Who benefits from robo-advising? Evidence from machine learning[J]. SSRN Electronic Journal: 3552671.
Rozelle S, Taylor J E, de Brauw A. 1999. Migration, remittances, and agricultural productivity in China[J]. The American Economic Review, 89(2): 287-291.
Samuelson P A. 1969. Lifetime portfolio selection by dynamic stochastic programming[J]. The Review of Economics and Statistics, 51(3):239-246.
Schmidt-Hebbel K, Servén L. 2000. Does income inequality raise aggregate saving?[J]. Journal of Development Economics, 61(2): 417-446.
Sharpe W F. 1964. Capital asset prices: a theory of market equilibrium under conditions of risk[J]. Journal of Finance, 19(3): 425-442.
Shiller R J. 1990. Market volatility and investor behavior[J]. American Economic Review, 80(2): 58-62.
Shiller R J, Pound J. 1989. Survey evidence on diffusion of interest and information among investors[J]. Journal of Economic Behavior and Organization, 12(1): 47-66.
Shoji M, Aoyagi K, Kasahara R, et al. 2012. Social capital formation and credit access: evidence from Sri Lanka[J].World Development, 40(12): 2522-2536.
Showers V E, Shotick J A. 1994. The effects of household characteristics on demand for insurance: a Tobit analysis[J]. Journal of Risk & Insurance, 61(3): 492-502.
Song J, Zahedi F. 2005. A theoretical approach to web design in e-commerce: a belief reinforcement model[J]. Management Science, 51(8): 1219-1235.
Song Y, Wu W X, Zhou G S. 2020. Inequality of opportunity and household risky asset investment: evidence from panel data in China[J]. China Economic Review, 63: 101513.
Song Y, Zhou G S. 2019. Inequality of opportunity and household education expenditures: evidence from panel data in China[J]. China Economic Review, 55: 85-98.
Stock J H, Yogo M. 2005. Testing for weak instruments in linear IV regression[M]//Andrews D W K, Stock J H. Identification and Inference for Econometric Models. Cambridge: Cambridge University Press: 80-108.
Stutzer A. 2004. The role of income aspirations in individual happiness[J]. Journal of Economic Behavior & Organization, 54(1): 89-109.
Sun S T, Yannelis C. 2016. Credit constraints and demand for higher education: evidence from

financial deregulation[J]. Review of Economics and Statistics, 98(1): 12-24.

Sun W K, Wang X H. 2013. Do relative income and income inequality affect consumption? Evidence from the villages of rural China[J]. Journal of Development Studies, 49(4): 533-546.

Suri T, Bharadwaj P, Jack W. 2021. Fintech and household resilience to shocks: evidence from digital loans in Kenya[J]. Journal of Development Economics, 153: 102697.

Telyukova I A, Wright R. 2008. A model of money and credit, with application to the credit card debt puzzle[J]. The Review of Economic Studies, 75(2): 629-647.

Tobin J. 1958. Liquidity preference as behavior towards risk[J]. The Review of Economic Studies, 25(2): 65-86.

Townsend R M. 1994. Risk and insurance in village India[J]. Econometrica, 62(3): 539-591.

Urrea M A, Maldonado J H. 2011. Vulnerability and risk management: the importance of financial inclusion for beneficiaries of conditional transfers in Colombia[J]. Canadian Journal of Development Studies/Revue Canadienne D'études du Développement, 32(4): 381-398.

van Horne J C, Blume M E, Friend I. 1975. The asset structure of individual portfolios and some implications for utility functions[J]. The Journal of Finance, 30(2): 585-603.

van Rooij M C J, Lusardi A, Alessie R J M. 2012. Financial literacy, retirement planning and household wealth[J]. The Economic Journal, 122(560): 449-478.

van Rooij M, Lusardi A, Alessie R. 2011. Financial literacy and stock market participation[J]. Journal of Financial Economics, 101(2): 449-472.

Vissing-Jørgensen A. 2002. Limited asset market participation and the elasticity of intertemporal substitution[J]. Journal of Political Economy, 110(4): 825-853.

von Gaudecker H M. 2015. How does household portfolio diversification vary with financial literacy and financial advice?[J]. The Journal of Finance, 70(2): 489-507.

Wahba J, Zenou Y, 2012. Out of sight, out of mind: migration, entrepreneurship and social capital[J]. Regional Science and Urban Economics, 42(5): 890-903.

Wei S J, Zhang X B. 2011. The competitive saving motive: evidence from rising sex ratios and savings rates in China[J]. Journal of Political Economy, 119(3): 511-564.

Wooldridge J M. 2015. Control function methods in applied econometrics[J]. Journal of Human Resources, 50(2): 420-445.

Xu X Y. 2020. Trust and financial inclusion: a cross-country study[J]. Finance Research Letters, 35: 101310.

Yaari M E. 1965. Uncertain lifetime, life Insurance, and the theory of the consumer[J]. The Review of Economic Studies, 32(2): 137-150.

Yang J, Qiu M Y. 2016. The impact of education on income inequality and intergenerational mobility[J]. China Economic Review, 37(1): 110-125.

Yao R, Zhang H H. 2005. Optimal consumption and portfolio choices with risky housing and borrowing constraints[J]. The Review of Financial Studies, 18(1): 197-239.

Yip W, Subramanian S V, Mitchell A D, et al. 2007. Does social capital enhance health and well-being? Evidence from rural China[J]. Social Science and Medicine(1982), 64(1): 35-49.

Zeldes S P. 1989a. Consumption and liquidity constraints: an empirical investigation[J]. The Journal of Political Economy, 97(2): 305-346.

Zeldes S P. 1989b. Optimal consumption with stochastic income: deviations from certainty equivalence[J]. The Quarterly Journal of Economics, 104(2): 275-298.

Zietz E N. 2003. An examination of the demand for life insurance[J]. Risk Management and Insurance Review, 6(2): 159-191.

Zinman J. 2015. Household debt: facts, puzzles, theories, and policies[J]. Annual Review of Economics, 7: 251-276.

后　　记

　　本书是作者专注于居民消费和家庭金融研究领域的成果汇编，是国家社会科学基金一般项目"公共服务数字化促进居民消费的影响机制、效应与对策研究（23BJL127）"的阶段性研究成果，受到广东外语外贸大学"建校60周年系列丛书出版资助项目（XJ2024001101）"的资助。

　　该系列成果在形成之前，作者在居民消费和家庭金融领域的研究已有多年，最早可追溯到2012年度获得广东省自然科学基金博士启动项目"人民币汇率变化对我国居民消费影响的理论与实证研究"的立项。该项目的立项也是作者结合原有的国际经济研究方向，尝试将研究方向转向消费经济和家庭金融领域的一个开始。2014年广东外语外贸大学经历院系调整，作者原来所在的国际经济贸易学院的金融系和学院的保险系从国际经济贸易学院独立出来，与大学数学系合并新成立了广东外语外贸大学金融学院。为了紧跟金融学院学科建设的步伐，作为金融系的教师，我也进一步坚定了将研究方向全面转向家庭金融领域的决心。此后，居民消费和家庭金融的研究就成为我始终如一的研究方向。自2014年以来，在《金融研究》、《世界经济》、《财贸经济》、《国际金融研究》、《经济学动态》、《南开经济研究》、《世界经济文汇》、《财经科学》和《保险研究》等学术期刊上共计发表了47篇论文，其中有19篇一作者论文和3篇通信作者论文。本书中汇集的研究成果的形成有赖于多个和消费经济与家庭金融领域相关的国家级与省部级项目的研究，其中包括1项国家社会科学基金一般项目"公共服务数字化促进居民消费的影响机制、效应与对策研究（23BJL127）"；1项国家社会科学基金重大项目"新常态下建立多点支撑的消费增长格局研究（15ZDA013）"的子课题"新常态下建设六大领域消费工程、改善消费环境和供给激活消费支撑消费增长格局形成研究"；1项教育部课题"数字经济对中国居民家庭消费的影响：效应、机制与政策研究（22YJA790072）"和其他3项省级课题。对以上基金组织的支持和相关评审人提出的宝贵意见和建议表示感谢。本书合著者易行健教授既是我职业生涯中的领路人和见证者，也是联系紧密的合作伙伴，一直给予我多方面的鞭策、鼓励与支持。

　　在系列项目的研究过程中，作者发现家庭经济金融行为研究的核心应该是关于消费问题的研究，影响家庭消费的核心因素是家庭收入，家庭消费一端连接着与家庭的人力资本投资和劳动供给相关的家庭劳动性收入端；另一端连接着与家庭储蓄和投资资产配置相关的财产性收入及与创业相关的经营性收入端；同时，为了应对流动性约束和家庭各类风险因素，家庭消费还受到跨期消费平滑过程中的家庭负债行为与家庭保险参与行为等其他金融决策的影响。因此家庭的经济金融行为具有逻辑上的统一性，其最终目的都指向最优消费决策，以实现家庭效用的最大化。所以，本书立足于中国居民消费不足问题，在全书构建了三个核心篇章。一是家庭消费决策篇，首先从劳动性收入出发研究了家庭收入风险、收入不平等和机会不平等因素对消费的影响，继而从经营性收入出发讨论了创业行为影响消费的机制和效应。二是家庭保险资产配置篇，先讨论保险资产配置与家庭风险承担之间的关系，而后研究互联网使用对家庭保险资产配置的影响。三是家庭风险金融资产配置篇，重点讨论了家庭人口结构与家庭人口迁移经历对家庭风险金融资产配置的影响。从整体上构建了一个研究中国居民家庭经济金融行为相对完整的分析框架和叙事逻辑。本书的一大特色就是紧密联系当前中国经济发展现实，从数字金融、普惠金融、互联网使用、养老问题、人口政策和城镇化进程等现实视角出发进行上述问题的研究，并依此得出相关研究结论和政策建议，著作的研究具有很强的现实意义。

由于微观家庭行为主体在各个方面呈现出显著的异质性特征，同时面对不同的政策和市场变化，不同居民家庭做出的反应和行为选择也大不相同，国家宏观经济政策在不同群体中的施策效果也具有显著的异质性；另外，居民家庭经济金融行为决策往往基于其生命周期阶段的不同需求来完成，其决策还受到居民自身个人特征、家庭内部特征和所处外部环境等多方面因素的影响，我们深感居民家庭的经济金融行为决策具有高度的复杂性和时变性，想要全面地研究和刻画居民家庭经济金融行为，抽象出居民家庭经济金融行为决策的一般化结果并分析出其异质性结论具有相当大的难度。本书也只是从相对有限的视角出发去研究该问题，只能在一个大概完整的框架下窥探家庭经济金融行为的少部分。本书还有诸多主题未有涉及，如从微观层面来看，家庭负债的影响因素以及家庭负债对居民消费储蓄、保险购买和金融资产配置的影响；家庭房产持有对居民消费储蓄、保险购买和金融资产配置的影响；家庭创业或经营性活动对居民保险购买和金融资产配置的影响等。宏观层面的部分，在本书中我们也未有讨论系列宏观经济政策、经济市场变化和数字技术等对家庭经济金融行为的影响。未来还有很多与居民家庭经济金融行为相关的研究方向有待进一步拓展，我们仍需持续努力深耕这一研究领域，为家庭金融领域的研究添砖加瓦。

本书的出版有赖于我们多年来对系列科研项目的研究和系列论文的创作，在这一过程中，广东外语外贸大学相关机关部处和金融学院的领导及同事们都给予了高度的关心、热心的帮助和有力的支持。特别感谢首都经贸大学校长吴卫星教授为本书作序。本书的写作也离不开多位学生和作者的共同努力，他们是张凌霜博士、李家山博士、博士生杨雨佳、博士生李青塬、硕士梁子昊、毛钦兵、叶雅优、徐毓飞和吴熙等，教学相长，在研究生的培养过程中，学生们在学术讨论中的头脑风暴为我们的研究提供了很多思想的火花，年轻人也在学术论文的反复打磨中得到锻炼。还有必须要特别提到的是，在广东外语外贸大学金融学院长达十年的家庭金融周二晚上的讨论班上，碰撞出了很多论文创作的思想火花，我们也一起学习最新的研究方法论和前沿文献，本书汇集的很多成果都是在讨论班的各种锤炼下得到了进一步的完善，我们得到了来自家庭金融教师团队中展凯教授、张浩教授、吴周恒教授、周利副教授、丁宇刚副教授、梁裕珩博士、孙晓珂博士、刘倩博士、杨锐锋博士和张瀚文博士等多位同事的支持，在本书讨论中为我们的创作提出了许多珍贵的意见和建议。在本书出版的过程中，科学出版社的邓娴老师、尹越编辑和大学科研部的赖欣老师也给予了我们很大的支持和帮助，在此一并表示感谢！

科研之路，道漫且长，但我们始终相信，"心心在一艺，其艺必工，心心在一职，其职必举"，路在脚下，一步一个脚印，自然能顺着心中的远方不断向前。

杨碧云
2024 年秋于广州番禺